550 Keywords Bankenaufsichtsrecht

Ludwig Gramlich · Peter Gluchowski ·
Andreas Horsch · Klaus Schäfer ·
Gerd Waschbusch
(Hrsg.)

550 Keywords Bankenaufsichtsrecht

Grundwissen für Fachleute aus der Bankwirtschaft

Hrsg.
Ludwig Gramlich
Technische Universität Chemnitz
Chemnitz, Deutschland

Peter Gluchowski
Technische Universität Chemnitz
Chemnitz, Deutschland

Andreas Horsch
Technische Universität Bergakademie Freiberg
Freiberg, Deutschland

Klaus Schäfer
Universität Bayreuth
Bayreuth, Deutschland

Gerd Waschbusch
Universität des Saarlandes
Saarbrücken, Deutschland

ISBN 978-3-658-28294-3   ISBN 978-3-658-28295-0 (eBook)
https://doi.org/10.1007/978-3-658-28295-0

Die Deutsche Nationalbibliothek verzeichnet diese Publikation in der Deutschen Nationalbibliografie; detaillierte bibliografische Daten sind im Internet über http://dnb.d-nb.de abrufbar.

Springer Gabler
© Springer Fachmedien Wiesbaden GmbH, ein Teil von Springer Nature 2020
Das Werk einschließlich aller seiner Teile ist urheberrechtlich geschützt. Jede Verwertung, die nicht ausdrücklich vom Urheberrechtsgesetz zugelassen ist, bedarf der vorherigen Zustimmung des Verlags. Das gilt insbesondere für Vervielfältigungen, Bearbeitungen, Übersetzungen, Mikroverfilmungen und die Einspeicherung und Verarbeitung in elektronischen Systemen.
Die Wiedergabe von allgemein beschreibenden Bezeichnungen, Marken, Unternehmensnamen etc. in diesem Werk bedeutet nicht, dass diese frei durch jedermann benutzt werden dürfen. Die Berechtigung zur Benutzung unterliegt, auch ohne gesonderten Hinweis hierzu, den Regeln des Markenrechts. Die Rechte des jeweiligen Zeicheninhabers sind zu beachten.
Der Verlag, die Autoren und die Herausgeber gehen davon aus, dass die Angaben und Informationen in diesem Werk zum Zeitpunkt der Veröffentlichung vollständig und korrekt sind. Weder der Verlag, noch die Autoren oder die Herausgeber übernehmen, ausdrücklich oder implizit, Gewähr für den Inhalt des Werkes, etwaige Fehler oder Äußerungen. Der Verlag bleibt im Hinblick auf geografische Zuordnungen und Gebietsbezeichnungen in veröffentlichten Karten und Institutionsadressen neutral.

Springer Gabler ist ein Imprint der eingetragenen Gesellschaft Springer Fachmedien Wiesbaden GmbH und ist ein Teil von Springer Nature.
Die Anschrift der Gesellschaft ist: Abraham-Lincoln-Str. 46, 65189 Wiesbaden, Germany

Vorwort

Gerne haben die Herausgeber des Gabler Banklexikons die Anregung des Verlags aufgegriffen, vor dem Erscheinen der 15. Auflage des Gabler Banklexikons zwei wichtige Sachgebiete dieser Neuauflage in etwas schlankerem Format als eigenständige Lexika zu publizieren. Dabei haben die verantwortlichen Editoren und Autoren einerseits besonderen Wert darauf gelegt, dass der rechtliche Kern des jeweiligen Themengebiets um die zum besseren Verständnis nötigen betriebs- und volkswirtschaftlichen Erläuterungen ergänzt wurde; andererseits wurde auf einige die geschichtliche Entwicklung behandelnde Aspekte verzichtet. Auf diese Weise sollen die „550 Keywords Bankenaufsichtsrecht" und die „180 Keywords Geld- und Währungsrecht" vor allem dazu dienen, aktuelle, kompakte Informationen zu diesen beiden Themengebieten in alphabetischer Reihenfolge zu bieten.

Die jeweiligen Autoren eines Stichworts sind im Anschluss an ihre Ausarbeitung mit ihrem Namenskürzel aufgeführt.

Wir hoffen, dass die „550 Keywords Bankenaufsichtsrecht" und die „180 Keywords Geld- und Währungsrecht" den Appetit der Leser auf die Lektüre der 15. Auflage des Gesamtwerks weiter anregen.

Chemnitz, Freiberg, Bayreuth, Saarbrücken Ludwig Gramlich
im Oktober 2019   Peter Gluchowski
                                          Andreas Horsch
                                          Klaus Schäfer
                                          Gerd Waschbusch

Herausgeber

Prof. Dr. Ludwig Gramlich

Technische Universität Chemnitz, Fakultät für Wirtschaftswissenschaften, Lehrstuhl für Öffentliches Recht und Öffentliches Wirtschaftsrecht

Geboren 1951; Studium der Rechtswissenschaften an der Julius Maximilians-Universität Würzburg; wissenschaftlicher Mitarbeiter am Lehrstuhl für Staats-, Völkerrecht und Internationales Wirtschaftsrecht (Prof. Dr. Dr. h.c. Hugo J. Hahn, LL.M. [Harv.]); Promotion (1978) und Habilitation (1983) in Würzburg; Lehrstuhl-Vertretungen unter anderem in Augsburg, Passau, Göttingen, Freiburg i.Br.; 1992 – 2016 Inhaber der Professur in Chemnitz; seit 1998 Lehrbeauftragter (Außenwirtschaftsrecht der EU) an der Universität Leipzig, Juristenfakultät; 1998 – 2014 Mitglied des Wissenschaftlichen Arbeitskreises für Regulierungsfragen bei der Bundesnetzagentur. *[Autorenkürzel: LGR]*

Prof. Dr. Peter Gluchowski

Technische Universität Chemnitz, Fakultät für Wirtschaftswissenschaften, Lehrstuhl für Wirtschaftsinformatik, insbesondere Systementwicklung und Anwendungssysteme

Geboren 1962; Studium der Wirtschaftswissenschaften an der Ruhr-Universität Bochum; wissenschaftlicher Mitarbeiter am Bochumer Lehrstuhl für Wirtschaftsinformatik (Prof. Dr. Roland Gabriel); Promotion (1993) und Habilitation (2003) in Bochum; Akademischer Oberrat an der Heinrich-Heine-Universität Düsseldorf; Lehrstuhl-Vertretung in Chemnitz 2003/2004; seit 2006 Inhaber der Professur an der TU Chemnitz für Wirtschaftsinformatik, insbesondere Systementwicklung und Anwendungssysteme. *[Autorenkürzel: PGL]*

Herausgeber

Prof. Dr. Andreas Horsch

Technische Universität Bergakademie Freiberg, Fakultät für Wirtschaftswissenschaften, Lehrstuhl für Allgemeine Betriebswirtschaftslehre mit dem Schwerpunkt Investition und Finanzierung

Geboren 1966; Studium der Wirtschaftswissenschaft an der Ruhr-Universität Bochum (RUB); wissenschaftlicher Mitarbeiter am Bochumer Lehrstuhl für Angewandte Betriebswirtschaftslehre II: Finanzierung und Kreditwirtschaft (Prof. Dr. Dr. h.c. Joachim Süchting); ein Jahr Geschäftsführer des Bochumer ikf – Institut für Kredit- und Finanzwirtschaft; Promotion (1998) an der RUB; mehrjährige Tätigkeit im Bereich Kommunikation/Volkswirtschaft der WestLB, Münster/Düsseldorf; 2001 Rückkehr als wissenschaftlicher Mitarbeiter an den Bochumer Finanzierungslehrstuhl (Prof. Dr. Stephan Paul); Habilitation (2007) in Bochum; ab 2006 Vertreter, seit 2008 Inhaber des Freiberger Finanzierungslehrstuhls. *[Autorenkürzel: AHO]*

Prof. Dr. Klaus Schäfer

Universität Bayreuth, Rechts- und Wirtschaftswissenschaftliche Fakultät, Lehrstuhl für Betriebswirtschaftslehre I: Finanzwirtschaft und Bankbetriebslehre

Geboren 1962; Studium der Mathematik an der Johann Wolfgang Goethe-Universität; wissenschaftlicher Mitarbeiter am Frankfurter Lehrstuhl für Kreditwirtschaft und Finanzierung (Promotion 1993); wissenschaftlicher Assistent am Institut für Kapitalmarktforschung und Finanzierung der Ludwig-Maximilians-Universität München (Prof. Dr. Bernd Rudolph, Habilitation 2000); Lehrstuhl-Vertretungen an der Universität zu Köln und an der Technischen Universität Bergakademie Freiberg; Gastprofessur an der Leopold-Franzens-Universität Innsbruck sowie wissenschaftliche Gesamtleitung der Fachhochschule Kufstein/Tirol; seit 2006 Inhaber des Bayreuther Lehrstuhls; Vorstand des Betriebswirtschaftlichen Forschungszentrums für Fragen der mittelständischen

Wirtschaft BF/M; Mitglied der Bayreuther Forschungsstelle für Bankrecht und Bankpolitik, der Forschungsstelle für Familienunternehmen und der Forschungsstelle für Unternehmens- und Kapitalmarktrecht sowie Unternehmenssteuerrecht; Moderator der Bayreuther Studiengänge Betriebswirtschaftslehre (B. Sc.), (M. Sc.); stellvertretender Vorsitzender der Prüfungsausschüsse für Betriebswirtschaftslehre, Volkswirtschaftslehre und Gesundheitsökonomie; Mitglied im Qualitätsbeirat der Universität Bayreuth; Mitglied der ZEvA Kommission (ZEKo) mit Sitz in Hannover. *[Autorenkürzel: KSC]*

Prof. Dr. Gerd Waschbusch

Universität des Saarlandes, Saarbrücken, Fakultät für Empirische Humanwissenschaften und Wirtschaftswissenschaft, Lehrstuhl für Betriebswirtschaftslehre, insbesondere Bankbetriebslehre

Geboren 1959; Studium der Betriebswirtschaftslehre an der Universität des Saarlandes, Saarbrücken; wissenschaftlicher Mitarbeiter/wissenschaftlicher Assistent am Saarbrücker Lehrstuhl für Betriebswirtschaftslehre, insbesondere Bankbetriebslehre (Prof. Dr. Hartmut Bieg); Promotion zum Dr. rer. oec. (1992) und Habilitation für das Fach Allgemeine Betriebswirtschaftslehre (1998) an der Universität des Saarlandes, Saarbrücken; 1994 bis 1996 Vertretung der Professur für Betriebswirtschaftslehre mit dem Schwerpunkt Rechnungswesen des Fachbereichs Sozial- und Wirtschaftswissenschaften der Universität Kaiserslautern; 2001 bis 2003 Inhaber der Professur für Allgemeine Betriebswirtschaftslehre mit den besonderen Schwerpunkten Rechnungswesen/Controlling und Finanzwirtschaft an der WHL Wissenschaftliche Hochschule Lahr sowie Rektor der WHL Wissenschaftliche Hochschule Lahr; 2003 bis 2010 Inhaber der Professur für Betriebswirtschaftslehre, insbesondere Rechnungswesen und Finanzwirtschaft an der Universität des Saarlandes, Saarbrücken; seit 2010 Inhaber der Professur für Betriebswirtschaftslehre, insbesondere Bankbetriebslehre an der Universität des Saarlandes, Saarbrücken; 2015 bis 2016 Dekan der Rechts- und

Herausgeber X

Wirtschaftswissenschaftlichen Fakultät und Mitglied des erweiterten Präsidiums der Universität des Saarlandes; seit 2015 Mitglied des Senats der Universität des Saarlandes; seit 2015 Studienleiter sowohl der Verwaltungs- und Wirtschafts-Akademie Saarland e.V. (VWA Saarland) als auch der Akademie für Arbeit und Sozialwesen des Saarlandes (AfAS). *[Autorenkürzel: GWA]*

Autorenverzeichnis

Dipl.-Ök. Minh Banh
Abteilungsleiter Risikocontrolling, Provinzial Rheinland Versicherungsgruppe, Düsseldorf
[Autorenkürzel: MBA]

Dr. Robin Blaß
Wissenschaftlicher Mitarbeiter, Lehrstuhl für Betriebswirtschaftslehre, insbesondere Bankbetriebslehre, Universität des Saarlandes, Saarbrücken; Dozent an der VWA/AfAS Saarland und ASW Neunkirchen
[Autorenkürzel: RBL]

Dr. Heike Christina Brost-Steffens
Vizepräsidentin und Direktorin Degree Prorgammes & Executive Education Frankfurt School of Finance & Management, Frankfurt am Main
[Autorenkürzel: HBR]

Anja Eickstädt, LL. M., M. Sc.
Wissenschaftliche Mitarbeiterin am Lehrstuhl für Allgemeine Betriebswirtschaftslehre mit dem Schwerpunkt Investition und Finanzierung, Technische Universität Bergakademie Freiberg
[Autorenkürzel: EIC]

Dr. Alexis Eisenhofer
Vorstand financial.com AG, München
[Autorenkürzel: AEI]

Dr. Ulrike Erdmann
Lehrkraft für BWL an der Fachhochschule Südwestfalen, Dozentin der Frankfurt School of Finance & Management
[Autorenkürzel: UER]

Prof. Dr. Dagmar Gesmann-Nuissl
Inhaberin der Professur für Privatrecht und Recht des geistigen Eigentums, Technische Universität Chemnitz
[Autorenkürzel: DGN]

Prof. Dr. Lutz Haertlein
Lehrstuhl für Bürgerliches Recht, Bank- und Kapitalmarktrecht, Juristenfakultät, Universität Leipzig
[Autorenkürzel: LHA]

Dr. Nils Helms
Lehrstuhl für Finanzdienstleistungen und Finanzmanagement, Technische Universität Kaiserslautern
[Autorenkürzel: NHE]

Prof. Dr. Reinhold Hölscher
Inhaber des Lehrstuhls für Finanzdienstleistungen und Finanzmanagement, Technische Universität Kaiserslautern
[Autorenkürzel: RHÖ]

Dipl.-Ök. Roland Kill
Privatier, Bochum
[Autorenkürzel: RKI]

Prof. Dr. Gregor Krämer
Inhaber des Lehrstuhls für Allgemeine Betriebswirtschaftslehre, insbesondere Banken, Finanzen und Rechnungslegung, Alanus Hochschule für Kunst und Gesellschaft, Alfter bei Bonn
[Autorenkürzel: GKR]

Dr. Andreas Krammig, LL. M.
Syndikus-Rechtsanwalt, Wertpapier-Compliance, Geldwäsche- und Betrugsprävention, Bank-Konzern in Berlin
[Autorenkürzel: AKR]

Autorenverzeichnis

Dipl.-Kffr. Nina Kreis

Referentin Strategische Entwicklung, Compliance-, Informationssicherheits-, Datenschutz- und Auslagerungsbeauftragte, Saarländische Investitionskreditbank AG, Saarbrücken
[Autorenkürzel: NKR]

Dr. Olaf Kruse

Director Treasury Controlling, METRO AG, Düsseldorf
[Autorenkürzel: OKR]

Prof. Dr. Cornelia Manger-Nestler

Inhaberin der Professur für deutsches und internationales Wirtschaftsrecht, Fakultät Wirtschaftswissenschaft, HTWK Leipzig
[Autorenkürzel: CMN]

Dr. Marc Mehlhorn

Leiter Stuttgart Financial, Börse Stuttgart
[Autorenkürzel: MME]

Dipl.-Kffr. Andrea Rapp

Externe Doktorandin, Lehrstuhl für Betriebswirtschaftslehre, insbesondere Bankbetriebslehre, Universität des Saarlandes, Saarbrücken
[Autorenkürzel: ARA]

Prof. Dr. Marion Rauscher

Professorin für Investition und Finanzierung im Tourismus, Hochschule München
[Autorenkürzel: MRA]

Gabriela Reinstädtler, M. Sc.

Wissenschaftliche Mitarbeiterin, Lehrstuhl für Betriebswirtschaftslehre, insbesondere Bankbetriebslehre, Universität des Saarlandes, Saarbrücken; Dozentin an der VWA/AfAS Saarland und ASW Neunkirchen
[Autorenkürzel: GRE]

Dr. Sven Remer
Stellvertretender Geschäftsführer VfU – Verein für Umweltmanagement und Nachhaltigkeit in Finanzinstituten e.V., Augsburg
[Autorenkürzel: SRE]

Prof. Dr. Lutz Richter
Inhaber des Lehrstuhls für Betriebswirtschaftslehre, insbesondere Betriebswirtschaftliche Steuerlehre und Unternehmensrechnung, Universität Trier
[Autorenkürzel: LRI]

Prof. Dr. Bernd Rolfes
Leiter des Lehrstuhls für Banken und Betriebliche Finanzwirtschaft, Mercator School of Management, Direktor des european center for financial services (ecfs), Universität Duisburg-Essen
[Autorenkürzel: BRO]

Prof. Hans-Ferdinand Schramm
Vorsitzender des Vorstands, Sparkasse Mittelsachsen, Freiberg
[Autorenkürzel: HSC]

WP/StB Dr. Jörn Schulte
Partner und Mitglied des Vorstands, IVC – Independent Valuation & Consulting AG Wirtschaftsprüfungsgesellschaft, Essen
[Autorenkürzel: JSC]

Dr. Nadine Staub-Ney
Referatsleiterin Industrie- und Dienstleistungspolitik, Ministerium für Wirtschaft, Arbeit, Energie und Verkehr, Saarbrücken
[Autorenkürzel: NST]

Dr. Helko Ueberschär
Leiter Asset Settlement, Bayerische Beamten Lebensversicherung a.G., München
[Autorenkürzel: HUE]

Prof. Dr. Arnd Wiedemann
Inhaber des Lehrstuhls für Finanz- und Bankmanagement, Fakultät Wirtschaftswissenschaften, Wirtschaftsinformatik und Wirtschaftsrecht, Universität Siegen
[Autorenkürzel: AWI]

Abberufung von Geschäftsleitern

1. *Charakterisierung*: Anstatt die Erlaubnis für das Betreiben von Bankgeschäften im Sinne des KWG oder von Finanzdienstleistungen im Sinne des KWG aufzuheben, kann die Bundesanstalt für Finanzdienstleistungsaufsicht (BaFin) Geschäftsleiter an einer weiteren Tätigkeit für ihr Institut im Sinne des KWG hindern.

2. *Voraussetzungen*: Voraussetzungen für die Abberufung von Geschäftsleitern sind unter anderem nach § 36 I KWG:

a) das Vorliegen oder nachträgliche Eintreten von Versagungsgründen im Sinne des § 33 I 1 Nr. 1-8, Ia, II Nr. 1-3 KWG (insbesondere mangelnde Zuverlässigkeit des Geschäftsleiters, mangelnde fachliche Eignung des Geschäftsleiters sowie zur Wahrnehmung seiner Aufgaben unzureichende Kapazitäten des Geschäftsleiters),

b) fehlende wirtschaftliche Sicherheit, die anzunehmen ist, wenn eine anders nicht abwendbare Gefahr für die Erfüllung der Verpflichtungen eines Instituts gegenüber seinen Gläubigern besteht; ein solcher Fall besteht insbesondere bei einem Verlust in Höhe von mindestens 50 Prozent der maßgebenden Eigenmittel im Sinne der CRR oder bei einem erheblichen Verlust in Höhe von jeweils mehr als zehn Prozent der maßgebenden Eigenmittel im Sinne der CRR in mindestens drei aufeinanderfolgenden Geschäftsjahren, wobei in diesen beiden Fällen bei der Berechnung der Höhe des Verlusts Bilanzierungshilfen, mittels derer ein Verlustausweis vermindert oder vermieden wird, nicht zu berücksichtigen sind (§ 36 I 2 KWG), oder

c) nachhaltige Verstöße gegen Bestimmungen des Kreditwesengesetzes (KWG), des Geldwäschegesetzes (GwG), des Wertpapierhandelsgesetzes (WpHG), der Verordnung (EU) 2015/847 oder gegen Maßnahmen (Rechtsverordnungen, Verwaltungsakte) zur Durchführung dieser Gesetze. Der Mangel muss sich aus dem Verhalten des Geschäftsleiters ergeben, ohne dass diesem stets ein Verschulden zur Last gelegt werden müsste.

3. *Abberufungsverlangen*: Die BaFin kann nur ein Verlangen nach Abberufung an das Institut, zweckmäßigerweise an dessen hierfür zuständiges (Aufsichts-)Organ richten, aber nicht selbst die gesellschaftsrechtliche oder organschaftliche Funktion des Geschäftsleiters beenden. Die Aufforderung kann ggf. mit Zwangsmitteln durchgesetzt werden; hiergegen stehen dem Institut und dem betroffenen Geschäftsleiter Rechtsbehelfe zu, die aber keine aufschiebende Wirkung haben. Bei Einzelbankiers kann lediglich die Erlaubnis gemäß § 35 KWG aufgehoben werden.

4. *Tätigkeitsverbot*: Bei Instituten in der Rechtsform einer juristischen Person (des privaten oder des öffentlichen Rechts) kann die BaFin einem Geschäftsleiter statt dessen auch die Ausübung seiner Tätigkeit untersagen. Die BaFin wendet sich hierbei unmittelbar an den Geschäftsleiter und benachrichtigt gleichzeitig das Institut. Das Tätigkeitsverbot kann einen wichtigen Grund für den Widerruf der Bestellung, für eine Kündigung oder eine Entlassung bilden. Mit ihm soll verhindert werden, dass ein Geschäftsleiter in der Zeit bis zur Durchsetzung eines (daneben zulässigen) Abberufungsverlangens das Institut oder dessen Kunden weiterhin schädigen kann.

5. *Ahndung von Verstößen*: Verstößt ein Geschäftsleiter vorsätzlich oder leichtfertig gegen Aufsichtsvorschriften (Bestimmungen des KWG, der CRR sowie verschiedener anderer EU-Verordnungen, des Bausparkassengesetzes [BauSparkG], des Depotgesetzes [DepotG], des GwG, des Kapitalanlagebuchs, des Pfandbriefgesetzes [PfandbG], des Zahlungsdiensteaufsichtsgesetzes [ZAG] oder des WpHG, von Durchführungsverordnungen und Rechtsakten zu diesen Gesetzen sowie von Anordnungen der BaFin), so kann die BaFin gemäß § 36 II KWG ebenfalls mittels Abberufungsverlangen oder Tätigkeitsverbot einschreiten, wenn eine Verwarnung durch die BaFin fruchtlos geblieben ist. *[GKR]*

Abrufrisiko

Engl: *Call Risk;* Begriff aus dem Kreditgeschäft: Gefahr einer unerwarteten Inanspruchnahme von Kreditzusagen (aktivisch) beziehungsweise von unplanmäßigen Verfügungen von Gläubigern über ihre Einlagen (passivisch).

Das Abrufrisiko ist eine Form des Liquiditätsrisikos, unter dem allgemein die Gefahr verstanden wird, dass Kapitalzu- und -abflüsse zulasten der Liquidität nicht aufeinander abgestimmt auftreten. Zur Begrenzung des Liquiditätsrisikos verlangt die europäische Bankenaufsicht die Einhaltung bestimmter Liquiditätsanforderungen, wobei liquiditätswirksame Zahlungen erfasst und bewertet werden. Auf nationaler Ebene erwartet die Bundesanstalt für Finanzdienstleistungsaufsicht (BaFin) von den Kreditinstituten ein bankinternes Risikomanagement (entsprechend der Mindestanforderungen an das Risikomanagement MaRisk – BTR 3). *[RHÖ, NHE]*

Abschlussvermittlung

Bei der Abschlussvermittlung handelt es sich um eine Finanzdienstleistung im Sinne des KWG, die eine für ein Finanzdienstleistungsinstitut typische Tätigkeit darstellt; ihre Einbeziehung in die der Bankenaufsicht unterliegenden Aktivitäten beruht auf der Wertpapierdienstleistungs-Richtlinie von 1993. Gemäß § 1 Ia 2 Nr. 2 KWG ist die Abschlussvermittlung die Anschaffung oder Veräußerung von Finanzinstrumenten im fremden Namen für fremde Rechnung (offene Stellvertretung). Wird die Abschlussvermittlung für andere gewerbsmäßig oder in einem Umfang erbracht, der einen in kaufmännischer Weise eingerichteten Geschäftsbetrieb erfordert, ist hierfür – unabhängig von der Rechtsform des Unternehmens – die schriftliche Erlaubnis durch die Bundesanstalt für Finanzdienstleistungsaufsicht (BaFin) erforderlich (§ 32 I in Verbindung mit § 1 Ia 2 Nr. 2 KWG; Erlaubniserteilung für Institute). Sofern ausschließlich die Abschlussvermittlung erbracht wird, ist nach Auffassung der BaFin ein in kaufmännischer Weise eingerichteter Geschäftsbetrieb regelmäßig immer dann erforderlich, wenn – bezogen auf einen Zeitraum von sechs Monaten – durchschnittlich mehr als 25 Einzeltransaktionen pro Monat durchgeführt werden. Voraussetzung für die Erteilung der Erlaubnis zur Erbringung der Abschlussvermittlung ist unter anderem ein Anfangskapital im Gegenwert von mindestens 50.000 Euro (§ 33 I 1 Nr. 1 Buchstabe a KWG), wenn der Abschlussvermittler nicht befugt ist, sich bei der Erbringung von Finanzdienstleistungen Eigentum oder Besitz an Geldern oder Wertpapieren von Kunden zu verschaffen, und er nicht (auch) auf eigene Rechnung mit Finanzinstrumenten handelt. Anstelle des Anfangskapitals kann auch der Abschluss einer geeigneten Versicherung zum Schutz der Kunden (Versicherungssumme von mindestens einer Mio. Euro für jeden Versicherungsfall und eine Versicherungssumme von mindestens 1,5 Mio. Euro für alle Versicherungsfälle eines Versicherungsjahrs) nachgewiesen werden (§ 33 I 2 KWG). [GKR]

Abschreibungsrisiko

Gefahr des (bilanziellen Niederschlags eines) Wertverfalls von Aktiva, z.B. von Forderungen (resultierend aus dem Forderungsausfallrisiko beziehungsweise Adressenausfallrisiko) oder von festverzinslichen Wertpapieren (resultierend aus dem Zinsänderungsrisiko beziehungsweise Kurswertrisiko). [AWI]

Absicherung ohne Sicherheitsleistung

Ein Verfahren der Kreditrisikominderung, bei dem sich das mit der Risikoposition eines Instituts verbundene Kreditrisiko durch die Verpflichtung eines Dritten vermindert, bei Ausfall des Kreditnehmers oder bestimmten anderen Kreditereignissen eine Zahlung zu leisten (Artikel 4 I Nr. 59 CRR). [GWA]

Abwicklungsanstalt

Eine Abwicklungsanstalt bezeichnet nach § 8a I 1 des Gesetzes zur Fortentwicklung der Finanzmarktstabilisierung eine teilrechtsfähige Anstalt des öffentlichen Rechts, auf die etwa Kreditinstitute bestimmte Risikopositionen, wie z.b. strukturierte Wertpapiere oder ausfallgefährdete Kredite, sowie nicht strategienotwendige Geschäftsbereiche zum Zwecke der Abwicklung übertragen können. Die Auslagerung dient der Bereinigung von Bankbilanzen und entlastet die übertragende Bank von höheren Eigenkapitalanforderungen und erforderlichen Abschreibungen. Abwicklungsanstalten ermöglichen somit eine geordnete Abwicklung von Risikopositionen sowie die anschließende geschäftspolitische Neuausrichtung einer Bank. Die bei der Abwicklungsanstalt entstehenden Verluste müssen von den Eigentümern des übertragenden Kreditinstituts ausgeglichen werden. Bisher wurden unter dem Dach der Bundesanstalt für Finanzmarktstabilisierung (FMSA) drei Abwicklungsanstalten – die sogenannte Erste Abwicklungsanstalt (EAA), die FMS Wertmanagement (FMS-WM) und die Portigon AG – errichtet. *[ARA]*

Abwicklungsplan

Die Erstellung eines Abwicklungsplans ist Ausdruck der Vorabplanung einer möglicherweise notwendig werdenden Abwicklung eines in Schieflage geratenen Instituts. Die Vorabplanung verfolgt den Zweck, mögliche Abwicklungshindernisse frühzeitig zu identifizieren, diese zu beseitigen und im Ernstfall ein Institut schnell und geordnet abzuwickeln. Anders als bei den Sanierungsplänen ist jedoch nicht das betroffene Unternehmen selbst, sondern die zuständige Abwicklungsbehörde für die Erstellung des Abwicklungsplans zuständig. Die Abwicklung eines Instituts wird notwendig, wenn ein frühzeitiges Eingreifen der Bankenaufsicht zum Erhalt der Risikotragfähigkeit nicht ausreicht und die Risikotragfähigkeit auch durch ein Sanierungsverfahren nicht wieder hergestellt werden konnte oder dieses Verfahren von vornherein aussichtslos ist.

Die für die Erstellung des Abwicklungsplans erforderlichen Daten sind der zuständigen Abwicklungsbehörde von dem jeweiligen Institut zur Verfügung zu stellen. Der Abwicklungsplan beschreibt sodann die Maßnahmen, die durch die Abwicklungsbehörde ergriffen werden können, sofern das Institut die Abwicklungsvoraussetzungen erfüllt. Dies ist dann der Fall, wenn festgestellt wird, dass das Institut ausfällt oder auszufallen droht („failing or likely to fail"; siehe auch das Stichwort „Aufsichtlicher Überprüfungs- und Bewertungsprozess"), die Abwendung des wahrscheinlichen Ausfalls nach vernünftigem Ermessen nicht mehr realistisch erscheint und wenn die Abwicklungsmaßnahme im öffentlichen Interesse als erforderlich erachtet wird. Die Überprüfung und nötigenfalls die Aktualisierung eines Abwicklungsplans hat mindestens jährlich zu erfolgen oder früher, falls wesentliche Änderungen, beispielsweise der Rechts- und Organisationsstruktur oder der Finanzlage des Instituts, eine Änderung erforderlich werden lassen. [RBL]

Abwicklungsrisiko

Spezialfall des Erfüllungsrisikos; tritt beispielsweise bei Geschäften mit Schuldtiteln oder Anteilspapieren auf, die nach Ablauf des zwischen den beiden Vertragsparteien vereinbarten Erfüllungszeitpunktes weder von der einen Seite noch von der anderen Seite abgewickelt sind. Im Falle einer solchen nicht vertragsgemäßen, das heißt verspäteten oder sogar ausfallenden Abwicklung der Geschäfte seitens der beiden Vertragspartner besteht die Gefahr, dass sich die Marktverhältnisse bis zur endgültigen Erfüllung der Geschäfte beziehungsweise bis zur Durchführung von Ersatzgeschäften zum Nachteil eines Kreditinstituts entwickelt haben. Konkret bedeutet dies, dass infolge einer nicht fristgerechten oder ausbleibenden Erfüllung der Geschäfte ein Handelsverlust droht, weil ein Verkauf der Schuldtitel oder Anteilspapiere aufgrund eines zwischenzeitlich veränderten Marktpreises nur noch zu einem niedrigeren beziehungsweise ein Kauf der Schuldtitel oder Anteilspapiere nur noch zu einem höheren Preis möglich ist. Es droht somit ein Verlust in Höhe der Differenz zwischen dem ursprünglich vereinbarten Abrechnungspreis und dem aktuellen Marktwert des zugrunde liegenden Geschäftsgegenstandes. *[GWA]*

Abzugsrisiko

Gefahr eines unerwarteten Abzugs von Einlagen. *[RHÖ, NHE]*

Additional Tier 1 Capital (AT1 Capital)

Engl. Bezeichnung für zusätzliches Kernkapital. *[GWA]*

Administrativer Überprüfungsausschuss

Administrative Board of Review (ABoR); ein von der Europäischen Zentralbank (EZB) eingerichteter Ausschuss, der eine interne administrative Überprüfung der Beschlüsse vornimmt, die die EZB im Rahmen der Ausübung der ihr durch die SSM-Verordnung übertragenen Aufsichtsbefugnisse erlassen hat. Die Überprüfung eines solchen Beschlusses der EZB kann jede natürliche oder juristische Person beantragen, an die der Beschluss gerichtet ist oder die unmittelbar und individuell von dem Beschluss betroffen ist. Die interne administrative Überprüfung erstreckt sich auf die verfahrensmäßige und materielle Übereinstimmung der im Einzelnen getroffenen Beschlüsse mit der SSM-Verordnung, wobei der der EZB überlassene Ermessensspielraum, über die Zweckmäßigkeit der Beschlüsse zu entscheiden, zu beachten ist. Der Administrative Überprüfungsausschuss besteht aus fünf Personen von hohem Ansehen, die nachweislich über einschlägige Kenntnisse und berufliche Erfahrungen, auch im Aufsichtswesen, von ausreichend hohem Niveau im Bankensektor oder im Bereich anderer Finanzdienstleistungen verfügen. Bei ihrer Auswahl ist soweit wie möglich eine ausgewogene Zusammensetzung nach geografischer Herkunft und Geschlechtern aus den am Einheitlichen Aufsichtsmechanismus teilnehmenden Mitgliedstaaten sicherzustellen. Die Mitglieder des Administrativen Überprüfungsausschusses sind an keinerlei Weisungen gebunden. Sie handeln unabhängig und im öffentlichen Interesse. Der Administrative Überprüfungsausschuss fasst seine Beschlüsse mit einer Mehrheit von mindestens drei seiner fünf Mitglieder. *[GWA]*

Adressenausfallrisiko

Ausfallrisiko; Gefahr des teilweisen oder vollständigen Ausfalls einer von einem Geschäftspartner vertraglich zugesagten Leistung oder (bei Beteiligungen) erwarteter Leistungen mit jeweils negativer Erfolgswirkung für die Gegenpartei. Das Adressenausfallrisiko zählt zu den Kreditrisiken und umfasst die Ausfallrisiken aus bilanzwirksamen Geschäften (insbesondere Forderungsausfallrisiko), bilanzunwirksamen Geschäften, Eindeckungsrisiken aus bilanzunwirksamen Geschäften (Counterparty Risk) sowie das Emittentenrisiko. Die Bankenaufsicht versucht traditionell, insbesondere dieses Risiko zu quantifizieren und durch Eigenmittelanforderungen zu begrenzen, die seit dem 1. Januar 2014 in der CRR (Capital Requirements Regulation, Kapitaladäquanzrichtlinie) detailliert geregelt sind. *[AWI]*

Aktienkursrisiko

Gefahr von Verlusten, die sich aus der ungünstigen Entwicklung von Aktienkursen ergibt. Das Aktienkursrisiko zählt zu den Marktpreisrisiken. Auch Aktienderivate sind einem Aktienkursrisiko ausgesetzt, da der Wert des Derivats vom Aktienkurs abhängt. Das Aktienkursrisiko kann in allgemeines Marktrisiko (systematisches Risiko) und spezifisches Risiko (unsystematisches Risiko) aufgeteilt werden. Letzteres resultiert aus unternehmensindividuellen Daten der einzelnen Aktiengesellschaften (z.B. drohender Verlust oder Gefahr sinkender Gewinne). Dagegen bezieht sich das Aktienkursrisiko als allgemeines Marktrisiko auf die Gefahr negativer Entwicklungen am Aktienmarkt insgesamt im Sinne eines allgemein sinkenden Aktienkursniveaus, z.B. repräsentiert durch den Verlauf eines Aktienindexes (wie Deutscher Aktienindex [DAX]). Zur Messung des Aktienkursrisikos siehe das Stichwort „Marktpreisrisiken". *[AWI]*

Aktivische Festzinslücke

Entsteht durch einen Passivüberhang festverzinslicher Positionen, das heißt, dem Volumen an aktivischen Festzinsgeschäften steht ein größeres Volumen an passivischen Festzinsgeschäften gegenüber. Risiko: Bei sinkenden Marktzinsen sinken die Zinserträge der offenen aktivischen Festzinsposition, während sich auf der Passivseite die Zinsaufwendungen durch die Festzinsgeschäfte nicht verändern, womit der Zinsüberschuss sinkt. *[AWI]*

Aktivisches Festzinsrisiko

Gefahr der nachteiligen Entwicklung einer aktivischen Festzinsposition (z.B. festverzinsliches Wertpapier) bei steigendem Marktzinsniveau durch

1. fehlende Partizipationsmöglichkeiten (Cashflow-Sicht) und

2. sinkende Barwerte (barwertige Sicht). Bei sinkendem Marktzinsniveau ergibt sich eine aktivische Festzinschance. *[AWI]*

Anbieter von Nebendienstleistungen

Als Anbieter von Nebendienstleistungen werden nach Artikel 4 XIIX CRR Unternehmen bezeichnet, deren Haupttätigkeit darin besteht, Immobilien zu besitzen oder zu verwalten, Datenverarbeitungsdienste zu verwalten oder ähnliche Tätigkeiten auszuführen, die Nebentätigkeiten im Verhältnis zur Haupttätigkeit eines oder mehrerer Institute sind. *[GKR]*

Anderweitig systemrelevante Institute

Anderweitig systemrelevante Institute sind gemäß § 10g II 1 KWG Institute, EU-Mutterinstitute, EU-Mutterfinanzholdinggesellschaften oder gemischte EU-Mutterfinanzholdinggesellschaften mit Sitz in Deutschland, die von der Bundesanstalt für Finanzdienstleistungsaufsicht (BaFin) im Einvernehmen mit der Deutschen Bundesbank auf konsolidierter, unterkonsolidierter oder Einzelinstitutsebene als anderweitig systemrelevant eingestuft werden. Die BaFin ist befugt, für ein anderweitig systemrelevantes Institut anzuordnen, dass es einen aus hartem Kernkapital bestehenden Kapitalpuffer für anderweitig systemrelevante Institute in Höhe von bis zu zwei Prozent des Gesamtrisikobetrags auf konsolidierter, unterkonsolidierter oder auf Einzelinstitutsebene vorhalten muss (§ 10g I KWG). *[GKR]*

Anfangskapital

1. *Begriff*: Beim Anfangskapital handelt es sich um zur Umsetzung der Kapitaladäquanz-Richtlinie seit der Sechsten KWG-Novelle in diesem Gesetz vorgeschriebene, zum Geschäftsbetrieb eines Kreditinstituts im Sinne des KWG und eines Finanzdienstleistungsinstituts im Sinne des KWG erforderliche Mittel, deren Fehlen einen Versagungsgrund für die Betriebserlaubnis bildet. Das spätere Unterschreiten der nötigen Kapitalausstattung bildet einen Grund für die Aufhebung der Betriebserlaubnis (§ 35 II Nr. 3 KWG). Über ein derartiges Absinken sind die Bundesanstalt für Finanzdienstleistungsaufsicht (BaFin) und die Deutsche Bundesbank unverzüglich zu informieren (§ 24 I Nr. 9 KWG; Anzeigen der Institute über personelle, finanzielle und gesellschaftsrechtliche Veränderungen). Zum Nachweis der zum Geschäftsbetrieb erforderlichen Mittel ist eine Bestätigung eines CRR-Instituts mit Sitz in einem Staat des Europäischen Wirtschaftsraums darüber vorzulegen, dass das Anfangskapital eingezahlt sowie frei von Rechten Dritter ist und zur freien Verfügung der Geschäftsleiter steht (§ 14 III Anzeigenverordnung [AnzV]);

das Anfangskapital darf somit nicht aus einer Kreditaufnahme herrühren. Das Anfangskapital umfasst das harte Kernkapital gemäß Artikel 26 I Buchstabe a bis e CRR.

2. *Mindesthöhe*: Die Anforderungen an das erforderliche Anfangskapital richten sich nach der Tätigkeit des die Erlaubnis beantragenden Unternehmens. So verlangt § 33 I 1 Nr. 1d KWG bei allen CRR-Instituten, dass ihnen mindestens der Gegenwert von fünf Mio. Euro an Anfangskapital zur Verfügung stehen muss. Für Unternehmen, die das Pfandbriefgeschäft betreiben wollen, ist als Anfangskapital ein Kernkapital in Höhe von mindestens 25 Mio. Euro erforderlich (§ 2 I 2 Nr. 2 PfandBG). Für die Errichtung einer Bausparkasse wird ein Kernkapital in Höhe von mindestens 20 Mio. Euro verlangt (§ 2 I 2 Nr. 1 BauSparkG). Soll ausschließlich das Garantiegeschäft betrieben werden, wird von der BaFin ein Anfangskapital von mindestens 1,5 Mio. Euro verlangt; sofern das Garantiegeschäft ausschließlich mit Rückbürgschaften der öffentlichen Hand betrieben werden soll, wird lediglich ein haftendes Eigenkapital von mindestens 500.000 Euro als Anfangskapital gefordert. Unternehmen, die nur das E-Geld-Geschäft betreiben, benötigen ein Anfangskapital von 350.000 Euro (§ 12 Nr. 3 Buchstabe d ZAG). Das erforderliche Mindest-Anfangskapital beträgt bei Zahlungsinstituten in Abhängigkeit von den von ihnen erbrachten Zahlungsdiensten 20.000 Euro, 50.000 Euro oder 125.000 Euro (§ 12 Nr. 3 Buchstabe a bis c ZAG). Für Wertpapierhandelsbanken, für Finanzdienstleistungsinstitute, die auf eigene Rechnung mit Finanzinstrumenten handeln, sowie für Finanzdienstleistungsinstitute, die das eingeschränkte Verwahrgeschäft im Sinne von § 1 Ia 1 Nr. 12 KWG erbringen, beträgt das erforderliche Anfangskapital mindestens 730.000 Euro (§ 33 I 1 Nr. 1c KWG). Handeln Finanzdienstleistungsinstitute hingegen nicht auf eigene Rechnung mit Finanzinstrumenten, so reduziert sich das benötigte Anfangskapital auf mindestens 125.000 Euro (§ 33 I 1 Nr. 1b KWG). Eine weitere Reduzierung des Anfangskapitals auf mindestens 50.000 Euro ergibt sich, wenn die Finanzdienstleistungen Anlageberatung, Anlagevermittlung,

Abschlussvermittlung, Anlageverwaltung, Finanzportfolioverwaltung erbracht oder ein multilaterales Handelssystem oder das Platzierungsgeschäft betrieben werden sollen und das Unternehmen nicht befugt ist, sich bei der Erbringung von Finanzdienstleistungen im Sinne des KWG Eigentum oder Besitz an Geldern oder Wertpapieren von Kunden zu verschaffen, und nicht auf eigene Rechnung mit Finanzinstrumenten handelt (§ 33 I 1 Nr. 1a KWG). Allerdings behält sich die BaFin vor, jeweils von Fall zu Fall zu entscheiden, ob die genannten Mindestbeträge auch tatsächlich ausreichend sind und der konkreten Situation des antragstellenden Unternehmens gerecht werden. *[GKR]*

Anlagebuch

Der Begriff des Anlagebuchs wird in der Capital Requirements Regulation (CRR) zwar verwendet, jedoch nicht definiert. Aus Artikel 390 IV CRR kann aber abgeleitet werden, dass das Anlagebuch alle Geschäfte eines Instituts umfasst, die nicht dem Handelsbuch zuzurechnen sind. Demnach umfasst das Anlagebuch alle Positionen, die ein Institut nicht mit Handelsabsicht beziehungsweise nicht zur Absicherung anderer mit Handelsabsicht gehaltener Positionen des Handelsbuchs hält. *[GKR]*

Anlagevermittlung

Bei der Anlagevermittlung handelt es sich um eine Finanzdienstleistung im Sinne des KWG, die als eine der für ein Finanzdienstleistungsinstitut im Sinne des KWG typischen Tätigkeiten aufgrund der Wertpapierdienstleistungs-Richtlinie in die Bankenaufsicht einbezogen wurde. Die Anlagevermittlung bezieht sich gemäß § 1 Ia 2 Nr. 1 KWG auf die bloße Vermittlung von Geschäften über die Anschaffung oder Veräußerung von Finanzinstrumenten. Bei der Entgegennahme und Übermittlung der Aufträge von Anlegern wird der Anlagevermittler als Makler im Sinne von § 34c GewO tätig. Aufgrund einer Änderung durch das Gesetz zur Umsetzung der Richtlinie über Märkte für Finanzinstrumente und der Durchführungsrichtlinie der Kommission

(Finanzmarktrichtlinie-Umsetzungsgesetz) vom 16.7.2007 (BGBl. I S. 1330) fällt die Tätigkeit des Nachweismaklers im Sinne des § 34c GewO nicht länger unter die Anlagevermittlung, sondern ist der Anlageberatung nach § 1 Ia 2 Nr. 1a KWG zuzuordnen. Wird die Anlagevermittlung gewerbsmäßig oder in einem Umfang erbracht, der einen in kaufmännischer Weise eingerichteten Geschäftsbetrieb erfordert, ist hierfür – unabhängig von der Rechtsform des Unternehmens – die schriftliche Erlaubnis durch die Bundesanstalt für Finanzdienstleistungsaufsicht (BaFin) erforderlich (§ 32 I in Verbindung mit § 1 Ia 2 Nr. 1 KWG; Erlaubniserteilung für Institute). Voraussetzung für die Erteilung der Erlaubnis zur Erbringung der Anlagevermittlung ist unter anderem ein Anfangskapital im Gegenwert von mindestens 50.000 Euro (§ 33 I 1 Nr. 1 Buchstabe a KWG), wenn der Anlagevermittler nicht befugt ist, sich bei der Erbringung von Finanzdienstleistungen Eigentum oder Besitz an Geldern oder Wertpapieren von Kunden zu verschaffen, und er nicht (auch) auf eigene Rechnung mit Finanzinstrumenten handelt. Anstelle des Anfangskapitals kann auch der Abschluss einer geeigneten Versicherung zum Schutz der Kunden (Versicherungssumme von mindestens einer Mio. Euro für jeden Versicherungsfall und eine Versicherungssumme von mindestens 1,5 Mio. Euro für alle Versicherungsfälle eines Versicherungsjahrs) nachgewiesen werden (§ 33 I 2 KWG). *[GKR]*

Anlageverwaltung

Die Anschaffung und die Veräußerung von Finanzinstrumenten außerhalb der Verwaltung eines Investmentvermögens im Sinne des § 1 I KAGB für eine Gemeinschaft von Anlegern, die natürliche Personen sind, mit einem Entscheidungsspielraum bei der Auswahl der Finanzinstrumente, sofern dies ein Schwerpunkt des angebotenen Produkts ist und zu dem Zweck erfolgt, dass diese Anleger an der Wertentwicklung der erworbenen Finanzinstrumente teilnehmen (Finanzdienstleistung im Sinne des § 1 Ia 2 Nr. 11 KWG). *[GWA]*

Anlegerentschädigungsrichtlinie

Kurzbegriff für die Richtlinie 97/9/EG des Europäischen Parlaments und des Rates vom 3.3.1997 über Systeme für die Entschädigung der Anleger, die sich weitgehend an die Einlagensicherungs-Richtlinie 1994 anlehnt und diesen EG-Rechtsakt ergänzt. Die Anlegerentschädigungsrichtlinie verpflichtet die EG-Mitgliedstaaten zur Einführung eines oder mehrerer Anlegerentschädigungssysteme, denen grundsätzlich alle in dem jeweiligen Mitgliedstaat zugelassenen Wertpapierhäuser und Kreditinstitute (im Sinne des EG-Bankrechts), die Wertpapierdienstleistungen erbringen, angehören müssen. Diese Unternehmen dürfen Wertpapiergeschäfte nur tätigen, wenn sie einem solchen System angeschlossen sind. Durch Artikel 1 des Gesetzes zur Umsetzung der EG-Einlagensicherungsrichtlinie und der EG-Anlegerentschädigungsrichtlinie vom 16.7.1998 (BGBl. I S. 1842) wurde das Einlagensicherungs- und Anlegerentschädigungsgesetz (EAEG) geschaffen und die Anlegerentschädigungsrichtlinie in Deutschland umgesetzt. *[GKR]*

Anrechenbare Eigenmittel

Die anrechenbaren Eigenmittel eines Instituts im Sinne der CRR sind die Summe aus dem Kernkapital und dem Ergänzungskapital des Instituts, wobei das Ergänzungskapital maximal in Höhe eines Drittels des Kernkapitals Anrechnung findet (Artikel 4 I Nr. 72 CRR). *[GKR]*

Antizyklischer Kapitalpuffer

Antizyklisches Kapitalpolster, countercyclical buffer; die Einführung eines antizyklischen Kapitalpuffers geht auf die Bestimmungen von Basel III zurück und stellt eine Erweiterung des Kapitalerhaltungspuffers dar. Der antizyklische Kapitalpuffer soll der Prozyklizität der Bestimmungen von Basel II und Basel III entgegenwirken und der Entstehung von Kreditblasen vorbeugen. In Deutschland ist der antizyklische Kapitalpuffer in § 10d KWG geregelt. In Zeiten exzessiven Kreditwachstums kann die BaFin für im Inland belegene Risikopositionen die Quote des inländischen antizyklischen Kapitalpuffers, der aus hartem Kernkapital zu bestehen hat und dessen Höhe zwischen 0 und 2,5 Prozent des Gesamtrisikobetrags einer Bank beträgt, erhöhen. Die Bank muss dann ihr hartes Kernkapital entsprechend erhöhen. Soweit das systemweite Risiko gebannt ist, kann die BaFin die Quote des antizyklischen Kapitalpuffers senken. Während Senkungen der Quote des antizyklischen Kapitalpuffers unmittelbar wirksam werden, sind Beschlüsse zur Anhebung des antizyklischen Kapitalpuffers mit einer Vorlaufzeit von bis zu zwölf Monaten im Voraus bekanntzugeben. In anderen Staaten kann die jeweilige nationale Entscheidungsinstanz die Höhe der Quote des (nationalen) antizyklischen Kapitalpuffers festlegen. Die von einem anderen Staat festgelegte Quote für den antizyklischen Kapitalpuffer ist von deutschen Instituten bei der Ermittlung ihrer institutsspezifischen antizyklischen Kapitalpuffer-Quote grundsätzlich zu berücksichtigen. Das zur Einhaltung der Anforderung des institutsspezifischen antizyklischen Kapitalpuffers erforderliche harte Kernkapital ist Teil der kombinierten Kapitalpuffer-Anforderung nach § 10i KWG. *[GKR]*

Anzeigen der Institute über personelle, finanzielle und gesellschaftsrechtliche Veränderungen

1. *Begriff*: Damit die Bankenaufsicht wirksam wahrgenommen werden kann, wird in Ergänzung zu den erforderlichen Meldungen für das Kreditgeschäft (für Großkredite, Millionenkredite und Organkredite, Kreditanzeigen nach KWG) vorgeschrieben, dass Institute im Sinne des KWG beziehungsweise deren Geschäftsleiter sowie Finanzholding-Gesellschaften im Sinne des KWG bestimmte Umstände personeller, finanzieller und rechtlicher Art der Bundesanstalt für Finanzdienstleistungsaufsicht (BaFin) und der Deutschen Bundesbank anzuzeigen haben.

2. *Pflichten der Institute*: Kreditinstitute im Sinne des KWG und Finanzdienstleistungsinstitute im Sinne des KWG haben nach § 24 I KWG unverzüglich anzuzeigen:

a) Absicht und Vollzug der Bestellung eines Geschäftsleiters und der Ermächtigung einer Person zur Einzelvertretung eines Instituts in dessen gesamten Geschäftsbereich unter Angabe der Tatsachen, die für die Beurteilung von Zuverlässigkeit, fachlicher Eignung sowie ausreichender zeitlicher Verfügbarkeit für die Wahrnehmung der jeweiligen Aufgaben wesentlich sind, damit die Qualifikation und zeitliche Kapazität dieser Personen überprüft werden kann. Bei fehlender Qualifikation kann die BaFin nach § 36 I KWG gegen die Bestellung einschreiten.

b) Ausscheiden eines Geschäftsleiters sowie Entziehung des Rechts zur Einzelvertretung des Instituts im gesamten Geschäftsbereich, um festzustellen, ob noch mindestens zwei Geschäftsleiter vorhanden sind (Vier-Augen-Prinzip).

c) Änderung von Rechtsform, soweit nicht bereits eine (neue) Erlaubnis erforderlich ist, und Firma, hingegen nicht Änderungen des Gesellschaftsvertrages oder der Satzung.

d) Verlust in Höhe von 25 Prozent der Eigenmittel. Da bei Verlust der Hälfte der Eigenmittel oder bei nachhaltig fehlender Rentabilität die Erlaubnis entzogen werden kann, soll die Aufsichtsbehörde rechtzeitig in der Lage sein, die Gefahr zu beheben. Demselben Zweck dient auch die Verpflichtung anzuzeigen, dass das Anfangskapital unter die Mindestvoraussetzungen nach § 33 I 1 Nr. 1 KWG gefallen ist sowie dass eine geeignete Versicherung nach § 33 I 2 und 3 KWG weggefallen ist (§ 24 I Nr. 9 KWG).

e) Verlegung der Niederlassung oder des Sitzes.

f) Errichtung, Verlegung, Schließung einer Zweigstelle in einem Drittstaat, damit die BaFin jederzeit einen Überblick über die Präsenz von Instituten im Ausland hat; ferner Aufnahme und Beendigung des

Erbringens grenzüberschreitender Dienstleistungen ohne Errichtung einer Zweigstelle.

g) Einstellung des Geschäftsbetriebs.

h) Absicht der gesetzlichen und satzungsmäßigen Organe des Instituts, über dessen Auflösung zu entscheiden.

i) Erwerb oder Aufgabe einer bedeutenden Beteiligung an dem eigenen Institut sowie das Erreichen, Über- oder Unterschreiten der Beteiligungsschwellen in Höhe von 20, 30 oder 50 Prozent der Stimmrechte oder des Kapitals; ferner Erwerb und Verlust der Stellung als Tochterunternehmen. Ein Institut muss bereits bevorstehende Änderungen in den Verhältnissen seiner Anteilseigner anzeigen, wenn es davon Kenntnis erlangt. Die Verpflichtung bildet das Gegenstück zur Anzeigepflicht der Erwerber oder Inhaber von bedeutenden Beteiligungen (nach § 2c KWG). Name und Anschrift von Inhabern einer bedeutenden Beteiligung an dem eigenen Institut sowie deren Höhe sind gemäß § 24 la Nr. 3 KWG einmal jährlich anzuzeigen; dies gilt auch dann, wenn solche Beteiligungen an ausländischen Unternehmen bestehen, die dem Institut nachgeordnet sind. Die Bankenaufsicht benötigt diese Informationen, um die Zuverlässigkeit, Eignung und mögliche Einflussnahme der Inhaber beurteilen zu können.

j) Jeder Fall, in dem die Gegenpartei eines Pensionsgeschäfts, umgekehrten Pensionsgeschäfts oder Waren- oder Wertpapierdarlehens ihren Erfüllungsverpflichtungen nicht nachgekommen ist.

k) Entstehen, Änderung oder Beendigung einer engen Verbindung zu einer anderen natürlichen Person oder einem anderen Unternehmen, weil sich hieraus Folgen für den Bestand der Erlaubnis ergeben können.

l) Entstehen, Veränderungen der Höhe nach oder Beendigung bedeutender Beteiligungen an anderen Unternehmen.

m) Vorschlag zur Beschlussfassung, nach dem – bezogen auf jeden einzelnen Mitarbeiter oder Geschäftsleiter – die variable Vergütung für Mitarbeiter oder Geschäftsleiter 100 Prozent der fixen Vergütung überschreitet. Der Vorschlag ist der BaFin und der Deutschen Bundesbank vorzulegen.

n) Beschluss sowie Änderung eines Beschlusses über die Billigung einer variablen Vergütung für Mitarbeiter oder Geschäftsleiter, die – bezogen auf jeden einzelnen Mitarbeiter oder Geschäftsleiter – 100 Prozent der fixen Vergütung überschreitet, sowie Angabe aller gebilligten Höchstwerte für die variable Vergütung für Mitarbeiter oder Geschäftsleiter, die 100 Prozent der fixen Vergütung überschreitet. Ein Auszug aus der Versammlungsniederschrift ist der BaFin und der Deutschen Bundesbank vorzulegen.

o) Bestellung eines Mitglieds und stellvertretender Mitglieder des Verwaltungs- oder Aufsichtsorgans, wobei Tatsachen, die zur Beurteilung der Zuverlässigkeit, Sachkunde und ausreichenden zeitlichen Kapazität dieser Person erforderlich sind, anzugeben sind.

p) Ausscheiden eines Mitglieds sowie stellvertretender Mitglieder des Verwaltungs- oder Aufsichtsorgans.

q) Änderung der modifizierten bilanziellen Eigenkapitalquote (also des Verhältnisses von bilanziellem Eigenkapital zur Summe aus Bilanzsumme, außerbilanziellen Verpflichtungen und Wiedereindeckungsaufwand für Ansprüche aus außerbilanziellen Geschäften) um mindestens fünf Prozent. Die Berechnung hat auf der Grundlage von Finanzinformationen nach § 25 I 1 KWG jeweils zum Ende eines Quartals im Verhältnis zum festgestellten Jahresabschluss des Instituts zu erfolgen. Eine Anzeigeverpflichtung besteht auch bei einer entsprechenden Änderung der modifizierten bilanziellen Eigenkapitalquote auf Grundlage eines Zwischenabschlusses im Verhältnis zum festgestellten Jahresabschluss nach internationalen Rechnungslegungsstandards, soweit das Institut nach internationalen Rechnungslegungsstandards bilanziert oder aufgrund der Vorschriften des WpHG zur Aufstellung von Zwischenabschlüssen verpflichtet ist.

r) Kredite, die zu nicht marktmäßigen Bedingungen gewährt oder nicht banküblich besichert worden sind, an (1) Kommanditisten, Gesellschafter einer GmbH, Aktionäre, Kommanditaktionäre oder Anteilseigner an einem Institut des öffentlichen Rechts, wenn diesen Personen jeweils mehr als 25 Prozent des Kapitals (Nennkapital, Summe der Kapitalanteile) des Instituts gehören oder ihnen jeweils mehr als 25 Prozent der Stimmrechte an dem Institut zustehen, und (2) Personen, die Kapital – soweit es sich nicht um Kapital nach Nr. 1 handelt – in Form von Kapitalinstrumenten nach Artikel 26 I Buchstabe a beziehungsweise Artikel 51 Buchstabe a CRR des harten oder des zusätzlichen Kernkapitals des Instituts gewährt haben, das mehr als 25 Prozent des Kernkapitals des Instituts (ohne Berücksichtigung der Kapitalinstrumente des harten oder des zusätzlichen Kernkapitals) beträgt.

Unverzüglich anzuzeigen ist auch die Absicht der Vereinigung mit einem anderen Institut, einem E-Geld-Institut oder einem Zahlungsinstitut im Sinne des ZAG (§ 24 II KWG), damit die BaFin eingreifen kann, wenn durch die Fusion Gläubiger benachteiligt werden. Gemäß § 12a I 3 KWG müssen übergeordnete Institute, Finanzholding-Gesellschaften im Sinne des KWG sowie gemischte Finanzholding-Gesellschaften ferner die Begründung, Veränderung oder Aufgabe einer Beteiligung oder Unternehmensbeziehung an einem nachgeordneten Unternehmen mit Sitz im Ausland anzeigen.

Gemäß § 24b I KWG besteht eine unverzügliche Anzeigepflicht von Instituten, wenn diese beabsichtigen, Zahlungs- sowie Wertpapierliefer- und -abrechnungssysteme zu betreiben. Anzeigepflichtig sind auch Änderungen des Teilnehmerkreises sowie Vereinbarungen über den Betrieb interoperabler Systeme. Geschäftspartnern eines Instituts steht bei Vorliegen eines berechtigten Interesses ein Anspruch auf Auskunft über die Teilnahme an solchen Systemen und deren wesentliche Regeln zu.

Auch der von einem Institut bestellte Prüfer ist der BaFin und der Deutschen Bundesbank unverzüglich nach der Bestellung anzuzeigen (§ 28 I 1 KWG).

Neben diesen unverzüglichen Anzeigepflichten besteht für die Institute nach § 24 Ia KWG die Verpflichtung, bestimmte Sachverhalte der BaFin sowie der Deutschen Bundesbank jährlich anzuzeigen.

3. *Pflichten der Geschäftsleiter*: Geschäftsleiter eines Instituts haben der BaFin und der Deutschen Bundesbank gemäß § 24 III KWG unverzüglich anzuzeigen:

a) Aufnahme und Beendigung einer Tätigkeit als Geschäftsleiter oder als Mitglied des Aufsichtsrats oder Verwaltungsrats eines anderen Unternehmens,

b) Übernahme und Aufgabe sowie Veränderungen in der Höhe bei einer mindestens 25-prozentigen Beteiligung an einem Unternehmen.

Beides kann zu bankenaufsichtlich relevanten Interessenkollisionen führen und/oder die Geschäftsleiter daran hindern, ihre Verpflichtungen aus dem KWG ordnungsgemäß wahrzunehmen.

4. *Pflichten der Finanzholding-Gesellschaften*: Neben der Pflicht gemäß § 12a I 3 KWG wird den Finanzholding-Gesellschaften in § 24 IIIa 1 KWG die Verpflichtung auferlegt, die folgenden Sachverhalte unverzüglich der BaFin sowie der Deutschen Bundesbank anzuzeigen:

a) Absicht und Vollzug der Bestellung einer Person, die die Geschäfte der Finanzholding-Gesellschaft tatsächlich führen soll; dabei sind die Tatsachen, die für die Beurteilung von Zuverlässigkeit, fachlicher Eignung sowie ausreichender zeitlicher Verfügbarkeit für die Wahrnehmung der jeweiligen Aufgaben wesentlich sind, anzugeben, damit die Qualifikation und zeitliche Kapazität dieser Personen überprüft werden kann.

b) Ausscheiden einer Person, die die Geschäfte der Finanzholding-Gesellschaft tatsächlich geführt hat.

c) Strukturelle Änderungen der Finanzholding-Gruppe im Sinne des KWG, die dazu führen, dass die Finanzholding-Gruppe in Zukunft branchenübergreifend tätig wird.

d) Bestellung eines Mitglieds und stellvertretender Mitglieder des Verwaltungsorgans oder des Aufsichtsorgans, wobei Tatsachen, die zur Beurteilung der Zuverlässigkeit, Sachkunde und ausreichenden zeitlichen Kapazität dieser Personen erforderlich sind, anzugeben sind.

e) Ausscheiden eines Mitglieds und stellvertretender Mitglieder des Verwaltungsorgans oder des Aufsichtsorgans.

Eine unverzügliche Anzeigepflicht gegenüber der BaFin sowie der Deutschen Bundesbank besteht nach § 24 IIIa 4 KWG auch, wenn eine Beteiligung oder Unternehmensbeziehung an beziehungsweise zu Instituten, Kapitalverwaltungsgesellschaften, Finanzunternehmen, Anbietern von Nebendienstleistungen und Zahlungsinstituten im Sinne des ZAG, die im Verhältnis zur Finanzholding-Gesellschaft nachgeordnete Unternehmen im Sinne des § 10a KWG sind, begründet, verändert oder aufgegeben werden. Einmal jährlich ist der BaFin und der Deutschen Bundesbank eine Sammelanzeige, in der alle diese Institute aufgeführt sind, einzureichen.

5. *Errichtung ausländischer Zweigstellen und grenzüberschreitender Dienstleistungsverkehr*: Im Rahmen der Zuständigkeiten der BaFin als der Aufsichtsbehörde des Herkunftsstaates (§ 1 IV KWG) zur Ausstellung des „Europäischen Passes" müssen CRR-Kreditinstitute und Wertpapierhandelsunternehmen ihre Absicht, eine Zweigstelle in einem anderen Staat des Europäischen Wirtschaftsraums (EWR) zu errichten, der BaFin und der Deutschen Bundesbank unverzüglich anzeigen (§ 24a I 1 KWG).

Eine nach Art und Umfang vergleichbare Anzeigepflicht gilt gemäß § 24a III KWG auch für die Absicht von CRR-Kreditinstituten und Wertpapierhandelsunternehmen, im Wege des grenzüberschreitenden Dienstleistungsverkehrs in einem anderen EWR-Staat Bankgeschäfte zu betreiben, bestimmte Finanzdienstleistungen oder Tätigkeiten von Finanzunternehmen im Sinne des KWG zu erbringen, Handelsauskünfte oder die Vermietung von Schließfächern anzubieten oder – beschränkt auf den Fall eines CRR-Kreditinstituts – Zahlungsdienste im Sinne des ZAG zu erbringen.

6. *Zweigstellen ausländischer Unternehmen im Bundesgebiet*: Für Zweigstellen von in einem anderen Staat des EWR ansässigen CRR-Kreditinstituten und Wertpapierhandelsunternehmen sowie von bestimmten anderen Kreditinstituten, Finanzdienstleistungsinstituten, Zahlungsinstituten und Finanzunternehmen gilt § 24 I Nr. 5 und 7 KWG entsprechend (§ 53b III 1, VII 3 KWG). Auch insoweit kommt eine Ausdehnung auf in Drittländern ansässige Unternehmen nach Maßgabe einschlägiger Abkommen – im Wege einer Rechtsverordnung – in Betracht (§ 53c KWG). Bei Repräsentanzen muss das betreffende ausländische Institut neben der Absicht der Errichtung und deren Vollzug auch die Verlegung und Schließung der BaFin sowie der Deutschen Bundesbank unverzüglich anzeigen (§ 53a KWG).

7. *Sanktionen*: Wer vorsätzlich oder fahrlässig der Pflicht zur Anzeige nach § 24 I Nr. 1, 2, 4-10, 12, 15, 15a, 16, 17, § 24 Ia, Ib 2, IIa, III 1, IIIa 1 Nr. 1-3, IIIa 2, IIId, § 24a I 1, IV 1, § 28 I 1, § 53a 2 oder 5 KWG nicht, nicht richtig, nicht rechtzeitig oder nicht vollständig nachkommt, handelt ordnungswidrig (§ 56 II KWG) und kann mit einer Geldbuße bis zu 5.000.000 Euro belegt werden (§ 56 VI KWG). *[GKR]*

Anzeigenverordnung (AnzV)

Die Anzeigenverordnung (AnzV) ist eine Rechtsverordnung der Bundesanstalt für Finanzdienstleistungsaufsicht (BaFin) über die Anzeigen und die Vorlage von Unterlagen nach dem Kreditwesengesetz (KWG). Sie enthält Ausführungsbestimmungen über die Erstattung von Anzeigen nach dem KWG, die nach der Reihenfolge des Gesetzes gegliedert sind, z.B. in Bezug auf finanzielle (§§ 4, 7, 8, 16 AnzV), personelle (§§ 5-5f,

10a, 11 AnzV) und organisatorische Sachverhalte (§§ 6, 9, 10, 12, 15 AnzV), sowie über die Vorlage von Unterlagen wie Jahresabschlüsse, Lageberichte und Prüfungsberichte (§ 13 AnzV). Gestützt auf § 32 I 3 KWG regelt die AnzV in § 14 auch Näheres über die Anzeigen und die Vorlage von Unterlagen im Rahmen der Erlaubniserteilung für Institute, während § 16 AnzV Anzeigepflichten für Finanzholding-Gesellschaften und gemischte Finanzholding-Gesellschaften konkretisiert, die inhaltlich zum Teil mit §§ 5-5f AnzV (personelle Veränderungen) und § 7 AnzV (Änderung von Beteiligungsverhältnissen) übereinstimmen. *[GKR]*

A-SRI

Abkürzung für anderweitig systemrelevante Institute. *[GKR]*

Asset Quality Review (AQR)

Beim Asset Quality Review handelt es sich um eine von der Aufsicht durchgeführte umfangreiche Prüfung der Werthaltigkeit (Qualität) der Aktiva in Bankbilanzen. Es geht beim Asset Quality Review vor allem darum, festzustellen, ob die Bewertung der bilanziellen Aktiva als angemessen, das heißt hinreichend vorsichtig betrachtet werden kann. Dementsprechend werden von der Aufsicht regelmäßig strengere Annahmen zugrunde gelegt, als es die geltenden Rechnungslegungsvorschriften vorschreiben. So werden z.B. Bewertungsspielräume im Rahmen der geltenden Rechnungslegungsstandards im Sinne einer vorsichtigen Sichtweise und besseren Vergleichbarkeit der Ergebnisse eingeschränkt. *[GWA]*

Aufnahmemitgliedstaat im Sinne der CRR

Derjenige Mitgliedstaat, in dem ein Kreditinstitut im Sinne der CRR oder eine Wertpapierfirma im Sinne der CRR eine Zweigstelle hat oder Dienstleistungen erbringt (Artikel 4 I Nr. 44 CRR). *[GWA]*

Aufsichtlicher Überprüfungs- und Bewertungsprozess

Der aufsichtliche Überprüfungs- und Bewertungsprozess (engl. Supervisory Review and Evaluation Process, SREP) ist der zweiten Säule des mit Basel II eingeführten Baseler Drei-Säulen-Systems zuzuordnen. Hiernach werden einerseits Institute verpflichtet, ihre Risiken mittels interner Verfahren zu messen und zu steuern (siehe auch das Stichwort „Mindestanforderungen an das Risikomanagement, MaRisk"), und andererseits ist es Aufgabe der Bankenaufsicht, innerhalb des SREP das Risikomanagement der Institute zu überprüfen und zu bewerten. Die inhaltliche Ausgestaltung des SREP ist durch die European Banking Authority (EBA) mittels der SREP-Leitlinien (EBA/GL/2014/13) erstmals im Jahr 2014 festgelegt worden und soll dadurch in weiten Teilen harmonisiert werden. Im Juli 2018 publizierte die EBA im Anschluss an eine mehrmonatige Konsultationsphase eine überarbeitete Fassung der Leitlinien.

1. *Ablauf und Frequenz des SREP*: Der SREP-Kernprozess gliedert sich in vier wesentliche Teilprozesse:

a) Analyse des Geschäftsmodells,

b) Beurteilung der Governance und des Risikomanagements,

c) Beurteilung der Kapitalausstattung,

d) Beurteilung des Liquiditäts- und Refinanzierungsrisikos.

Wenngleich dem Harmonisierungsbestreben folgend eine gemeinsame Methodik seitens der Aufseher anzuwenden ist, hängt die Intensität der Prüfungen und die Frequenz, mit der die Institute den gesamten SREP durchlaufen, von ihrer Kategorisierung ab. Institute werden von den zuständigen Behörden entsprechend ihrer Größe und Komplexität den Kategorien 1 – hierzu gehören insbesondere global systemrelevante Institute (G-SRIs) und anderweitig systemrelevante Institute (A-SRIs) – bis 4 – kleine und nicht-komplexe Institute ohne Auslandsgeschäft, die nicht in den Kategorien 1 bis 3 enthalten sind – zugeordnet. Während die von der Europäischen Zentralbank (EZB) durch gemeinsame Aufsichtsteams (Joint Supervisory Teams, JSTs) unmittelbar beaufsichtigten Institute einen europaweit einheitlichen SREP durchlaufen, können die nationalen Ansätze durchaus divergierende Schwerpunkte setzen. Dies trägt der Heterogenität einzelner Bankenlandschaften sowie dem Proportionalitätsprinzip Rechnung. Die Überprüfung aller SREP-Elemente erfolgt dann jährlich (Kategorie 1), alle zwei Jahre (Kategorie 2) oder alle drei Jahre (Kategorien 3 und 4). Zu erwähnen ist jedoch, dass die Bankenaufseher unabhängig von der Einstufung des Instituts quartalsweise Schlüsselindikatoren wie Marktkennzahlen oder Daten des Meldewesens beobachten und jährlich die SREP-Gesamtbeurteilung ermitteln.

2. Gesamtbeurteilung und deren Auswirkungen: Jeder der vier oben genannten Teilprozesse schließt mit einer eigenen Beurteilung ab, die von 1 („niedriges erkennbares Risiko") bis hin zu 4 („hohes Risiko") reichen kann. Diese vier Teilergebnisse werden sodann zu einer Gesamtbeurteilung verdichtet, welche ebenfalls die Größenordnungen 1 bis 4 annehmen kann, erweitert um die Möglichkeit der Einstufung des Instituts als „ausfallend oder wahrscheinlich ausfallend" (failing or likely to fail), was durch den Gesamtwert „F" zum Ausdruck gebracht wird. Der SREP hat für Kreditinstitute in der Regel einen unmittelbaren „harten" Kapitalzuschlag (Pillar-2-Requirements, P2R) zur Folge, der für Risiken erhoben wird, die durch die Anforderungen gemäß der ersten Baseler Säule nicht oder nicht ausreichend mit Eigenmitteln abgedeckt werden. Gemeinsam mit den Mindesteigenmittelanforderungen nach Artikel 92 CRR bildet der Zuschlag die Total SREP Capital Requirements (TSCR) ab. Hinzu tritt eine „weiche" Kapitalempfehlung (Pillar-2-Guidance, P2G) als Puffer für Stresssituationen. Ferner stehen der Aufsicht weitere Maßnahmen quantitativer und qualitativer Natur zur Verfügung. Hierzu zählen beispielsweise Frühinterventionsmaßnahmen wie eine Anhebung der Liquiditätsmindestanforderungen oder Beschränkungen der Fristentransformation, Auflagen bezüglich der Governance und der Kontrollverfahren des Instituts bis hin zu Eingriffen in dessen Geschäftsmodell und die Schließung ganzer Geschäftsfelder. Ebenso kann die Aufsicht die Durchführung von im Sanierungsplan festgelegten Maßnahmen anordnen. Der Schweregrad aufsichtlicher Maßnahmen hängt dabei entscheidend von der SREP-Gesamtbeurteilung des Instituts ab. Im Falle einer Einstufung als „ausfallend oder wahrscheinlich ausfallend" ist gemäß den Artikeln 32 ff. BRRD (siehe das Stichwort „Richtlinie zur Sanierung und Abwicklung von Kreditinstituten") zu verfahren, wonach zunächst die zuständige Abwicklungsbehörde anzuhören ist. Gegebenenfalls kann sodann eine sofortige Abwicklung des Instituts angeordnet werden. [RBL]

Aufsichtsarbitrage

Versuch von Instituten, sich den regulatorischen Beschränkungen der Bankenaufsicht ihres Sitzstaates zu entziehen, indem sie einen Teil ihrer Geschäftsaktivitäten in Märkte verlagern, die weniger strengen Aufsichtsbestimmungen unterliegen. [GWA]

Aufsichtsgebühren

Aufsichtsgebühren sind die von den zuständigen Aufsichtsbehörden erhobenen und im Rahmen der Beaufsichtigung von den Kredit- und Finanzdienstleistungsinstituten zu zahlenden Entgelte zur Deckung der Kosten der Aufsichtstätigkeit. Sie richten sich in ihrer Höhe nach der Bedeutsamkeit und dem Risikoprofil des beaufsichtigten Instituts. Die Europäische Zentralbank (EZB) erhebt im Rahmen des Einheitlichen Aufsichtsmechanismus (SSM) jährlich Gebühren, die den geschätzten Gesamtaufwand für das anstehende Jahr, den zu erstattenden Mehr- oder in Rechnung zu stellenden Fehlbetrag des Vorjahres, sämtliche nicht eintreibbare Gebühren vergangener Gebührenzeiträume sowie angefallene Verzugszinsen abdecken. Die Bundesanstalt für Finanzdienstleistungsaufsicht erhebt Gebühren für ihre Aufsichtstätigkeit im geschätzten Umfang (einschließlich der ihr von der Deutschen Bundesbank für Unterstützungstätigkeiten in Rechnung gestellten Kosten), sofern die Kosten nicht bereits von der Europäischen Zentralbank erhoben wurden. Im Nachhinein als zu hoch identifizierte Einnahmen werden rückerstattet. *[RBL]*

Aufsichtsgremium der EZB

1. *Begriff:* Das Aufsichtsgremium der Europäischen Zentralbank (EZB) setzt sich zusammen aus dem Vorsitzenden, welcher für eine nicht verlängerbare Amtszeit von fünf Jahren ernannt wird, einem stellvertretenden Vorsitzenden, welcher aus dem Kreis der Mitglieder des EZB-Direktoriums ausgewählt wird, vier Vertretern der Europäischen Zentralbank (EZB) sowie aus Vertretern der nationalen Aufsichtsbehörden.

2. *Aufgaben:* Das Aufsichtsgremium tritt zweimal pro Monat zusammen, um die Aufgaben der EZB im Bereich der Bankenaufsicht zu erörtern, zu planen und durchzuführen. Das Gremium unterbreitet dem EZB-Rat Beschlussentwürfe im Rahmen des Verfahrens der impliziten Zustimmung. *[GRE]*

Aufsichtskollegien

Supervisory colleges; werden für die wichtigsten grenzüberschreitend tätigen Institutsgruppen eingerichtet. Ziel dieser Aufsichtskollegien ist es, die Zusammenarbeit zwischen den nationalen Aufsichtsbehörden im Umgang mit grenzüberschreitend tätigen Institutsgruppen zu bündeln und effektiver zu gestalten. Zu diesem Zweck sollen die beteiligten Aufsichtsbehörden relevante Informationen aus den verschiedenen Staaten, in denen die Institutsgruppe tätig ist, austauschen, zu einer gemeinsamen Risikoeinschätzung aggregieren und aufsichtliche Prüfungsprogramme auf Grundlage der Risikobewertung der Institutsgruppe festlegen. Zudem sollen unnötige aufsichtsrechtliche Doppelanforderungen beseitigt und eine gleichmäßige Anwendung der bestehenden aufsichtsrechtlichen Anforderungen durch die Kollegien sichergestellt werden. Des Weiteren können sich die beteiligten Aufsichtsbehörden zur

Effizienzsteigerung auch auf eine freiwillige Übertragung von Aufgaben und Zuständigkeiten einigen. Die Leitung eines Aufsichtskollegiums übernimmt der Heimatlandaufseher (sogenannter „konsolidierender Aufseher"). In der Bundesrepublik Deutschland wird die Arbeitsweise eines Aufsichtskollegiums in § 8e KWG konkretisiert. *[GWA]*

Aufsichtskonvergenz

Die Aufsichtskonvergenz verfolgt das Ziel, dass aufsichtsrechtliche Vorschriften in den einzelnen Ländern einheitlich angewandt werden. Hierdurch soll ein effizientes Funktionieren der Finanzmärkte erreicht und die Finanzstabilität gestärkt werden. Darüber hinaus sollen vergleichbare Wettbewerbsbedingungen geschaffen und der Aufsichtsarbitrage entgegengewirkt werden. *[GWA]*

Aufsteigende Sicherheiten

Upstream security; die Stellung von Kreditsicherheiten durch eine Tochtergesellschaft im Konzern („nach oben") für die Muttergesellschaft zu deren Unterstützung bei der Kreditaufnahme. *[RBL]*

Ausfallwahrscheinlichkeit

Probability of Default, PD; die Ausfallwahrscheinlichkeit eines Kreditnehmers, Emittenten oder Vertragspartners ist die Wahrscheinlichkeit, mit der dieser in Zukunft seinen Zahlungs- oder sonstigen Vertragsverpflichtungen nicht nachkommt. Die Bestimmung der Ausfallwahrscheinlichkeit ist zentraler Bestandteil der vorausschauenden Bonitätsanalyse und des Kreditrisikomanagements. Das Ausfallereignis kann dabei an verschiedenen Kriterien festgemacht werden, wie z.B. dem Ausbleiben einer vertragsmäßigen Zahlung über einen vordefinierten Zeitraum oder der Vornahme einer Einzelwertberichtigung aufgrund des Vorsichtsprinzips. Üblicherweise wird z.B. für jede (externe oder interne) Ratingklasse auf Basis von Zeitreihen eine Ausfallwahrscheinlichkeit auf Jahressicht berechnet; diese kann für beste Adressen ein bis zwei Basispunkte, für Non-Investment-Grade-Adressen bis zu 100 und mehr Basispunkte betragen. Wahrscheinlichkeiten für den Ausfall innerhalb mehrerer Jahre (kumulierte Ausfallwahrscheinlichkeiten) lassen sich anhand von Migrationsmatrizen bestimmen. Aus einer Migrationsmatrix wiederum kann die Wahrscheinlichkeit für den Ausfall in einem bestimmten Jahr (marginale Ausfallwahrscheinlichkeit) errechnet werden. *[AWI]*

Auslagerung

Die Auslagerung umfasst Maßnahmen, mit denen zur Stärkung der Wettbewerbsfähigkeit die Unternehmensfunktionen und -prozesse dadurch optimiert werden sollen, dass einzelne wesentliche Unternehmensbereiche durch Vertrag auf dritte (externe) Unternehmen (Auslagerungsunternehmen) verlagert werden. In Umsetzung der allgemeinen Grundsätze ordnungsgemäßer Geschäftsführung und zur Konkretisierung organisatorischer Grundanforderungen formuliert § 25b KWG für Kredit- und Finanzdienstleistungsinstitute im Sinne des KWG allgemeine Qualitätsstandards für eine Auslagerung, die durch das Rundschreiben 09/2017 (BA) - Mindestanforderungen an das Risikomanagement - MaRisk der Bundesanstalt für Finanzdienstleistungsaufsicht (BaFin) vom 27.10.2017 konkretisiert werden. Grundsätzlich können sämtliche Aktivitäten und Prozesse eines Instituts ausgelagert werden; allerdings darf durch die Auslagerung die Ordnungsmäßigkeit der Geschäftsorganisation nach § 25a I KWG nicht beeinträchtigt werden (AT 9.4 MaRisk). Nicht zulässig ist eine Auslagerung, wenn sie zu einer Delegation der Verantwortung der Geschäftsleitung an das Auslagerungsunternehmen führt. Leitungsaufgaben der Geschäftsleitung dürfen nicht ausgelagert werden. Bei Auslagerungen, die unter Risikogesichtspunkten wesentlich sind, sind die spezifischen Anforderungen der MaRisk zu beachten. Danach ist das Institut verpflichtet, die mit einer wesentlichen Auslagerung verbundenen Risiken angemessen zu steuern sowie die Ausführung der ausgelagerten Aktivitäten und Prozesse ordnungsgemäß zu überwachen. In diesem Zusammenhang ist die Leistung des Auslagerungsunternehmens anhand vorzuhaltender Kriterien regelmäßig zu beurteilen (AT 9.9 MaRisk). Die wesentlichen Auslagerungen sind von dem Institut auf Basis einer Risikoanalyse eigenverantwortlich festzulegen (AT 9.2 MaRisk). Darüber hinaus werden in AT 9.7 MaRisk detaillierte Vorgaben zu den Inhalten des Auslagerungsvertrags gemacht, wie z.B. die Verpflichtung zur Vereinbarung von Regelungen, mit denen die Beachtung der Bestimmungen des Datenschutzes sichergestellt wird. Bei nicht wesentlichen Auslagerungen müssen lediglich die allgemeinen Anforderungen an die Ordnungsmäßigkeit der Geschäftsorganisation gemäß § 25a I KWG beachtet werden (AT 9.3 MaRisk). *[GKR]*

Ausschuss für Finanzstabilität (AFS)

Am 18. März 2013 hat der Ausschuss für Finanzstabilität (AFS) seine Arbeit aufgenommen und löste damit den Ständigen Ausschuss für Finanzmarktstabilität ab. Grundlage für die Schaffung des AFS bildet das Gesetz zur Überwachung der Finanzstabilität (FinStabG), welches zum 1. Januar 2013 in Kraft getreten ist. Der Ausschuss für Finanzstabilität (AFS) ist beim Bundesministerium der Finanzen angesiedelt und gilt als das zentrale Gremium der makroprudentiellen Überwachung in Deutschland. Die primäre Aufgabe des AFS ist es, die für die Finanzstabilität wesentlichen Sachverhalte kontinuierlich zu diskutieren, vor ausgemachten Gefahren zu warnen und Empfehlungen zur Vermeidung von Problemen auszusprechen. Darüber hinaus berät der AFS über den Umgang mit Warnungen und Empfehlungen des Europäischen Ausschusses für Systemrisiken (ESRB). Adressat einer Warnung oder Empfehlung des AFS kann die Bundesregierung, die Bundesanstalt für Finanzdienstleistungsaufsicht (BaFin) oder eine andere öffentliche Stelle in Deutschland sein. Eine weitere Zielsetzung des Ausschusses besteht darin, zur Stärkung der Zusammenarbeit der in ihm vertretenen Institutionen im Fall einer Finanzkrise beizutragen. Dem Ausschuss sind die öffentlichen Institutionen angehörig, die auf nationaler Ebene mit der Überwachung des Finanzsystems betraut sind. Konkret setzt sich der AFS zusammen aus drei Vertretern der Deutschen Bundesbank, drei Vertretern des Bundesministeriums der Finanzen sowie – in beratender Funktion und ohne Stimmrecht – dem für den Geschäftsbereich Abwicklung zuständigen Mitglied des Direktoriums der BaFin. Insofern sind im AFS die jeweiligen fachlichen Kenntnisse sowie die Bewertungen der verschiedenen Institutionen vertreten. Der Ausschuss kommt einmal pro Quartal zusammen und ist dazu verpflichtet, einmal jährlich dem Deutschen Bundestag einen Bericht vorzulegen. [GRE]

Ausschüttungsfähiger Höchstbetrag

Das Konzept des ausschüttungsfähigen Höchstbetrags (engl. Maximum Distributable Amount, MDA) wurde durch die CRD IV eingeführt. Es schränkt Institute bei einer Unterschreitung gewisser Mindestanforderungen an die Eigenmittelausstattung, die sich aus der ersten und zweiten Baseler Säule inklusive der kombinierten Kapitalpuffer-Anforderung zusammensetzen, bei der Ausschüttung von Kapitalbeträgen ein oder untersagt diese in Gänze. In Praxi bedeutet das, dass der MDA-Schwellenwert bereits ab einer vollständigen Nichterfüllung der Säule-2-Empfehlung erreicht wird. Die Beschränkungen können sich neben Gewinnen auch auf gewinnabhängige Boni oder Wertpapiere beziehen, die die Anerkennungsvoraussetzungen für das zusätzliche Kernkapital erfüllen. [RBL]

Automatisierter Abruf von Kontoinformationen

Beim automatisierten Abruf von Kontoinformationen handelt es sich um die durch das Vierte Finanzmarktförderungsgesetz im Frühjahr 2002 in § 24c KWG eingefügte Befugnis der Bundesanstalt für Finanzdienstleistungsaufsicht (BaFin), in einem von ihr bestimmten Verfahren automatisiert einzelne Daten aus einer Datei bei einem Kreditinstitut im Sinne des KWG sowie – soweit sie Konten und Depots für Dritte führt – der

Deutschen Bundesbank (ohne dessen/deren Kenntnis) abzurufen. In dieser Datei sind gespeichert:

a) die Nummer eines Kontos, das der Verpflichtung zur Legitimationsprüfung im Sinne von § 154 II 1 AO unterliegt, eines Depots oder eines Schließfachs sowie der Tag der Eröffnung und der Auflösung,

b) der Name sowie bei natürlichen Personen der Geburtstag des Inhabers und eines Verfügungsberechtigten sowie Name und Anschrift eines abweichend wirtschaftlich Berechtigten (im Sinne des Geldwäschegesetzes [GwG]).

Die Befugnis der BaFin ist gegeben, soweit der Abruf zur Erfüllung ihrer aufsichtlichen Aufgaben nach dem KWG oder dem GwG, insbesondere im Hinblick auf unerlaubte Bankgeschäfte im Sinne des KWG oder Finanzdienstleistungen im Sinne des KWG oder den Missbrauch von Instituten im Sinne des KWG durch Geldwäsche, Terrorismusfinanzierung oder betrügerische Handlungen zu deren Lasten erforderlich ist und konkret eine besondere Eilbedürftigkeit vorliegt. Die BaFin ist ihrerseits bestimmten anderen in- und ausländischen Stellen gegenüber auskunftspflichtig. Das Kreditinstitut hat in seinem Verantwortungsbereich auf seine Kosten alle Vorkehrungen zu treffen, die für den automatisierten Abruf nötig sind. Das Kreditinstitut und die BaFin haben dem jeweiligen Stand der Technik entsprechende Maßnahmen zur Sicherstellung von Datenschutz und Datensicherheit zu treffen, die insbesondere die Vertraulichkeit und Unversehrtheit abgerufener und weiter übermittelter Daten gewährleisten. [GKR]

Bad-Bank

Siehe das Stichwort „Abwicklungsanstalt".

Bail-in

Im Gegensatz zum Bail-out tragen bei einem Bail-in die Geldgeber einer Institution deren Verlust mit. Durch die Zahlungsunfähigkeit eines Staates verlieren dessen Gläubiger Teile ihrer Ansprüche oder geben diese auf. In Bezug auf Banken wird in den Vorschriften der BRRD in den Artikeln 43-55 das Instrument des Bail-in zur Abwicklung von Kreditinstituten eingeführt. Präzisiert wird das Bail-in durch die SRM-VO und durch das SAG auf nationaler Ebene umgesetzt. Das Bail-in gibt der Abwicklungsbehörde nach Artikel 60 BRRD die Befugnis, berücksichtigungsfähige Verbindlichkeiten eines Instituts ganz oder teilweise herabzuschreiben und/oder diese Verbindlichkeiten in Anteile des Instituts oder andere Instrumente des harten Kernkapitals umzuwandeln. Somit zielt die Durchführung eines Bail-in darauf ab, dass außerhalb eines Insolvenzverfahrens neben Eigentümern und nachrangigen Gläubigern auch nicht nachrangige Fremdkapitalgeber zur Haftung für Verluste eines Kreditinstituts herangezogen werden können. Die Durchführung eines Bail-in erfolgt in Form einer Haftungskaskade, welche vorab verbindlich und eindeutig festgelegt wird. Bei der Umsetzung eines Bail-in werden als erstes das harte Kernkapital und somit im Wesentlichen die Gruppe der Anteilsinhaber der Bank in Anspruch genommen, sodann das zusätzliche Kernkapital und zuletzt das Ergänzungskapital. Grundsätzlich kommen zusätzlich sämtliche über die Eigenmittel hinausgehenden Verbindlichkeiten eines Instituts für ein Bail-in in Frage. Ausgenommen hiervon sind allerdings durch Einlagensicherungssysteme geschützte Einlagen, durch Vermögenswerte besicherte Verbindlichkeiten und Verbindlichkeiten mit einer Ursprungsfälligkeit von weniger als einem Monat. Sofern bei der Haftungskaskade sämtliche Mittel einer Ebene herangezogen wurden, werden die Mittel der nächst unteren Stufe ausgeschöpft, bis eine vollständige Aufteilung der Verluste vollzogen wurde.

Damit sichergestellt wird, dass eine Bank im Falle des Bail-in über ausreichend bail-in-fähiges Kapital verfügt, wurden sowohl auf nationaler als auch internationaler Ebene Mindestanforderungen an vorzuhaltende bail-in-fähige Verbindlichkeiten festgelegt. Darüber hinaus wurde im Rahmen der Sanierungs- und Abwicklungsrichtlinie eine Mindestanforderung an Eigenmittel und berücksichtigungsfähige Verbindlichkeiten (Minimum Requirement for Own Funds and Eligible Liabilities, MREL) in Artikel 45 I BRRD eingeführt: Die zuständige Abwicklungsbehörde setzt daher für jedes Institut die Summe der Eigenmittel und abschreibungsfähigen Verbindlichkeiten fest, über welche ein Institut verfügen muss. Sie orientiert sich dabei insbesondere an der Größe, dem Geschäftsmodell, dem Risikoprofil und der systemischen Relevanz des Instituts. Die EU-Kommission kann die Summe durch delegierte Rechtsakte „gegebenenfalls" und für „unterschiedliche Kategorien von Instituten" als Bandbreite vorschreiben. Darüber hinaus gilt seit dem Jahr 2019 eine vom Rat für Finanzstabilität (FSB) festgelegte neue Mindestanforderung an die Gesamtverlustabsorptionsfähigkeit global systemrelevanter Banken (G-SIB), die sogenannte Total Loss Absorbing Capacity (TLAC). Sobald die TLAC-Anforderung in europäisches Recht umgesetzt wurde, wird diese verbindliche Vorgaben unter anderem bezüglich der Höhe und der Anerkennungsfähigkeit von Verbindlichkeiten sowie weiterer Aspekte machen. *[GRE]*

Bail-in-light

Bei einem Bail-in-light sind die Aktionäre sowie Halter von nachrangigen Anleihen dazu angehalten, Gelder zur Stützung einer sich in Schieflage befindlichen Bank zur Verfügung zu stellen, um deren Kosten zu decken. Damit haften neben den ohnehin von Verlusten betroffenen Aktionären unter Umständen auch die Gläubiger. Im Vergleich zum Bail-in, bei dem auch die Halter vorrangiger Anleihen sowie Einleger belastet werden können, verlieren bei einem Bail-in-light lediglich nachrangige Gläubiger einen Teil ihrer Ansprüche, was aber auch bis hin zum Totalverlust führen kann. *[GRE]*

Bail-out

Rettungsmaßnahme für ein hoch verschuldetes oder überschuldetes Unternehmen beziehungsweise Land, bei der ein Dritter (im Fall überschuldeter Länder gegebenenfalls der Internationale Währungsfonds) unter anderem mit finanziellen Mitteln unterstützend eingreift. *[RHÖ, NHE]*

Bankaufsichtliche Anforderungen an die IT (BAIT)

Die Bankaufsichtlichen Anforderungen an die IT (BAIT) stellen den zentralen Baustein für die IT-Aufsicht über den Bankensektor in Deutschland dar. Sie interpretieren die gesetzlichen Anforderungen des § 25a I 3 Nr. 4 und Nr. 5 KWG. In ihnen erläutert die Bundesanstalt für Finanzdienstleistungsaufsicht (BaFin), was sie unter einer angemessenen technisch-organisatorischen Ausstattung der IT-Systeme von Instituten versteht. Eine besondere Berücksichtigung erfahren hierbei die Anforderungen an die Informationssicherheit sowie ein angemessenes Notfallsystem. *[GWA]*

Bankaufsichtliche Auskünfte und Prüfungen

1. *Allgemein*: Aufgrund der Melde- und Anzeigepflichten der Institute und der Vorlagepflichten der Institute erhält die Bundesanstalt für Finanzdienstleistungsaufsicht (BaFin) teils laufend, teils bei Vorliegen bestimmter Tatbestände umfangreiches Informationsmaterial (Kreditanzeigen nach KWG, Anzeigen der Institute über personelle, finanzielle und gesellschaftsrechtliche Veränderungen, Monatsausweis, Jahresabschluss der Kreditinstitute und Lagebericht der Kreditinstitute, Prüfungsbericht). Diese Befugnisse als Voraussetzungen einer wirksamen

Bankenaufsicht werden gemäß den §§ 44–44c KWG durch umfassende Auskunfts- und Prüfungsrechte ergänzt. Die BaFin kann hiernach im Inland (und nach § 44a KWG in begrenztem Umfang auch im Ausland) Auskünfte und Unterlagen über aufsichtsrelevante Tatbestände erhalten und klärungsbedürftige Sachverhalte an Ort und Stelle nachprüfen.

2. *Auskünfte und Prüfungen im Inland:* Gemäß § 44 I KWG ist die BaFin befugt, von allen Instituten im Sinne des KWG und übergeordneten Unternehmen, den Mitgliedern ihrer Organe und den Beschäftigten Auskünfte über Geschäftsangelegenheiten sowie die Vorlage der Bücher, Schriften und weiterer Unterlagen zu verlangen. Soweit die Deutsche Bundesbank im Rahmen der Bankenaufsicht tätig wird, steht auch ihr dieses Recht zu. In eingeschränktem Umfang, nämlich soweit es um Fragen der Konsolidierung oder um aufgrund einer Rechtsverordnung gemäß § 25 III 1 KWG zu liefernde Angaben geht, haben die BaFin und die Deutsche Bundesbank die gleichen Auskunfts- und Vorlegungsbefugnisse auch gegenüber nachgeordneten Unternehmen, Finanzholding-Gesellschaften im Sinne des KWG an der Spitze von Finanzholding-Gruppen im Sinne des KWG, gemischten Finanzholding-Gesellschaften an der Spitze von gemischten Finanzholding-Gesellschaften, gemischten Holding-Gesellschaften und gegenüber Mitgliedern von Organen dieser Unternehmen. Bevor ein förmliches Auskunftsersuchen oder Vorlegungsverlangen erfolgt, bittet die BaFin in der Regel zunächst formlos um die nötigen Informationen. Dabei kann sich die Behörde der Hilfe anderer Personen oder Einrichtungen (z.B. von Wirtschaftsprüfern, Prüfungsverbänden) bedienen. Auskünfte betreffen z.B. die Umsätze in bestimmten Wertpapieren, den Umfang der gewährten Kontokorrentkredite sowie die Entwicklung eines bestimmten Kredits. Bei Verträgen, Schriftwechseln, Buchführungsunterlagen, Arbeitsanweisungen oder Aktenvermerken kann Vorlegung verlangt werden. Auf das Bankgeheimnis oder die Unverletzlichkeit der Geschäftsräume können sich Institute hierbei nicht berufen. Prüfungen bei Instituten und anderen Unternehmen dürfen auch ohne besonderen Anlass vorgenommen werden (§ 44 I 2, II 2 KWG). In unregelmäßigen Abständen (der Stichtag der

Prüfung weicht häufig von dem des Jahresabschlusses ab) werden meist Teilbereiche geprüft, etwa das Kreditgeschäft im Sinne des KWG, Großkredite, bestimmte Engagements, das Revisionswesen, die Organisation, die Wertpapiergeschäfte, das Depot- und Devisengeschäft, die Einhaltung des § 18 KWG usw. Die BaFin beauftragt in der Regel Wirtschaftsprüfer, Wirtschaftsprüfungsgesellschaften, Prüfungsverbände oder die Deutsche Bundesbank (insbesondere bei Devisenprüfungen), die Maßnahmen durchzuführen. Dabei wird vermieden, die Jahresabschlussprüfer einzuschalten, um Interessenkollisionen zu verhindern; bei verbandsgeprüften Kreditinstituten werden jeweils andere prüfende Personen eingesetzt. Um eine Überschneidung mit den Prüfungen der Einrichtungen der Verbände zur Einlagensicherung zu vermeiden, werden Prüfungszeitpunkt und -umfang mit diesen abgestimmt. Die BaFin kann ferner Vertreter zu den Haupt-, General- oder Gesellschafterversammlungen sowie den Sitzungen der Aufsichtsorgane von Instituten, Finanzholding-Gesellschaften und gemischten Finanzholding-Gesellschaften in der Rechtsform einer juristischen Person entsenden (§ 44 IV KWG) sowie die Einberufung dieser Versammlungen oder Sitzungen verlangen; auch sind die Vertreter der BaFin redeberechtigt (§ 44 V KWG). Auskünfte über Geschäftsangelegenheiten sowie die Vorlegung der Bücher und Schriften kann die BaFin auch von einem Unternehmen verlangen, bei dem feststeht oder Tatsachen die Annahme rechtfertigen, dass Bankgeschäfte im Sinne des KWG oder Finanzdienstleistungen im Sinne des KWG ohne Erlaubnis oder dass verbotene Bankgeschäfte nach KWG betrieben werden (§ 44c I KWG). Um Art und Umfang der Aktivitäten feststellen zu können, dürfen Prüfungen auch vor Ort, sogar Durchsuchungen erfolgen und Gegenstände als Beweismittel sichergestellt werden. Den auskunftspflichtigen Personen steht ein Auskunftsverweigerungsrecht auf Fragen zu, deren Beantwortung sie oder ihre Angehörigen einer Bestrafung oder einem Bußgeld aussetzen könnte.

3. *Prüfung der Inhaber bedeutender Beteiligungen*: Während des Bestehens einer bedeutenden Beteiligung im Sinne des KWG an einem Institut soll

die BaFin in der Lage sein, zu überwachen, ob der Anteilseigner den an ihn zu stellenden Anforderungen genügt, sofern tatsächliche Zweifel hieran auftauchen (§ 44b KWG). Die BaFin kann dann verlangen, dass ihr und der Deutschen Bundesbank relevante Unterlagen wie Jahresabschlüsse, Angaben zur Konzernstruktur sowie Konzernabschlüsse einschließlich der Prüfungsberichte vorgelegt werden. Deren Überprüfung kann auch durch einen von der BaFin bestimmten Wirtschaftsprüfer erfolgen, wobei der Vorlagepflichtige die Kosten dieser Prüfung selbst zu tragen hat. Maßnahmen nach § 44b KWG sollen insbesondere zur Bekämpfung der Geldwäsche dienen.

4. *Grenzüberschreitende Auskünfte und Prüfungen*: Auf die Datenübermittlung zwischen einem Institut, einer Kapitalverwaltungsgesellschaft, einem Finanzunternehmen im Sinne des KWG, einer Finanzholding-Gesellschaft, einer gemischten Finanzholding-Gesellschaft, einem Anbieter von Nebendienstleistungen, einem E-Geld-Institut im Sinne des ZAG, einem Zahlungsinstitut im Sinne des ZAG oder einem Unternehmen mit Sitz im Ausland, welches mindestens 20 Prozent der Kapitalanteile oder Stimmrechte an dem inländischen Unternehmen hält, dessen Mutterunternehmen ist oder beherrschenden Einfluss ausüben kann, oder einer gemischten Holdinggesellschaft einerseits und seinen Tochterunternehmen mit Sitz im Ausland andererseits, sind Rechtsvorschriften, die diesen Vorgang beschränken, nicht anzuwenden. Maßstab für die Zulässigkeit der Datenübermittlung ist dabei, ob diese erforderlich ist, um Bestimmungen der Bankenaufsicht nach Maßgabe der Richtlinie 2013/36/EU oder der Richtlinie 2002/87/EG über das Unternehmen mit Sitz im Ausland zu erfüllen (§ 44a I 1 KWG). Um einen einseitigen Datenfluss in andere Staaten zu verhindern, kann die BaFin einem Institut die Übermittlung von Daten in einen Drittstaat (außerhalb des EWR) untersagen, etwa wenn die Gegenseitigkeit nicht gewährleistet ist. Im Rahmen grenzüberschreitender Amtshilfe hat die BaFin gemäß § 44a II KWG auf Ersuchen einer Bankenaufsichtsbehörde eines anderen EWR-Mitgliedstaates die Richtigkeit der von einem berichtspflichtigen

Unternehmen übermittelten Daten zu überprüfen oder zu gestatten, dass jene Behörde, ein Wirtschaftsprüfer oder ein Sachverständiger diese Daten überprüft. Im Gegenzug hat die BaFin gemäß § 44a III KWG die Befugnis, von bestimmten ausländischen Unternehmen (CRR-Kreditinstitute, Wertpapierhandelsunternehmen, Kapitalverwaltungsgesellschaften, Finanzholding-Gesellschaften und gemischte Finanzholding-Gesellschaften) Auskünfte zu verlangen, wenn dadurch die Aufsicht über Tochterunternehmen solcher Institute erleichtert wird. Voraussetzung für dieses Auskunftsrecht der BaFin ist allerdings, dass diese Tochterinstitute von der ausländischen Aufsichtsbehörde nicht in die Beaufsichtigung auf zusammengefasster Basis einbezogen werden. Bei Zweigniederlassungen von Unternehmen mit Sitz in einem anderen EWR-Mitgliedstaat gestattet § 53b VI KWG den Aufsichtsbehörden dieses „Herkunftsstaates" (§ 1 IV KWG), nach vorheriger Unterrichtung der BaFin die für die bankenaufsichtliche Überwachung der Zweigniederlassung erforderlichen Informationen selbst oder durch ihre Beauftragten bei der Zweigniederlassung zu prüfen. Die ausländischen Behörden können hierbei aber auch im Rahmen des § 44a II KWG mit deutschen Stellen zusammenarbeiten. Im Gegenzug steht der BaFin eine entsprechende Prüfungsbefugnis im „Aufnahmestaat" für dortige Zweigstellen deutscher Banken zu. Die parallelen Regelungen aller EU-Mitgliedsländer haben ihre Grundlage in Artikel 15 der Zweiten Bankrechtskoordinierungs-Richtlinie. [GKR]

Bankaufsichtliche Maßnahmen

Die Vorschriften des Kreditwesengesetzes (KWG) über die Bankenaufsicht dienen der vorbeugenden Gefahrenabwehr. In einer marktwirtschaftlichen Ordnung lassen sich jedoch auch für Kreditinstitute und andere Institute Gefahrensituationen und Bankinsolvenzen nicht völlig verhindern. Zur Bekämpfung von Missständen und Gefahren für die den Instituten im Sinne des KWG anvertrauten Vermögenswerte enthält das KWG einen Katalog von abgestuften Einwirkungs- und

Eingriffsbefugnissen. Wegen der Dringlichkeit der jeweiligen Maßnahmen haben Widerspruch und Anfechtungsklage gegen Verwaltungsakte der Bundesanstalt für Finanzdienstleistungsaufsicht (BaFin) meist keine aufschiebende Wirkung (§ 49 KWG). Diese und damit der Wegfall der sofortigen Vollziehbarkeit kann aber auf Antrag des Betroffenen vom Verwaltungsgericht angeordnet werden. Wird der BaFin eine bedenkliche Entwicklung bei einer Bank bekannt, so wird die Behörde zunächst im Gespräch mit den Geschäftsleitern oder dem unternehmenseigenen Kontrollgremium versuchen, eine Bereinigung der Lage auf „informellem" Wege zu erreichen. Solch flexibles und diskretes Vorgehen kann die Änderung der Geschäftspolitik, die Zuführung neuen Eigenkapitals, das Auswechseln von Geschäftsleitern, die Anlehnung an ein gesundes Institut usw. zum Ziel haben. Misslingt diese Einflussnahme, verbleiben die gesetzlichen Eingriffsmöglichkeiten. *[GKR]*

Bankaufsichtliche Maßnahmen bei unzureichenden Eigenmitteln oder unzureichender Liquidität

§ 45 KWG gibt der Bundesanstalt für Finanzdienstleistungsaufsicht (BaFin) Handhabe, um Eigenmittelausstattung und Liquidität eines Instituts im Sinne des KWG zu verbessern. Dabei sind zwei Fälle zu unterscheiden:

1. Die Vermögens-, Finanz- und Ertragsentwicklung eines Instituts im Sinne des KWG rechtfertigt die Annahme, dass es nicht über eine ausreichende Ausstattung mit Eigenmitteln (Eigenmittel der Institute) oder Liquidität verfügt (§ 45 I 1 KWG). Zur Überprüfung wird auf die Gesamtkennziffer sowie die Liquiditätskennziffer zurückgegriffen. Die Gesamtkennziffer ist als das in Prozent ausgedrückte Verhältnis zwischen den Eigenmitteln eines Instituts als Zähler und der mit dem Faktor 12,5 multiplizierten Summe aus dem Gesamtanrechnungsbetrag für Adressenrisiken, dem Anrechnungsbetrag für die operationellen Risiken und der

Summe der Anrechnungsbeträge für Marktrisikopositionen (bei Handelsbuchinstituten einschließlich der Optionsgeschäfte) dieses Instituts als Nenner definiert. Die Liquiditätskennziffer ist definiert als das Verhältnis zwischen den im ersten Laufzeitband (täglich fällig bis zu einem Monat) verfügbaren Zahlungsmitteln und den während dieses Zeitraums abrufbaren Zahlungsverpflichtungen eines Instituts. Die Annahme einer unzureichenden Ausstattung mit Eigenmitteln oder Liquidität ist nach § 45 I 2 KWG regelmäßig dann gerechtfertigt, wenn sich:

a) von einem Meldestichtag bis zum nächsten die Gesamtkennziffer um mindestens zehn Prozent oder die Liquiditätskennziffer um mindestens 25 Prozent verringert hat und daher innerhalb der nächsten zwölf Monate mit einem Unterschreiten der Mindestanforderungen zu rechnen ist oder

b) an mindestens drei aufeinander folgenden Meldestichtagen die Gesamtkennziffer um jeweils mehr als drei Prozent oder die Liquiditätskennziffer um jeweils mehr als zehn Prozent verringert hat und daher innerhalb der nächsten 18 Monate mit einem Unterschreiten der Mindestanforderungen zu rechnen ist und keine Tatsachen offensichtlich sind, die die Annahme rechtfertigen, dass die Mindestanforderungen mit überwiegender Wahrscheinlichkeit eingehalten werden.

Die BaFin kann dann – in der Regel auch ohne Fristsetzung – Maßnahmen zur Verbesserung der Eigenmittelausstattung und Liquidität des Instituts anordnen (§ 45 I 1 KWG). Zu diesen zählt z.B. die Verpflichtung des Instituts, der BaFin und der Deutschen Bundesbank über geeignete Maßnahmen zur Erhöhung von Kernkapital, Eigenmitteln und Liquidität zu berichten.

2. Das Institut verfügt nicht über eine ausreichende Ausstattung mit Eigenmitteln oder Liquidität, hält also insbesondere die Anforderungen an die Eigenmittel von Instituten nach den Bestimmungen der CRR beziehungsweise die Liquidität nach § 11 KWG nicht ein (§ 45 II 1 KWG). Nach pflichtgemäßem Ermessen kann die BaFin in einem solchen Fall

differenzierte Maßnahmen (einzeln oder nebeneinander) ergreifen, wie z.b. die Untersagung oder Beschränkung von Entnahmen durch die Inhaber oder Gesellschafter oder die Untersagung oder Beschränkung der Ausschüttung von Gewinnen. Beschlüsse über Gewinnausschüttungen sind insoweit nichtig, als sie einer Anordnung der BaFin widersprechen (§ 45 V 3 KWG). Möglich ist auch die Untersagung oder Beschränkung der Gewährung von Krediten im Sinne von § 19 I KWG (Kreditbegriff des KWG). Dabei kommen sowohl eine quantitative als auch eine qualitative Beschränkung in Betracht (z.B. Kreditausweitung höchstens bis zu einem bestimmten Prozentsatz innerhalb eines bestimmten Zeitraums, keine Kredite mit Laufzeiten von mehr als x Monaten, keine Gewährung von Gelddarlehen jeder Art, Gewährung nur von Akzeptkrediten). Werden Kredite entgegen einem Verbot gewährt, ist der Vertrag rechtswirksam. Dem Institut muss zunächst eine Frist zur Behebung der Mängel gesetzt werden, allerdings darf die BaFin Maßnahmen auch ohne Fristsetzung ergreifen, soweit dies zur Verhinderung einer kurzfristig zu erwartenden Verschlechterung der Eigenmittelausstattung oder der Liquidität des Instituts erforderlich ist (§ 45 V 1 KWG). Wird Anordnungen der BaFin vorsätzlich oder fahrlässig zuwidergehandelt, stellt dies eine Ordnungswidrigkeit dar (§ 56 II Nr. 3 Buchstabe k KWG).

Die genannten Maßnahmen sind – mit Ausnahme der Untersagung oder Beschränkung von Krediten – gemäß § 45 III 1 KWG auch auf übergeordnete Unternehmen sowie auf Institute im Sinne des § 10a KWG anwendbar, wenn die zusammengefassten Eigenmittel der Institutsgruppe im Sinne des KWG unzureichend sind.

Maßnahmen nach § 45 KWG sollen strukturelle Schwächen beheben, die geschäftspolitisch korrigierbar erscheinen. Wenn auch das Verbot von Entnahmen oder Gewinnausschüttungen primär auf Substanzerhaltung abzielt, während das Verbot der Kreditgewährung in erster Linie auf die Erhaltung der Zahlungsbereitschaft hinwirkt, stehen die Maßnahmen doch in einem Wirkungszusammenhang. So verhindert das Verbot, Kredite zu gewähren, eine Ausweitung der Risiken des Aktivgeschäfts und hält damit den effektiven Sicherungswert der vorhandenen Eigenmittel aufrecht. Maßnahmen der BaFin können sich aber durchaus negativ auf das Vertrauen des Publikums in ein Institut auswirken, wenn sie bekannt werden. Daher genügt in der Praxis zumeist eine Fristsetzung, um die notwendigen Korrekturen auszulösen. Maßnahmen nach § 45 KWG stellen auch ein Misstrauensvotum gegen die Geschäftsleiter dar; beim Vorliegen der Voraussetzungen bestehen daher an deren Eignung Zweifel, die eine Überprüfung rechtfertigen. *[GKR]*

Bankaufsichtliche Maßnahmen bei Unzuverlässigkeit oder fehlender fachlicher Eignung des Geschäftsleiters

Voraussetzungen für eine Abberufung von Geschäftsleitern durch die Bundesanstalt für Finanzdienstleistungsaufsicht (BaFin) gemäß § 36 I KWG in Verbindung mit § 35 II Nr. 3 KWG sind deren mangelnde Zuverlässigkeit, deren mangelnde fachliche Eignung, deren mangelnde zeitliche Kapazität zur Wahrnehmung ihrer Aufgaben oder deren übermäßige Wahrnehmung von Leitungs- und Aufsichtsmandaten. Als Maßnahmen kommen ein Abberufungsverlangen oder ein Tätigkeitsverbot infrage. Bei vorsätzlichem oder leichtfertigem Verstoß gegen Aufsichtsvorschriften (Bestimmungen des KWG und von bestimmten EU-Verordnungen beziehungsweise der Durchführungsverordnungen hierzu, spezielles Bankrecht oder Anordnungen der BaFin) und Fortsetzung dieses Verhaltens trotz Verwarnung durch die BaFin kann ebenfalls die Abberufung von Geschäftsleitern verlangt werden (§ 36 II KWG). *[GKR]*

Bankaufsichtliche Maßnahmen der Bundesregierung

Sind wirtschaftliche Schwierigkeiten bei Kreditinstituten im Sinne des KWG zu befürchten, die schwerwiegende Gefahren für die

Gesamtwirtschaft, insbesondere für den geordneten Ablauf des allgemeinen Zahlungsverkehrs erwarten lassen, so kann die Bundesregierung durch Rechtsverordnung nach vorheriger Anhörung der Deutschen Bundesbank ein Moratorium für ein Kreditinstitut oder für einzelne Banken anordnen. Die Bundesregierung kann sogar alle Kreditinstitute vorübergehend für den Verkehr mit dem Publikum schließen und diesen verbieten, im Kundenverkehr Zahlungen und Überweisungen zu leisten oder entgegenzunehmen. Der Verkehr mit der Deutschen Bundesbank wird hiervon nicht, der mit Zentralinstituten nicht notwendigerweise erfasst. Diese Anordnung kann auf Arten oder Gruppen von Kreditinstituten sowie auf bestimmte Bankgeschäfte im Sinne des KWG, gegebenenfalls bis zu Höchstbeträgen, beschränkt werden. Schließlich kann auch eine vorübergehende Schließung der Börsen verfügt werden. Hierbei tritt die gewerbepolizeiliche Zielsetzung hinter die Abwehr gesamtwirtschaftlicher Gefahren zurück (§ 46g KWG). Die Bundesregierung ist ferner zum Erlass von Rechtsverordnungen über die Wiederaufnahme des Bank- und Börsenverkehrs befugt und kann hierbei insbesondere die Auszahlung von Guthaben zeitweiligen Beschränkungen unterwerfen (§ 46h KWG). Verordnungen nach § 46g I KWG sowie nach § 46h I KWG bleiben längstens drei Monate in Kraft. *[GKR]*

Bankaufsichtliche Maßnahmen, Aufhebung oder Widerruf der Erlaubnis zum Betreiben von Bankgeschäften

Die Aufhebung umfasst sowohl die Rücknahme einer rechtswidrigen als auch den Widerruf einer rechtmäßigen Erlaubnis (§ 35 KWG). Die Bundesanstalt für Finanzdienstleistungsaufsicht (BaFin) darf eine Erlaubnis nach den Vorschriften des Verwaltungsverfahrensgesetzes insbesondere dann widerrufen (§ 49 II 1 Nr. 2 VwVfG), wenn der Inhaber mit dieser Erlaubnis verbundene Auflagen (im Sinne des § 32 II 1 KWG) nicht (rechtzeitig) erfüllt, z.B. nicht innerhalb angemessener Frist einen weiteren Geschäftsleiter bestellt. Eine Rücknahme kommt insbesondere dann in Betracht, wenn die Erlaubnis durch unrichtige oder unvollständige Angaben, Täuschung, Drohung oder sonstige unlautere Mittel erwirkt worden ist. Außerdem ist die Aufhebung nach § 35 II KWG zulässig, wenn der Geschäftsbetrieb, auf den sich die Erlaubnis bezieht, mehr als sechs Monate lang nicht mehr ausgeübt worden ist (Nr. 1). Die Aufhebung ist auch zulässig, wenn das Kreditinstitut im Sinne des KWG in der Rechtsform eines Einzelkaufmanns betrieben wird, also z.b. Gesellschafter aus einer offenen Handelsgesellschaft ausscheiden oder sterben (Nr. 2). Dem Alleininhaber ist hier ein ausreichender Zeitraum zuzubilligen, um einen neuen Geschäftspartner zu finden. Ein Aufhebungsgrund liegt auch dann vor, wenn der BaFin Tatsachen bekannt werden (selbst wenn sie schon bei Erlaubniserteilung bestanden haben), welche die Versagung der Erlaubnis rechtfertigen würden (Nr. 3); dazu zählt auch die Unzuverlässigkeit des Inhabers einer bedeutenden Beteiligung im Sinne des KWG. Eine Aufhebung ist sodann zulässig, wenn eine Gefahr für die Erfüllung der Verpflichtungen des Instituts gegenüber seinen Gläubigern besteht, freilich nur, wenn diese nicht durch andere bankaufsichtliche Maßnahmen abgewendet werden kann. Von einer solchen Gefahr ist auch auszugehen, wenn ein Verlust in Höhe der Hälfte der Eigenmittel des Instituts eintritt oder die Verluste in mindestens drei aufeinander folgenden Geschäftsjahren jeweils mehr als zehn Prozent der Eigenmittel betragen (Nr. 4). Schließlich kommt eine Aufhebung dann in Betracht (Nr. 6), wenn ein Institut nachhaltig gegen Bestimmungen des Kreditwesengesetzes (KWG), des Geldwäschegesetzes (GwG), des Wertpapierhandelsgesetzes (WpHG), der Verordnung (EU) 2015/847 oder von Ausführungsvorschriften hierzu sowie weiterer Bestimmungen von EU-Verordnungen verstoßen hat (Nr. 7, 9, 10) oder bestimmte aufsichtliche Anforderungen der Verordnung (EU) Nr. 575/2013 nicht mehr erfüllt sind (Nr. 7). Maßnahmen nach § 45 KWG oder § 46 KWG müssen also entweder ohne Erfolg bleiben oder von vornherein aussichtslos erscheinen. Sofern über das Institut ein Insolvenzverfahren eröffnet oder die Auflösung des Instituts beschlossen worden ist, soll die BaFin nach § 35 IIa 1 KWG die Erlaubnis aufheben. Für die Dauer der offenen oder stillen Abwicklung bleibt das Unternehmen Institut im Sinne des KWG und unterliegt weiterhin dessen Vorschriften. Die BaFin kann insoweit allgemeine Weisungen erlassen (§ 38 II KWG). Die Aufhebung der Erlaubnis ist von der BaFin im elektronischen Bundesanzeiger bekannt zu machen. *[GKR]*

Bankaufsichtliche Maßnahmen, bei Gefahr für die Erfüllung der Verpflichtungen gegenüber Gläubigern und bei Zweifeln an wirksamer Aufsicht

Bei drohender oder bereits eingetretener Gefahr für die Erfüllung der Verpflichtungen gegenüber Gläubigern, insbesondere für die Sicherheit der einem Institut im Sinne des KWG anvertrauten Vermögenswerte, kann die Bundesanstalt für Finanzdienstleistungsaufsicht (BaFin) nach § 46 KWG einstweilige Maßnahmen zur Abwendung der Gefahr treffen. Deren Ursachen können in einer Unfähigkeit der Geschäftsleiter, unzureichender Kreditstreuung, bevorstehender Illiquidität, einem besonderen Risiko von Geschäften, die nicht Bankgeschäfte im Sinne des KWG sind, mangelnder Klarheit der Buchführung oder schweren Verstößen gegen das Depotgesetz liegen. Eine Gefahr für die Sicherheit der anvertrauten Vermögenswerte ist bei einem Verlust in Höhe der Hälfte der Eigenmittel des Instituts beziehungsweise bei Verlusten von jeweils mehr als zehn Prozent der Eigenmittel in mindestens drei aufeinander folgenden Geschäftsjahren anzunehmen (§ 35 II Nr. 4 KWG). Für die Beurteilung, ob eine Gefahr besteht, ist allein die Situation des Instituts maßgebend. Gewährträgerhaftung, Nachschusspflicht (bei Genossenschaftsbanken) oder Einlagensicherung können nur im Hinblick auf die angemessenen Maßnahmen bedeutsam werden.

Die BaFin darf nach § 46 KWG nur vorläufige Maßnahmen treffen, die aufzuheben sind, wenn die kritische Lage bewältigt wird; andernfalls müssen endgültige Maßnahmen ergehen, wie z.B. die Aufhebung der Erlaubnis. Die Aufzählung der Maßnahmen in § 46 I 2 KWG ist nicht abschließend; auch solche nach § 45 KWG kommen in Betracht. Als praktisch wichtigste Anweisung für die Geschäftsführung ist das Verbot (oder die Begrenzung), Einlagen, Gelder oder Wertpapiere von Kunden anzunehmen oder Kredite zu gewähren, gesondert aufgeführt. Weitere Anweisungen können beinhalten: Verstärkung der Sicherheiten oder Kündigung bestimmter Kredite, Änderung der Innenorganisation, Verzicht auf verlustbringende banknahe Geschäfte, Vorbereitung einer Kapitalerhöhung, Untersagung der Ausgabe ungedeckter Schuldverschreibungen, der Refinanzierung durch eigene Akzepte, Sola-Wechsel oder nicht abgerechnete Debitorenziehungen usw. Das Verbot der Annahme von Einlagen kann sich auf einzelne Einlagenarten beziehungsweise aufgenommene Gelder beziehen; auch kann das Einlagengeschäft im Verhältnis zu den Eigenmitteln des Instituts oder die einzelne Einlage (wegen der Abrufrisiken) auf einen Höchstbetrag begrenzt werden. Das Verbot der Kreditgewährung kann sich ebenfalls auf einzelne Kreditarten beziehen.

Die BaFin kann ferner Inhabern oder Geschäftsleitern des Instituts die Ausübung ihrer Tätigkeit untersagen oder diese einschränken; dies ist nicht (wie nach § 36 KWG) nur gegenüber juristischen Personen zulässig. Bei einem Einzelbankier entfaltet ein Tätigkeitsverbot aber nur öffentlich-rechtliche Wirkung, weil sonst das Institut funktionsunfähig würde. In den übrigen Fällen einer Untersagung sind Geschäftsleiter, solange die Verfügung wirksam bleibt, von der Geschäftsführung und Vertretung des Instituts ausgeschlossen, auch soweit sich derartige Rechte aus der Stellung als Gesellschafter ergeben (§ 46 I 7, 9 KWG). Nach § 45c I 1 KWG kann die BaFin einen Sonderbeauftragten bestellen und ihn mit der Wahrnehmung von Aufgaben bei einem Institut betrauen; dabei kann sie ihm die dafür erforderlichen Befugnisse übertragen.

Eine weitere mögliche Maßnahme der BaFin stellt der Erlass eines Veräußerungs- und Zahlungsverbots an ein Institut dar, was wie eine Stundung wirkt. Nach einem solchen Erlass dürfen laufende Geschäfte noch selbst abgewickelt und hierzu auch neue Geschäfte eingegangen werden, soweit eine Sicherungseinrichtung die zur Durchführung erforderlichen Mittel zur Verfügung stellt oder gewährleistet, dass hierdurch die allen Gläubigern zur Verfügung stehende Vermögensmasse nicht geschmälert wird

Die BaFin kann ferner die Schließung des Instituts für den Verkehr mit dem Publikum anordnen beziehungsweise nur noch die Auszahlung der geschützten Einlagen und die Abwicklung laufender Geschäfte zulassen.

Schließlich ist auch ein Verbot der Entgegennahme von Zahlungen möglich (Schalterschließung); hiervon nicht erfasst werden Leistungen, die zur Tilgung von Schulden gegenüber dem Institut bestimmt sind, und solche, für die eine Sicherungseinrichtung es übernimmt, die Berechtigten in vollem Umfang zu befriedigen. Die Verknüpfung mit der Einlagensicherung ermöglicht es, die oft beträchtlichen Verluste einer offenen Insolvenz zu vermeiden und ohne Zeitdruck Sanierungsverhandlungen zu führen oder eine stille Liquidation zu betreiben. In Anlehnung an § 89 I InsO sind während des Moratoriums Zwangsvollstreckung, Arrest und einstweilige Verfügung nicht zulässig, damit sich nicht einzelne Gläubiger vorab aus dem Vermögen des Instituts befriedigen können.

Maßnahmen aufgrund von § 46 KWG sind auch zulässig, wenn der begründete Verdacht besteht, dass eine wirksame Aufsicht über ein bestimmtes Institut nicht möglich ist, also mit hinreichender Wahrscheinlichkeit Gründe vorliegen, die die Versagung oder Aufhebung einer Erlaubnis rechtfertigen. Damit kommt ein Eingreifen der BaFin auch schon im Vorfeld einer konkreten Gefahr in Betracht.

Einen Antrag auf Eröffnung des Insolvenzverfahrens kann nur die BaFin stellen (§ 46b I 4 KWG). An die Stelle der Antragspflicht nach anderen

Rechtsvorschriften bei Zahlungsunfähigkeit oder Überschuldung tritt hier die unverzügliche Anzeigepflicht des Inhabers, der Geschäftsleiter oder der Personen, die die Geschäfte der Finanzholding-Gesellschaft oder der gemischten Finanzholding-Gesellschaft tatsächlich führen, gegenüber der BaFin. *[GKR]*

Bankaufsichtliche Maßnahmen, beschränkte Generalklausel

Anknüpfend an spezialgesetzliche Bestimmungen (§ 3 PfandBG, § 3 I 2 BauSparkG) ist seit der Sechsten KWG-Novelle die Bundesanstalt für Finanzdienstleistungsaufsicht (BaFin) befugt, gegenüber Instituten im Sinne des KWG, deren Geschäftsleitern, Finanzholding-Gesellschaften im Sinne des KWG, gemischten Finanzholding-Gesellschaften sowie Personen, die die Geschäfte der beiden zuletzt genannten Gesellschaften tatsächlich führen, alle geeigneten und erforderlichen Maßnahmen zu treffen, um Verstöße gegen aufsichtsrechtliche Vorschriften zu unterbinden oder um „Missstände" in einem Institut zu verhindern oder zu beseitigen, die die Sicherheit der dem Institut anvertrauten Vermögenswerte gefährden können oder die ordnungsgemäße Durchführung der Bankgeschäfte im Sinne des KWG oder Finanzdienstleistungen im Sinne des KWG konkret beeinträchtigen (§ 6 III KWG). Diese Anordnungskompetenz soll ein frühzeitiges Handeln in aufsichtsrechtlich sensiblen Bereichen ermöglichen, insbesondere betreffend die innere Organisation eines Instituts, aber auch in Bezug auf die Einhaltung der Grundsätze ordnungsgemäßer Geschäftsführung sowie die Sicherstellung der Gesamtverantwortung der Geschäftsleiter. Damit werden vor allem die Befugnisse der BaFin nach den §§ 45 ff. KWG ergänzt. *[GKR]*

Bankaufsichtsrechtliche Risikobegrenzungsnormen

1. *Charakterisierung*: Zusätzlich zu den für alle Unternehmen geltenden gesetzlichen Vorschriften unterliegen Kreditinstitute einer besonderen staatlichen Aufsicht. So haben sie bei der Berücksichtigung von eingegangenen Risiken spezielle risikobeschränkende Regelungen des Gesetzgebers und der Aufsichtsorgane einzuhalten. Deren Zweck ist es nicht, risikobezogene Strategien des einzelnen Instituts zu ersetzen, sondern Rahmenbedingungen – im Sinne von Restriktionen – vorzugeben, die von den Instituten bei der Risiko-Ertrags-Optimierung zwingend zu beachten sind. Bankaufsichtsrechtliche Risikobegrenzungsnormen begrenzen folglich die Geschäftstätigkeit der Banken. Dies geschieht zum einen durch das Verbot bestimmter Geschäfte beziehungsweise die ausdrückliche Begrenzung der Geschäftstätigkeit auf bestimmte Geschäfte (z.B. im Bausparkassen- und im Pfandbriefgesetz). Zum anderen erfolgt dies durch die quantitative und qualitative Begrenzung der Geschäftstätigkeit sowie durch Vorschriften zur Regelung bankinterner Abläufe. Ergänzend zu den bankaufsichtsrechtlichen Risikobegrenzungsnormen besteht das Instrumentarium der Bankenaufsicht in unmittelbaren Eingriffen in die Geschäftstätigkeit der Banken (z.B. Verwarnung und Abberufung der Geschäftsleiter, Beschränkung oder Verbot von Ausschüttungen, Untersagung oder Begrenzung der Gewährung von Krediten und der Annahme von Einlagen, Aufhebung der Erlaubnis zum Betreiben von Bankgeschäften). Damit gehört die Kreditwirtschaft in Deutschland zu den am stärksten vom Staat regulierten Branchen.

2. *Gründe*: Zur Rechtfertigung dieser besonderen staatlichen Wirtschaftsaufsicht über Kreditinstitute und damit der von staatlicher Seite vorgegebenen Risikobegrenzungsnormen werden übergeordnete Allgemeininteressen angeführt. Zu diesen zählen der Schutz der Gläubiger (Gläubigerschutz) sowie der Schutz der Wirtschaft (Funktionenschutz). Das Erfordernis des Schutzes der Gläubiger (Einleger) von Banken vor Vermögensverlusten aus ihren Geldanlagen bei den Kreditinstituten

über den üblichen rechtlichen Schutz der Gläubiger von Nichtbanken hinaus wird einerseits durch die fehlende Möglichkeit der breiten Privatkundschaft von Banken zur Durchführung hinreichender vermögenssichernder Selbstschutzmaßnahmen begründet. Aufgrund fehlender beziehungsweise geringer Verhandlungsmacht sowie mangelnder fachlicher Kenntnisse ist ihnen die Beurteilung der Bonität der Bank sowie der mit einer Bankeinlage verbundenen Risiken zumeist nicht möglich (Schutzwürdigkeit). Des Weiteren vermag ein Verlust der Einlagen bei der Mehrheit der privaten Bankkunden bereits deren Existenz zu bedrohen. Andererseits ist der Umfang der eingegangenen Risiken von Banken in Relation zu den als Verlustpuffer dienenden vorhandenen Eigenmitteln relativ hoch, so dass die Einlagen der Gläubiger bereits bedroht sind, sobald das Kreditinstitut auch nur einen geringen Vermögensverlust erleidet (Schutzbedürftigkeit). Das Argument des Funktionenschutzes stellt auf die besondere Bedeutung sogenannter kreditwirtschaftlicher Transformationsleistungen für die Funktionsfähigkeit einer Gesamtwirtschaft ab. Aufgrund der ihnen attestierten zentralen Position als Finanzintermediäre innerhalb einer Volkswirtschaft können sich Funktionsstörungen des Kreditsektors negativ auf die Gesamtwirtschaft auswirken. Dabei besteht die Möglichkeit, dass Gläubiger aus Furcht vor Vermögensverlusten als Reaktion auf negative Entwicklungen bei Kreditinstituten ihr Kapital abziehen könnten. Der Zusammenbruch eines Kreditinstituts vermag einen Vertrauensverlust bei der gesamten Bankkundschaft hervorzurufen, welcher dem gesamten Kreditgewerbe schaden könnte und somit erhebliche Wohlfahrtsverluste für die gesamte Volkswirtschaft mit sich führen würde. Vor diesem Hintergrund stellt die Verhinderung eines allgemeinen Bankenruns und damit einhergehend die Sicherstellung der volkswirtschaftlichen Funktionsfähigkeit des Bankensektors (Funktionenschutz) ein zentrales Anliegen bankaufsichtsrechtlicher Risikobegrenzungsnormen dar.

3. *Wichtigste bankaufsichtsrechtliche Risikobegrenzungsnormen*: Bankaufsichtsrechtliche Risikobegrenzungsnormen zur Begrenzung der

Geschäftstätigkeit von Instituten beziehen sich auf Erfolgsrisiken und Liquiditätsrisiken. Bei den bankaufsichtsrechtlichen Risikobegrenzungsnormen handelt es sich inzwischen weitgehend um die Umsetzung von Rechtsakten der Europäischen Union. Zu den gesetzlichen Grundlagen zählen die Kapitaladäquanzverordnung (Capital Requirements Regulation, CRR) und die Richtlinie CRD IV (Capital Requirements Directive IV) – zukünftig ersetzt durch die CRR II und die CRD V –, das Gesetz über das Kreditwesen (Kreditwesengesetz, KWG), die Verordnung zur angemessenen Eigenmittelausstattung von Instituten, Institutsgruppen, Finanzholding-Gruppen und gemischten Finanzholding-Gruppen (Solvabilitätsverordnung, SolvV), die Verordnung über die Liquidität der Institute (Liquiditätsverordnung, LiqV) sowie die Verordnung zur Ergänzung der Großkreditvorschriften nach der Verordnung (EU) Nr. 575/2013 des Europäischen Parlaments und des Rates vom 26. Juni 2013 über Aufsichtsanforderungen an Kreditinstitute und Wertpapierfirmen und zur Änderung der Verordnung (EU) Nr. 648/2012 und zur Ergänzung der Millionenkreditvorschriften nach dem Kreditwesengesetz (Großkredit- und Millionenkreditverordnung, GroMiKV). An erster Stelle sind die Regelungen zur Begrenzung der bankbetrieblichen Risiken zu nennen. Die grundlegende Konzeption dieser bankaufsichtsrechtlichen Risikobegrenzungsnormen wird in § 10 I 1 KWG formuliert, wonach das Bundesministerium der Finanzen ermächtigt wird, nähere Bestimmungen über die angemessene Ausstattung an Eigenmitteln der Institute sowie der Institutsgruppen, Finanzholding-Gruppen und gemischten Finanzholding-Gruppen im Interesse der Erfüllung ihrer Verpflichtungen gegenüber ihren Gläubigern, insbesondere im Interesse der Sicherheit der ihnen anvertrauten Vermögenswerte, zu erlassen. Die CRR beinhaltet vor diesem Hintergrund die Konkretisierung des Begriffs der Eigenmittel, die Bestimmung der zu berücksichtigenden Risikopositionen, die Verfahren der Risikomessung sowie die Höhe der erforderlichen Eigenmittel. Das KWG enthält darüber hinaus die verschiedenen Vorschriften zum Kapitalerhaltungspuffer, dem antizyklischen Kapitalpuffer, dem Systemrisikopuffer sowie den Kapitalpuffern für systemrelevante Institute.

Zusätzlich zum Umfang der Adressenrisiken beschränkt das KWG in den Vorschriften zu Großkrediten und Millionenkrediten Konzentrationen in den Adressenrisiken und in den Vorschriften zu Organkrediten Risikokonzentrationen. Qualifizierte Beteiligungen werden zur Begrenzung von Risikokonzentrationen in der CRR einer Beschränkung unterworfen. § 11 KWG enthält die grundlegende Vorschrift zur Begrenzung des Liquiditätsrisikos, wonach Institute ihre Mittel so anlegen müssen, dass jederzeit eine ausreichende Zahlungsbereitschaft gewährleistet ist. Die praktische Umsetzung dieser Vorschrift ist primär in der LiqV sowie der CRR geregelt.

4. Instrumente zur Überwachung der bankaufsichtsrechtlichen Risikobegrenzungsnormen: Den Bankenaufsichtsbehörden stehen verschiedene Instrumente zur Verfügung, um die Einhaltung der bankaufsichtsrechtlichen Risikobegrenzungsnormen zu kontrollieren. Zu diesen zählen regelmäßige Meldungen der Institute sowie bestimmte Anzeigepflichten einzelner Ereignisse (z.B. Bestellung und Abberufung von Geschäftsleitern). Außerdem müssen den Aufsichtsbehörden die Jahresabschlüsse, Lageberichte und Prüfungsberichte vorgelegt werden. § 44 KWG ermächtigt die Bankenaufsichtsbehörden zu nahezu unbegrenzten Auskunftsverlangen über alle Geschäftsangelegenheiten und Prüfungen.

5. Grundzüge der bankaufsichtsrechtlichen Risikobegrenzungsnormen der CRR: Jedes Institut muss seine Geschäfte und Vermögensgegenstände eindeutig als dem Handelsbuch oder dem Anlagebuch zugehörig klassifizieren. Zum Handelsbuch gehören alle Positionen in Finanzinstrumenten und Waren, die ein Institut entweder mit Handelsabsicht oder zur Absicherung anderer mit Handelsabsicht gehaltener Positionen des Handelsbuchs hält. Positionen, die mit Handelsabsicht gehalten werden, sind unter anderem Eigenhandelspositionen, Positionen, die zum Zweck des kurzfristigen Wiederverkaufs im Eigenbestand gehalten werden oder die der Erzielung eines kurzfristigen Eigenhandelserfolgs dienen (Handelsabsicht). Alle Geschäfte, die nicht dem Handelsbuch zuzurechnen sind, bilden das Anlagebuch. Im Hinblick auf die mit Eigenmitteln zu unterlegenden Risiken ist zwischen Adressenrisiken, Marktpreisrisiken und operationellen Risiken, welche jeweils wiederum weiter systematisiert werden, zu differenzieren. Zum einen schreibt die CRR zur Erfassung und Messung der verschiedenen Risiken sowohl standardisierte als auch komplexe Verfahren vor. Zum anderen gibt sie mit der harten Kernkapitalquote, der Kernkapitalquote und der Gesamtkapitalquote verschiedene Kennzahlen vor, anhand derer die Angemessenheit der Eigenmittel überprüft und sichergestellt werden soll. So dürfen gemäß der Gesamtkapitalquote die Eigenmittel eines Instituts acht Prozent des Gesamtrisikobetrags nicht unterschreiten. Die Kapitalpufferanforderungen ergänzen diese Kennzahlen.

6. *Grundzüge der bankaufsichtsrechtlichen Risikobegrenzungsnormen des Kreditwesengesetzes (KWG)*: Neben den bisher genannten Regelungen enthält das KWG weitere Vorschriften, die als bankaufsichtsrechtliche Risikobegrenzungsnormen wirken. Sie beziehen zusätzlich zu den typischen bankbetrieblichen Risiken auch operative und allgemeine unternehmerische Risiken mit ein. Hierunter fallen das Erfordernis der Offenlegung der wirtschaftlichen Verhältnisse von Kreditnehmern (§ 18 KWG) sowie die Vorschriften über die Zulassung zum Geschäftsbetrieb. Die BaFin hat das Regelwerk durch die Veröffentlichung zahlreicher Rundschreiben, Verlautbarungen und Entscheidungen zu Anfragen selbstständig weiterentwickelt.

7. *Besondere Rechtsvorschriften*: Für einzelne Gruppen von Instituten, die überwiegend Kreditinstitute sind und somit dem KWG unterliegen, besteht das von ihnen zu beachtende Bankrecht außerdem aus besonderen Rechtsvorschriften im Sinne spezieller Gesetze beziehungsweise Verordnungen. Als Beispiele für solche Rechtsvorschriften lassen sich die Sparkassengesetze der Länder mit den Sparkassenverordnungen und Mustersatzungen, das Pfandbriefgesetz (PfandBG), das Gesetz über Bausparkassen (Bausparkassengesetz, BauSparkG) oder das Kapitalanlagegesetzbuch (KAGB) nennen. Die hier niedergelegten Vorschriften beinhalten auch Risikobegrenzungsnormen für die Tätigkeiten der diesen

Gesetzen unterliegenden Institute. So enthält z.b. das Pfandbriefgesetz Bestimmungen über die zulässigen Geschäfte der Pfandbriefbanken (§ 1 PfandBG), zur Deckung der im Umlauf befindlichen Pfandbriefe, zur Beleihungswertermittlung (§ 16 PfandBG) sowie zur Beleihungsgrenze (§ 14 PfandBG).

8. *Probleme bankaufsichtsrechtlicher Risikobegrenzungsnormen:* Aus ordnungspolitischer und theoretisch-ökonomischer Sicht bedarf es in einem marktwirtschaftlichen System einer zwingenden Begründung staatlicher Eingriffe in den Markt. Dies gilt insbesondere dann, wenn es sich um restriktive Regulierungen wie die bankaufsichtsrechtlichen Risikobegrenzungsnormen handelt, mit denen wesentliche Handlungsparameter der betroffenen Unternehmen entscheidend festgelegt oder beschränkt werden. Doch auch wenn grundsätzliche Rechtfertigungsgründe wie der Gläubiger- und der Funktionenschutz vorliegen, sind die vorgenommenen Eingriffe auch kritisch zu betrachten. Denn mit der teilweisen Außerkraftsetzung des Marktmechanismus sind z.B. auch Kosten verbunden, die dem erzielten Nutzen gegenüberstehen:

a) An erster Stelle ist die wettbewerbsbeschränkende Wirkung bankaufsichtsrechtlicher Risikobegrenzungsnormen zu nennen, die sich insbesondere aus den Marktzutrittsbeschränkungen ergibt. Zwar sind die einer Volkswirtschaft auferlegten Kosten schwer zu beziffern, die Erfahrung zeigt jedoch, dass diese Maßnahmen in der Regel höhere Kosten für die Verbraucher und eine geringere wirtschaftliche Dynamik im betroffenen Wirtschaftszweig zur Folge haben können.

b) Ein weiterer Problemkreis entsteht bei Regulierungen, welche Regulierungsarbitrage ermöglichen. So resultiert z.B. bei der Verwendung des auf internen Ratings basierenden Ansatzes (IRBA) zur Bemessung der Höhe eingegangener Adressenrisiken im Vergleich zum Standardansatz (SA) üblicherweise eine geringere Eigenmittelbelastung für ein Kreditinstitut. Dies erzeugt bei den Instituten einen starken Anreiz, die Höhe der erforderlichen Eigenmittelunterlegung durch geschickte Ausgestaltung der bankinternen Risikomessverfahren zu minimieren, was die Gefahr der Unterschätzung von Risiken in sich birgt.

c) Sofern die Bankenaufsicht über eher unklar definierte Eingriffsbefugnisse verfügt, stellt sich die Frage, wie sich die unterschiedlichen Handlungsanreize auswirken, denen die Geschäftsleitung einer Bank und die Bankenaufsichtsbehörden ausgesetzt sind. Während das Ziel der Geschäftsleitung in der Risiko-Ertrags-Optimierung besteht, haben die Aufsichtsbeamten ein einseitiges Interesse an der Risikominimierung, da sie an der Gewinnentwicklung der Banken und den volkswirtschaftlichen Erträgen, die das Eingehen von Risiken mit sich bringt, nicht teilhaben, wohl aber für Bankzusammenbrüche zur Rechenschaft gezogen werden. Das heißt, je stärker die Bankenaufsicht mit bankaufsichtsrechtlichen Risikobegrenzungsnormen und mit Vorgaben zu deren Umsetzung in die Geschäftstätigkeit der Banken eingreift, desto eher werden die mit dem Eingehen von Risiken verbundenen Ertragschancen vergeben. Dies bedeutet nicht nur für einzelne Banken, sondern für die Volkswirtschaft insgesamt einen Verlust.

d) Gäbe es international unterschiedliche „Regime" bankaufsichtsrechtlicher Risikobegrenzungsnormen beziehungsweise Ansätze zur Kontrolle des Bankensystems, könnte man einen begrenzten Wettbewerb der Aufsichtsbehörden untereinander erzeugen; zumindest ließen sich den weniger erfolgreichen Behörden die guten Beispiele in anderen Ländern vorhalten. Mit der weitgehenden internationalen Vereinheitlichung bankaufsichtsrechtlicher Risikobegrenzungsnormen entfällt aber dieses Wettbewerbselement, so dass man von einer länderübergreifenden Kartellbildung der Aufsichtsbehörden sprechen kann. Eine Folge dieser Entwicklung besteht darin, dass alternative Regulierungsansätze, insbesondere wenn sie mit weniger Befugnissen für die Aufsicht verbunden sind, wenig Chancen haben, in den entscheidenden Gremien diskutiert und beschlossen zu werden.

e) Zum Schluss soll noch die Frage der Verantwortlichkeit der Regulierungsbehörde angesprochen werden. Transparente Kriterien zur öffentlichen Messung des Erfolgs ihrer Arbeit und zur Beurteilung der Angemessenheit ihrer Eingriffe bestehen nicht. Einzelnen Kreditinstituten steht zwar der Rechtsweg offen, es gibt aber keine institutionalisierten Versuche, den Erfolg der Regulierung zu messen und den (gegebenenfalls zu schätzenden) Kosten gegenüberzustellen. *[GWA, ARA]*

Bankbetriebliche Risiken

Risiko kann wirtschaftswissenschaftlich definiert werden als Gefahr der negativen Abweichung eines zukünftig realisierten ökonomischen Wertes vom erwarteten Wert. Soweit Risiken messbar sind, ließe sich z.B. bei normalverteilten Risiken die Streuung um den Erwartungswert als Abweichung vom arithmetischen Mittelwert in Gestalt der Varianz oder der Standardabweichung abbilden.

Ausgehend von dieser weiten Definition sind für den Bankbetrieb die folgenden *bedeutsamen Risiken* zu unterscheiden: Kreditrisiken, Marktpreisrisiken, Liquiditätsrisiken, operationelle Risiken, strategische Risiken.

Sie werden daher als bankbetriebliche Risiken im engeren Sinne zusammengefasst.

Aufgabe einer Bank ist es, insbesondere diese Risiken zu erkennen, zu messen und zu steuern.

Eine weitere Klassifikationsmöglichkeit ist die Unterteilung in Einzelrisiken und Gesamtrisiken. *Einzelrisiken* betrachten einzelne Positionen eines Portfolios (z.B. eine einzelne Aktienposition innerhalb eines Handelsportfolios oder einen einzelnen Kredit oder Kreditnehmer innerhalb eines Kreditportfolios). Unter den Einzelrisiken betrachtet man auch das Großkreditrisiko, das der Gesetzgeber seit dem 1. Januar 2014 in den §§ 392 ff. CRR (Capital Requirements Regulation) separat reglementiert. Risikobetrachtungen bezogen auf ein Portfolio von mehreren Positionen fokussieren auf das *Gesamtrisiko*. Hierbei sind die Effekte der Diversifikation, aber auch der Konzentration zu berücksichtigen (Value-at-Risk, Stresstesting, RAROC).

Während aus der Perspektive der Bankleitung strategische Risiken im Hinblick auf die Steuerung des Bankbetriebs eine gewichtige Rolle spielen und sich längerfristig auswirken, können die anderen Risiken wie Marktpreisrisiken, Kreditrisiken, Liquiditätsrisiken und operationelle Risiken schon kurzfristig zu einer Existenzgefährdung führen. *[AWI]*

Bankenabgabe

Die Begriff der Bankenabgabe bezeichnet eine jährlich von Banken zu leistende Abgabe. Sie soll Banken an den Kosten künftiger Maßnahmen zur Abwehr von Gefahren für die Finanzmarktstabilität beteiligen. Die Bankenabgabe dient der Refinanzierung des Einheitlichen Abwicklungsfonds (Single Resolution Fund, SRF). Die Erhebung von Beiträgen von den beitragspflichtigen Banken und die Übertragung dieser Beiträge auf den Einheitlichen Abwicklungsfonds gehört zu den Aufgaben des Restrukturierungsfonds. Die Bankenabgabe wurde in Reaktion auf die jüngste internationale Finanz- und Wirtschaftskrise als Kernpunkt des Restrukturierungsgesetzes festgesetzt. Auf diese Weise können Banken nachträglich an den durch die Finanz- und Wirtschaftskrise entstandenen wirtschaftlichen Kosten beteiligt werden. Hierbei sollen insbesondere diejenigen Akteure belastet werden, die als Verursacher systemischer Risiken gelten. Des Weiteren soll die Bankenabgabe als Präventionsmaßnahme mit Steuerungswirkung fungieren, indem sie in Form eines Entgeltes bereits im Vorfeld das – im Vertrauen auf eine implizite Rettungsgarantie des Staates – exzessive Eingehen von Risiken eindämmen und damit die Risikofreude der Banken reduzieren soll. Zudem soll sichergestellt werden, dass der Finanzsektor selbst den überwiegenden Teil der Kosten für die Rettung systemrelevanter Kreditinstitute trägt. Infolgedessen wird das mit dem „Too-big-to-fail-Argument" erzwungene Einspringen des Staates mit Steuergeldern unwahrscheinlicher. Die

Berechnung und Erhebung der Bankenabgabe erfolgt seit dem Jahr 2015 entsprechend europäischer Vorgaben. Die Höhe der Bankenabgabe orientiert sich an der Größe sowie dem Risikoprofil der Bank. *[GWA, ARA]*

Bankenaufsicht

1. *Begriff*: im Rahmen einer allgemeinen Wirtschaftsaufsicht von staatlichen Stellen ausgeübte Tätigkeiten mit dem Ziel, insbesondere Kreditinstitute und Finanzdienstleistungsinstitute vom Geschäftsbeginn an fortlaufend zu beobachten und gegebenenfalls auf sie einzuwirken, um die Einhaltung der den Aufsichtszwecken (Funktionsfähigkeit der Kredit- und der Volkswirtschaft, Gläubigerschutz) dienenden Rechtsvorschriften und sonstiger Regelungen zu gewährleisten.

2. *Geschichtliche Entwicklung*:

a) Bankzusammenbrüche und ihre schädlichen gesamtwirtschaftlichen Auswirkungen in der Bankenkrise von 1931 führten dazu, dass in jenem Jahr erstmals in Deutschland eine allgemeine staatliche Kontrolle über Banken geschaffen wurde. Das Reichsgesetz über das Kreditwesen (RKWG) vom 4.9.1934 setzte einen einheitlichen gewerberechtlichen Rahmen, dessen wesentliche Elemente bis heute fortbestehen und auch in das EG-Bankrecht eingegangen sind. Es enthielt Bestimmungen zur Erlaubnispflicht und den Voraussetzungen hierfür, zur Eigenverantwortlichkeit der Geschäftsleiter, zu Strukturnormen über Eigenkapital und Liquidität, ferner die Anzeigepflichten als Grundlage für eine Überwachung. Nach 1945 waren in den westlichen Besatzungszonen zunächst die Länder für die Bankenaufsicht zuständig, die sich dabei auch der Landeszentralbanken bedienten.

b) Eine erneute Zentralisierung erfolgte mit Inkrafttreten des Gesetzes über das Kreditwesen (KWG; Kreditwesengesetz) zum 1.1.1962 und der Errichtung des Bundesaufsichtsamts für das Kreditwesen (BAKred) als wichtigster Aufsichtsbehörde. Das KWG wurde seither mehrfach geändert und ergänzt: Durch das erste Änderungsgesetz vom 23.12.1971 wurde der monatliche Freibetrag bei Spareinlagen mit (damals) „gesetzlicher" Kündigungsfrist auf 2.000 Deutsche Mark angehoben.

Das zweite Änderungsgesetz, am 24.3.1976 in der Folge des durch Devisenspekulationen 1974 verursachten Zusammenbruchs der Herstatt-Bank ergangen, verschärfte die Vorschriften über das Kreditgeschäft im Sinne des KWG, z.b. im Bereich der Großkredite, der Offenlegung der wirtschaftlichen Verhältnisse und der Kreditnehmereinheiten. Ferner wurden die Anzeigepflichten ausgedehnt, Prüfungsbefugnisse erweitert, Jahresabschlussprüfern zusätzliche Prüfungs- und Mitteilungspflichten auferlegt sowie besondere Maßnahmen (bei Insolvenzgefahr) vorgesehen. Das Vier-Augen-Prinzip wurde eingeführt und die Neuzulassung von Einzelbankiers verboten. Ein neuer Grundsatz Ia (Grundsätze über die Eigenmittel und die Liquidität der Institute) zielte auf die Begrenzung von offenen Devisenpositionen ab.

Das dritte Änderungsgesetz vom 20.12.1984 führte die Quotenkonsolidierung zur Überwachung von Kreditinstitutsgruppen im Sinne des KWG auf zusammengefasster Basis ein (im Hinblick auf die Eigenkapitalausstattung, die Großkredite und die Monatsausweise). Eigenkapitalvorschriften wurden reformiert (Einführung von Genussrechtskapital; Erweiterung des Anlagenkatalogs in § 12 KWG; begrenzter Abbau des Haftsummenzuschlags bei Kreditgenossenschaften), Großkreditgrenzen nach § 13 KWG herabgesetzt, Anzeigepflichten bei Millionenkrediten (§ 14 KWG) ausgebaut, der Kreditbegriff (Kreditbegriffe des KWG) und die Zusammenfassung von Kreditnehmern erweitert. Ferner wurden die Grenze für die Pflicht zur Offenlegung der wirtschaftlichen Verhältnisse auf 100.000 Deutsche Mark erhöht, die Anforderungen an die Qualifikation von Geschäftsleitern verschärft, die Pflichten des Jahresabschlussprüfers und die internationale Zusammenarbeit der Aufsichtsbehörden näher geregelt, die Vorschriften über die Zulassung von Zweigstellen ausländischer Banken durch Wegfall der Bedürfnisprüfung liberalisiert und schließlich klargestellt, dass entgegen der Rechtsprechung des

Bundesgerichtshofs Bankenaufsicht nur im öffentlichen Interesse ausgeübt werde.

Die Vierte KWG-Novelle vom 21.12.1992 bezweckte vor allem, die Vorgaben des EG-Bankrechts, insbesondere der Zweiten Bankrechtskoordinierungs-Richtlinie und der Eigenmittel-Richtlinie, in deutsches Recht umzusetzen. Eingeführt wurde ein „Europäischer Pass" für Kreditinstitute mit Sitz innerhalb der Europäischen Union, wonach für die wichtigsten Bankgeschäfte im Sinne des KWG nur noch eine einzige Zulassung (im Herkunftsmitgliedstaat, § 1 IV KWG) erforderlich ist, also Banken aus anderen EG-Ländern in Deutschland für Zweigstellen oder Dienstleistungen keine gesonderte Betriebserlaubnis mehr benötigen. Die Neuregelungen betrafen ferner eine Überprüfung der Zuverlässigkeit von Personen, die eine bedeutende Beteiligung im Sinne des KWG an Kreditinstituten innehaben. Anlagen von Banken bei Nicht-Banken wurden weiter begrenzt. Eine wesentliche Umgestaltung erfuhr die Definition des haftenden Eigenkapitals im Sinne des KWG. Nicht durch EG-Rechtsakte veranlasst waren neue Befugnisse für das BAKred, die Erteilung einer Erlaubnis für (neue) Kreditinstitute zu versagen oder eine Rücknahme zu betreiben, wenn der Aufbau eines Bankkonzerns eine wirksame Aufsicht nicht erlaubt. Zum 1.7.1993 wurden auch die Vorschriften über den Sparverkehr aufgehoben. Eine Definition von Spareinlagen und Sparbuch blieb aber in der Rechnungslegungsverordnung bestehen (damaliger Freibetrag 3.000 Deutsche Mark).

Die Fünfte KWG-Novelle vom 28.9.1994, die Ende 1995 in Kraft trat, hatte zum Ziel, weitere Vorschriften des EG-Rechts, nämlich die Großkredit-Richtlinie und die Konsolidierungs-Richtlinie, in deutsches Recht zu transformieren. Zu diesem Zweck wurden neue Begriffe in § 1 KWG eingefügt (Finanzholding-Gesellschaft im Sinne des KWG, gemischtes Unternehmen im Sinne des KWG, Unternehmen mit bankbezogenen Hilfsdiensten), die Beaufsichtigung (von Kreditinstitutsgruppen und Finanzholding-Gruppen im Sinne des KWG) auf konsolidierter Basis geregelt (§§ 8a, 10a KWG), die Bestimmungen zu Großkrediten

(§§ 13, 13a KWG) neu gefasst sowie neue Definitionen des Kreditbegriffs getroffen (§§ 19–21 KWG); § 22 KWG brachte eine Ermächtigung zum Erlass einer Kreditbestimmungsverordnung. Gemischte Unternehmen und Finanzholding-Gesellschaften wurden Anzeigepflichten unterworfen (§ 24 KWG); letzteren gegenüber können auch Sondermaßnahmen gemäß § 45a KWG ergehen. Schließlich wurden die Schwellen bei Millionenkrediten und bei der Offenlegung angehoben.

Die sechste Änderung des KWG erfolgte durch das Gesetz vom 22.10.1997 (BGBl. I S. 2518), einem Artikel-Gesetz „zur Umsetzung von EG-Richtlinien zur Harmonisierung bank- und wertpapieraufsichtsrechtlicher Vorschriften"; dessen Artikel 1 enthält die Sechste KWG-Novelle. Wie schon die Bezeichnung deutlich macht, diente das Gesetz erneut vor allem der Umsetzung von EG-Rechtsakten, nämlich der Wertpapierdienstleistungs-Richtlinie, der Kapitaladäquanz-Richtlinie sowie der BCCI-Folgerichtlinie, und bildete so einen Schlusspunkt auf dem Weg zu einem europäischen Markt für Bank- und andere Finanzdienstleistungen. Der Regelungsbereich des § 1 KWG wurde erweitert und verfeinert: So wurden drei neue Arten von Bankgeschäften im Sinne des KWG eingefügt (Emissionsgeschäft, Geldkartengeschäft, Netzgeldgeschäft) und neben den Kreditinstituten und den Finanzinstituten im Sinne des KWG (mit einer neuen Bezeichnung als Finanzunternehmen im Sinne des KWG) wurde eine weitere Gruppe von Unternehmen, nämlich Finanzdienstleistungsinstitute im Sinne des KWG, in die Bankenaufsicht einbezogen, für die ein Erbringen bestimmter Finanzdienstleistungen im Sinne des KWG typisch ist (§ 1 Ia KWG). Eine gravierende Änderung erfolgte in der Unterscheidung der beaufsichtigten Institute im Sinne des KWG in Handelsbuchinstitute und Nicht-Handelsbuchinstitute; letztere müssen insbesondere bestimmte Vorschriften über Großkredite und Eigenkapitalunterlegung nicht beachten (§ 2 XI in Verbindung mit § 13a I KWG). Neu gefasst und strukturiert wurde die Bestimmung über Eigenmittel der Institute (§ 10 KWG), weitere Änderungen betrafen die Konsolidierungsregeln (§ 10a KWG), die Groß- und Millionenkreditvorschriften

(§§ 13-13b, § 14 KWG) sowie in geringerem Maße die Definitionen in den §§ 19-21 KWG. Ziel der Novellierung war auch eine Deregulierung des Bankenaufsichtsrechts: Dies zeigt sich vor allem bei den Anlagevorschriften des KWG für Kreditinstitute (§ 12 KWG), der Streichung des § 16 KWG sowie der Neugestaltung der Anzeigepflichten gemäß § 24 KWG. Zusammen mit der Sechsten KWG-Novelle wurde auch das Wertpapierhandelsgesetz wesentlich überarbeitet. Eine weitere Novellierung erfolgte durch Artikel 6 des Vierten Finanzmarktförderungsgesetzes vom 21.6.2002 (BGBl. I S. 2010); sie diente unter anderem der Umsetzung der E-Geld-Richtlinie. Ferner wurden insbesondere die §§ 2b, 10, 11, 14, 15, 21, 22, 36 und 53b KWG geändert und ein neuer § 24c über den automatisierten Abruf von Kontoinformationen in das KWG aufgenommen.

Mit dem als Siebte KWG-Novelle bezeichneten Gesetz zur Umsetzung der neu gefassten Bankenrichtlinie und der neu gefassten Kapitaladäquanzrichtlinie vom 17.11.2006 (BGBl. I S. 2606) sowie dem Erlass der Solvabilitätsverordnung wurden die vom Baseler Ausschuss für Bankenaufsicht erarbeiteten Bestimmungen von Basel II umgesetzt. Die *zentralen Änderungen* betreffen:

a) eine stärkere Berücksichtigung der Ausfallwahrscheinlichkeit bei der Unterlegung des Adressenrisikos mit Eigenmitteln durch die Nutzung von externen und internen Ratings,

b) die erstmalige Einbeziehung operationeller Risiken in die Eigenmittelanforderungen,

c) die Einführung eines bankenaufsichtlichen Überprüfungsprozesses (Supervisory Review Process) sowie

d) die Erweiterung der Offenlegungspflichten von Instituten zur Stärkung der Marktdisziplin.

Auch wenn es danach keine als solche bezeichneten KWG-Novellen gab, unterlag das KWG in der Folge häufigen Änderungen. Die wichtigsten

Bankenaufsicht

Änderungen, die zum Großteil auf die Bankenkrise der Jahre 2007 ff. zurückzuführen sind, erfolgten durch:

a) das Gesetz zur Stärkung der Finanzmarkt- und der Versicherungsaufsicht vom 29.7.2009 (BGBl. I S. 2305), in dem vor allem die Krisenprävention durch die Möglichkeit der BaFin, eine höhere Eigenmittelausstattung und eine höhere Liquiditätsausstattung von den Instituten zu verlangen (§ 10 KWG) sowie Gewinnausschüttungen und Ausschüttungen auf Eigenmittelbestandteile verhindern zu können (§ 45 KWG), gestärkt wird;

b) das Gesetz zur Umsetzung der geänderten Bankenrichtlinie und der geänderten Kapitaladäquanzrichtlinie vom 19.11.2010 (BGBl. I S. 1592), in dem insbesondere einheitliche Prinzipien für die Anerkennung hybrider Kapitalbestandteile als Kernkapital (§ 10 KWG), Regelungen für Verbriefungen und Wiederverbriefungen (§§ 1b, 18a und 18b KWG) sowie die Stärkung der Zusammenarbeit der nationalen Bankenaufsichtsbehörden im EWR durch Einrichtung von Aufsichtskollegien (§ 8e KWG) vorgesehen sind;

c) das Gesetz zur Restrukturierung und geordneten Abwicklung von Kreditinstituten, zur Errichtung eines Restrukturierungsfonds für Kreditinstitute und zur Verlängerung der Verjährungsfrist der aktienrechtlichen Organhaftung (Restrukturierungsgesetz) vom 9.12.2010 (BGBl. I S. 1900), in dem vor allem die Maßnahmen der BaFin zur Verbesserung der Eigenmittelausstattung und der Liquidität (§ 45 KWG) geändert sowie die Funktion eines Sonderbeauftragten (§ 45c KWG) und Maßnahmen der BaFin gegenüber Kreditinstituten bei Gefahren für die Stabilität des Finanzsystems (§§ 48a–48s KWG), insbesondere die Möglichkeit, die Übertragung des Vermögens eines Kreditinstituts auf eine „Brückenbank" anzuordnen, neu eingefügt wurden;

d) das Gesetz zur Umsetzung der Richtlinie 2013/36/EU über den Zugang zur Tätigkeit von Kreditinstituten und die Beaufsichtigung von Kreditinstituten und Wertpapierfirmen und zur Anpassung des

Aufsichtsrechts an die Verordnung (EU) Nr. 575/2013 über Aufsichtsanforderungen an Kreditinstitute und Wertpapierfirmen (CRD IV-Umsetzungsgesetz), mit dem die Bestimmungen von Basel III beziehungsweise der CRR sowie der CRD IV umgesetzt wurden; zentrale Inhalte sind – neben der Bereinigung von Redundanzen zwischen dem KWG und der höherrangigen CRR – die Differenzierung zwischen Instituten im Sinne des KWG und Instituten im Sinne der CRR, die Einführung verschiedener Kapitalpuffer sowie die Einfügung eines eigenen Abschnitts mit besonderen Vorschriften für Wohnunternehmen mit Spareinrichtung.

3. *Rechtsgrundlagen*: Das Kreditwesengesetz ist die allgemeine gesetzliche Basis für die Bankenaufsicht. Öffentlich-rechtliche Kreditinstitute unterliegen daneben gemäß § 52 KWG einer besonderen Anstaltsaufsicht. Für Spezialbanken gelten ergänzend zum KWG *Sondergesetze*: für die Pfandbriefbanken das Pfandbriefgesetz, für die Bausparkassen das Bausparkassengesetz und für Investmentgesellschaften das Kapitalanlagegesetzbuch.

4. *Bedeutung*: Die Notwendigkeit einer Bankenaufsicht folgt aus der zentralen Stellung der Kreditinstitute im Wirtschaftskreislauf sowie ihrer vielfältigen und intensiven Verflechtung mit anderen Wirtschaftseinheiten. Jedoch bediente sich auch die Deutsche Bundesbank und bedient sich die Europäische Zentralbank der Kreditinstitute zur Durchsetzung der Aufgaben einer Währungsbank. Banken fungieren als Liquiditätshalter der Unternehmen, als Sammelstelle für Ersparnisse, als Kreditgeber der Wirtschaft und Träger des inländischen wie des internationalen Geld- und Kapitalverkehrs. Bankinsolvenzen haben daher eine viel größere Breitenwirkung als andere Insolvenzen. Überdies hängen Kreditinstitute in besonderem Maße vom Vertrauen der Einleger ab. Wird das Vertrauensverhältnis zu einem Institut beeinträchtigt, besteht die Gefahr, dass dies auf andere Banken übergreift („allgemeiner Run") und letztlich die Funktionsfähigkeit der Kreditwirtschaft insgesamt gestört wird. Mit der Sechsten KWG-Novelle wurden zwecks Gleichstellung

Wertpapierhäuser in die Bankenaufsicht einbezogen. Auch soweit ihre Tätigkeiten nicht bereits als Bankgeschäft im Sinne des KWG anzusehen war, wurde auch der Tätigkeitsbereich der Bankenaufsicht (auf Finanzdienstleistungen im Sinne des KWG) ausgedehnt.

5. *Ziele*: Die Bankenaufsicht will nach wie vor primär ein intaktes Geschäftsbankensystem gewährleisten. Diese gesamtwirtschaftliche Zielsetzung sucht sie durch einen weitgehenden Schutz der Gläubiger vor finanziellen Verlusten zu erreichen. Die Sicherung der Einleger bildet die sozialpolitische Komponente der Bankenaufsicht. Das Kreditwesengesetz bezweckt schließlich auch, die allgemeine Ordnung im Kreditwesen (ordnungsgemäße Abwicklung von Bankgeschäften) aufrechtzuhalten.

6. *Konzeption des Kreditwesengesetzes*: Zur Erreichung seiner Ziele geht das Kreditwesengesetz von einem liberalen Ansatz aus. In einer Marktwirtschaft ist es nicht Aufgabe der Bankenaufsicht, jede Bankinsolvenz zu verhüten; stattdessen soll der Leistungswettbewerb erhalten bleiben. Die Bankenaufsichtsbehörden nehmen daher keinen unmittelbaren Einfluss auf Vertragsbeziehungen zwischen Banken und Kunden; die Aufsicht zielt vielmehr darauf ab, die finanzielle Stabilität der Institute zu stärken und ihre Krisenanfälligkeit zu vermindern. Mittel hierzu sind teils Ordnungsvorschriften (z.B. Erlaubniserteilung, Offenlegung der wirtschaftlichen Verhältnisse, Bezeichnungsschutz für Kreditinstitute, Katalog der Bankgeschäfte, Kontrolle von Zweigstellen ausländischer Banken und von Repräsentanzen ausländischer Banken), teils Strukturnormen (z.B. Eigenkapital- und Liquiditätsvorschriften, Großkredite, ferner Kreditnehmereinheiten, Kreditbegriffe, Eigenmittel). Vorbeugenden Charakter hat auch die Vorverlegung der Insolvenzschwelle; die Bundesanstalt für Finanzdienstleistungsaufsicht (BaFin) ist befugt, schon bei einem hohen Verlust beziehungsweise nachhaltig fehlender Rentabilität die Betriebserlaubnis aufzuheben (§ 35 II KWG). Das Kreditwesengesetz sieht des Weiteren besondere bankaufsichtliche Maßnahmen zur Vermeidung von Insolvenzen oder bei deren Eintreten zur Milderung der

Folgen vor, wie einstweilige Maßnahmen nach § 46 KWG, Stellung des Insolvenzantrags nur durch die BaFin (§ 46b KWG), Abberufung von Geschäftsleitern beziehungsweise Tätigkeitsverbot für diese bei fehlender Eignung, Anordnung eines Moratoriums durch die Bundesregierung (§ 46g KWG). Der marktwirtschaftliche Ausleseprozess soll sich möglichst ohne Verluste für die Einleger vollziehen. Dem dient auch die im internationalen Vergleich schon seit längerem recht gut ausgebaute, inzwischen aufgrund der Einlagensicherungs-Richtlinie auch gesetzlich geregelte Einlagensicherung. Diese ist als konsequente Ergänzung der Bankenaufsicht eingerichtet und eng mit dieser verzahnt. Grenzen für Eingriffe der Bankenaufsicht ergeben sich auch aus ihrer Organisation. In einem Anzeigen- und Meldesystem sind die Aufsichtsbehörden auf korrekte Erfüllung der Informationspflichten angewiesen; verspätete, unvollständige oder gar falsche Anzeigen beeinträchtigen die Möglichkeiten zum Einschreiten. Als notwendige Ergänzung zwecks Überprüfung und Ergänzung der einzureichenden Anzeigen und Meldungen steht der BaFin daher eine Befugnis zu bankaufsichtlichen Auskünften und Prüfungen zu. Gestützt auf die so erlangten Daten geht die BaFin bei der Analyse und Bewertung (insbesondere der Risikodiagnose) bislang über eine Bildung von Kennzahlen vor (z.B. in Bezug auf die Eigenmittel und die Liquidität der Institute). Geeignete Indikatoren eines Kennzahlensystems ermöglichen zeitliche Vergleiche und Quervergleiche zur Lage innerhalb einer Institutsgruppe (Warnfunktion). *[GKR]*

Bankenaufsicht, Träger nach dem KWG

Als nationale deutsche Bankenaufsichtsbehörde wird in erster Linie die Bundesanstalt für Finanzdienstleistungsaufsicht (BaFin) tätig (§§ 5, 6 KWG). Sie arbeitet eng mit der Deutschen Bundesbank zusammen (§ 7 KWG), da sich die Aufgaben der Bankenaufsicht mit denen der Zentralbank vielfach berühren und die Ortsnähe und die Sachkenntnisse der Deutschen Bundesbank genutzt werden können. Deren Hauptverwaltungen (früher Landeszentralbanken [LZB]) führen die laufende

Überwachung der von Kreditinstituten einzureichenden Meldungen, Monatsausweise und Jahresabschlussunterlagen durch und leiten diese Unterlagen mit ihren Stellungnahmen an die BaFin weiter.

Bis zum 30.4.2002 war als Bankenaufsichtsbehörde in erster Linie das Bundesaufsichtsamt für das Kreditwesen (BAKred) tätig; am 1.5.2002 wurde diese Behörde mit dem Bundesaufsichtsamt für den Wertpapierhandel (BAWe) und dem Bundesaufsichtsamt für das Versicherungswesen (BAV) zusammengeführt. Bei der Erfüllung der jeweiligen Aufgaben fand zuvor eine enge Kooperation zwischen BAKred und dem BAWe statt (§ 6 III WpHG a.F.). Dabei oblag es dem BAWe, Missständen entgegenzuwirken, welche die ordnungsgemäße Durchführung des Wertpapierhandels oder von Wertpapierdienstleistungen oder Wertpapiernebendienstleistungen (durch Institute, § 2 IV WpHG a.F.; heute § 2 IX-XI WpHG) beeinträchtigten oder erhebliche Nachteile für den Wertpapiermarkt bewirken konnten (§ 4 I 2 WpHG a.F.; heute ähnlich § 6 I 2 WpHG). *[LGR]*

Bankenaufsichtsbehörden

Als Teil des Einheitlichen Aufsichtsmechanismus SSM übt die Bundesanstalt für Finanzdienstleistungsaufsicht (BaFin) unter anderem die Bankenaufsicht über die sogenannten weniger bedeutenden Kreditinstitute (Less Significant Institutions) aus. Hierbei arbeitet sie eng mit der Deutschen Bundesbank, der Europäischen Bankenaufsichtsbehörde (EBA), dem Europäischen Ausschuss für Systemrisiken (ESRB), dem Europäischen Bankenausschuss, der Europäischen Wertpapier- und Marktaufsichtsbehörde (ESMA) sowie der Europäischen Kommission zusammen. Bedeutende Kreditinstitute (Significant Institutions) der am SSM teilnehmenden Länder stehen hingegen unter der direkten Aufsicht der Europäischen Zentralbank (EZB). *[NKR]*

Bankenkrise

Zumeist im Zusammenhang oder als Folge einer volkswirtschaftlichen Schieflage auftretende Situation, in der eine Mehrzahl von Banken zahlungsunfähig oder nicht in der Lage ist, die von der Bankenaufsicht geforderten Mindesteigenkapitalvorschriften zu erfüllen. Bankenkrisen können eingeteilt werden in *Financial Distress* (strukturelle Krise aufgrund makroökonomischer Schocks) und *Financial Panic* (Ansturm der Gläubiger, sogenannter Bank Run). *Historisch* wird unter Bankenkrise vor allem die Krise von 1931 verstanden, in deren Verlauf die Darmstädter und Nationalbank (DANAT-Bank) zusammenbrach. In Folge der schweren Erschütterungen des gesamten deutschen Kreditwesens führte die damalige Reichsregierung erstmals eine staatliche Beaufsichtigung deutscher Kreditinstitute ein; das Kreditwesengesetz vom 5.12.1934 stellte dann den Beginn der Bankenaufsicht in Deutschland dar. Die durch den Zusammenbruch der US-Investment Bank Lehman Brothers im September 2008 ausgelöste weltweite Finanzkrise, die im März 2010 in eine Staatsschuldenkrise der Eurozone überging, führte erneut zu krisenhaften Erscheinungen in den Bankensystemen des europäischen und US-Marktes und löste weltweit Diskussionen und Aktivitäten aus, wie die Stabilität des internationalen wie europäischen Finanzsystems besser gewährleistet werden könne. *[CMN]*

Bankenliquidität

1. Begriff: Bankenliquidität bezeichnet alle jederzeit verfügbaren Mittel einer Bank, die eine kontinuierliche Zahlungsfähigkeit garantieren. Dazu zählen Aktiva, die permanent in Zahlungsmittel liquidiert werden können.

2. Gesetzgebung: Der gesetzliche Rahmen wird durch § 11 des Kreditwesengesetzes (KWG), die Liquiditätsverordnung (LiqV) und die nach Basel III entworfene Capital Requirements Regulation (CRR) gesetzt. CRR-Kreditinstitute müssen nach den Artikeln 411 ff. CRR die

Mindestliquiditätsquote (LCR) und die strukturelle Liquiditätsquote (NSFR) erfüllen. Die LCR setzt über einen 30-tägigen Zeithorizont die erstklassigen liquiden Aktiva einer Bank ins Verhältnis zu ihrem Netto-Liquiditätsabfluss. Die NSFR setzt innerhalb eines einjährigen Zeithorizonts die verfügbare stabile Refinanzierung der Passiva ins Verhältnis zu den weniger stabilen Aktiva, die einer stabilen Refinanzierung bedürfen. Die resultierenden Liquiditätskennzahlen dürfen den Wert 1 nicht unterschreiten. Für Nicht-CRR-Kreditinstitute gilt weiterhin die LiqV. Laut § 2 LiqV verfügt ein Kreditinstitut über eine ausreichende kurzfristige Liquidität (Laufzeitband 1), wenn die innerhalb eines Monats verfügbaren Zahlungsmittel die in gleicher Zeit fällig werdenden Zahlungsverpflichtungen nicht unterschreiten beziehungsweise wenn die resultierende Liquiditätskennzahl den Wert 1 nicht unterschreitet. Darüber hinaus unterscheidet die LiqV bezüglich des jeweiligen Betrachtungszeitraums drei weitere Laufzeitbänder zwischen einem bis drei Monaten, drei bis sechs Monaten und sechs bis zwölf Monaten. [BRO]

Bankenrun (Bank Run)
Siehe das Stichwort „Gläubigerrun".

Banken-Staaten-Nexus
Siehe das Stichwort „Staaten-Banken-Nexus".

Bankenvertrauen
Siehe das Stichwort „Vertrauen in Banken".

Bankfeiertage
Wochentage, die keine gesetzlichen Feiertage sind, aber an denen Banken geschlossen haben. Hierzu zählen der 24.12. sowie der 31.12. Bankfeiertage sind nicht mit den TARGET-Feiertagen (1.1., Karfreitag und 25.12.) gleichzusetzen. In Zeiten einer Bankenkrise können

Bankfeiertage, an denen der Zahlungsverkehr ruht, auch von der Bankenaufsicht angeordnet werden, um einen Ansturm der Gläubiger (*Run*) auf Banken zwecks Auszahlung von Einlagen abzuwehren. *[LGR]*

Bankgeschäfte im Sinne des KWG

1. *Begriff*: Als Bankgeschäfte im Sinne des KWG gelten die in § 1 I KWG aufgeführten Geschäfte, die bei gewerbsmäßigem oder in größerem Umfang erfolgendem Betreiben die Eigenschaft eines Kreditinstituts im Sinne des KWG begründen. Die Bankgeschäfte werden in § 1 I 2 KWG abschließend aufgezählt. Von grundlegender Bedeutung ist, dass das Betreiben von Bankgeschäften einer Erlaubnis durch die Bundesanstalt für Finanzdienstleistungsaufsicht (BaFin) bedarf (§ 32 KWG; siehe auch das Stichwort „Erlaubniserteilung für Institute"). Gemäß § 54 KWG ist das unerlaubte Betreiben von Bankgeschäften strafbar (Geldstrafe oder Freiheitsstrafe bis zu fünf Jahren).

Der Begriff „Bankgeschäfte" ist nicht mit dem Begriff der „banküblichen" oder „banknahen" Geschäfte identisch, der neben den Bankgeschäften auch die üblicherweise von Banken für Kunden erbrachten Dienstleistungen umfasst (z.B. Vermietung von Schließfächern, Handel mit Goldmünzen und Goldbarren, Agenturleistungen für Versicherungen, Bausparkassen, andere Finanzierungsunternehmen, Touristikunternehmen usw.).

Die Möglichkeit, den Katalog der Bankgeschäfte durch Rechtsverordnung des Bundesministers der Finanzen rasch an Entwicklungen auf dem Gebiete des Bankwesens anpassen zu können (§ 1 I 3 KWG a.F.), ist mit der Sechsten KWG-Novelle entfallen. Zugleich wurden jedoch drei neue Typen von Bankgeschäften ins Gesetz eingefügt.

2. Die in § 1 KWG aufgeführten Bankgeschäfte sind:

a) das Einlagengeschäft,

b) das Pfandbriefgeschäft,

c) das Kreditgeschäft,

d) das Diskontgeschäft,

e) das Finanzkommissionsgeschäft,

f) das Depotgeschäft,

g) die Eingehung der Verpflichtung zum Erwerb nichtfälliger Darlehensforderungen, die zuvor veräußert worden sind (Revolvinggeschäft),

h) das Garantiegeschäft,

i) das Scheckeinzugsgeschäft, das Wechseleinzugsgeschäft sowie das Reisescheckgeschäft,

j) das Emissionsgeschäft sowie

k) die Tätigkeit als zentraler Kontrahent im Sinne des KWG.

3. *Kein Bankgeschäft im Sinne des KWG* ist der Devisenhandel (einschließlich Sortenhandel). Das Sortengeschäft, das heißt ausländische Zahlungsmittel für eigene Rechnung oder im Auftrag von Kunden zu handeln oder zu wechseln, stellt seit der Sechsten KWG-Novelle eine der die Tätigkeit von Finanzdienstleistungsinstituten im Sinne des KWG kennzeichnende Finanzdienstleistung im Sinne des KWG dar (§ 1 Ia 2 Nr. 7 KWG). In der privatrechtlichen Geschäftsverbindung zwischen Bank und Kunde herrscht weitgehend Vertragsfreiheit, soweit die einzelnen Bankgeschäfte den nicht gesetzlich geregelten Typen und Sachverhalten entsprechen, was vor allem auf das Kontokorrent (§§ 355-357 HGB), das Einlagengeschäft (§§ 488 ff. und 700 I BGB) und das Kreditgeschäft (§§ 488-515 BGB, Kreditvertrag) zutrifft. Die Kreditinstitute haben durch Aufstellung von Allgemeinen Geschäftsbedingungen eine Standardisierung typischer Vertragselemente im Sinne von „Grundregeln für die Beziehungen zwischen Kunde und Bank" vorgenommen. Die Allgemeinen Geschäftsbedingungen der Banken (beziehungsweise Sparkassen, Volksbanken) gelten für die gesamte Geschäftsverbindung

zwischen dem Kunden und den inländischen Geschäftsstellen der Bank; sie regeln auch das Bankgeheimnis und die Bankauskunft. *[GKR]*

Bankinsolvenz

Angesichts der weitreichenden Folgen, die zeitweilige und insbesondere dauerhafte Kapital- und/oder Liquiditätsprobleme für Einleger, Kreditnehmer und die gesamte Volkswirtschaft verursachen können (Domino-Effekt), waren Bankinsolvenzen ein wesentliches Motiv für die Errichtung einer Bankenaufsicht. Die Bundesanstalt für Finanzdienstleistungsaufsicht (BaFin) kann bei Gefahr für die Erfüllung der Verpflichtungen eines Kredit- oder Finanzdienstleistungsinstituts gegenüber seinen Gläubigern, wie dies z.b. im Vorfeld einer Insolvenz der Fall ist, besondere bankaufsichtliche Maßnahmen treffen (§ 46 KWG). Im Falle der Zahlungsunfähigkeit oder Überschuldung ist allein diese Aufsichtsbehörde zur Stellung des Antrags auf Eröffnung des Insolvenzverfahrens über das Vermögen eines Instituts befugt; dessen Geschäftsleiter müssen der BaFin den Grund unverzüglich anzeigen (§ 46b KWG). *[GKR]*

Banknahe Geschäfte

Als banknahe Geschäfte werden Tätigkeiten bezeichnet, die keine Bankgeschäfte im Sinne des KWG sind, einem Kreditinstitut im Sinne des KWG oder Finanzdienstleistungsinstitut im Sinne des KWG auch nicht untersagt sind, aber dennoch einen Finanzbezug aufweisen. Damit zählen beispielsweise alle Finanzdienstleistungen im Sinne des KWG sowie die in § 1 III KWG aufgeführten Haupttätigkeiten von Finanzunternehmen im Sinne des KWG zu den banknahen Geschäften. *[GKR]*

Banktestament

Living Will; von einer Bank erstellte Selbstabwicklungsverfügung für den Fall ihrer Insolvenz. Ein Banktestament kann im Notfall einer Bank dazu beitragen, deren schnelle und reibungslose Abwicklung zu erleichtern. *[GWA]*

Bargeldnahes Instrument

Ein Einlagenzertifikat, eine Schuldverschreibung (einschließlich einer gedeckten Schuldverschreibung) oder ein ähnliches nicht nachrangiges Instrument, das ein Institut ausgegeben hat, für das es bereits die vollständige Zahlung erhalten hat und das es uneingeschränkt zum Nennwert zurückzahlen muss (Artikel 4 I Nr. 60 CRR). *[GWA]*

Basel I

Basel I ist die gängige Kurzbezeichnung für die Empfehlungen des Baseler Ausschusses für Bankenaufsicht zu Eigenkapitalregeln im Bankensektor vom Juli 1988 („Internationale Konvergenz der Eigenkapitalmessung und Eigenkapitalanforderungen"). Die auch unter der Bezeichnung „Baseler Akkord" bekannten Vorschriften richten sich direkt nur an international tätige Banken. Basel I behandelt in vier Abschnitten die Komponenten des Eigenkapitals (z.B. Kernkapital, Ergänzungskapital) und die Risikogewichtung, wobei zunächst ausdrücklich nur das Kreditrisiko und das damit verbundene Transferrisiko erfasst wurden; der hierauf bezogene Zielstandard der Eigenkapitalquote wurde auf acht Prozent festgelegt. Erst durch eine Änderung im Jahr 1996 wurden auch Marktpreisrisiken von Banken in die Kapitalunterlegungspflicht einbezogen. Die Vorgaben von Basel I entwickelten sich zu einem weltweit anerkannten Standard; sie fanden auch in das EG-Bankrecht Eingang und wurden Grundlage des damaligen deutschen Grundsatzes I. Eine Überarbeitung von Basel I wurde vor allem wegen der bonitätsunabhängigen Risikogewichtung notwendig, die zu einer deutlichen Diskrepanz zwischen ökonomischen und regulatorischen Eigenkapitalanforderungen führte. *[GKR]*

Basel II

1. *Allgemeines:* In Abgrenzung gegenüber der bisherigen Regelung (Basel I) stellt Basel II die üblich gewordene Bezeichnung für die ab Ende 2006 geltenden internationalen Eigenkapitalregelungen (New Basel Capital Accord) dar, die der Baseler Ausschuss für Bankenaufsicht in enger Konsultation mit nationalen Bankenaufsichtsbehörden, Zentralbanken sowie dem Bankensektor seit 1998 erarbeitet hat. Die Neuregelung soll nicht nur ein „level playing field" auf internationaler Ebene schaffen, sondern auch Wettbewerbsverzerrungen innerhalb der nationalen Bankenlandschaften vermeiden.

2. *Aufbau:*

a) Eine erste „Säule" befasst sich näher mit Mindestkapitalanforderungen; dabei werden die Bonitätsgewichte besser auf das tatsächliche Ausfallrisiko ausgerichtet und neben Kreditrisiken und Marktrisiken auch explizit operationelle Risiken berücksichtigt; hierunter fällt jede Gefahr von unmittelbaren oder indirekten Verlusten, die infolge der Unangemessenheit oder des Versagens von internen Verfahren, von Menschen, von Systemen oder von externen Ereignissen eintreten. Für die Bemessung der Kreditrisiken sieht das neue Konzept ein Spektrum verschiedener Ansätze vor, die dazu veranlassen sollen, zunehmend differenziertere Verfahren zu verwenden und so das regulatorische (bankenaufsichtlich vorgeschriebene) Eigenkapital weiter dem ökonomischen Eigenkapital anzunähern. Beim Standardansatz werden (ähnlich wie bei Basel I) das Kreditrisiko und die daraus folgende Kapitalunterlegung über externe Ratings bestimmt, indem Kreditnehmergruppen abhängig von ihrer Bonität standardisierte Risikogewichte zugeordnet werden. Im Unterschied dazu werden die Risikogewichte im IRB-Ansatz (internal ratings-based approach) auf Basis interner Ratings forderungsspezifisch ermittelt. Dabei besteht die Wahl zwischen einem Basisansatz (foundation approach, auch foundation IRB approach genannt), bei dem die Banken lediglich die Ausfallwahrscheinlichkeit (probability of default, PD) ihrer Kreditnehmer selbst schätzen dürfen, und einem fortgeschrittenen Ansatz (advanced approach, auch advanced IRB approach genannt); bei diesem erfolgt auch die Schätzung der weiteren Parameter (loss given default, LGD – Verlust bei Ausfall; exposure at default, EaD – Höhe des Engagements bei Ausfall unter Berücksichtigung offener Kreditlinien; effective maturity, M – effektive Restlaufzeit) weitgehend durch die Bank. Eine wesentliche Unterscheidung findet zwischen Krediten an Unternehmen, andere Banken und Staaten einerseits sowie an Privatkunden (retail portfolio) andererseits statt. Bei Letzteren existiert im Rahmen des IRB-Ansatzes nur eine einzige Risikogewichtungsfunktion, in die lediglich PD und LGD eingehen, während die Retailkredite im Rahmen des Standardansatzes pauschal mit 75 Prozent gewichtet werden; im Ergebnis sind Kredite an Privatkunden mit deutlich weniger Eigenkapital zu unterlegen als unter Basel I. Im Juli 2002 verständigte sich der Ausschuss nach deutschem Drängen darauf, (auch) kleine und mittlere Unternehmen günstiger als Großunternehmen zu behandeln. Basel II legte ferner erstmals international harmonisierte Regelungen für die bankenaufsichtliche Behandlung von verbrieften Forderungen (asset backed securities, ABS) fest.

b) Eine zweite Säule von Basel II bildet ein bankenaufsichtlicher Überprüfungsprozess, der eine individualisierte, qualitative Überwachung der Institute seitens der Bankenaufsichtsbehörden nicht zuletzt durch intensivere Kontrollen vor Ort beinhaltet.

c) Eine dritte Säule schließlich zielt auf die Stärkung der Marktdisziplin durch verbesserte Transparenz (disclosure) ab, wobei je nach Größe einer Bank unterschiedlich umfangreiche Daten zu veröffentlichen sind. Zudem wird die Nutzung von erleichterten Anforderungen bei den Eigenmitteln an die Einhaltung der jeweiligen Veröffentlichungsstandards geknüpft.

3. *Umsetzung*: Um die Auswirkungen der Änderungen bewerten zu können, führte der Baseler Ausschuss im Hinblick auf das jeweils vorgelegte Konsultationspapier mehrere „quantitative impact studies" (QIS)

durch. Basel II wurde 2004 verabschiedet und trat nach einer mehrjährigen Umsetzungsfrist, während der Banken und Aufsichtsbehörden die notwendigen Anpassungsmaßnahmen vornehmen konnten, ab Ende 2006 (die Bestimmungen für die am weitesten fortgeschrittenen Ansätze erst ab Ende 2007) in Kraft. Wie zuvor bei Basel I erfolgte auch die Übernahme der Bestimmungen von Basel II alsbald zunächst durch EG-Rechtsakte (neu gefasste Bankenrichtlinie [Richtlinie 2006/48/EG des Europäischen Parlaments und des Rates vom 14. Juni 2006 über die Aufnahme und Ausübung der Tätigkeit der Kreditinstitute] und neu gefasste Kapitaladäquanz-Richtlinie [Richtlinie 2006/49/EG des Europäischen Parlaments und des Rates vom 14. Juni 2006 über die angemessene Eigenkapitalausstattung von Wertpapierfirmen und Kreditinstituten] und sodann durch nationale Vorschriften, in Deutschland insbesondere durch das Gesetz zur Umsetzung der neu gefassten Bankenrichtlinie und der neu gefassten Kapitaladäquanzrichtlinie vom 17.11.2006 (BGBl. I S. 2606) sowie den Erlass der Solvabilitätsverordnung. Als Reaktion auf die Bankenkrise der Jahre 2007 ff. wurde Basel II in den folgenden Jahren überarbeitet. *[GKR]*

Basel II.5

Im Zuge der Finanzmarktkrise der Jahre 2007 ff. nahm der Baseler Ausschuss für Bankenaufsicht Änderungen an den Bestimmungen von Basel II vor. In diesem Zusammenhang wird mit Basel II.5 ein erstes Maßnahmenpaket bezeichnet, das insbesondere höhere Kapitalanforderungen für Verbriefungsgeschäfte und Engagements im Handelsbuch sowie schärfere Offenlegungsanforderungen vorsieht und das bis Ende 2011 umzusetzen war. Kernstücke von Basel II.5 sind die Veröffentlichungen des Baseler Ausschusses für Bankenaufsicht „Enhancements to the Basel II framework, Revisions to the Basel II market risk framework" sowie „Guidelines for computing capital for incremental risk in the trading book" von Juli 2009. – Weitere Änderungen des Baseler Regelwerks erfolgten im Rahmen von Basel III. *[GKR]*

Basel III

1. *Begriff*: Als Basel III wird ein Bündel von Maßnahmen des Baseler Ausschusses für Bankenaufsicht bezeichnet, mit dem eine Stärkung der Risikotragfähigkeit und der Widerstandsfähigkeit des Bankensektors erreicht werden soll, um durch die erhöhte Stabilität des Finanzsystems die Wahrscheinlichkeit und das Ausmaß zukünftiger Finanzmarktkrisen zu senken und so die Gefahr negativer Auswirkungen auf die Realwirtschaft zu verringern. Außerdem sollen durch die Reform der internationalen Aufsichtsstandards ein funktionsfähiger internationaler Ordnungsrahmen geschaffen, die Transparenz erhöht, die Offenlegung erweitert sowie die Vergleichbarkeit der Kapitalausstattung von Instituten verbessert werden.

2. *Inhalte*: Zentrale Elemente von Basel III sind die im Dezember 2010 veröffentlichten Dokumente „Basel III: Ein globaler Regulierungsrahmen für widerstandsfähigere Banken und Bankensysteme" und „Basel III: Internationale Rahmenvereinbarung über Messung, Standards und Überwachung in Bezug auf das Liquiditätsrisiko". Basel III baut auf den bestehenden Bestimmungen von Basel II und Basel II.5 auf, modifiziert und erweitert diese. Wesentliche Bestimmungen von Basel III umfassen:

a) die Novellierung der Eigenmittelanforderungen durch Erhöhung der Qualität und Quantität der regulatorischen Eigenmittelbasis (deutliche Erhöhung des Bedarfs an hartem Kernkapital und verschärfte Anforderungen für die Anerkennung von Kern- und Ergänzungskapital, Abschaffung der Drittrangmittel), Einführung eines Kapitalerhaltungspuffers und Einführung eines antizyklischen Kapitalpuffers;

b) die Einführung einer Leverage Ratio sowie

c) die Einführung eines globalen Liquiditätsstandards (Liquidity Coverage Ratio, Net Stable Funding Ratio).

Nach 2010 wurden die Bestimmungen von Basel III konkretisiert, überarbeitet und im Jahr 2017 finalisiert (Basel IV).

3. *Umsetzung*: Als Zeitpunkt für die Umsetzung der Bestimmungen von Basel III ist der 1.1.2013 vorgesehen, wobei großzügige Übergangsregelungen bis zum 1.1.2019 vorgesehen sind. Für bestimmte Altbestände der Institute besteht in Deutschland sogar ein Bestandsschutz (Grandfathering) bis Ende 2021. In der Europäischen Union (EU) sind die Bestimmungen von Basel III durch die beiden folgenden EU-Rechtsakte (eine Verordnung und eine Richtlinie), die ein Gesamtpaket darstellen, umgesetzt worden:

- Verordnung (EU) Nr. 575/2013 des Europäischen Parlaments und des Rates vom 26. Juni 2013 über Aufsichtsanforderungen an Kreditinstitute und Wertpapierfirmen und zur Änderung der Verordnung (EU) Nr. 646/201;

- Richtlinie 2013/36/EU des Europäischen Parlaments und des Rates vom 26. Juni 2013 über den Zugang zur Tätigkeit von Kreditinstituten und die Beaufsichtigung von Kreditinstituten und Wertpapierfirmen, zur Änderung der Richtlinie 2002/87/EG und zur Aufhebung der Richtlinien 2006/48/EG und 2006/49/EG. In Deutschland wurde die Richtlinie 2013/36/EU durch das Gesetz zur Umsetzung der Richtlinie 2013/36/EU über den Zugang zur Tätigkeit von Kreditinstituten und die Beaufsichtigung von Kreditinstituten und Wertpapierfirmen und zur Anpassung des Aufsichtsrechts an die Verordnung (EU) Nr. 575/2013 über die Aufsichtsanforderungen an Kreditinstitute und Wertpapierfirmen (CRD IV-Umsetzungsgesetz) vom 28.8.2013 (BGBl. I S. 3395) in nationales Recht transformiert. *[GKR]*

Basel IV

Im Dezember 2017 haben die Mitglieder des Leitungsgremiums des Baseler Ausschusses für Bankenaufsicht, die Group of Central Bank Governors and Heads of Supervision (GHOS), die Ergebnisse der Überarbeitung der Bestimmungen von Basel III gebilligt. Da die Änderungen zum Teil recht umfangreich sind, wird häufig auch von „Basel IV" gesprochen. Allerdings verwendet der Baseler Ausschuss für Bankenaufsicht den Begriff „Basel IV" selbst nicht, sondern spricht von der Finalisierung von Basel III oder den Basel-III-Reformen.

Das Basel-III-Reformpaket (Basel IV) beinhaltet die folgenden wesentlichen Änderungen:

a) Überarbeitung des Standardansatzes zur Messung des Kreditrisikos, mit dem die Risikosensitivität und Robustheit des bestehenden Ansatzes verbessert werden soll;

b) Überarbeitung des Internal Ratings Based Approach (IRBA) für das Kreditrisiko, wobei die Nutzung der fortschrittlichsten Ansätze interner Modelle für Portfolios mit niedrigem Risiko eingeschränkt wird;

c) Überarbeitung des Rahmenwerks für das Credit Value Adjustment (CVA) (Credit-Valuation-Adjustment-Risiko); dabei wird der auf internen Modellen basierende Ansatz abgeschafft und ein überarbeiteter Standardansatz eingeführt;

d) Einführung eines neu konzipierten Standardansatzes für operationelle Risiken, der die bisherigen Standardansätze sowie die fortgeschrittenen Messansätze ersetzt;

e) Überarbeitung der Messung der Leverage Ratio sowie Einführung eines Leverage Ratio-Puffers für global systemrelevante Banken (G-SIBs), wobei Letzterer 50 Prozent des bei der jeweiligen Bank zur Anwendung kommenden Kapitalpuffers für global systemrelevante Institute beträgt und die erforderliche Mindest-Leverage Ratio dieser Bank entsprechend erhöht;

f) Überarbeitung der Mindesthöhe der risikogewichteten Aktiva (RWA) bei Verwendung interner Modelle (Output Floor); dabei darf die aggregierte Summe der RWA einer Bank nicht weniger als 72,5 Prozent der gesamten unter Verwendung der Standardansätze von Basel III berechneten RWA betragen; der Output Floor wird ab dem 1.1.2022 mit einer

Höhe von 50 Prozent eingeführt, steigt dann schrittweise über fünf Jahre (phase-in) sukzessive an und erreicht ab dem 1.1.2027 die volle Höhe von 72,5 Prozent. *[GKR]*

Baseler Ampel

Vom Baseler Ausschuss für Bankenaufsicht geschaffene Skala zur Bewertung der Modellgüte von Value-at-Risk-Modellen (Backtesting). Die Baseler Ampel ordnet die Anzahl der Verletzungen der prognostizierten Werte anhand der Wahrscheinlichkeit für den Fehler erster Art (Wahrscheinlichkeit, dass ein korrektes Modell fälschlicherweise abgelehnt wird) in eine grüne (maximal vier von 250 Modellverletzungen), gelbe (fünf bis neun Verletzungen) und rote Zone (zehn oder mehr Verletzungen) ein. Während die gelbe Zone größtenteils auf zufällige Ausreißer schließen lässt, ist in der roten Zone von einem systematischen Fehler auszugehen, die eine Modellanpassung erforderlich macht. In Abhängigkeit von der Zone, in die ein Modell eingeordnet wird, ist die Höhe des zu unterlegenden Eigenkapitals mit einem erhöhten Multiplikator zu bestimmen. *[AWI]*

Baseler Ausschuss für Bankenaufsicht

Komitee zur Bankenüberwachung, Basel Committee on Banking Supervision (BCBS); der Baseler Ausschuss für Bankenaufsicht, gelegentlich auch nach dem jeweiligen Vorsitzenden als „Blunden Committee" oder „Cooke Committee" bezeichnet, wurde 1974 als Reaktion auf eine internationale Bankenkrise auf Initiative der Zentralbankgouverneure der Zehnergruppe (G-10), der Schweiz sowie Luxemburgs unter der Bezeichnung „Ausschuss für Bankenbestimmungen und -überwachung" ins Leben gerufen. Seinen jetzigen Namen erhielt er erst im Jahre 1989. Er hat seinen Sitz in den Räumlichkeiten der Bank für Internationalen Zahlungsausgleich (BIZ) in Basel (Schweiz). An seinen Sitzungen nehmen neben den 27 im Baseler Ausschuss für Bankenaufsicht vertretenen Staaten auch die Europäische Zentralbank (EZB) sowie die Europäische Kommission als

Beobachter teil. Das Gremium, das aus Vertretern der Zentralbanken und Bankenaufsichtsbehörden seiner Mitgliedsländer besteht, dient dem Informationsaustausch über nationale bankenaufsichtsrechtliche Vorschriften und einem Vergleich der unterschiedlichen staatlichen Überwachungssysteme. Grundsätze für die Beaufsichtigung der ausländischen Niederlassungen von Banken wurden im sogenannten Baseler Konkordat von 1975 niedergelegt und mittlerweile mehrmals überarbeitet. Arbeiten des Ausschusses befassten sich ferner mit dem Begriff des Eigenkapitals, der Beurteilung der Liquidität, Problemen der Fristentransformation sowie mit Länderrisiken; sein Augenmerk galt dabei primär den international operierenden Banken. Darüber hinaus beschäftigte er sich mit der Gewinnentwicklung der Banken und den Risiken, die sich aus der starken Zunahme bilanzunwirksamer Geschäfte ergeben hatten. 1988 beschloss das Gremium eine Empfehlung über internationale Eigenkapital-Anforderungen (Basel I), die zur Grundlage für die mit der Vierten KWG-Novelle in deutsches Recht umgesetzte Eigenmittel-Richtlinie wurde. Die Empfehlung wurde 1992 um Mindestanforderungen für die Beaufsichtigung internationaler Bankkonglomerate und ihrer grenzüberschreitenden Niederlassungen ergänzt; 1996 wurde das Marktrisiko einbezogen, 2004 eine grundlegende Neufassung veröffentlicht (Basel II), die ihrerseits 2009 und 2010 überarbeitet (Basel II.5, Basel III) und 2017 finalisiert wurde (Basel IV). 1995 veröffentlichte der Ausschuss (zusammen mit der IOSCO) Richtlinien zu Daten, die Aufsichtsbehörden in Bezug auf das Handels- und Derivativgeschäft von Banken und Wertpapierhäusern erheben sollten, die später aktualisiert wurden. 1997 stellte der Ausschuss Grundsätze für das Management des Zinsänderungsrisikos auf, dem 1998 Papiere zum Management operationeller Risiken sowie zu internen Kontrollen in Banken folgten. Ebenfalls 1997 formulierte das Gremium 25 „Kernprinzipien für eine effektive Bankenaufsicht" (Baseler Kernprinzipien), die 2006 überarbeitet wurden. Da der Baseler Ausschuss für Bankenaufsicht keine supranationale Aufsichtsinstanz ist, besitzen seine Verlautbarungen keinen rechtsverbindlichen Charakter, müssen daher von den Banken auch nicht zwingend befolgt werden.

Es wird allerdings von seinen Mitgliedern erwartet, dass sie die Verlautbarungen freiwillig in ihr nationales Bankenaufsichtsrecht integrieren. *[GKR]*

Baseler Kernprinzipien

Core Principles for Effective Banking Supervision; bei den Baseler Kernprinzipien handelt es sich um vom Baseler Ausschuss für Bankenaufsicht 1997 aufgestellte Grundsätze für eine wirksame Bankenaufsicht, die beachtet werden müssen, wenn ein System der Bankenaufsicht effektiv sein soll. Die Core Principles befassen sich mit Vorbedingungen, Erlaubnispflichten und der Unternehmensstruktur, mit wichtigen Rahmenbedingungen für Banktätigkeiten (z.B. Eigenmittel, Risikomanagement, interne Kontrollen), Möglichkeiten laufender Beaufsichtigung, Aufzeichnungs- und Offenlegungsvorschriften, notwendigen Eingriffsbefugnissen der Aufsichtsbehörde sowie Erfordernissen der Kooperation zwischen Behörden des Herkunfts- und des Gastlandes bei international tätigen Banken. Die Core Principles sind unverbindlich, verstehen sich aber als von allen zuständigen staatlichen Stellen zu beachtende Standards. Auch der Internationale Währungsfonds (IWF) und die Weltbank verwenden die Core Principles im Rahmen ihres Financial Sector Assessment Program (FSAP) bei der Bewertung der Wirksamkeit von Aufsichtssystemen und -praktiken einzelner Länder.

Die Core Principles wurden im Oktober 2006 überarbeitet, um Regulierungslücken zu schließen und ein höheres Maß an Übereinstimmung der Prinzipien mit entsprechenden Standards für Versicherungen, Wertpapiere, Transparenz sowie Geldwäschebekämpfung zu erreichen. Eine erneute Revision der Core Principles erfolgte im März 2011, wobei die neu überarbeiteten Kernprinzipien im September 2012 veröffentlicht wurden. Ziel war die Berücksichtigung der seit Oktober 2006 erfolgten wesentlichen Entwicklungen an den globalen Finanzmärkten und im regulatorischen Bereich sowie der aus der Finanzkrise der Jahre 2007 ff. resultierenden Lehren hinsichtlich der Förderung solider

Aufsichtssysteme. Nach Verschmelzung der Core Principles mit der dazugehörigen Beurteilungsmethodik zu einem einzigen Dokument beinhalten die Core Principles nun 29 Grundsätze sowie 39 Beurteilungskriterien, von denen 34 zentrale Kriterien und fünf zusätzliche Kriterien sind. *[GKR]*

Baseler Konkordat

Unter dem Baseler Konkordat wird eine 1975 beschlossene und 1983 überarbeitete Empfehlung (Principles for the Supervision of Banks' Foreign Establishments) des Baseler Ausschusses für Bankenaufsicht verstanden, die Grundsätze für die Beaufsichtigung der ausländischen Niederlassungen von Banken aufstellt. Als Hauptvoraussetzung wird dort eine wirksame Zusammenarbeit zwischen den Aufsichtsbehörden des Gastlandes und des Herkunftslandes aufgeführt. Dabei ist sicherzustellen, dass die Behörden des Herkunftslandes unverzüglich über Probleme, die sich bei der ausländischen Niederlassung ergeben, informiert werden. Dem Baseler Konkordat liegt als Prinzip die Überwachung auf konsolidierter Basis, welches auch in das EG-Bankrecht übernommen wurde (Konsolidierungs-Richtlinien), zugrunde. Als Aspekte der Beaufsichtigung werden Solvenz, Liquidität sowie Devisengeschäfte und Devisenpositionen näher betrachtet. *[GKR]*

Baseler Zinskoeffizient

Siehe das Stichwort „Zinsrisikokoeffizient".

Basisinformationsblätter

Als Basisinformationsblätter werden die nach der PRIIPs-Verordnung (Verordnung über Basisinformationsblätter für verpackte Anlageprodukte für Kleinanleger und Versicherungsanlageprodukte) vom Emittenten von PRIIP auszuarbeitenden Unterlagen bezeichnet, mit deren Hilfe es dem Anleger vorvertraglich ermöglicht werden soll, verschiedene

Anbietergruppen solcher „verpackter" Produkte miteinander zu vergleichen und so eine fundierte Anlageentscheidung zu treffen. Sie enthalten auf höchstens drei DIN A4-Seiten Informationen zu den wichtigsten Merkmalen des Anlageprodukts. So sind beispielsweise Angaben zu den Risiken und Kosten sowie zu dem möglichen Gewinn oder Verlust aus der Anlage zu machen. Zudem sind die Informationen sprachlich möglichst leicht verständlich zusammenzutragen und regelmäßig zu überprüfen und gegebenenfalls zu aktualisieren. [RBL]

Bedeutende Beteiligung im Sinne des KWG

1. *Charakterisierung*: Zur Definition des Begriffs der bedeutenden Beteiligung verweist § 1 IX KWG auf die in Artikel 4 I Nr. 36 CRR enthaltene Definition der qualifizierten Beteiligung. Demnach besteht eine bedeutende Beteiligung dann, wenn mindestens zehn Prozent des Kapitals oder der Stimmrechte eines Unternehmens (das heißt eines Instituts im Sinne des KWG) direkt oder indirekt gehalten werden oder wenn auf die Geschäftsführung des Unternehmens, an dem eine Beteiligung gehalten wird, auf andere Art und Weise maßgeblich Einfluss genommen werden kann. Dabei sind unmittelbare und mittelbare Beteiligungen in gleicher Weise bedeutsam.

2. *Meldepflichten*: Damit die Bundesanstalt für Finanzdienstleistungsaufsicht (BaFin) und die Deutsche Bundesbank frühzeitig über jede wesentliche Veränderung der Inhaberstruktur bei Kredit- und anderen Instituten informiert sind, müssen die Aufsichtsbehörden bereits über die Absicht zum Erwerb einer bedeutenden Beteiligung an einem Institut unverzüglich schriftlich unterrichtet werden, ebenso über die Absicht zur Erhöhung der Anteile, wenn bestimmte Schwellenwerte (20, 30, 50 Prozent) erreicht oder überschritten werden oder das Institut zu einem Tochterunternehmen eines anderen wird (§ 2c I KWG). Auch die Institute selbst sind nach § 24 I KWG verpflichtet, derartige Veränderungen unverzüglich zu melden. Die Bankenaufsicht kontrolliert, ob und inwieweit sich aus der Neuordnung der Anteile Gefahren für die Funktionsfähigkeit des

betreffenden Instituts und für den Gläubigerschutz ergeben können. Der Erwerber muss daher in seiner Anzeige auch die für die Beurteilung seiner eigenen Zuverlässigkeit (beziehungsweise die der gesetzlichen Vertreter oder persönlich haftenden Gesellschafter) wesentlichen Tatsachen angeben. Innerhalb von 60, in bestimmten Fällen bis zu 90 Arbeitstagen ab dem Datum des Schreibens, mit dem die BaFin den Eingang der vollständigen Anzeige schriftlich bestätigt hat (Beurteilungszeitraum), muss die BaFin darüber entscheiden, ob der beabsichtigte Erwerb oder die beabsichtigte Erhöhung der bedeutenden Beteiligung untersagt wird. Eine Untersagung ist zulässig, wenn es den verantwortlichen Personen an der gebotenen Zuverlässigkeit fehlt oder sie sonst den im Interesse einer soliden und umsichtigen Führung des Instituts zu stellenden Anforderungen nicht genügen (§ 2c Ib 1 Nr. 1 KWG). Eine Untersagung ist auch dann zulässig, wenn das Institut durch die Verbindung mit dem Erwerber der bedeutenden Beteiligung in einen Unternehmensverbund eingebunden würde, dessen Struktur oder mangelhafte wirtschaftliche Transparenz eine effektive Aufsicht über das Institut, einen wirksamen Informationsaustausch zwischen den zuständigen Aufsichtsbehörden oder die Festlegung der Aufteilung der Zuständigkeiten zwischen diesen Aufsichtsbehörden beeinträchtigt (§ 2c Ib 1 Nr. 2 KWG). Auf bereits bestehende bedeutende Beteiligungen kann die BaFin dadurch einwirken, dass sie aus ähnlichen Gründen wie bei deren Erwerb oder Erhöhung die Ausübung der Stimmrechte aus der Beteiligung verbietet oder die Verfügung über die Anteile an ihre Zustimmung bindet (§ 2c II 1 KWG). Um die weitere Funktionsfähigkeit des Instituts zu gewährleisten oder Belange der Gesellschafter des Anteilseigners zu sichern, können diese Rechte jedoch von einem gerichtlich bestellten Treuhänder wahrgenommen werden. Beabsichtigt der Inhaber einer bedeutenden Beteiligung, diese aufzugeben oder sie unter die genannten Schwellenwerte abzusenken, muss er wiederum BaFin und Deutsche Bundesbank unverzüglich schriftlich hiervon unterrichten. Die geplante Veräußerung kann durch die Bankenaufsichtsbehörden freilich nicht verhindert werden.

3. Liegen entsprechende Beschlüsse der Europäischen Kommission nach der Richtlinie 2013/36/EU (CRD IV) vor, muss die BaFin den Erwerb einer mittelbaren oder unmittelbaren Beteiligung an einem Institut durch ein Unternehmen mit Sitz außerhalb des Europäischen Wirtschaftsraums (EWR), durch den das Institut zu dessen Tochterunternehmen würde, vorbehaltlich einer Fristverlängerung durch den Europäischen Rat, für höchstens drei Monate aufschieben, indem der Erwerb vorläufig untersagt oder beschränkt wird (§ 2c IV KWG). *[GKR]*

Bedeutende Institute

Als bedeutende Institute werden diejenigen Kreditinstitute im Sinne der CRR, Finanzholdinggesellschaften und gemischten Finanzholdinggesellschaften bezeichnet, die im Rahmen des Einheitlichen Aufsichtsmechanismus (SSM) der direkten Aufsicht durch die Europäische Zentralbank (EZB) unterliegen. Grundsätzlich gilt ein Institut gemäß Artikel 6 IV der Verordnung (EU) Nr. 1024/2013 dann als bedeutend, wenn

a) der Gesamtwert seiner Aktiva größer als 30 Mrd. Euro ist,

b) seine gesamten Aktiva größer als 20 Prozent des Bruttoinlandsprodukts (BIP) des am SSM teilnehmenden Mitgliedstaats sind, außer wenn der Gesamtwert seiner Aktiva unter fünf Mrd. Euro liegt, oder

c) die EZB – nach der Anzeige der nationalen zuständigen Behörde, dass sie dieses Institut als bedeutend für die betreffende Volkswirtschaft betrachtet – nach einer umfassenden Bewertung, einschließlich einer Bilanzbewertung, des betreffenden Instituts ihrerseits einen Beschluss fasst, der diese Bedeutung bestätigt.

Die EZB kann ein Institut auch von sich aus als bedeutend betrachten, sofern (1) das Institut Tochterbanken in mehr als einem am SSM teilnehmenden Mitgliedstaat errichtet hat und (2) seine grenzüberschreitenden Aktiva oder Passiva einen wesentlichen Teil seiner gesamten Aktiva oder Passiva darstellen.

Auch Institute, für die eine direkte öffentliche finanzielle Unterstützung durch die Europäische Finanzstabilisierungsfazilität (EFSF) oder den Europäischen Stabilitätsmechanismus (ESM) beantragt oder entgegengenommen wurde, gelten als bedeutend. Unabhängig davon, ob die obigen Kriterien erfüllt sind, übt die EZB grundsätzlich die direkte Aufsicht über die drei bedeutendsten Kreditinstitute in jedem am SSM teilnehmenden Mitgliedstaat aus. *[GKR]*

Beipackzettel
Siehe das Stichwort „Produktinformationsblatt (PIB)".

Besicherung mit Sicherheitsleistung
Ein Verfahren der Kreditrisikominderung, bei dem sich das mit der Risikoposition eines Instituts verbundene Kreditrisiko dadurch vermindert, dass das Institut das Recht hat, bei Ausfall der Gegenpartei oder bei bestimmten anderen mit der Gegenpartei zusammenhängenden Kreditereignissen bestimmte Vermögenswerte oder Beträge zu verwerten, ihren Transfer oder ihre Aneignung zu erwirken oder sie einzubehalten oder aber den Risikopositionsbetrag auf die Differenz zwischen diesem und dem Betrag einer Forderung gegen das Institut herabzusetzen beziehungsweise diesen durch diese Differenz zu ersetzen (Artikel 4 I Nr. 58 CRR). *[GWA]*

Betriebsmittelrisiken
Siehe das Stichwort „Sachlich-technische Risiken".

Bezeichnungsschutz für Kreditinstitute
1. *Geschützte Bezeichnungen*: In ihrer Firma, als Zusatz zu dieser, zur Bezeichnung des Geschäftszwecks, das heißt des Unternehmensgegenstands, oder zu Werbezwecken dürfen spezifische Bezeichnungen nur bestimmte Kreditinstitute im Sinne des KWG führen; der Schutz

erstreckt sich bisher nicht auf andere Institute im Sinne des KWG. Als „Bank", „Bankier" und „Sparkasse" dürfen sich nur Kreditinstitute, die eine Erlaubnis nach § 32 KWG besitzen, bezeichnen (bei Sparkassen betrifft dies lediglich die öffentlich-rechtlichen Institute) sowie solche anderen Unternehmen, die bei Inkrafttreten des Kreditwesengesetzes (KWG) (1.1.1962) nach den bis dahin geltenden Vorschriften eine derartige Bezeichnung befugt geführt haben (§§ 39 I, 40 I KWG, z.B. freie Sparkassen). „Volksbank" oder „Spar- und Darlehenskasse" dürfen sich nur Kreditinstitute nennen, die in der Rechtsform einer eingetragenen Genossenschaft betrieben werden und einem genossenschaftlichen Prüfungsverband angehören (§§ 39 II, 40 II KWG). Geschützt werden auch Bezeichnungen, in denen die angeführten Worte enthalten sind, wie z.B. das Wort „Sparkasse" in Kreissparkasse. Die Bezeichnung „Bausparkasse" beziehungsweise den Wortstamm „Bauspar" dürfen nur Bausparkassen führen (§ 40 II KWG, § 16 I BauSparkG). Die Bezeichnungen „Kapitalverwaltungsgesellschaft", „Investmentvermögen", „Investmentfonds" und „Investmentgesellschaft" sind im Wesentlichen Verwaltungsgesellschaften im Sinne des KAGB vorbehalten, die Bezeichnung „Investmentaktiengesellschaft" den Investmentaktiengesellschaften im Sinne des KAGB und die Bezeichnung „Investmentkommanditgesellschaft" den Investmentkommanditgesellschaften im Sinne des KAGB (§ 3 I – III KAGB). Besonders geschützt sind ferner die Bezeichnungen „Pfandbrief", „Hypothekenpfandbrief", „Kommunalschuldverschreibung" und „Kommunalobligation", „öffentlicher Pfandbrief", „Schiffspfandbrief" und „Flugzeugpfandbrief" (§ 41 in Verbindung mit § 1 I 2 PfandbG). Dagegen gilt der Bezeichnungsschutz der §§ 39, 40 KWG nach § 41 1 KWG beziehungsweise der Schutz der Bezeichnungen „Bausparkasse" und „Bauspar" nach § 17 II BauSparkG nicht für Unternehmen, welche die Worte in einem Zusammenhang gebrauchen, der den Anschein des Betreibens von Bankgeschäften beziehungsweise Bauspargeschäften ausschließt (z.B. Spielbank, Datenbank, Bankverlag, Zeitschriften „Die Bank", „Sparkasse"). In Zweifelsfällen entscheidet die Bundesanstalt für Finanzdienstleistungsaufsicht (BaFin) (§ 42 KWG).

2. *Zweigniederlassungen* bestimmter Institute, Wertpapierhandelsunternehmen, Finanzunternehmen im Sinne des KWG, Zahlungsinstitute im Sinne des ZAG oder Finanzunternehmen im Sinne des KWG mit Sitz in einem anderen Mitgliedstaat des Europäischen Wirtschaftsraums (EWR) sind nach § 39 I Nr. 1 KWG zur Führung derselben Bezeichnungen berechtigt wie die nach § 32 KWG zugelassenen Kreditinstitute, um Wettbewerbsgleichheit zu sichern. Darüber hinaus dürfen alle Kreditinstitute mit Sitz im Ausland bei ihrer Tätigkeit im Inland die Bezeichnungen „Volksbank", „Sparkasse", „Bausparkasse" und „Spar- und Darlehenskasse" dann führen, wenn sie hierzu in ihrem Sitzstaat berechtigt sind und die Bezeichnung durch einen Zusatz ergänzen, der auf ihren Sitzstaat hinweist (§ 41 II KWG).

3. *Ahndung von Verstößen*: Der Bezeichnungsschutz soll für das Publikum, aber auch für die berechtigten Kreditinstitute Vertrauen in die Kreditwirtschaft sichern. Bezeichnungen wie „Kreditinstitut", „Kreditanstalt" oder Ähnlichem sind freilich nicht durch das KWG geschützt. Eine unzulässige Firma oder ein Zusatz hierzu muss vom Registergericht durch Festsetzung von Ordnungsgeld geahndet werden, um das Unternehmen dazu anzuhalten, den Gebrauch der Bezeichnung zu unterlassen. Die BaFin ist vor dem Registergericht antragsbefugt und kann auch Rechtsmittel einlegen (§ 43 KWG). *[GKR]*

BISTA-Meldungen

Meldungen im Rahmen der monatlichen Bilanzstatistik (BISTA). Sie fungieren gemäß § 4 FinaV zugleich als bankaufsichtliche Finanzinformationen (Angaben zum Vermögensstatus), welche mit der Abgabe der BISTA-Meldung als eingereicht gelten. *[NKR]*

Bonikultur der Banken

Grundsätzliche Bezeichnung für den Umgang einer Bank mit beziehungsweise die Haltung einer Bank zu variablen leistungsorientierten

Vergütungsbestandteilen für bestimmte Teile der Arbeitnehmerschaft beziehungsweise für Führungskräfte. Im Kontext der Finanz- und Wirtschaftskrise der Jahre 2007 ff. veränderte sich die grundsätzlich wertneutrale Konnotation des Begriffs aufgrund der krisenbedingten Verwerfungen und getrieben durch die mediale Berichterstattung hin zum Negativen. Die Bonikultur der Banken wird seitdem zunehmend als politisches Schlagwort für eine exzessive und partikular bereichernde Vergabe variabler Vergütungsbestandteile bei zumindest zweifelhafter Leistungsorientierung der durch Boni begünstigten Personen verwendet. Insbesondere die Auszahlung von vermeintlich leistungsorientierten Vergütungsbestandteilen an Führungskräfte und Investmentbanker privater Banken bei gleichzeitiger Inanspruchnahme von staatlichen Hilfen im Rahmen der Bankenrettung, aber auch im Kontext nachhaltiger Verlustsituationen des betreffenden Instituts oder bei gleichzeitiger Streichung von Ausschüttungen an die Anteilseigner der jeweiligen Bank wurden und werden massiv kritisiert und stellen einen wesentlichen Grund für den Vertrauensverlust der Bevölkerung in die Bankenbranche dar. [GWA]

Bonitätsrisiko
Gefahr einer Verschlechterung der Kreditwürdigkeit (Migrationsrisiko) bis hin zum völligen Ausfall des Kreditnehmers (Adressausfallrisiko). Das Bonitätsrisiko ist Bestandteil des Kreditrisikos im weiteren Sinne. [RHÖ, NHE]

Branchenvorschriften im Sinne des KWG
sind die Rechtsvorschriften der Europäischen Union im Bereich der Finanzaufsicht (vor allem die Richtlinien 73/239/EWG, 98/78/EG, 2004/39/EG, 2006/48/EG, 2006/49/EG und 2009/65/EG sowie Anhang V Teil A der Richtlinie 2002/83/EG), die darauf beruhenden inländischen Gesetze, insbesondere das KWG, das Versicherungsaufsichtsgesetz, das Wertpapierhandelsgesetz, das Kapitalanlagegesetzbuch, das

Pfandbriefgesetz, das Gesetz über Bausparkassen, das Geldwäschegesetz einschließlich der dazu ergangenen Rechtsverordnungen sowie der sonstigen im Bereich der Finanzaufsicht erlassenen Rechts- und Verwaltungsvorschriften (§ 1 XVIII KWG). *[GWA]*

Building-Block-Approach

Baukastenprinzip; der Building-Block-Approach ist ein spezielles Verfahren zur Ermittlung der Höhe der Eigenkapitalanforderungen nach der Neufassung der Kapitaladäquanz-Richtlinie (Richtlinie 2006/49/EG) sowie nach Basel II. Er sieht vor, dass bei Schuldverschreibungen beziehungsweise bei Aktien (oder davon abgeleiteten derivativen Instrumenten) die Eigenkapitalanforderungen zuerst für das spezifische Risiko und das allgemeine Marktrisiko getrennt ermittelt und erst in einem zweiten Schritt zum Positionsrisiko aggregiert werden (Anhang I Nr. 12 der neugefassten Kapitaladäquanz-Richtlinie beziehungsweise Abs. 701 iii der umfassenden Version von Basel II). *[GKR]*

Bundesanstalt für Finanzdienstleistungsaufsicht (BaFin)

1. *Errichtung und Aufgaben*: zum 1.5.2002 durch Artikel 1 des Finanzdienstleistungsaufsichtsgesetzes (FinDAG) vom 22.4.2002 (BGBl. I S. 1310, zuletzt geändert durch Gesetz vom 17.7.2017, BGBl. I S. 2446) errichtete bundesunmittelbare, das heißt rechtlich selbstständige Anstalt des öffentlichen Rechts (Abkürzung BaFin) mit (Doppel-)Sitz in Bonn und Frankfurt a.M., entstanden aus der Zusammenlegung des Bundesaufsichtsamts für das Kreditwesen (BAKred), des Bundesaufsichtsamts für den Wertpapierhandel (BAWe) und des Bundesaufsichtsamts für das Versicherungswesen (BAV) (§ 1 I, II FinDAG). Die BaFin untersteht der Rechts- und Fachaufsicht des Bundesministeriums der Finanzen (§ 2 FinDAG) und nimmt die ihr nach dem Kreditwesengesetz (KWG), dem Versicherungsaufsichtsgesetz (VAG), dem

Wertpapierhandelsgesetz (WpHG) sowie nach anderen Vorschriften übertragenen Aufgaben allein im öffentlichen Interesse wahr (§ 4 I, IV FinDAG). Dabei arbeitet sie mit anderen Stellen und Personen im In- und Ausland, insbesondere der Deutschen Bundesbank sowie den Aufsichtsbehörden auf EU-Ebene (ESRB, EBA, EIOPA, ESMA, EZB), zusammen und kann sich dieser zur Erfüllung ihrer Aufgaben bedienen (§ 4 II, III FinDAG). Die BaFin arbeitet mit der Deutschen Bundesbank, dem Bundesministerium der Finanzen und der Bundesanstalt für Finanzmarktstabilität im Ausschuss für Finanzstabilität (AFS), dem früheren Forum für Finanzmarktaufsicht, zusammen, um Risiken für die Finanzstabilität frühzeitig zu erkennen und vorzubeugen.

2. *Organisation*: Organe der BaFin sind das Direktorium, der Präsident (wie der Vizepräsident vom Bundespräsidenten auf Vorschlag der Bundesregierung ernannt) und der Verwaltungsrat (§ 5 FinDAG). Das Direktorium leitet und verwaltet gesamtverantwortlich unter Vorsitz des Präsidenten (§ 6 FinDAG) die Anstalt. Der Präsident bestimmt die strategische Ausrichtung und vertritt die BaFin gerichtlich wie außergerichtlich. Der Verwaltungsrat (§ 7 FinDAG), bestehend aus 17 Mitgliedern aus Staat und Wirtschaft, überwacht die Geschäftsführung der BaFin und fungiert als eine Art Aufsichtsrat. Daneben wird ein Fachbeirat (§ 8 FinDAG) tätig. Einzelheiten des Aufbaus und der Organisation ergeben sich aus einer vom Bundesministerium der Finanzen durch Rechtsverordnung erlassenen Satzung (§ 5 III FinDAG in Verbindung mit Anlage zur Verordnung vom 29.4.2002, BGBl. I S. 1499).

3. *Aufsichtskompetenzen*: Die integrierte Finanzdienstleistungsaufsicht im Sinne einer Allfinanzaufsicht (Allfinanz) ist in erster Linie gekennzeichnet durch eine organisatorische Bündelung der drei Aufsichtsbereiche (in Bezug auf Banken, Versicherungen und Wertpapiere); neue oder weitergehende Aufsichtskompetenzen in einzelnen Aufsichtsbereichen sind hiermit nicht verbunden. Auf EU-Ebene wirkt die BaFin in zahlreichen europäischen Gremien daran mit, einen einheitlichen europäischen Finanzmarkt zu schaffen. Dazu zählt insbesondere die Zusammenarbeit

im Verwaltungsverbund mit europäischen Aufsichtsbehörden im Rahmen des Europäischen Systems der Finanzaufsicht (ESFS) als auch im Bereich der Bankenaufsicht mit der Europäischen Zentralbank im Einheitlichen Aufsichtsmechanismus (Single Supervisory Mechanism, SSM) sowie dem Einheitlichen Abwicklungsgremium (Single Resolution Board, SRB) im Einheitlichen Abwicklungsmechanismus (Single Resolution Mechanism, SRM); seit 2018 fungiert die BaFin als nationale Abwicklungsbehörde im SRM. In dieser Rolle bewertet die BaFin die Abwicklungsfähigkeit von Kreditinstituten und Finanzgruppen, erstellt Abwicklungspläne und erhebt die Bankenabgabe. Dieses Aufgabenspektrum übernahm sie zum 1. Januar 2018 von der Bundesanstalt für Finanzmarktstabilisierung (FMSA); dazu wurde das FinDAG geändert (SAG vom 10.12.2014, BGBl. I S. 2091).

4. Kosten der Aufsicht durch die BaFin: Die BaFin deckt ihre Kosten aus eigenen Einnahmen; der Bund kann kurzfristige Liquiditätshilfen als verzinsliches Darlehen leisten (§ 13 FinDAG). Für Amtshandlungen im Rahmen der ihr zugewiesenen Aufgaben kann die BaFin Gebühren bis zu 500.000 Euro erheben (§ 14 FinDAG); Auslagen werden nicht gesondert erhoben. Einzelheiten zu den maßgeblichen Gebührenbestimmungen regelt eine Rechtsverordnung des Bundesministeriums der Finanzen (FinDAGKostV) vom 29.4.2002 (BGBl. I S. 1504), wobei die bisherigen Vorschriften zur Umlage aus der FinDAGKostV in die §§ 16 ff. FinDAG überführt wurden und damit vollständig Gesetzesrang erlangt haben. Für in § 15 I FinDAG bestimmte Kosten ist eine gesonderte Erstattung vorgesehen; dazu zählen auch Kosten (in Form von Personal- und Sachaufwand), die bei anderen für die BaFin tätigen Stellen einschließlich der Bundesbank angefallen sind. Soweit die Kosten der Bundesanstalt nicht durch Gebühren oder durch die „gesonderte Erstattung" gedeckt werden, sind sie anteilig auf die beaufsichtigten Unternehmen umzulegen (§ 16 FinDAG). Um die Ausgaben des laufenden Jahres zu decken, erhebt die BaFin in jedem Jahr eine Vorauszahlung, die mit Ausnahme des Aufgabenbereichs Abwicklung in zwei gleich hohen Raten zum

15. Januar und zum 15. Juli zu zahlen ist. Im Folgejahr werden dann die tatsächlichen Kosten (i) festgestellt, (ii) auf die einzelnen Umlagepflichtigen verteilt und (iii) mit den Vorauszahlungen verrechnet. Die BaFin ermittelt den für jeden Umlagepflichtigen maßgeblichen Umlagebetrag anhand der Jahresrechnung, welche die Bundesanstalt für das jeweilige Umlagejahr erstellt und welche durch den Verwaltungsrat festgestellt wird (§ 16l II FinDAG). Die Jahresrechnung enthält eine Aufstellung der entsprechenden Einnahmen und Ausgaben. Als Umlagejahr gilt das Haushaltsjahr, für das die Kosten zu erstatten sind (§ 16a III FinDAG). Eine Übersicht über die Ermittlung der umlagefähigen Kosten der BaFin gibt § 16b FinDAG. Stehen die Kosten für den jeweiligen Aufgabenbereich fest, werden diese Kosten innerhalb der einzelnen Bereiche verteilt. Hierzu gibt es im FinDAG ein feingliedriges Verteilungssystem. Es nimmt auf die wirtschaftliche Belastbarkeit der beaufsichtigten Unternehmen Rücksicht und soll keine unverhältnismäßigen Kosten verursachen. *[CMN]*

Bundesanstalt für Finanzmarktstabilisierung (FMSA)

Die Bundesanstalt für Finanzmarktstabilisierung (FMSA, bis zum 23. Juli 2009 Finanzmarktstabilisierungsanstalt) ist eine Einrichtung des Bundes. Sie wurde im Oktober 2008 zur Bewältigung der jüngsten internationalen Finanz- und Wirtschaftskrise und deren Auswirkungen errichtet. Die FMSA untersteht der Rechts- und Fachaufsicht des Bundesministeriums der Finanzen (BMF). Von 2015 bis zum Ende des Jahres 2017 fungierte die FMSA als nationale Abwicklungsbehörde in Deutschland. Somit war sie unter Federführung des Einheitlichen Abwicklungsgremiums für die Aufstellung von Abwicklungsplänen und gegebenenfalls für die Abwicklung von Banken mit Sitz in Deutschland zuständig. Zu den Aufgaben der FMSA in Deutschland zählten außerdem die Erhebung der Bankenabgabe für den Restrukturierungsfonds sowie den Einheitlichen Abwicklungsfonds und deren Verwaltung. Das Gesetz zur Neuordnung der

Aufgaben der Bundesanstalt für Finanzmarktstabilisierung (FMSA-Neuordnungsgesetz, FMSANeuOG) vom 23. Dezember 2016 ordnete ihre Aufgaben und Zuständigkeiten zum 1. Januar 2018 neu. So wurden die bisher in der FMSA angesiedelten Aufgaben der nationalen Abwicklungsbehörde in eine neue und operativ eigenständige Einheit der Bundesanstalt für Finanzdienstleistungsaufsicht (BaFin) – die sogenannte Nationale Abwicklungsbehörde (NAB) – integriert. Die Verwaltung des Finanzmarktstabilisierungsfonds (FMS, Sonderfonds Finanzmarktstabilisierung, SoFFin) wurde vollständig in die Bundesrepublik Deutschland – Finanzagentur GmbH (Finanzagentur) überführt, die zudem mit der Trägerschaft der FMSA beliehen wurde. Die FMSA übt heute die erweiterte Rechtsaufsicht über die drei Abwicklungsanstalten Erste Abwicklungsanstalt (EAA), FMS Wertmanagement (FMS-WM) und die Portigon AG aus. Ihr obliegt dabei auch die Auflösung der Abwicklungsanstalten nach erfolgter Abwicklung, das heißt nach dem Abverkauf aller übertragenen Risikopositionen und Geschäftsbereiche. *[GWA, ARA]*

Bundesdatenschutzgesetz (BDSG-neu)

Das neue Bundesdatenschutzgesetz (BDSG-neu), welches am 25. Mai 2018 in Kraft trat, konkretisiert vor allem die nationalen Besonderheiten im Umgang mit personenbezogenen Daten, welche durch die Öffnungsklauseln der Europäischen Datenschutzgrundverordnung (EU-DSGVO) ermöglicht wurden. Darüber hinaus dient es aber auch der Umsetzung der Richtlinie (EU) 2016/680 zum Schutz natürlicher Personen bei der Verarbeitung personenbezogener Daten durch die zuständigen Behörden zum Zwecke der Verhütung, Ermittlung, Aufdeckung oder Verfolgung von Straftaten oder der Strafvollstreckung sowie zum freien Datenverkehr und zur Aufhebung des Rahmenbeschlusses 2008/977/JI des Rates. Kreditinstitute im Sinne des KWG sind bereits aufgrund der vertraglichen Beziehung zum Bankkunden zur Beachtung des Bankgeheimnisses verpflichtet, was auch eine Pflicht zum Datenschutz beim Umgang mit Daten ihrer Kunden beinhaltet. Darüber hinaus ist für Kreditinstitute insbesondere § 30 BDSG-neu (Verbraucherkredite) sowie § 31 BDSG-neu (Schutz des Wirtschaftsverkehrs bei Scoring und Bonitätsauskünften) von Interesse. Ferner finden sich Sondervorschriften in Bezug auf die Verarbeitung personenbezogener Daten von Kunden oder von Personen, mit denen Kreditinstitute Vertragsverhandlungen über Adressenausfallrisiken begründende Geschäfte aufnehmen, beziehungsweise von Personen, die für die Erfüllung eines Adressenausfallrisikos einstehen sollen, in § 10 II KWG. Für Sparkassen und andere öffentliche Banken gelten gegebenenfalls zusätzlich Landesdatenschutzgesetze. [NKR]

C

© Springer Fachmedien Wiesbaden GmbH, ein Teil von Springer Nature 2020
L. Gramlich et al. (Hrsg.), *550 Keywords Bankenaufsichtsrecht*,
https://doi.org/10.1007/978-3-658-28295-0_3

Capital Requirements Directive IV

Als Capital Requirements Directive IV (CRD IV) wird die „Richtlinie 2013/36/EU vom 26. Juni 2013 über den Zugang zur Tätigkeit von Kreditinstituten und die Beaufsichtigung von Kreditinstituten und Wertpapierfirmen, zur Änderung der Richtlinie 2002/87/EG und zur Aufhebung der Richtlinien 2006/48/EG und 2006/49/EG" bezeichnet, durch die die Bankenrichtlinien 2006/48/EG und 2006/49/EG ersetzt wurden. Sie ist am 17.7.2013 in Kraft getreten und musste von den Mitgliedstaaten bis zum 31.12.2013 in nationales Recht transformiert werden. In Deutschland wurde die CRD IV durch das Gesetz zur Umsetzung der Richtlinie 2013/36/EU über den Zugang zur Tätigkeit von Kreditinstituten und die Beaufsichtigung von Kreditinstituten und Wertpapierfirmen und zur Anpassung des Aufsichtsrechts an die Verordnung (EU) Nr. 575/2013 über die Aufsichtsanforderungen an Kreditinstitute und Wertpapierfirmen (CRD IV-Umsetzungsgesetz) vom 28.8.2013 umgesetzt. Zusammen mit der Capital Requirements Regulation (CRR) dient sie der Umsetzung der Bestimmungen von Basel III.

Durch die CRD IV werden insbesondere der Zugang zu den Tätigkeiten von Kreditinstituten und Wertpapierfirmen geregelt sowie die Aufsichtsbefugnisse und Instrumente für die Beaufsichtigung dieser Unternehmen durch die zuständigen Behörden festgelegt (Artikel 1 CRD IV). *[GKR]*

Capital Requirements Regulation

Als Capital Requirements Regulation (CRR) wird die „Verordnung (EU) Nr. 575/2013 vom 26. Juni 2013 über Aufsichtsanforderungen an Kreditinstitute und Wertpapierfirmen und zur Änderung der Verordnung (EU) Nr. 646/2012" bezeichnet. Sie ist am 28.6.2018 in Kraft getreten und dient – zusammen mit den Bestimmungen der Capital Requirements Directive IV (CRD IV) – der Umsetzung der Bestimmungen von Basel III. Mittels dieser EU-Verordnung wird außerdem sichergestellt, dass die in ihr enthaltenen bankenaufsichtsrechtlichen Bestimmungen EU-weit identisch sind (Single Rule Book). Auf diese Weise sollen gleiche Wettbewerbsbedingungen (Level Playing Field) im Bankensektor geschaffen und Regulierungsarbitrage durch Banken verhindert werden. *[GKR]*

CET-1-Liste

Liste der Europäischen Bankenaufsichtsbehörde (EBA) mit den grundsätzlich anrechenbaren Instrumenten des harten Kernkapitals (Common Equity Tier 1; CET1) eines Instituts. *[GWA]*

CET-1-Monitoring

Kontinuierliche Überprüfung durch die Europäische Bankenaufsichtsbehörde (EBA) gemäß Artikel 80 CRR, ob einzelne Kapitalinstrumente aufsichtsrechtlich als Instrumente des harten Kernkapitals (Common Equity Tier 1; CET1) eines Instituts anrechenbar sein können. *[GWA]*

Committee on Payments and Market Infrastructures (CPMI)

Ausschuss für Zahlungsverkehr und Marktinfrastrukturen; ehemals (bis 1. September 2014) Committee on Payment and Settlement Systems (CPSS). Bei der Bank für Internationalen Zahlungsausgleich (BIZ) errichteter Ausschuss, der sich aus bedeutenden Vertretern von 25 Zentralbanken zusammensetzt und dazu dient, sichere und effiziente Zahlungsverkehrs-, Verrechnungs-, Abwicklungs- sowie damit verbundene Systeme zu fördern, wodurch die Finanzmarktstabilität und die Gesamtwirtschaft insgesamt gestärkt und widerstandsfähiger gegenüber künftigen Krisen gemacht werden sollen. Darüber hinaus fungiert er als Forum in wichtigen aufsichtsrechtlichen, strategischen und betriebstechnischen Fragen. Letztlich wirkt der CPMI als globales normgebendes Gremium in Zusammenarbeit mit anderen Ausschüssen an der Entwicklung und Überarbeitung von Leitlinien und Grundprinzipien der

Finanzmarktinfrastrukturen, wie beispielsweise den „principles for financial market infrastructures", aktiv mit. *[NKR]*

Committee on the Global Financial System (CGFS)

Ausschuss für das weltweite Finanzsystem; von den Präsidenten/Gouverneuren der Zentralbanken der G-10-Staaten gegründeter Ausschuss, dessen Hauptaufgabe es ist, die Funktionsfähigkeit der Finanzmärkte und -systeme zu unterstützen, indem er Entwicklungen auf diesen beobachtet, Schwachstellen aufspürt sowie beurteilt und auf diesem Wege insgesamt zur Verbesserung der Stabilität des globalen Finanzsystems beiträgt. Des Weiteren fördert der CGFS die Transparenz der Finanzmärkte und -systeme, indem er die Statistiken der Bank für internationalen Zahlungsausgleich sowie geeignete Offenlegungsstandards für den öffentlichen und privaten Sektor weiterentwickelt. Neben der EZB, den Zentralbanken der G-10-Staaten und der Zentralbank Luxemburgs können je nach Themenschwerpunkt auch weitere Zentralbanken an den Sitzungen teilnehmen. *[NKR]*

Common Equity Tier 1 Capital (CET1 Capital)

Engl. Bezeichnung für hartes Kernkapital. *[GWA]*

Compliance

1. *Begriff*: Compliance steht für ein aus dem angloamerikanischen Bereich stammendes Konzept („Wohlverhalten"), das allgemein alle (organisatorischen) Maßnahmen umfasst, die dazu dienen, in einem Unternehmen recht- und ordnungsmäßiges Verhalten der Mitarbeiter sicherzustellen; Compliance wurde im Hinblick auf im Zuge der Globalisierung zunehmend stärker verflochtene Finanzmärkte auch in der Europäischen Gemeinschaft (durch die Wertpapierdienstleistungs-Richtlinie) und in Deutschland (über das Wertpapierhandelsgesetz [WpHG]) bedeutsam.

Zu international anerkannten Rahmenbedingungen für funktionsfähige Finanzmärkte gehört die möglichst umfassende Vermeidung von Interessenkonflikten beim Erbringen von Wertpapierdienstleistungen.

2. Gesetzliche Grundlage: Gemäß AT 6 Nr. 1 des Rundschreibens 05/2018 (WA) – Mindestanforderungen an die Compliance-Funktion und weitere Verhaltens-, Organisations- und Transparenzpflichten – MaComp der Bundesanstalt für Finanzdienstleistungsaufsicht (BaFin) muss ein Wertpapierdienstleistungsunternehmen angemessene Grundsätze aufstellen, Mittel vorhalten und Verfahren einrichten, die sicherstellen, dass das Unternehmen selbst und seine Mitarbeiter den Verpflichtungen des WpHG nachkommen, wobei insbesondere die Einrichtung einer dauerhaften und wirksamen sowie prozessbegleitend als auch präventiv tätigen Compliance-Funktion gefordert wird, die ihre Aufgaben unabhängig wahrnehmen kann. Allerdings bleibt die Geschäftsleitung für die Einhaltung der Organisationspflichten verantwortlich (AT 4 MaComp). Bei der Ausgestaltung der Compliance-Organisation sind Art, Umfang, Komplexität und Risikogehalt des jeweiligen Geschäfts sowie Art und Spektrum der angebotenen Wertpapierdienstleistungen zu berücksichtigen (AT 3.2 MaComp). In BT 1.1 Nr. 3 MaComp wird von den Wertpapierdienstleistungsunternehmen die Benennung eines Compliance-Beauftragten gefordert, der für die Compliance-Funktion und die Berichte an die Geschäftsleitung und das Aufsichtsorgan verantwortlich ist. Allerdings verbleibt die Gesamtverantwortung für die Compliance-Funktion bei der Geschäftsleitung. Die Stellung der Compliance-Funktion im Unternehmen wird in BT 1.1 MaComp erläutert, während BT 1.2 MaComp die Aufgaben der Compliance-Funktion benennt. AT 6.2 MaComp konkretisiert die notwendigen Mittel und Verfahren des Wertpapierdienstleistungsunternehmens. Verfügen Wertpapierdienstleistungsunternehmen demnach regelmäßig über compliance-relevante Informationen (vor allem über Insiderinformationen), müssen sie ausreichende Vorkehrungen treffen und Maßnahmen ergreifen, um die im Unternehmen vorliegenden Informationen zu erfassen und ihre bestimmungsgemäße

Weitergabe zu überwachen. Hierzu zählt etwa das Einrichten von Vertraulichkeitsbereichen (Chinese Walls), die Beschränkung des bereichsüberschreitenden Informationsflusses (Wall Crossing) auf das Erforderliche sowie die Überwachung von Geschäften in Finanzinstrumenten mithilfe von Beobachtungslisten (watch-list) oder Verbots-/Sperrlisten (restricted-list). *[GKR]*

Compliancerisiken

Compliancerisiken umfassen die Gefahr eines bestehenden oder zukünftigen Gewinnrückgangs beziehungsweise einer Verlustentstehung als Folge der Verletzung oder der Nichteinhaltung von Gesetzen, Regelungen, Vorschriften, Vereinbarungen, vorgeschriebenen Praktiken oder ethischen Standards. Sie sind damit weitgehend deckungsgleich mit einem breit gefassten Begriff der Rechtsrisiken und können daher den operationellen Risiken subsummiert werden. *[GWA]*

Comprehensive Approach

Der mit Basel II eingeführte Comprehensive Approach (umfassender Ansatz) stellt neben dem Simple Approach (einfacher Ansatz) eine zulässige Methode zur Berücksichtigung von Sicherheiten bei der Berechnung des erforderlichen Eigenmittelbedarfs zur aufsichtsrechtlichen Unterlegung der Adressenausfallrisiken von Banken dar. Während nach dem Simple Approach das Risikogewicht des Kontrahenten für den besicherten Teil der Forderung durch das Risikogewicht der Sicherheit ersetzt wird, reduziert im Comprehensive Approach der der Sicherheit beigemessene Wert den Forderungsbetrag. Während bei Forderungen des Handelsbuchs ausschließlich der Comprehensive Approach zulässig ist, dürfen bei Forderungen des Anlagebuchs beide Ansätze verwendet werden, wenn auch nicht gleichzeitig. Bei beiden Ansätzen ist eine teilweise Besicherung der Forderung zulässig. Hingegen sind Laufzeitinkongruenzen zwischen Sicherheit und der besicherten Forderung nur im

Comprehensive Approach zulässig (Abs. 121 der umfassenden Version von Basel II). *[GKR]*

Core Principles

Core Principles ist die Kurzbezeichnung für die Core Principles for Effective Banking Supervision (Grundsätze für eine wirksame Bankenaufsicht [Baseler Kernprinzipien]) des Baseler Ausschusses für Bankenaufsicht. *[GKR]*

Credit-Valuation-Adjustment-Risiko (CVA-Risiko)

Unter dem regulatorischen Credit-Valuation-Adjustment-Risiko (CVA-Risiko) ist das Risiko einer Wertveränderung von Geschäften mit Over-the-Counter-Derivaten (OTC-Derivaten) als Folge einer Bonitätsverschlechterung beim Kontrahenten (der Gegenpartei) des Derivats zu verstehen. Das CVA-Risiko beschreibt somit die Gefahr, dass sich der positive Wiederbeschaffungswert eines OTC-Derivats aufgrund des Anstiegs der Risikoprämie für die Gegenpartei vermindert, ohne dass es zum tatsächlichen Ausfall der Gegenpartei kommt. *[GWA]*

CRR-Kreditinstitut

Kurzbezeichnung für Kreditinstitut im Sinne der CRR. *[GWA]*

CRR-Wertpapierfirma

Kurzbezeichnung für Wertpapierfirma im Sinne der CRR. *[GWA]*

Cyberangriff

Unter einem Cyberangriff werden sämtliche elektronische Angriffe verstanden, die über eine Netzwerkverbindung erfolgen und in einem virtuellen Cyber-Raum stattfinden. Derartige Angriffe verfolgen das Ziel, bestehende Sicherheitsbarrieren von Computersystemen zu umgehen beziehungsweise zu überwinden, um beispielsweise vertrauliche oder persönliche Daten auszuspähen. Bei einem Cyberangriff kommen verschiedene Systeme, Softwares und Methoden zum Einsatz. *[GRE]*

Cyberkriminalität

1. *Begriff*: Unter Cyberkriminalität werden sämtliche Straftaten oder auch rechtswidrige Handlungen verstanden, die durch den Einsatz eines Computers, eines Netzwerks oder mit Hilfe eines Endgeräts auf Basis informationstechnischer Systeme durchgeführt werden. Dabei können sich die Handlungen sowohl gegen das Internet und Computernetzwerke als auch gegen juristische und natürliche Personen richten. Der Schaden kann beispielsweise darin bestehen, dass sensible und persönliche Daten sowie Informationen verloren gehen beziehungsweise nicht mehr zur Verfügung stehen, gestohlen oder manipuliert werden.

2. *Zielsetzung:* Die Durchführung dieser rechtswidrigen Handlungen ist auf unterschiedliche Zielsetzungen ausgelegt: Einerseits zielen die Angreifer darauf ab, persönliche Daten sowie Zugangsberechtigungen zu erlangen, um diese missbräuchlich einzusetzen. Andererseits können durch Cyberkriminalität Daten abgegriffen und verschlüsselt werden, so dass die Betroffenen nicht mehr auf ihre Daten zugreifen können und somit erpressbar werden. Des Weiteren können die Schadprogramme auch dazu genutzt werden, um Daten und Informationen der Betroffenen sowie deren Handlungen fernzusteuern und somit weitere Straftaten im Namen der Betroffenen zu begehen.

3. *Arten*: Speziell bei unmittelbaren Attacken auf die IT-Systeme bestehen vielseitige Möglichkeiten, Schadsoftware einzuschleusen, wozu vor allem Phishing, Würmer, Trojaner sowie Bot-Netze zählen. Darüber hinaus werden auch noch andere Variationen im Rahmen der Cyberkriminalität eingesetzt, wozu insbesondere Viren, Targeted Attacks, Scareware sowie Distributed-Denial-of-Service (DDoS) zählen.

4. *Vorkommen:* Cyberkriminalität ist aufgrund der Unabhängigkeit von Ort und Zeit allgegenwärtig und kann weltweit angewandt werden. Dabei agieren die Initiatoren oftmals über ausländische Server. Auch die Qualität der Angriffe wird stets diffiziler und kontinuierlich weiterentwickelt, um die IT-Sicherheit zu umgehen. Insbesondere besteht das Ziel, Spuren zu verwischen und so weit zu verstecken beziehungsweise zu fälschen, dass die Angriffe nicht zurückverfolgt werden können. *[GRE]*

Cyberrisiken

Cyberrisiken umfassen alle Arten von Informationssicherheitsverletzungen als Folge einer unbefugten oder fehlerhaften Nutzung von informationsverarbeitenden Systemen. Sie führen zu einer Beeinträchtigung der Verfügbarkeit, der Vertraulichkeit, der Integrität und der Authentizität elektronischer Daten und haben das Potenzial, die Funktionsfähigkeit des Finanzsystems zu erschüttern. *[GWA]*

Cybersicherheit

Von der Cybersicherheit werden sämtliche Gesichtspunkte zum Schutz der Informations- und Kommunikationstechnik eines Unternehmens umfasst. Hierzu zählen sowohl Richtlinien, Konzepte als auch geeignete Maßnahmen, um sensible Daten und Informationen wirksam zu schützen. Darüber hinaus verbindet die Cybersicherheit technische und organisatorische Aspekte miteinander, wozu auch Sicherheitssysteme, Prozesse und Leitlinien zählen. In gleichem Maße sind aber auch Schulungen zur Sensibilisierung von Mitarbeitern von großer Bedeutung, um die Sicherheit zu gewährleisten. *[GRE]*

Debt-Mezzanine-Swap

Umwandlung von Verbindlichkeiten (Darlehen) eines Unternehmens durch Schuldersetzung (Novation) in Mezzanines Kapital. *[GWA]*

Deleveraging

Prozess des Abbaus von Risikopositionen bei Banken. *[GWA]*

Dienstleistungsverkehr

Im Zuge des freien Dienstleistungsverkehrs können Bürger oder Unternehmen aus der Europäischen Union in einem anderen Mitgliedstaat als dem Wohnsitzland Dienstleistungen verrichten. Durch diese Freiheit des Dienstleistungsverkehrs wird auch das EU-Bankrecht wesentlich geprägt. Dienstleistungen im Sinne des EU-Rechts sind alle entgeltlichen Transaktionen, bei denen weder Waren noch Kapital bewegt werden und sich auch keine Personen in anderen Ländern als Arbeitnehmer oder Unternehmer niederlassen. Somit handelt es sich hauptsächlich um „unsichtbare" Leistungen im Bereich von Industrie, Handel und Vertrieb, Gewerbe sowie freien Berufen. Ein wichtiger auf die Vorschriften zum freien Dienstleistungsverkehr gestützter EU-Rechtsakt ist die Richtlinie über Märkte für Finanzinstrumente (MiFID). *[NKR]*

Dodd-Frank Act

Der Dodd-Frank Act (genauer: Dodd-Frank Wall Street Reform and Consumer Protection Act) zur strengeren Regulierung der Finanzbranche wurde von der damaligen US-amerikanischen Regierung unter Präsident Barack Obama auf den Weg gebracht und im Juli 2010 verabschiedet. Die USA setzten damit die zuvor von den G20-Staaten verabredeten entsprechenden Beschlüsse um. Ziel war es, die Lehren aus der Finanzkrise der Jahre 2007 ff. zu ziehen und den Finanzmarkt derart zu stabilisieren, dass große Bankpleiten und die damit einhergehenden Schäden für die Wirtschaft und den Steuerzahler vermieden werden können. Das umfassende Regelpaket sah es unter anderem vor, den Banken das Spekulieren auf eigene Rechnung und ohne Kundenauftrag zu beschränken (Volcker Rule). Ebenfalls wurden mit dem Dodd-Frank Act verpflichtende, jährlich stattfindende Bankenstresstests durch die US-Notenbank Federal Reserve („Fed") eingeführt. Kurz nach dem Antritt seiner Amtszeit hat der frisch vereidigte US-Präsident Donald J. Trump im Februar 2017 angekündigt, entscheidende schärfere Bestimmungen für die Finanzbranche in den USA – und damit insbesondere den Dodd-Frank Act – wieder lockern zu wollen. Im Ergebnis wurde im Mai 2018 beschlossen, insbesondere kleinere Banken künftig teilweise von Auflagen zu befreien, um ihnen die Kreditvergabe zu erleichtern. Banken mit einer Bilanzsumme von weniger als zehn Mrd. USD werden überdies von der Anwendung der Volcker Rule ausgenommen. Zudem wurde die Schwelle, ab wann eine Bank als systemrelevant eingestuft wird und in der Folge einer strengeren Überwachung unterliegt, von 50 Mrd. USD auf eine Bilanzsumme von 250 Mrd. USD heraufgesetzt. *[RBL]*

Dritte Zahlungsdienstleister

Die dritten Zahlungsdienstleister (kurz: Drittdienstleister) werden von der Zweiten EU-Zahlungsdiensterichtlinie (PSD2) umfasst. Diese Zahlungsdienstleister müssen den Instituten externen Zugriff auf Kunden-Konten gewähren. Unter den Drittdienstleistern werden solche Unternehmen verstanden, die zwar dazu beitragen, Zahlungsdienste zu leisten, jedoch nicht das Zahlungskonto des Anlegers führen und nicht in den Besitz der Transaktionen kommen. Bei den Drittdienstleistern lassen sich Zahlungsauslösedienste und Kontoinformationsdienste voneinander unterscheiden. *[GRE]*

Drittparteirisiken

Siehe das Stichwort „Externe Ereignisrisiken".

Drittrangmittel

Die Drittrangmittel wurden durch die Sechste KWG-Novelle in das Kreditwesengesetz (KWG) eingeführt und waren ein Bestandteil der Eigenmittel von Instituten im Sinne des KWG. Mit dem sogenannten CRD IV-Umsetzungsgesetz (Capital Requirements Directive IV) vom 28.8.2013 wurde der Begriff der Drittrangmittel ersatzlos aus dem KWG gestrichen. *[GKR]*

Drittstaaten im Sinne des KWG

Alle Staaten, die nicht zu den Mitgliedstaaten der Europäischen Union (EU) beziehungsweise zu den anderen Vertragsstaaten des Abkommens über den Europäischen Wirtschaftsraum (EWR) gehören (§ 1Va 2 KWG). *[GWA]*

Drittstaateneinlagenvermittlung

Die Drittstaateneinlagenvermittlung ist eine für ein Finanzdienstleistungsinstitut im Sinne des KWG typische Finanzdienstleistung im Sinne des KWG, die eine Vermittlung von Einlagengeschäften mit Unternehmen mit Sitz in Drittstaaten, das heißt Ländern außerhalb des Europäischen Wirtschaftsraums (EWR) beinhaltet (§ 1 Ia 2 Nr. 5 KWG). Wird die Drittstaateneinlagenvermittlung gewerbsmäßig oder in einem Umfang erbracht, der einen in kaufmännischer Weise eingerichteten Geschäftsbetrieb erfordert, ist hierfür – unabhängig von der Rechtsform des Unternehmens (natürliche Person, Personengesellschaft, juristische Person) – die schriftliche Erlaubnis durch die Bundesanstalt für Finanzdienstleistungsaufsicht (BaFin) erforderlich (§ 32 I in Verbindung mit § 1 Ia 2 Nr. 5 KWG; Erlaubniserteilung für Institute). Gemäß § 33 I 1 Nr. 1 Buchstabe b KWG muss hierfür – sofern das Finanzdienstleistungsinstitut nicht auf eigene Rechnung mit Finanzinstrumenten handelt – ein Anfangskapital von mindestens 125.000 Euro nachgewiesen werden; handelt das Finanzdienstleistungsinstitut hingegen mit Finanzinstrumenten, so beträgt das erforderliche Anfangskapital gemäß § 33 I 1 Nr. 1 Buchstabe c KWG mindestens 730.000 Euro. Anders ist der Fall zu beurteilen, wenn der Vermittler rechtlich wesentliche Teilakte der Geschäftsabwicklung übernimmt und daher als Zweigstelle im Sinne von § 53 I KWG anzusehen ist. In diesem Fall liegt ein nach § 53 KWG erlaubnispflichtiges Betreiben einer Zweigstelle eines ausländischen Unternehmens vor. *[GKR]*

Edelmetallpreisrisiko

Das Edelmetallpreisrisiko zählt als spezielles Rohwarenrisiko zu den Marktpreisrisiken. Das Edelmetallpreisrisiko ist die Gefahr der negativen Abweichung zwischen tatsächlichem und erwartetem Erfolg aus Geschäften mit Edelmetallen infolge veränderter Preise am Markt für Edelmetalle. Dem Währungsrisiko vergleichbar treten Edelmetallpreisrisiken bei (insbesondere betraglich) offenen Positionen auf. Die offenen Edelmetallpositionen ergeben sich als Unterschiedsbeträge zwischen auf Gold, Silber, Palladium oder Platin lautenden Aktiv- und Passivpositionen, die vom Marktpreis dieser Edelmetalle abhängen. [AWI]

Effektengeschäft

Synonym Effekteneigengeschäfte; Effektengeschäfte lassen sich unter anderem in Kommissionsgeschäfte und Eigengeschäfte unterteilen. Beim Kommissionsgeschäft handelt der Kommissionär im eigenen Namen für fremde Rechnung (§ 1 I 2 Nr. 4 KWG, Bankgeschäft). Voraussetzung für ein Eigengeschäft ist, dass das Finanzdienstleistungsinstitut im eigenen Namen und auf eigene Rechnung handelt und keine Dienstleistung für andere vorliegt (§ 1 Ia 2 Nr. 4 KWG, Finanzdienstleistung). [LHA]

EG-Bankrecht

Der Begriff EG-Bankrecht beziehungsweise EU-Bankrecht ist die zusammenfassende Bezeichnung für eine Vielzahl unterschiedlicher EG- beziehungsweise EU-Rechtsakte, die einen einheitlichen Bankenmarkt (Europäischer Bankenmarkt) in den Europäischen Gemeinschaften beziehungsweise der Europäischen Union (EU) (und darüber hinaus in den Staaten des Europäischen Wirtschaftsraums) schaffen sollen. Dabei besteht ein enger Zusammenhang mit der Verwirklichung der Europäischen Wirtschafts- und Währungsunion, zumal der Europäischen Zentralbank im Rahmen des Einheitlichen Aufsichtsmechanismus (SSM) auch Zuständigkeiten im Bereich der Bankenaufsicht übertragen worden sind (Artikel 1 der Verordnung (EU) Nr. 1024/2013). *[GKR]*

E-Geld

1. Jeder elektronisch, darunter auch magnetisch, gespeicherte monetäre Wert in Form einer Forderung gegenüber dem Emittenten, der gegen Zahlung eines Geldbetrages ausgestellt wird, um damit Zahlungsvorgänge im Sinne des § 675f III 1 BGB durchzuführen, und der auch von anderen natürlichen oder juristischen Personen als dem Emittenten angenommen wird (§ 1 II 2 ZAG); elektronisch gespeicherte Zahlungsmitteläquivalente. Praktische Erscheinungsformen des E-Geldes sind das auf Bankkarten mit der Geldkartenfunktion gespeicherte Geld (sogenanntes Kartengeld, z.b. Magnetstreifen-, Chipkarten oder Prepaid-Kreditkarten) sowie das auf einem virtuellen Konto eines Internetbezahlsystems gebuchte Geld (sogenanntes Netzgeld, z.B. PayPal). Kein E-Geld sind nach § 1 II 3 ZAG in Verbindung mit § 2 I Nr. 11 und Nr. 12 ZAG gespeicherte Zahlungseinheiten, die für den Erwerb von Waren oder Dienstleistungen nur in Geschäftsräumen eines Ausstellers, in begrenzten Netzwerken oder für eine begrenzte Anzahl von Waren oder Dienstleistungen verwendet werden können (z.B. Kunden- oder Tankkarten) sowie unter bestimmten Voraussetzungen lokal eingrenzbare Rabattsysteme, wenn die gewährten Rabatteinheiten anlässlich eines Warenkaufs oder der Bezahlung einer Dienstleistung anfallen. Ebenfalls kein E-Geld im Sinne des ZAG sind sogenannte digitale Übertragungen in Form von Zahlungsvorgängen, die mittels E-Geld getätigt werden und die ausschließlich zur Bezahlung von Leistungen dienen, die über ein Telekommunikations-, Digital- oder IT-Gerät abgewickelt werden.

2. Anknüpfungspunkt für die *zivilrechtliche Einordnung* des E-Geldes ist der auf die Erbringung von entsprechenden Zahlungsdiensten gerichtete Geschäftsbesorgungsvertrag (§ 675c I BGB), aus dem als Hauptverpflichtung des Dienstleisters (E-Geld-Emittent) folgt, den aufgeladenen und elektronisch gespeicherten monetären Wert (E-Geld-Einheiten), der

eine Forderung gegen ihn „verkörpert", gemäß der Weisung des Zahlers an den Zahlungsempfänger zu transferieren. Dabei spielt es nach dem Zahlungsdiensteaufsichtsgesetz (ZAG) keine Rolle, ob die digitalen Werteinheiten auf einem Medium des E-Geld-Inhabers oder auf dem Server des E-Geld-Emittenten gespeichert werden. *[DGN]*

E-Geld im Sinne des ZAG

Ist jeder elektronisch, darunter auch magnetisch gespeicherte monetäre Wert in Form einer Forderung gegenüber dem Emittenten des E-Geldes, der gegen Zahlung eines Geldbetrages ausgestellt wird, um damit Zahlungsvorgänge im Sinne des § 675f IV 1 BGB durchzuführen, und der auch von anderen natürlichen oder juristischen Personen als dem Emittenten des E-Geldes angenommen wird (§ 1 II ZAG). Ausnahmen bestehen für solche Dienste, die in § 2 I Nr. 10 und 11 ZAG bestimmt sind. Elektronische Werteinheiten, wie Bitcoins, Lite Coins, PP Coins, Kryptotoken und vergleichbare „virtuelle Währungen", welche computer- oder servergestützt auf gewerblichen oder privaten Plattformen, in privaten Tauschringen oder sonstigen Systemen gegen realwirtschaftliche Leistungen, Warenlieferungen oder Dienstleistungen geschöpft oder gegenleistungslos erschaffen werden, stellen kein E-Geld im Sinne des ZAG dar. Sie werden nicht vom E-Geld-Emittenten ausgestellt und begründen daher auch keine Forderung gegen ihn. *[GWA, DGN]*

E-Geld-Agent

Juristische oder natürliche Personen, die in das E-Geldgeschäft der E-Geld-Institute einbezogen sind, indem über sie der Vertrieb (unter anderem Verkauf, Wiederverkauf, Bereitstellung eines Vertriebskanals) oder der Rücktausch von E-Geld stattfinden kann (§ 32 I ZAG). Dabei nehmen sie als selbstständige Gewerbetreibende im Namen des E-Geld-Instituts die vorgenannten Handlungen vor (§ 1 VII 1 ZAG), die dem E-Geld-Institut anschließend zugerechnet werden (§ 1 VII 2 ZAG). Insofern sind sie rechtlich gesehen (selbstständige) Vermittler oder Handelsvertreter. Erfasst werden grundsätzlich nur Fälle der „offenen Stellvertretung"; erforderlich ist insoweit, dass der E-Geld-Agent sein Handeln für das E-Geld-Institut erkennbar durchführt und gegenüber dem Dritten seine Stellvertretung offenlegt. Es gelten die allgemeinen Vertretungsregeln nach §§ 164 ff. BGB. Zuverlässigkeit und Eignung des E-Geld-Agenten sind vom E-Geld-Institut sicherzustellen (§ 25 II ZAG). Die Inanspruchnahme von E-Geld-Agenten ist der BaFin von dem E-Geld-Institut unter Bekanntgabe diverser Informationen zu dieser Person anzuzeigen (§ 25 I ZAG). Sofern die Angaben zutreffen, trägt die BaFin den E-Geld-Agenten in das E-Geld-Instituts-Register ein (§ 44 II, § 43 I Nr. 4 ZAG); lehnt sie die Eintragung ab, muss sie das E-Geld-Institut darüber in Kenntnis setzen (§ 43 II ZAG). Erst mit der Eintragung ins Register kann der E-Geld-Agent seine Tätigkeit für das E-Geld-Institut aufnehmen. *[DGN]*

E-Geld-Emittenten

Betreiber des E-Geld-Geschäfts (§ 1 II 1, 2 ZAG); neben den E-Geld-Instituten (§ 1 II 1 Nr. 1) sind dies Kreditinstitute im Sinne der CRR, die im Inland zum Geschäftsbetrieb berechtigt sind, sowie die Kreditanstalt für Wiederaufbau (KfW) (Nr. 2), die Europäische Zentralbank (EZB), die Deutsche Bundesbank sowie andere Zentralbanken in der Europäischen Union (EU) oder den anderen Staaten des Abkommens über den Europäischen Wirtschaftsraum (EWR), wenn sie nicht in ihrer Eigenschaft als Währungs- oder andere Behörde handeln (Nr. 3), der Bund, die Länder, die Gemeinden und Gemeindeverbände sowie die Träger bundes- oder landesmittelbarer Verwaltung, soweit sie nicht behördlich („hoheitlich") handeln (Nr. 4). *[GWA, DGN, LGR]*

E-Geld-Geschäft

Ausgabe von E-Geld (§ 1 II 2 in Verbindung mit II 3, 4 ZAG). *[GWA]*

E-Geld-Institut

Unternehmen, die E-Geld emittieren (also das E-Geld-Geschäft betreiben) und nicht unter die privilegierten E-Geld-Emittenten nach § 1 II 1 Nr. 2 bis Nr. 4 ZAG fallen. Anders als bei Unternehmen, die Zahlungsdienste erbringen, ist weder ein gewerblicher noch ein in kaufmännischer Weise eingerichteter Geschäftsbetrieb erforderlich. Solche Zahlungsdienstleister unterliegen in Deutschland der Aufsicht durch die Bundesanstalt für Finanzdienstleistungsaufsicht (BaFin) und benötigen eine schriftliche Erlaubnis für das Betreiben des E-Geld-Geschäfts (§ 11 I 1 ZAG). Die Inhalte des Erlaubnisantrags ergeben sich aus § 11 II ZAG: Beschreibung des Geschäftsmodells, Nachweis des Anfangskapitals in Höhe von 350.000 Euro (§ 12 Nr. 3 d) ZAG), Beschreibung der Maßnahmen zur Erfüllung der Sicherungsanforderungen aus §§ 17, 18 ZAG, Darstellung des organisatorischen Aufbaus des Unternehmens sowie die Benennung der verantwortlichen Personen einschließlich des Nachweises zur Zuverlässigkeit und Befähigung. Die Erlaubnis umfasst neben der Gestattung des E-Geld-Geschäfts die Erbringung von Zahlungsdiensten, die Gewährung von Krediten unter Beachtung der Bestimmungen des § 3 ZAG, die Erbringung betrieblicher Dienstleistungen und damit eng verbundener Nebendienstleistungen, die mit der Ausgabe von E-Geld oder mit der Erbringung von Zahlungsdiensten in Zusammenhang stehen, den Betrieb von Zahlungssystemen nach § 58 ZAG sowie andere Geschäftstätigkeiten im Rahmen der geltenden EU- und nationalen Rechtsvorschriften (§ 11 I 2 ZAG). Die Erlaubnis kann unter Auflagen erteilt werden (§ 11 III ZAG). Gemäß § 44 ZAG führt die BaFin auf ihrer Internetseite ein gesondertes, laufend aktualisiertes E-Geld-Instituts-Register („zugelassene E-Geld-Institute"). *[DGN]*

E-Geld-Instituts-Register

Auf der Internetseite der BaFin geführtes Register, das jedes zugelassene inländische E-Geld-Institut sowie dessen Zweigniederlassungen und (E-Geld-)Agenten auflistet (§§ 44, 43 ZAG). *[DGN]*

E-Geld-Instrumente

Kartengebundene Zahlungsinstrumente, auf denen E-Geld gespeichert ist. *[DGN]*

E-Geld-Richtlinie

1. *Erste E-Geld-Richtlinie*: Die E-Geld-Richtlinie vom 18.9.2000 (Richtlinie 2000/46/EG) ist ein EG-Rechtsakt, der mit dem Ziel verabschiedet wurde, den Besonderheiten von E-Geld-Instituten, insbesondere ihrem begrenzten Tätigkeitsbereich, Rechnung zu tragen und die EU-Mitgliedstaaten zu Maßnahmen zu einer Koordinierung und Mindestharmonisierung der Vorschriften über die Zugangskontrolle sowie die laufende Beaufsichtigung dieser Unternehmen zu veranlassen. Um die Entstehung eines echten Binnenmarkts für E-Geld-Dienstleistungen zu fördern, neuen Unternehmen einen Zugang zum Markt zu verschaffen und einen wirkungsvollen Wettbewerb zwischen den Marktteilnehmern zu fördern, wurde am 16.9.2009 die sogenannte Zweite E-Geld-Richtlinie (Richtlinie 2009/110/EG) verabschiedet, welche die Richtlinie 2000/46/EG ablöste.

2. *Inhalt der Zweiten E-Geld-Richtlinie*: Die Definition von E-Geld wurde im Vergleich zur Ersten E-Geld-Richtlinie weiter gefasst und beinhaltet jeden elektronisch, darunter auch magnetisch gespeicherten monetären Wert in Form einer Forderung gegenüber dem Emittenten, der gegen Zahlung eines Geldbetrags ausgestellt wird, um Zahlungsvorgänge im Sinne des Artikels 4 Nr. 5 der Richtlinie 2007/64/EG durchzuführen, und der auch von anderen natürlichen oder juristischen Personen als dem E-Geld-Emittenten angenommen wird (Artikel 2 Nr. 2 der Zweiten Richtlinie). Eine grundlegende Änderung betrifft die Einführung einer angemessenen Aufsichtsregelung, die den Marktzutritt für neue Anbieter erleichtern soll. Dies umfasst die Herabsetzung des erforderlichen Anfangskapitals auf 350.000 Euro sowie neue Bestimmungen zur Berechnung der Eigenkapitalausstattung gemäß den Artikeln 4 und 5 der

Zweiten Richtlinie. Die Tätigkeiten, die E-Geld-Institute ausüben dürfen, wurden mit der Verabschiedung der Zweiten E-Geld-Richtlinie erweitert und umfassen nicht mehr nur die Ausgabe von E-Geld, sondern unter anderem auch die Gewährung von Krediten und die Erbringung der im Anhang der Richtlinie 2007/64/EG genannten Zahlungsdienste (Artikel 6 I der Zweiten Richtlinie). Die Sicherungsanforderungen beinhalten, dass E-Geld-Institute Geldbeträge, die sie für die Ausgabe von E-Geld entgegengenommen haben, spätestens fünf Geschäftstage nach Ausgabe des E-Gelds durch sichere Aktiva mit niedrigem Risiko zu sichern haben (Artikel 7 der Zweiten Richtlinie). Unter den Voraussetzungen des Artikels 9 I der Zweiten Richtlinie kann von der Anwendung einiger Verfahren und Bedingungen dieser Regelung abgesehen werden, unter anderem dann, wenn durch die gesamte Geschäftstätigkeit ein durchschnittlicher E-Geld-Umlauf mit einem maximalen Volumen von fünf Mio. Euro entsteht. Zusätzlich führte die Zweite E-Geld-Richtlinie zu Änderungen an der EU-Bankenrichtlinie (Richtlinie 2006/48/EG vom 14.6.2006) und der Dritten EU-Geldwäscherichtlinie (Richtlinie 2005/60/EG vom 26.10.2005), insbesondere im Hinblick auf die Definition von Kredit- und Finanzinstituten und die Schwellenwerte für die Anwendung vereinfachter Sorgfaltspflichten bei Ausgabe von elektronischem Geld.

3. *Umsetzung in deutsches Recht*: Durch das Gesetz zur Umsetzung der Zweiten E-Geld-Richtlinie vom 1.3.2011 (BGBl. I S. 288) wurden die neuen Bestimmungen in deutsches Recht umgesetzt, das heißt E-Geld-Institute als eigene Institutskategorie eingeführt, die Regelungen zu deren Beaufsichtigung aus dem Kreditwesengesetz (KWG) herausgenommen, wo sie zuvor als eigener Institutstypus innerhalb der Kategorie der Kreditinstitute im Sinne des KWG geregelt waren, und in das Zahlungsdiensteaufsichtsgesetz (ZAG) integriert, das entsprechende Regelungen bereits für den Institutstypus des Zahlungsinstituts geschaffen hatte. *[DGN]*

Ehrbarer Kaufmann

Eine Persönlichkeit, die ihre humanistische Grundbildung durch eine solide kaufmännische Ausbildung ergänzt hat und sich von Werten wie beispielsweise Redlichkeit, Weitblick, Ehrlichkeit, Aufrichtigkeit und Mäßigung leiten lässt. Der ehrbare Kaufmann ist sich der gesellschaftlichen Folgen seines Tuns bewusst und übernimmt Verantwortung für sein Handeln. *[GWA]*

Eigene Risikomodelle

Nach Artikel 363 CRR (Capital Requirements Regulation) darf ein Kreditinstitut alternativ zu den Standardverfahren bankeigene Risikomodelle zur Bestimmung der Anrechnungsbeträge oder Teilanrechnungsbeträge für Marktrisikopositionen (allgemeines und spezielles Risiko von Eigenkapitalinstrumenten, allgemeines und spezielles Risiko von Schuldtiteln, Fremdwährungs- und Warenpositionsrisiko) verwenden. Voraussetzung ist die Zustimmung der BaFin, die nach der Prüfung des Modells in Zusammenarbeit mit der Deutschen Bundesbank erfolgt. Die Eignungsbestätigung der Risikomodelle kann regelmäßig überprüft und aufgrund zeitlicher, örtlicher oder sachlicher Kriterien eingeschränkt werden. Wesentliche Änderungen und Erweiterungen des Risikomodells bedürfen einer erneuten Zustimmung, Änderungen sind schriftlich anzuzeigen. Der Wechsel vom eigenen Risikomodell zurück zu den in den Artikeln 326 bis 361 CRR genannten Verfahren kann nur bei Vorliegen wesentlicher Gründe und nach Zustimmung der BaFin erfolgen.

Als eigenes Risikomodell zur Bestimmung der Anrechnungsbeträge für z.B. Marktrisikopositionen gilt das Maximum aus der Summe des potenziellen Risikobetrags (Value-at-Risk) und des potenziellen Krisen-Risikobetrags des Vortags sowie deren gewichteten Durchschnitte der letzten 60 Arbeitstage, wobei die Gewichtung anhand der Prognosegüte festgesetzt wird. Dieses Modell gilt unter anderem dann als geeignet, wenn es

1. die quantitativen Anforderungen nach Artikel 365 CRR erfüllt (Haltedauer von zehn Tagen, Konfidenzniveau von 99 Prozent und Datenhistorie von mindestens einem Jahr),

2. mindestens die Risikofaktoren nach Artikel 367 CRR erfasst (alle wesentlichen Risikoparameter, die auch in das entsprechende Bewertungsmodell Eingang finden),

3. die qualitativen Anforderungen nach Artikel 368 CRR einhält (Erstellung, Wartung und Pflege der Risikomodelle sowie Ermittlung, Analyse und Kommentierung der Risikobeträge erfolgen organisatorisch unabhängig vom Handel) und

4. das Modell eine geeignete Prognosegüte nach Artikel 369 CRR aufweist (Backtesting). *[AWI]*

Eigenhandel im Sinne des KWG

Eigenhandel im Sinne des KWG ist eine Finanzdienstleistung im Sinne des KWG, welche nach § 1 Ia 2 Nr. 4 KWG die folgenden *Tätigkeiten* zum Gegenstand hat:

a) das kontinuierliche Anbieten des Kaufs oder Verkaufs von Finanzinstrumenten zu selbst gestellten Preisen und für eigene Rechnung unter Einsatz des eigenen Kapitals,

b) der häufige organisierte und systematische Handel für eigene Rechnung in erheblichem Umfang außerhalb eines organisierten Markts oder eines multilateralen oder organisierten Handelssystems, wenn systematische Internalisierung betrieben wird, das heißt wenn Kundenaufträge außerhalb eines geregelten Markts oder eines multilateralen oder organisierten Handelssystems ausgeführt werden, ohne dass ein multilaterales Handelssystem betrieben wird,

c) die Anschaffung und die Veräußerung von Finanzinstrumenten für eigene Rechnung als Dienstleistung für Dritte,

d) der Betrieb des Hochfrequenzhandels, also der Kauf oder Verkauf von Finanzinstrumenten für eigene Rechnung als unmittelbarer oder mittelbarer Teilnehmer eines inländischen organisierten Markts oder eines multilateralen oder organisierten Handelssystems mittels einer hochfrequenten algorithmischen Handelstechnik, die durch bestimmte Merkmale gekennzeichnet ist, auch ohne dass eine Dienstleistung für andere vorliegt.

Der Handel in Wertpapieren und anderen Finanzinstrumenten ist einer der folgenden *Kategorien* zuzuordnen:

a) der Handel im fremden Namen für fremde Rechnung (offene Stellvertretung) ist Finanzdienstleistung im Sinne des § 1 Ia 2 Nr. 2 KWG (Abschlussvermittlung); findet die offene Stellvertretung im Rahmen eines Platzierungsgeschäfts statt, so ist sie stattdessen Finanzdienstleistung im Sinne des § 1 Ia 2 Nr. 1c KWG (Platzierungsgeschäft);

b) der Handel im eigenen Namen für fremde Rechnung (verdeckte Stellvertretung) ist Bankgeschäft im Sinne des § 1 I 2 Nr. 4 KWG (Finanzkommissionsgeschäft);

c) der Handel im eigenen Namen für eigene Rechnung, ist (sofern er als Dienstleistung für andere zu begreifen ist) Finanzdienstleistung im Sinne des § 1 Ia 2 Nr. 4 KWG (Eigenhandel im Sinne des KWG). Beim Handel im Auftrag eines Kunden als Eigenhändler tritt das Institut gegenüber seinem Kunden nicht als Kommissionär, sondern als Käufer oder Verkäufer auf. Auch wenn es sich hierbei zivilrechtlich um einen Kauf handelt, ist das Geschäft Dienstleistung im Sinne der Finanzmarktrichtlinie (Richtlinie 2004/39/EG). Wird der Eigenhandel im Sinne des KWG gewerbsmäßig oder in einem Umfang erbracht, der einen in kaufmännischer Weise eingerichteten Geschäftsbetrieb erfordert, ist hierfür – unabhängig von der Rechtsform des Unternehmens – die schriftliche Erlaubnis durch die Bundesanstalt für Finanzdienstleistungsaufsicht (BaFin) erforderlich (§ 32 I in Verbindung mit § 1 Ia 2 Nr. 4 KWG; Erlaubniserteilung für Institute); gemäß § 33 I

1 Nr. 1 Buchstabe c KWG muss hierfür ein Anfangskapital von mindestens 730.000 Euro nachgewiesen werden. Werden Finanzinstrumente für eigene Rechnung angeschafft oder veräußert, ohne dass die Voraussetzungen für den Tatbestand des Eigenhandels im Sinne des KWG erfüllt sind, so bedeutet dies nicht unbedingt, dass für ein derartiges Eigengeschäft keine Erlaubnis der BaFin erforderlich ist. So fällt der Betrieb eines solchen Eigengeschäfts bei gleichzeitigem Betreiben von Bankgeschäften oder der Erbringung von Finanzdienstleistungen im Sinne von § 1 Ia 2 Nr. 1-5, 11 KWG unter den Erlaubnisvorbehalt der BaFin (§ 32 Ia KWG). *[GKR]*

Eigenkapital der Kreditinstitute

1. *Charakterisierung*: Das Eigenkapital der Kreditinstitute kann in das bilanzielle Eigenkapital sowie in das regulatorische Eigenkapital eingeteilt werden. Während das bilanzielle Eigenkapital sämtliche Posten, die in der Bankbilanz als Eigenkapital ausgewiesen werden, umfasst, ist das regulatorische Eigenkapital, das vom Gesetzgeber auch als Eigenmittel bezeichnet wird, weiter gefasst und beinhaltet grundsätzlich alle Posten eines Kreditinstituts, die eine Verlustausgleichsfunktion und/oder eine Haftungsfunktion übernehmen.

2. *Eigenkapitalfunktionen*: Das Eigenkapital der Kreditinstitute kann die folgenden Funktionen übernehmen, wobei aus Sicht der Bankenaufsicht der Verlustausgleichsfunktion sowie der Haftungsfunktion die größte Bedeutung zukommt, da sie zur Erreichung der zentralen bankenaufsichtsrechtlichen Zielsetzungen Funktionsschutz und Gläubigerschutz beitragen:

a) *Haftungsfunktion*: Sofern Eigenkapital im Insolvenzfall (Gone-Concern-Fall) dazu geeignet ist, Insolvenzverluste zu tragen und so zum Gläubigerschutz beizutragen, kommt ihm eine Haftungsfunktion (auch Garantiefunktion genannt) zu.

b) *Verlustausgleichsfunktion*: Im Gegensatz zur Haftungsfunktion bezieht sich die Verlustausgleichsfunktion auf die Weiterführung des Unternehmens (Going-Concern-Fall); in dieser Funktion dient Eigenkapital dazu, Verluste aus dem laufenden Bankgeschäft (Jahresfehlbeträge beziehungsweise Bilanzverluste) buchmäßig auszugleichen.

c) *Ingangsetzungsfunktion*: Eigenkapital stellt die Grundlage für die Zulassung von Kreditinstituten im Sinne des KWG in Form des nach den Bestimmungen des KWG notwendigen Anfangskapitals dar.

d) *Bremsfunktion*: Die maximal zulässige Höhe des Geschäftsvolumens eines Kreditinstituts ist nach den bankenaufsichtsrechtlichen Vorschriften an die Höhe des bankenaufsichtsrechtlichen Eigenkapitals geknüpft.

e) *Werbe- und Repräsentationsfunktion*: Diese Funktion übernimmt das Eigenkapital der Kreditinstitute immer dann, wenn versucht wird, die (mutmaßliche) Qualität eines Kreditinstituts aus der Höhe des Eigenkapitals z.B. im Verhältnis zur Bilanzsumme oder zum Geschäftsvolumen abzuleiten; führt dies zu einem erhöhten Fremdmittelzufluss, so übernimmt das Eigenkapital gleichzeitig eine indirekte Finanzierungsfunktion.

f) *Finanzierungsfunktion*: Diese Eigenkapitalfunktion ergibt sich aus der (langfristigen) Bereitstellung von Risikokapital.

g) *Glättungsfunktion*: Im Hinblick auf eine Politik der Dividendenkontinuität kann mithilfe von Eigenkapital ein intertemporaler Erfolgsausgleich erzielt werden, z.B. durch die Bildung oder Auflösung stiller Reserven.

h) *Gewinnverteilungsfunktion*: Eigenkapital dient üblicherweise als (rein rechnerische) Bemessungsbasis für die Verteilung des erzielten Gewinns.

i) *Geschäftsführungsfunktion, Stimmrechtsfunktion*: Bei den meisten Rechtsformen bildet das Eigenkapital die Grundlage für die unmittelbare oder mittelbare Befugnis zur Teilnahme an der Führung des Unternehmens. *[GKR]*

Eigenmittel

Der Begriff der Eigenmittel ist ein zentraler Anknüpfungspunkt vieler bankenaufsichtsrechtlicher Vorschriften (Anfangskapital; Erlaubniserteilung für Institute; bankaufsichtliche Maßnahmen bei unzureichenden Eigenmitteln oder unzureichender Liquidität; bankaufsichtliche Maßnahmen, Aufhebung oder Widerruf der Erlaubnis zum Betreiben von Bankgeschäften). Kreditinstitute im Sinne der CRR sowie Wertpapierfirmen im Sinne der CRR sind gesetzlich dazu verpflichtet, bestimmte bankenaufsichtsrechtliche Mindestanforderungen an die Höhe ihrer Eigenmittel einzuhalten. Die Eigenmittel von Instituten im Sinne der CRR setzen sich aus dem Kernkapital und dem Ergänzungskapital zusammen. *[GKR]*

Eigenmittelausstattung von Instituten

Gemäß den Bestimmungen der Capital Requirements Regulation (CRR) müssen die Institute im Sinne der CRR bestimmte Mindestanforderungen an ihre Ausstattung mit Eigenmitteln einhalten. So müssen zu jedem Zeitpunkt die harte Kernkapitalquote mindestens 4,5 Prozent, die Kernkapitalquote mindestens 6,0 Prozent und die Gesamtkapitalquote mindestens 8,0 Prozent betragen (Artikel 92 I CRR). *[GKR]*

Eindeckungsrisiko

Glattstellungsrisiko; Risiko erhöhter Wiederbeschaffungskosten (Replacement Costs) bei Ausfall des Geschäftspartners von Forward-/Future-, Options- sowie Swapgeschäften und erneuter Schließung von dadurch wieder offenen Positionen. Die Höhe des Eindeckungsrisikos bestimmt sich nicht nur nach der Bonität des Geschäftspartners, sondern auch nach der Schwankungsbreite (Volatilität) der in Frage kommenden Preise (Zinsen, Wechselkurse, Aktienkurse etc.) und der Kontraktlaufzeit. *[OKR]*

Einheitlicher Abwicklungsfonds

Der Einheitliche Abwicklungsfonds (Single Resolution Fund, SRF) bildet das finanzielle Fundament des Einheitlichen Abwicklungsmechanismus (Single Resolution Mechanism, SRM). Er speist sich schrittweise aus den nationalen Bankenabgaben von Ländern, die dem SRM unterliegen. In der Aufbauphase des Fonds wird er auch aus Mitteln bereits bestehender nationaler Fonds (wie z.B. dem deutschen Restrukturierungsfonds) befüllt. Das bis Ende 2023 angestrebte Gesamtvolumen des Einheitlichen Abwicklungsfonds wird mit einem Prozent der gedeckten Einlagen der in den teilnehmenden Mitgliedstaaten zugelassenen Institute (derzeit ungefähr 59 bis 71 Mrd. Euro) angegeben. Hintergrund ist die Zielsetzung, dass nicht mehr der Steuerzahler für in Schieflage geratene Banken eintreten muss, sondern bei der Abwicklung einer Bank eine gesetzlich vorgeschriebene Haftungskaskade greift, an deren Ende die Inanspruchnahme des Einheitlichen Abwicklungsfonds steht. *[ARA]*

Einheitlicher Abwicklungsmechanismus

Der Einheitliche Abwicklungsmechanismus (Single Resolution Mechanism, SRM) ist das für die Sanierung und die geordnete Abwicklung von in finanzielle Schieflage geratenen Kreditinstituten zuständige Element der Europäischen Bankenunion. Damit soll zum einen das marktwirtschaftliche Grundprinzip der Haftung für eigene Verluste auch für Kreditinstitute wiederhergestellt und auf den Einsatz von Steuermitteln verzichtet werden. Zum anderen sollen das sogenannte „Moral-Hazard"-Problem sowie das Erpressungspotenzial der Banken gegenüber dem Staat eingedämmt werden. Der Einheitliche Abwicklungsmechanismus ist für alle Banken der Eurozone zuständig; die Opt-in-Option ermöglicht auch denjenigen EU-Mitgliedstaaten eine Beteiligung, die den Euro noch nicht eingeführt haben. Das institutionelle Kernelement des Einheitlichen Abwicklungsmechanismus ist das Einheitliche Abwicklungsgremium (Single Resolution Board, SRB) auf europäischer Ebene neben den nationalen Abwicklungsbehörden der teilnehmenden

Mitgliedstaaten; sein finanzielles Fundament ist der Einheitliche Abwicklungsfonds (Single Resolution Fund, SRF). Die Abwicklungsfinanzierung im Rahmen des Einheitlichen Abwicklungsmechanismus folgt einer gesetzlich kodifizierten Haftungskaskade. Diese sieht zunächst eine private Verlustbeteiligung in Höhe von mindestens acht Prozent der Bilanzsumme vor, indem vorrangig Eigentümer und Gläubiger der Bank für Verluste und Abwicklungskosten herangezogen werden. Sollten diese Mittel nicht genügen, ist die Bereitstellung weiterer Mittel durch den Einheitlichen Abwicklungsfonds möglich. Bei Bedarf kann der Einheitliche Abwicklungsfonds zur Finanzierung einer Abwicklung beispielsweise auch durch einen mittelfristig fiskalisch neutralen Kredit von dem von der Abwicklung betroffenen Mitgliedstaat unterstützt werden. Ein solcher Kredit wird durch die Erhebung von Sonderbeiträgen von den Banken des betroffenen nationalen Bankensektors getilgt. Als letzte Möglichkeit ist sodann eine direkte Bankenrekapitalisierung durch den Europäischen Stabilitätsmechanismus (European Stability Mechanism, ESM) vorgesehen. [ARA]

Einheitlicher Aufsichtsmechanismus

Der Einheitliche Aufsichtsmechanismus (Single Supervisory Mechanism, SSM) ist das für die Beaufsichtigung von Banken zuständige Element der Europäischen Bankenunion. Zielsetzung ist eine einheitliche Auslegung und Anwendung der aufsichtsrechtlichen Regelungen in den teilnehmenden Ländern. Dies sind alle Euro-Länder sowie zudem freiwillig teilnehmende EU-Länder. Organisatorisch ist der Einheitliche Aufsichtsmechanismus bei der Europäischen Zentralbank (EZB) verortet. Er übt seit November 2014 eine direkte Aufsicht über die etwa 120 bedeutenden Kreditinstitute mit mehr als 80 Prozent der Bilanzsumme aller insgesamt beaufsichtigten Kreditinstitute in den teilnehmenden Ländern aus. Seine Zuständigkeit erstreckt sich auch auf die Beaufsichtigung aller übrigen Kreditinstitute der teilnehmenden Länder, wobei diese grundsätzlich direkt von den nationalen Aufsichtsbehörden beaufsichtigt werden. Sein höchstes Entscheidungsgremium ist das Supervisory Board. [ARA]

Einheitliches Abwicklungsgremium

Das Einheitliche Abwicklungsgremium (Single Resolution Board, SRB) mit Sitz in Brüssel ist das institutionelle Kernelement des Single Resolution Mechanism (SRM). Es trifft Abwicklungsentscheidungen grundsätzlich für unter direkter Aufsicht der Europäischen Zentralbank (EZB) stehende sowie grenzüberschreitend tätige Banken mit Sitz in einem Mitgliedstaat, der am Single Resolution Mechanism (SRM) teilnimmt. Bei allen übrigen Banken liegt die Zuständigkeit bei der nationalen Abwicklungsbehörde. Das Einheitliche Abwicklungsgremium erarbeitet Abwicklungskonzepte, prüft die Abwicklungsfähigkeit eines Instituts und bereitet die Abwicklung vor. [ARA]

Einlagengeschäft

1. im rechtlichen Sinne: Bankgeschäft im Sinne von § 1 I 2 Nr. 1 KWG (Annahme fremder Gelder als Einlagen ohne Rücksicht darauf, ob Zinsen vergütet werden). Es handelt sich um die Aufnahme fremder Gelder als Darlehen (§ 488 BGB) oder zur unregelmäßigen Verwahrung (§ 700 BGB) ohne Bestellung banküblicher Sicherheiten. Durch diese Einlagen wird ein Forderungsrecht des Einlegers = Gläubigers der Bank begründet (im Gegensatz zu gesellschaftsrechtlichen Einlagen, wie z.B. Einlagen stiller Gesellschafter). Das Betreiben des Einlagengeschäfts bedarf der schriftlichen Erlaubnis (§ 32 KWG) durch die Bundesanstalt für Finanzdienstleistungsaufsicht (BaFin), sofern dafür ein in kaufmännischer Weise eingerichteter Geschäftsbetrieb erforderlich ist. Letzteres nimmt die BaFin an, wenn der Gesamtbestand an Einlagen nach Anzahl und Gesamtvolumen bestimmte Grenzwerte überschreitet.

2. im betriebswirtschaftlichen Sinne: Gesamtheit der Finanztransaktionen, welche die Hereinnahme von fremden Mitteln auf Initiative der Einleger beinhalten. Das Einlagengeschäft (Sichteinlagen, Termineinlagen, Spareinlagen) ist ein wichtiger Teil des Passivgeschäfts der Kreditinstitute. Für das Aktivgeschäft nötige Mittel sollten über das Einlagengeschäft nicht um jeden Preis, sondern nach Maßgabe betriebswirtschaftlicher Ziele beschafft werden. Diese richten sich typischerweise vor allem auf die Einlagekonditionen, die einst mit Konditionen des Aktivgeschäfts (Zinsspannenrechnung), heute mit denen von Marktopportunitäten (Marktzinsmethode) abgeglichen werden. Hinzu treten kann eine gezielte Streuung der Mittelquellen.

3. gesamtwirtschaftliche Bedeutung: beruht darauf, dass bestimmte Einlagen (Sichteinlagen) auf Girokonten unterhalten werden und damit die Grundlagen für die Abwicklung des bargeldlosen Zahlungsverkehrs darstellen. Daneben hat das Einlagengeschäft Vermögensbildungsfunktion. Dies trifft insbesondere auf Spareinlagen zu, da diese explizit der „Anlage und Ansammlung von Vermögen" dienen (so die Definition in § 21 IV der Rechnungslegungsverordnung). [HSC]

Einlagenkreditinstitut

Als Einlagenkreditinstitut wurde ein Kreditinstitut im Sinne des KWG bezeichnet, das nach der Definition des § 1 IIId 1 KWG a.F. Einlagen oder andere rückzahlbare Gelder des Publikums entgegennahm und das Kreditgeschäft betrieb. Im Zuge der Umsetzung der Bestimmungen von Basel III durch das CRD IV-Umsetzungsgesetz (Capital Requirements Directive IV) wurde der Begriff „Einlagenkreditinstitut" durch den Begriff „CRR-Kreditinstitut" (Kreditinstitut im Sinne der CRR) ersetzt. [GKR]

Einlegerschutzbilanz

Siehe das Stichwort „Maximalbelastungstheorie".

Einzelbankier

Als Einzelbankier wird der alleinige Inhaber eines Kreditinstituts im Sinne des KWG (Einzelunternehmer) bezeichnet. *[GKR]*

EMIR (European Market Infrastructure Regulation)

Europäische Finanzmarktregulierung auf Grundlage der Verordnung (EU) Nr. 648/2012 des Europäischen Parlaments und des Rates vom 4. Juli 2012 über OTC-Derivate, zentrale Gegenparteien und Transaktionsregister. Betroffen sind alle Derivate und alle Marktteilnehmer am Derivatemarkt. Zielsetzung der Verordnung ist die grundsätzliche Regulierung und Erhöhung der Transparenz des (außerbörslichen) Derivatemarkts, die Verringerung systematischer Risiken sowie die Verhinderung und Aufdeckung von Marktmanipulationen. EMIR enstand als Reaktion auf die globale Finanzkrise ab 2007. Unternehmen, die Derivate benutzen, haben aus EMIR drei Themenbereiche zwingend zu beachten:

(1) die Meldung der Derivategeschäfte an ein zentrales Transaktionsregister,

(2) die Implementierung von Risikominderungsstrategien und

(3) die Ermittlung von Clearing-Schwellenwerten sowie die Clearingpflicht ab Überschreiten der Clearingschwellen.

Eine Prüfungspflicht der Umsetzung der EMIR-Vorschriften besteht in Deutschland gemäß § 20 WpHG für alle Geschäftsjahre, die nach dem 16.2.2013 begonnen haben. EMIR wird von der ESMA (European Securities and Markets Authority) sowie der jeweiligen nationalen Aufsichtsbehörde (in Deutschland also von der BaFin) überwacht und weiterentwickelt. Seit dem 17. Juni 2019 gilt die Verordnung (EU) Nr. 2019/834 zur Überarbeitung der europäischen Marktinfrastrukturverordnung (EMIR-Refit). *[OKR, ARA]*

Emittentenrisiko

Spezielles Adressenausfallrisiko, welches darin besteht, dass der Emittent eines Zinsinstruments (z.B. Straight Bonds) oder strukturierten Finanzinstruments (z.B. Zertifikats) Zinszahlungen und/oder Tilgungszahlungen nicht oder nicht rechtzeitig erbringt. Das Emittentenrisiko ist ein unsystematisches Risiko, das durch Diversifikation verringert werden kann. *[AWI]*

Enge Verbindung im Sinne der CRR

Der Begriff enge Verbindung im Sinne der CRR ist gemäß Artikel 4 I Nr. 38 CRR (Capital Requirements Regulation) die Bezeichnung für eine Situation, in der mindestens zwei natürliche oder juristische Personen folgendermaßen miteinander verbunden sind:

1. über eine Beteiligung in Form des direkten Haltens oder des Haltens im Wege der Kontrolle von mindestens 20 Prozent des Kapitals oder der Stimmrechte an einem Unternehmen,

2. durch Kontrolle oder

3. über ein dauerhaftes Kontrollverhältnis beider oder aller mit ein und derselben dritten Person.

Tatsachen, die auf eine enge Verbindung im Sinne der CRR zwischen dem Institut und anderen natürlichen Personen oder anderen Unternehmen hinweisen, sind beim Antrag auf Erteilung einer Erlaubnis anzugeben (§ 32 I 2 Nr. 7 KWG). Darüber hinaus muss ein Institut im Sinne des KWG Entstehen, Änderung sowie Beendigung einer engen Verbindung im Sinne der CRR zu einer anderen natürlichen Personen oder zu anderen Unternehmen der Bundesanstalt für Finanzdienstleistungsaufsicht (BaFin) und der Deutschen Bundesbank unverzüglich anzeigen (§ 24 I Nr. 12 KWG, §§ 7, 8 AnzV; Anzeigen der Institute über personelle, finanzielle und gesellschaftsrechtliche Veränderungen). Außerdem sind sämtliche enge Verbindungen im Sinne der CRR zu anderen natürlichen

Personen oder Unternehmen der BaFin sowie der Deutschen Bundesbank jährlich anzuzeigen (§ 24 Ia Nr. 1 KWG). *[GKR]*

Entschädigungseinrichtung

Eine Entschädigungseinrichtung ist eine in den §§ 6, 7 des Anlegerentschädigungsgesetzes (AnlEntG) vorgesehene Stelle, deren Aufgabe es ist, die Beiträge der ihnen zugeordneten Institute (§ 1 I AnlEntG) einzuziehen, die für eine Entschädigung nach § 3 AnlEntG angesammelten Mittel nach dem Gesichtspunkt der Risikomischung so anzulegen, dass eine möglichst große Sicherheit und ausreichende Liquidität der Anlagen bei angemessener Rentabilität gewährleistet sind (§ 8 I 3 AnlEntG), und die im Entschädigungsfall (§ 1 IV AnlEntG) die Gläubiger eines ihr zugeordneten Instituts für nicht erfüllte Verbindlichkeiten aus Wertpapiergeschäften (§ 1 III AnlEntG) entschädigt (§ 6 II AnlEntG). Eine Entschädigungseinrichtung wurde bei der Kreditanstalt für Wiederaufbau (KfW) als nicht rechtsfähiges Sondervermögen des Bundes errichtet, der die Institute zugeordnet sind (§ 6 I AnlEntG). Die Verwaltung der Entschädigungseinrichtung erfolgt durch die KfW. § 7 I AnlEntG sieht vor, dass die Aufgaben und Befugnisse der Entschädigungseinrichtung durch Rechtsverordnung des Bundesministeriums der Finanzen auch einer juristischen Person des Privatrechts als „beliehener" Entschädigungseinrichtung zugewiesen werden können, wenn diese zur Übernahme der Aufgaben bereit ist und im Hinblick auf Leitungspersonal, Ausstattung (unter anderem Eigenmittel in Höhe von mindestens einer Mio. Euro) und Organisation hinreichende Gewähr für die Erfüllung von Entschädigungsansprüchen bietet. Solche Entschädigungseinrichtungen unterliegen der Aufsicht durch die Bundesanstalt für Finanzdienstleistungsaufsicht (BaFin) (§ 7 III AnlEntG). Beliehen wurde bisher die Entschädigungseinrichtung der Wertpapierhandelsunternehmen (EdW) als nicht rechtsfähiges Sondervermögen bei der KfW. *[GKR]*

Erfolgsrisiko

Gefahr, dass wegen möglicher Ertragsminderungen und/oder Aufwandserhöhungen gegenüber den erwarteten Erträgen und Aufwendungen der tatsächlich zukünftig realisierte Gewinn (Erfolg) vom erwarteten Gewinn negativ abweicht. Bei enger betriebswirtschaftlicher Definition des Risikobegriffs können Risiko und Erfolgsrisiko synonym verwendet werden. Bei weiterer Definition ist die Variante des Liquiditätsrisikos, welches die Zahlungs(un)fähigkeit betrifft, hiervon abzugrenzen. [AWI]

Erfüllungsrisiko

Gefahr, dass eine Vertragspartei nicht in der Lage ist, ihre vertraglichen (Zahlungs- oder Liefer-)Verpflichtungen zu erfüllen. Entsteht vor allem bei zeitlichem Auseinanderfallen von Verpflichtungs- und Verfügungsgeschäft. Dafür verantwortlich können verschiedene Ursachen sein: z.B. Zahlungsschwierigkeiten, mangelnde Liquidität von unterliegenden Finanzinstrumenten bei Verkäufen von Kassapapieren und bei Derivaten oder Abwicklungsprobleme. In diesen Fällen wäre das Erfolgsrisiko entsprechend als Vorleistungsrisiko, Eindeckungsrisiko oder operationelles Risiko einzuordnen. [AWI]

Ergänzungskapital

Der Begriff des Ergänzungskapitals war im Rahmen der Sechsten KWG-Novelle im Jahr 1997 in das Kreditwesengesetz (KWG) eingefügt worden (§ 10 IIb 1 KWG a.F.). Durch Artikel 1 des CRD IV-Umsetzungsgesetzes vom 28.8.2013 (BGBl. I S. 3395) wurde die Definition des Ergänzungskapitals wieder aus dem KWG gestrichen; sie befindet sich nunmehr in Artikel 71 CRR (Capital Requirements Regulation). Das Ergänzungskapital bildet zusammen mit dem Kernkapital die Eigenmittel eines Instituts im Sinne der CRR (Artikel 72 CRR). Zu den Posten des Ergänzungskapitals zählen insbesondere:

1. Kapitalinstrumente des Ergänzungskapitals und nachrangige Darlehen, sofern die Bedingungen des Artikels 63 CRR (z.B. volle Einzahlung, Nachrangigkeit gegenüber den Ansprüchen aller nicht nachrangigen Gläubiger, Ursprungslaufzeit von mindestens fünf Jahren) erfüllt sind,

2. das mit den Kapitalinstrumenten des Ergänzungskapitals und den nachrangigen Darlehen verbundene Agio,

3. für Institute, die den Standardansatz bei der Bestimmung risikogewichteter Positionsbeträge verwenden: allgemeine Kreditrisikoanpassungen – vor Abzug von Steuereffekten – bis zu 1,25 Prozent der nach dem Standardansatz berechneten risikogewichteten Positionsbeträge. *[GKR]*

Erlaubnis

Um Bankgeschäfte in Deutschland anbieten zu dürfen, bedarf es einer schriftlichen Erlaubnis, welche vor der Aufnahme der Geschäftstätigkeit vorliegen muss. Diese Erlaubnis wird von der Europäischen Zentralbank (EZB) in Abstimmung mit der Bundesanstalt für Finanzdienstleistungsaufsicht (BaFin) als nationale Aufsichtsbehörde in Deutschland erteilt. Die gesetzliche Grundlage für die Zustimmung für das Betreiben von Bankgeschäften ist in den §§ 32, 33 Kreditwesengesetz (KWG) in Verbindung mit Artikel 4 I der SSM-Verordnung normiert. Zur Notwendigkeit der Erteilung einer Erlaubnis genügt das Vorliegen einer Gewinnerzielungsabsicht. Dabei kommt es nicht darauf an, ob ein in kaufmännischer Weise eingerichteter Geschäftsbetrieb tatsächlich vorhanden ist. Es ist allerdings davon auszugehen, dass Bankgeschäfte bereits bei einem relativ geringen Umfang einer kaufmännischen Ordnung bedürfen, da sich die Beziehungen zu einem Kunden in der Regel nicht in einem einmaligen Vorgang erschöpfen. Um eine elastische Handhabung des KWG zu ermöglichen, kann die BaFin gemäß § 2 IV KWG im Einzelfall Unternehmen von wesentlichen Bestimmungen des KWG freistellen (freigestellte Institute). Wegen der Schutzbedürftigkeit der Gläubiger wird beim Einlagengeschäft eine Freistellung nicht erteilt. Die Freistellungen sind im elektronischen Bundesanzeiger bekanntzugeben. Die Vorschriften über bankaufsichtliche Maßnahmen bei Insolvenzgefahr (bankaufsichtliche Maßnahmen bei Gefahr für die Erfüllung der Verpflichtungen gegenüber Gläubigern und bei Zweifeln an wirksamer Aufsicht) sind auf freigestellte Unternehmen nicht anzuwenden, da die BaFin in diesen Fällen die notwendigen Erkenntnisse nicht hat. Die Erteilung der Erlaubnis durch die BaFin kann nach § 32 II KWG mitunter auch durch Auflagen geschehen oder auch auf einzelne Bankgeschäfte beschränkt werden. Sofern Bankgeschäfte ohne eine Banklizenz getätigt werden, liegt eine strafbare Handlung nach § 54 KWG vor. In einem solchen Fall kann die BaFin nach § 37 KWG die sofortige Einstellung des Geschäftsbetriebs sowie die unmittelbare Abwicklung der getätigten Geschäfte gegenüber dem Unternehmen und den Mitgliedern seiner Organe anordnen. *[GRE]*

Erlaubniserteilung für Institute

1. *Charakterisierung*: Das gewerbsmäßige oder in vollkaufmännischem Umfang erfolgende Betreiben von Bankgeschäften im Sinne des KWG und das Erbringen von Finanzdienstleistungen im Sinne des KWG bedürfen der vorherigen schriftlichen Erlaubnis durch die Bundesanstalt für Finanzdienstleistungsaufsicht (BaFin) (§ 32 KWG). Erteilung, Aufhebung und Erlöschen der Erlaubnis werden im elektronischen Bundesanzeiger (BAnz) bekannt gemacht (§ 32 IV, § 38 III KWG). Zum Schutz der Gläubiger vor unzuverlässigen oder ungeeigneten Personen oder finanziell nicht fundierten Unternehmen darf eine Erlaubnis nur erteilt werden, wenn bestimmte personelle und kapitalmäßige Voraussetzungen gegeben sind. Ist keiner der in § 33 KWG genannten, teils zwingenden, teils fakultativen Versagungsgründe gegeben, hat der Antragsteller einen Rechtsanspruch auf Erlaubniserteilung (§ 33 III KWG). Eine (volkswirtschaftlich oder wettbewerbspolitisch motivierte) Bedürfnisprüfung ist nicht vorgesehen; sie wäre sowohl nach dem EG-Bankrecht als auch nach dem Verfassungsrecht (Berufsfreiheit) unzulässig.

2. *Voraussetzungen*:

a) *Kapitalausstattung*: Um den Geschäftsbetrieb in Gang zu setzen und etwaige Anfangsverluste auffangen zu können, müssen die erforderlichen Mittel, insbesondere ein ausreichendes Anfangskapital im Inland zur Verfügung stehen. Sein Umfang richtet sich nach der Art der Bankgeschäfte und Finanzdienstleistungen. Das spätere Unterschreiten der anfangs nötigen Kapitalausstattung bildet einen Grund für die Aufhebung der Betriebserlaubnis (§ 35 II Nr. 3 KWG).

b) *Zuverlässigkeit der Inhaber, Geschäftsleiter und anderer Personen*: Wegen der Vertrauensempfindlichkeit des Kreditgewerbes müssen Inhaber (Antragsteller) und Geschäftsleiter zuverlässig sein (§ 33 I 1 Nr. 2 KWG). Zuverlässigkeit wird ferner gefordert von den Erwerbern beziehungsweise Inhabern einer bedeutenden Beteiligung im Sinne des KWG (§ 33 I 1 Nr. 3 KWG).

c) *Fachliche Eignung* wird von Inhabern sowie von Geschäftsleitern gefordert, die eine solche Funktion auch tatsächlich ausüben; sie muss für das konkrete Institut bestehen (§ 33 I 1 Nr. 4 KWG).

d) *Vier-Augen-Prinzip*.

e) Obligatorisch für eine Erlaubnis sind ferner eine *Hauptverwaltung im Inland* sowie die Bereitschaft und Fähigkeit eines Instituts, die erforderlichen *organisatorischen Vorkehrungen* zum ordnungsgemäßen Betreiben der jeweils beabsichtigten Geschäfte zu schaffen (§ 33 I 1 Nr. 6, 7 KWG); daher muss bei der Antragstellung auch ein tragfähiger Geschäftsplan vorgelegt werden (§ 32 I 2 Nr. 5 KWG).

3. *Versagungsgründe*: Die BaFin darf einen Antrag auf Erlaubniserteilung auch ablehnen, wenn Tatsachen die Annahme rechtfertigen, dass ein Institut mit anderen Personen oder Unternehmen einen Unternehmensverbund bildet oder in einer engen Verbindung im Sinne der CRR zu einem solchen steht und sich aus der Struktur des Beteiligungsgeflechts des Unternehmensverbunds oder aus dessen mangelhafter

wirtschaftlicher Transparenz eine Beeinträchtigung einer wirksamen Aufsicht über das Institut ergibt (§ 33 III 2 Nr. 1 KWG) oder dass das Institut eine Tochtergesellschaft eines Instituts mit Sitz außerhalb des Europäischen Wirtschaftsraums (EWR) ist, das keiner wirksamen Kontrolle unterliegt (§ 33 III 1 Nr. 3). Auch das Fehlen ausreichender Angaben oder Unterlagen beim Erlaubnisantrag ist ein Versagungsgrund, der jedoch vom Antragsteller innerhalb einer Frist von maximal einem Jahr geheilt werden kann (§ 33 IV 2 KWG).

4. *Verfahren*: Ein Antrag auf Erlaubniserteilung muss gemäß § 32 I 2 Nr. 7 KWG neben den bereits genannten Nachweisen auch Angaben zu Tatsachen enthalten, die auf eine enge Verbindung im Sinne der CRR zwischen dem Institut und anderen natürlichen Personen oder anderen Unternehmen hinweisen. Sofern an dem Institut bedeutende Beteiligungen gehalten werden, müssen auch hierzu nähere Angaben gemacht werden (§ 32 I 2 Nr. 6 KWG), die bei Kreditinstituten umfangreicher als bei Finanzdienstleistungsinstituten (§ 32 I 4 KWG) sind. Einzelheiten zu den Angaben und Unterlagen ergeben sich nach § 32 I 3 KWG aus der Anzeigenverordnung (AnzV) (§ 24 IV KWG).

Vor Erteilung der Erlaubnis zum Betreiben des Einlagengeschäfts hat die BaFin die für das Institut in Betracht kommende Sicherungseinrichtung zu hören (§ 32 III KWG); mit Erteilung der Erlaubnis muss dem Institut gegebenenfalls die zuständige Entschädigungseinrichtung mitgeteilt werden (§ 32 IIIa KWG).

5. *Teilkonzession und Vollkonzession*: Die BaFin kann die Erlaubnis unter Auflagen erteilen oder sie auf einzelne Bankgeschäfte oder Finanzdienstleistungen beschränken (§ 32 II KWG). Eine solche Teilkonzession kommt z.B. bei Bürgschaftsbanken und bei Ratenkreditbanken in Betracht. Eine Vollkonzession berechtigt hingegen zum Betreiben sämtlicher Bankgeschäfte nach § 1 I 2 KWG beziehungsweise Finanzdienstleistungen nach § 1 Ia 2 KWG.

6. *Aufhebung der Erlaubnis*: siehe das Stichwort „Bankaufsichtliche Maßnahmen".

7. *Verbotene Bankgeschäfte*: Bestimmte Bankgeschäfte sind nach § 3 KWG generell verboten und daher nicht genehmigungsfähig. Ein schuldhafter Verstoß gegen § 3 KWG sowie ein Betreiben von (anderen) Bankgeschäften beziehungsweise das Erbringen von Finanzdienstleistungen ohne Erlaubnis nach § 32 I KWG sind strafbar (§ 54 I KWG); die BaFin kann gegen solche „ungesetzlichen" Geschäfte unmittelbar einschreiten (§ 37 I KWG). *[GKR]*

Erlaubniserteilung für Institute mit Sitz außerhalb des Bundesgebiets

Zweigstellen von Kreditinstituten im Sinne der CRR oder Wertpapierhandelsunternehmen mit Sitz in anderen Staaten des Europäischen Wirtschaftsraums (EWR) benötigen keine neue Erlaubnis durch die Bundesanstalt für Finanzdienstleistungsaufsicht (BaFin), wenn sie im Bundesgebiet Bankgeschäfte im Sinne des KWG betreiben oder Finanzdienstleistungen im Sinne des KWG erbringen (§ 53b I KWG). Jedoch muss die BaFin nach § 33b KWG die zuständigen Behörden des Herkunftsstaats (§ 1 IV KWG) anhören, bevor es die nach wie vor notwendige Erlaubnis erteilt, wenn ein Unternehmen errichtet werden soll, das Tochterunternehmen oder Schwesterunternehmen (§ 1 VII KWG) eines Instituts im Sinne der CRR, Wertpapierhandelsunternehmens, Börsenbetreibers oder eines Erstversicherungsunternehmens ist und dessen Mutterunternehmen in einem anderen EWR-Staat zugelassen ist, sofern die Erlaubnis für das Betreiben der Bankgeschäfte Einlagengeschäft, Kreditgeschäft, Finanzkommissionsgeschäft oder Emissionsgeschäft oder für das Erbringen der Finanzdienstleistungen Anlagevermittlung, Anlageberatung, Betrieb eines multilateralen Handelssystems, Platzierungsgeschäft, Betrieb eines organisierten Handelssystems, Abschlussvermittlung, Finanzportfolioverwaltung oder Eigenhandel beantragt wird.

Dasselbe gilt, wenn das die Erlaubnis beantragende Unternehmen durch dieselben natürlichen Personen oder Unternehmen kontrolliert wird, die auch ein Institut im Sinne der CRR, ein Wertpapierhandelsunternehmen, einen Börsenbetreiber oder ein Erstversicherungsunternehmen mit Sitz in einem anderen EWR-Staat kontrollieren. Eine solche Kontrolle besteht nach Artikel 4 I Nr. 37 CRR, wenn das Unternehmen im Verhältnis zu einem anderen Unternehmen als Tochterunternehmen gilt oder wenn zwischen einer natürlichen oder juristischen Person und einem Unternehmen ein vergleichbares Verhältnis besteht. Im Hinblick auf Unternehmen mit Sitz außerhalb der Europäischen Union (EU) und deren Tochterunternehmen muss die BaFin die Entscheidung über den Antrag auf Erlaubnis bis zu drei Monaten aussetzen oder beschränken, wenn der Rat oder die Kommission der EU einen entsprechenden Beschluss nach Artikel 147 CRD IV gefasst hat (§ 33a KWG). Dadurch soll die Position der EU-Kommission bei Verhandlungen mit dritten Ländern über gleiche Wettbewerbsbedingungen auf deren Märkten für Institute mit Sitz innerhalb eines EU-Mitgliedstaats verbessert werden. [GKR]

Erstversicherungsunternehmen

Erstversicherungsunternehmen sind gemäß § 7 Nr. 33 VAG Unternehmen, die den Betrieb von Versicherungsgeschäften zum Gegenstand haben und nicht Träger der Sozialversicherung sind, mit Ausnahme der Rückversicherungsunternehmen sowie der in § 3 I VAG genannten Unternehmen und Einrichtungen. Zu Letzteren gehören unter anderem Personenvereinigungen, die ihren Mitgliedern, ohne dass diese einen Rechtsanspruch haben, Unterstützungen gewähren, insbesondere die Unterstützungseinrichtungen und Unterstützungsvereine der Berufsverbände, die aufgrund der Handwerksordnung von Innungen errichteten Unterstützungskassen, die Körperschaften und Anstalten des öffentlichen Rechts, bei denen Versicherungsverhältnisse unmittelbar kraft

Gesetzes entstehen oder infolge eines gesetzlichen Zwangs eingegangen werden müssen, sowie die öffentlich-rechtlichen Krankenversorgungseinrichtungen des Bundeseisenbahnvermögens und die Postbeamtenkrankenkasse. *[GWA]*

Erwarteter Verlust

Expected Loss; Erwartungswert des zukünftigen Verlusts aus Kreditausfällen.

Relevanz besitzt der erwartete Verlust im Zuge der Ermittlung der Eigenmittelanforderung für das Kreditrisiko. Gemäß „Verordnung (EU) Nr. 575/2013 des Europäischen Parlaments und des Rates vom 26. Juni 2013 über Aufsichtsanforderungen an Kreditinstitute und Wertpapierfirmen" (Kapitaladäquanzverordnung, Capital Requirements Regulation [CRR]) und zur „Änderung der Verordnung (EU) Nr. 646/2012 Text von Bedeutung für den EWR" ist der erwartete Verlust das Verhältnis der Höhe des Verlusts, der bei einem etwaigen Ausfall der Gegenpartei oder bei Verwässerung über einen Einjahreszeitraum zu erwarten ist, zum Betrag der ausstehenden Risikoposition zum Zeitpunkt des Ausfalls.

Der erwartete Verlust ist das Produkt aus Ausfallwahrscheinlichkeit (Probability of Default), dem Positionswert im Ausfallzeitpunkt (Exposure at Default) sowie der Verlustquote bei Ausfall (Loss Given Default):

$EL = PD \cdot EaD \cdot LGD$

Für den erwarteten Verlust ist kein aufsichtsrechtliches Eigenkapital vorzuhalten, da dieser durch die Bank mittels Risikoprämie im Zins und Wertberichtigungen berücksichtigt sein sollte. *[JSC]*

Euro-Kreditinstitut

Euro-Kreditinstitut ist die – in den letzten Jahren nur noch selten verwendete – Bezeichnung für ein Kreditinstitut, das über den sogenannten „Europäischen Pass" verfügt, das also sowohl das Einlagengeschäft als auch das Kreditgeschäft betreibt, in einem Mitgliedstaat der Europäischen Union (EU) zugelassen ist und bestimmte Bankgeschäfte sowohl über eine Zweigstelle als auch im Wege der Erbringung von Dienstleistungen in den übrigen EU-Mitgliedstaaten ohne erneute Zulassung in diesen Staaten erbringen darf. Ein solches Kreditinstitut wurde seit der Sechsten KWG-Novelle im Gesetz über das Kreditwesen (KWG) als Einlagenkreditinstitut bezeichnet (§ 1 IIId 1 KWG a.F.), seit dem CRD IV-Umsetzungsgesetz wird stattdessen der Begriff „CRR-Kreditinstitut" im KWG verwendet (§ 1 IIId 1 KWG). *[GKR]*

Europäische Aufsichtsbehörde für Wertpapiere und Märkte (ESMA)

Die Europäische Aufsichtsbehörde für Wertpapiere und Märkte (European Securities and Markets Authority, ESMA) wurde zum 1. Januar 2011 als eine der drei unabhängigen Europäischen Aufsichtsbehörden gegründet und hat ihren Sitz in Paris. Zu den Zwecksetzungen der Europäischen Wertpapier- und Marktaufsichtsbehörde zählt die Finanzstabilität, welche sie durch eine Stärkung des Finanzsystems sowie die Förderung des Wirtschaftswachstums zu erreichen sucht. Des Weiteren soll sie durch die Förderung von Integrität, Transparenz und Effizienz, die Förderung der Funktionsfähigkeit der Finanzmärkte sowie einer stabilen und funtionierenden Marktinfrastruktur für geregelte Märkte sorgen. Dabei richtet sie den Blick aber stets auf den Anlegerschutz, indem sie sicherstellt, dass die Verbraucherbedürfnisse stärker berücksichtigt und die Verbraucherrechte gestärkt werden. Gleichzeitig lässt sie die Verantwortlichkeit der Verbraucher selbst aber nicht außer Acht. Die Tätigkeitsfelder der Europäischen Wertpapier- und

Marktaufsichtsbehörde sind weit gefasst. So reichen ihre Tätigkeiten von der unmittelbaren Beaufsichtigung bestimmter Finanzinstitute über die Informationsbereitstellung für Investoren und Anleger bis hin zu unterstützenden Tätigkeiten bei der Erarbeitung neuer Rechtsvorschriften für die EU-Finanzmärkte bei ständigem Austausch mit nationalen Aufsichtsbehörden und der Finanzindustrie. [ARA]

Europäische Aufsichtsbehörden

Zu den Europäischen Aufsichtsbehörden (European Supervisory Authorities, ESA) gehören die Europäische Bankenaufsichtsbehörde (European Banking Authority, EBA) mit Sitz in Paris, die Europäische Aufsichtsbehörde für das Versicherungswesen und die betriebliche Altersvorsorge (European Insurance and Occupational Pensions Authority, EIOPA) mit Sitz in Frankfurt am Main und die Wertpapier- und Marktaufsichtsbehörde (European Securities and Markets Authority, ESMA) mit Sitz in Paris. Diese drei eigenständigen Europäischen Aufsichtsbehörden üben seit dem 1. Januar 2011 – gemeinsam mit den nationalen Aufsichtsbehörden der Mitgliedstaaten – auf europäischer Ebene die mikroprudentielle Aufsicht aus. Dabei bleibt die laufende Überwachung der Institute jedoch weiterhin Aufgabe der nationalen Aufsichtsbehörden. Zu den Aufgaben der drei europäischen Aufsichtsbehörden in der Europäischen Union gehören die Ausarbeitung und Umsetzung eines einheitlichen Regelwerkes sowie konvergenter aufsichtsrechtlicher Praktiken. Außerdem zählen die Beratung der Organe der Europäischen Union bei legislativen Verfahren, die Entwicklung regulatorischer Standards und die Koordination der nationalen Aufsichtsbehörden zu ihren Funktionen. Sie formen mit ihrem Gemeinsamen Ausschuss, den national zuständigen Aufsichtsbehörden und dem Europäischen Ausschuss für Systemrisiken (European Systemic Risk Board, ESRB) das Europäische System der Finanzaufsicht (European System of Financial Supervision, ESFS). [ARA]

Europäische Bankenunion

Der Begriff der Europäischen Bankenunion bezeichnet ein Geflecht aus europäischen Institutionen. Dies sind der Einheitliche Aufsichtsmechanismus (Single Supervisory Mechanism, SSM), der Einheitliche Abwicklungsmechanismus (Single Resolution Mechanism, SRM) sowie eine verbesserte Harmonisierung der nationalen Systeme der Einlagensicherungen respektive das in diesem Zusammenhang für die Zukunft geplante Europäische System der Einlagensicherung (European Deposit Insurance Scheme, EDIS). Die Europäische Bankenunion verfolgt die Verbesserung und die Vereinheitlichung der Bankenaufsicht, eine gesteigerte Finanzstabilität sowie die Entkoppelung der Verschuldung von Finanzsektor und Staaten. Bislang nehmen alle Euro-Länder an der Europäischen Bankenunion teil, aber auch anderen EU-Ländern steht die freiwillige Teilnahme offen. *[ARA]*

Europäischer Bankenstresstest

Bankenstresstests basieren auf hypothetischen Szenarien und dienen als Frühwarnsysteme der Simulation von Auswirkungen veränderter Kapitalmarktparameter auf die Widerstandsfähigkeit von Kreditinstituten. Die Überprüfung der Krisenfestigkeit von Banken wird dabei vornehmlich durch die Annahme des Eintritts extremer Ereignisse oder Entwicklungen vorgenommen. Insbesondere die internationale Finanz- und Wirtschaftskrise war jüngst Anlass zur vermehrten Durchführung von Bankenstresstests. Diese haben die Funktion, die Resistenz des europäischen Bankensystems bei einem konjunkturellen Abschwung oder einer negativen Entwicklung der Finanzmärkte transparenter zu machen, vorhandene Schwachstellen aufzudecken und frühzeitige Reaktionen zur Steigerung der Risikotragfähigkeit von Banken zu veranlassen. Der von der Europäischen Bankenaufsichtsbehörde (European Banking Authority – EBA) koordinierte Stresstest im Jahr 2016 umfasste 51 Banken in der Europäischen Union, darunter 37 bedeutende Institute, die direkt von der Europäischen Zentralbank (EZB) beaufsichtigt werden und rund 70 Prozent der Bankaktiva im Euroraum repräsentieren. Beim Stresstest geht es zwar nicht um das Bestehen oder Durchfallen, doch werden die Ergebnisse auf nicht mechanistische Weise als einer von mehreren Inputfaktoren bei der Festlegung des Säule-2-Kapitals im Rahmen des allgemeinen aufsichtlichen Überprüfungs- und Bewertungsprozesses (Supervisory Review and Evaluation Process – SREP) der EZB berücksichtigt. Daher sollten die Banken auch die Vorgaben der Säule-2-Empfehlungen jederzeit erfüllen. Bei der Nichteinhaltung der Vorgaben werden von der EZB nicht zwangsläufig Maßnahmen ergriffen, sondern die Gründe und Umstände hierfür eingehend geprüft. Im Anschluss legt die EZB gegebenenfalls spezifische aufsichtliche Maßnahmen fest. Darüber hinaus sind die Säule-2-Empfehlungen für die Begrenzung des ausschüttungsfähigen Höchstbetrags (Maximum Distributable Amount – MDA) der Gewinne jedoch nicht von Bedeutung. *[GRE]*

Europäischer Finanzstabilisierungsmechanismus

Der Europäische Finanzstabilisierungsmechanismus (European Financial Stability Mechanism, EFSM) wurde 2010 von den Mitgliedern der Europäischen Union vor dem Hintergrund der internationalen Finanz- und Wirtschaftskrise im Zusammenhang mit dem zeitlich befristeten Euro-Schutzschirm beschlossen. Er diente damit als Finanzierungsquelle für die EU-Kommission und befugte diese zur Aufnahme von bis zu 60 Mrd. Euro am Kapitalmarkt im Namen der Europäischen Union, um diese dann unter hohen Anforderungen an Mitgliedstaaten der EU, die mit außergewöhnlichen Ereignissen konfrontiert waren, auszuleihen. Der Europäische Finanzstabilisierungsmechanismus wurde durch den dauerhaften Europäischen Stabilitätsmechanismus (European Stability Mechanism, ESM) abgelöst und entfiel ersatzlos. *[ARA]*

Europäischer Pass

Das Konzept des Europäischen Passes wurde durch die Zweite Bankrechtskoordinierungs-Richtlinie als wichtige Neuerung in das EG-Bankrecht eingeführt. Mittlerweile ist das Konzept des Europäischen Passes in der Capital Requirements Directive IV (CRD IV) verankert. Gemäß den Artikeln 17 und 33 CRD IV benötigen Kreditinstitute mit Sitz in einem anderen Mitgliedstaat der Europäischen Union (EU), die das Einlagengeschäft und das Kreditgeschäft betreiben, für die beiden genannten und für bestimmte weitere Bankgeschäfte, die sich aus einer Liste im Anhang zur CRD IV ergeben, nur eine einzige Betriebserlaubnis („Single License") durch die zuständigen Aufsichtsbehörden ihres Herkunftsmitgliedstaats im Sinne der CRR. Somit dürfen sie aufgrund der einmaligen Zulassung sowohl durch Errichtung von Zweigstellen in anderen EU-Mitgliedstaaten als auch unmittelbar durch grenzüberschreitenden Dienstleistungsverkehr im gesamten Gebiet der Europäischen Union (EU) tätig werden; hingegen benötigen rechtlich selbstständige Tochterunternehmen nach wie vor in jedem Staat eine gesonderte Erlaubnis. Eine analoge Regelung gilt unter bestimmten Voraussetzungen auch für Finanzinstitute mit Sitz in der EU, die Tochterunternehmen von Kreditinstituten sind (Artikel 34 CRD IV).

In Deutschland ist der Europäische Pass in § 53b KWG geregelt. Diese Bestimmung regelt allerdings nur die eine Seite des Europäischen Passes, nämlich die Rechtsstellung solcher aus anderen EU-Staaten stammenden CRR-Kreditinstituten und Wertpapierhandelsunternehmen in der Bundesrepublik Deutschland als dem Aufnahmemitgliedstaat im Sinne der CRR. Entsprechende Bestimmungen für die Auslandstätigkeit deutscher Institute existieren aber auch in jedem anderen Mitgliedstaat der EU. Mit Errichtung des Europäischen Wirtschaftsraums (EWR) ist eine räumliche Ausdehnung der Wirkung einer Betriebserlaubnis auf dessen Mitgliedsländer erfolgt. Unternehmen aus dritten

Staaten (außerhalb der EU und des EWR) können ebenfalls unter der Voraussetzung der Gegenseitigkeit in den Genuss des Europäischen Passes gelangen; dies kann gemäß § 53c KWG durch Rechtsverordnung des Bundesministeriums der Finanzen bewerkstelligt werden. [GKR]

Europäisches Bankenaufsichtsrecht

Durch EG-Rechtsakte geschaffene EG-weit einheitlich geltende Vorschriften, die in der Regel in Form von Richtlinien für die Bankenaufsicht in der Europäischen Union durch das Europäische Parlament und den Rat der EU auf Vorschlag der Europäischen Kommission erlassen worden sind. Die EG legt hierbei das Prinzip der gegenseitigen Anerkennung nationaler Vorschriften bei gleichzeitiger Mindestharmonisierung zugrunde. Demnach steht es den EU-Mitgliedstaaten bei der Umsetzung der Richtlinien frei, national nicht nur zusätzliche, sondern auch strengere Normen einzuführen. Eine weitere Möglichkeit zur Schaffung EG-weit einheitlich geltender Vorschriften stellen Verordnungen dar, welche ebenfalls zumeist durch das Europäische Parlament und den Rat der EU auf Vorschlag der Europäischen Kommission erlassen werden, jedoch allgemeine Gültigkeit besitzen, in all ihren Teilen verbindlich sind und unmittelbar in jedem Mitgliedstaat gelten. [NKR]

Europäisches System der Einlagensicherung

Das Europäische System der Einlagensicherung (European Deposit Insurance Scheme, EDIS) ist neben dem bereits tätigen Einheitlichen Aufsichtsmechanismus (Single Supervisory Mechanism, SSM) und dem bereits arbeitenden Einheitlichen Abwicklungsmechanismus (Single Resolution Mechanism, SRM) das geplante dritte Element der Europäischen Bankenunion. Die Schaffung des Europäischen Systems der

Einlagensicherung wird auf EU-Ebene diskutiert, sie wurde aufgrund einer fehlenden Einigung über die konkrete Ausgestaltung bisher aber bis auf Weiteres vertagt. An seiner Stelle wurde bisweilen jedoch eine verbesserte Harmonisierung der national eingerichteten Einlagensicherungssysteme vorangetrieben. In Deutschland setzte in diesem Zusammenhang das am 3.7.2015 in Kraft getretene Einlagensicherungsgesetz die im April 2014 erlassene novellierte europäische Einlagensicherungsrichtlinie um. Erklärtes Ziel eines Europäischen Systems der Einlagensicherung ist es, die Einlagensicherungssysteme aller Länder im Euroraum zusammenzuführen und die Ersparnisse der Einleger im Falle einer Bankinsolvenz europaweit abzusichern. Wesentliche Kritik an diesem Vorhaben regt sich insbesondere in der deutschen Kreditwirtschaft, wo man die Gefahr der Vergemeinschaftung von Risiken sieht, für deren Begrenzung sich nicht alle Mitglieder des zu schaffenden gemeinsamen Sicherungssystems gleichermaßen einsetzen. Zum Ende des Jahres 2017 hat die Europäische Kommission in einer Mitteilung zur Vollendung der Europäischen Bankenunion einen Kompromissvorschlag zum ursprünglichen Legislativvorschlag aus dem Jahr 2015 veröffentlicht. Man wolle das Europäische System der Einlagensicherung in einer ersten Phase so ausgestalten, dass im Rahmen eines Rückversicherungssystems lediglich Liquiditätshilfen nationaler Einlagensicherungssysteme in Form von Krediten bei gleichzeitigem Verzicht auf eine Verlustteilnahme an ein in Schwierigkeiten befindliches Einlagensicherungssystem eines anderen Mitgliedstaates geleistet werden. In einer abschließenden zweiten Phase soll dann erst der Übergang zu einem Mitversicherungssystem unter Zuhilfenahme eines gemeinsamen europäischen Sicherungsfonds erfolgen. Hierbei würde das Europäische System der Einlagensicherung Verluste übernehmen, für die es – im Gegensatz zur ersten Rückversicherungsphase – keine Mittel von den nationalen Einlagensicherungssystemen zurückfordern würde. Der Start dieser zweiten Phase soll erst nach einer Überprüfung der Bankbilanzen durch die Europäische Kommission und nach einer Risikoreduktion erfolgen. *[RBL, ARA]*

Europäisches System für die Finanzaufsicht

Das Europäische System für die Finanzaufsicht (European System of Financial Supervision, ESFS) verfolgt die Zielsetzung, sowohl die mikroprudentielle als auch die makroprudentielle Aufsicht über das Finanzsystem sicherzustellen. Zum Europäischen System für die Finanzaufsicht zählen die Europäische Bankenaufsichtsbehörde (European Banking Authority, EBA), die Europäische Aufsichtsbehörde für Wertpapiere und Märkte (European Securities and Markets Authority, ESMA), die Europäische Aufsichtsbehörde für das Versicherungswesen und die betriebliche Altersversorgung (European Insurance and Occupational Pensions Authority, EIOPA), der Europäische Ausschuss für Systemrisiken (European Systemic Risk Board, ESRB), der Gemeinsame Ausschuss der Europäischen Aufsichtsbehörden sowie die zuständigen Aufsichtsbehörden der Mitgliedstaaten. [ARA]

European Banking Authority (EBA)

Anfang 2011 als Teil des Europäischen Systems für die Finanzaufsicht (ESFS) als Nachfolger des Committee on European Banking Supervisors (CEBS) durch Verordnung Nr. 1093/2010 errichtete Stelle, die zwar keine zentrale supranationale beziehungsweise europäische Bankenaufsichtsbehörde darstellt, der aber über die Aufgabe als Forum der Kooperation nationaler Aufsichtsbehörden hinaus auch diverse Entscheidungs- und Empfehlungsbefugnisse übertragen sind, die sich auf den gesamten Bereich des bisher vor allem durch Richtlinien näher geregelten und harmonisierten EU-Bankrechts beziehen. Neben der Europäischen Zentralbank (EZB) ist die EBA auch eine wichtige Einrichtung im Rahmen der Europäischen Bankenunion. [LGR]

European Banking Committee (EBC)

Europäischer Bankenausschuss; zumeist aus Vertretern der Finanzministerien der Mitgliedstaaten zusammengesetzt. Im Zuge seiner

Beratungsfunktion unterstützt er die Europäische Kommission beim Erlass von Durchführungsrechtsakten, die im Mitentscheidungsverfahren vom Europäischen Rat und vom Europäischen Parlament erlassen werden. Darüber hinaus übernimmt der EBC Regulierungsfunktionen im Rahmen des Komitologieverfahrens. [NKR]

Evidenzzentrale

1. *Begriff*: Der Begriff der Evidenzzentrale bezeichnet die der Deutschen Bundesbank durch § 14 KWG übertragene Aufgabe der Erfassung (Sammeln, Bearbeiten, Auswerten) bestimmter Kreditanzeigen nach KWG und der Rückmeldung von Millionenkrediten an die anzeigenden Unternehmen.

2. *Beteiligte Unternehmen*: Inhaltlich handelt es sich um ein Verfahren der gegenseitigen Unterrichtung der am Millionenkreditmeldeverfahren beteiligten Unternehmen (Kreditinstitute im Sinne des KWG, Wertpapierfirmen im Sinne der CRR, die auf eigene Rechnung handeln, Finanzdienstleistungsinstitute im Sinne des KWG, die Eigenhandel, Factoring im Sinne des KWG oder Finanzierungsleasing betreiben, Finanzinstitute im Sinne von Artikel 4 I Nr. 26 CRR, die das Factoring betreiben, sowie die Kreditanstalt für Wiederaufbau [KfW], die Sozialversicherungsträger, die Bundesagentur für Arbeit, Versicherungsunternehmen und Unternehmensbeteiligungsgesellschaften); aber auch die Deutsche Bundesbank und die Bundesanstalt für Finanzdienstleistungsaufsicht (BaFin) werden über die Mehrfachverschuldung eines Kreditnehmers informiert. Insofern besteht eine Verbindung zu § 18 KWG (Offenlegung der wirtschaftlichen Verhältnisse).

3. *Verfahren*: Die am Millionenkreditmeldeverfahren beteiligten Unternehmen müssen der Deutschen Bundesbank alle drei Monate diejenigen Kreditnehmer melden, deren Kreditvolumen im Sinne von § 19 I KWG (Verschuldung) (Kreditbegriff des KWG) zu irgendeinem Zeitpunkt der Referenzperiode (das sind die dem Meldetermin

vorangehenden drei Kalendermonate) mindestens eine Mio. Euro betragen hat, wobei die Meldeverpflichtung bei Gemeinschaftskrediten von mindestens einer Mio. Euro auch dann besteht, wenn das von dem einzelnen Unternehmen ausgereichte Kreditvolumen eine Mio. Euro nicht erreicht. Auch die Höhe der Kreditinanspruchnahme am Meldestichtag ist anzugeben. Innerhalb einer Instituts- oder Finanzholding-Gruppe im Sinne des KWG trifft die Anzeigepflicht das übergeordnete Unternehmen für die Gruppe insgesamt, soweit nicht gruppenangehörige Unternehmen selbst meldepflichtig sind. Stellt die Evidenzzentrale fest, dass ein Kreditnehmer von mehreren am Millionenkreditmeldeverfahren beteiligten Unternehmen Millionenkredite erhalten hat, unterrichtet sie alle an der Kreditgewährung beteiligten, anzeigenden Unternehmen (§ 14 II 1 KWG). Im Hinblick auf das Bankgeheimnis umfasst die Benachrichtigung gemäß § 14 II 2 KWG nur Angaben zur Gesamtverschuldung des Kreditnehmers beziehungsweise der Kreditnehmereinheit, der dieser Kreditnehmer angehört, zur Zahl der beteiligten Unternehmen sowie Informationen über die prognostizierte Ausfallwahrscheinlichkeit im Sinne der Capital Requirements Regulation (CRR) für diesen Kreditnehmer, soweit ein Unternehmen selbst eine solche gemeldet hat. Dabei ist die Benachrichtigung weiter aufzugliedern (§ 14 II 3 KWG in Verbindung mit § 19 GroMiKV). Gemäß § 14 II 4, 5 KWG kommt auf Antrag auch eine Vorabinformation über den Schuldenstand eines Kreditnehmers oder potenziellen Kreditnehmers in Betracht, sofern dieser in die Mitteilung eingewilligt hat.

4. *Informationsweiterleitung ins Ausland*: § 14 IV KWG ermächtigt die Deutsche Bundesbank, im Einvernehmen mit der BaFin, die bei ihr gespeicherten Daten über Kreditnehmer nach Maßgabe von § 4b BDSG ausländischen Evidenzzentralen zur Verfügung zu stellen; diese dürfen die erhaltenen Informationen ihrerseits an dort ansässige Kreditgeber weiterleiten. *[GKR]*

External Credit Assessment Institution

Eine External Credit Assessment Institution (ECAI beziehungsweise anerkannte Ratingagentur) ist gemäß Artikel 4 I Nr. 98 CRR eine zugelassene oder zertifizierte Ratingagentur im Sinne der „Verordnung über Ratingagenturen" ((EG) Nr. 1060/2009) oder eine Zentralbank, die Bonitätsbeurteilungen abgibt, die von der Anwendung der genannten Verordnung ausgenommen sind. Insbesondere im Zusammenhang mit der Bestimmung des bonitätsabhängigen Risikogewichts eines Risikopositionswerts im Kreditrisikostandardansatz ist es zwingend vorgegeben, dass eine externe Bonitätsbeurteilung nur dann genutzt werden darf, wenn sie von einer bankenaufsichtsrechtlich anerkannten Ratingagentur stammt. Die Intention der Schaffung dieses Sonderstatus gemäß der Verordnung über Ratingagenturen war die Sicherstellung von Ratingaktivitäten im Einklang mit den Grundsätzen der Integrität, Transparenz, Rechenschaftspflicht und guten Unternehmensführung, um die Unabhängigkeit, Objektivität und Qualität der in den EU-Mitgliedstaaten verwendeten Ratings zu garantieren. Die Europäische Aufsichtsbehörde für Wertpapiere und Märkte (European Securities and Markets Authority, ESMA) veröffentlicht regelmäßig eine Liste der aktuell anerkannten Ratingagenturen. *[RBL]*

Externe Ereignisrisiken

Katastrophenrisiken; die externen Ereignisrisiken umfassen sowohl natürliche als auch künstliche Katastrophenrisiken. Die Gefahr von Umwelteinflüssen, wie beispielsweise Brände, Blitzeinschläge, Erdbeben, Stürme, Sturzfluten oder Überschwemmungen, wird dabei als natürliches Katastrophenrisiko bezeichnet. Derartige Naturkatastrophen geschehen ohne die bewusste Einwirkung von Dritten. Das künstliche Katastrophenrisiko zeigt sich dagegen insbesondere bei einem Banküberfall, einer Geiselnahme, einer Brandstiftung oder einem Terroranschlag. Künstliche

Katastrophenrisiken werden im Gegensatz zu natürlichen Katastrophenrisiken von Dritten bewusst herbeigeführt; sie werden daher auch als Delikte von Drittparteien beziehungsweise Drittparteirisiken bezeichnet. *[GWA]*

F

© Springer Fachmedien Wiesbaden GmbH, ein Teil von Springer Nature 2020
L. Gramlich et al. (Hrsg.), *550 Keywords Bankenaufsichtsrecht*,
https://doi.org/10.1007/978-3-658-28295-0_6

Fachliche Eignung der Inhaber und Geschäftsleiter

Eine Voraussetzung für die Erlaubniserteilung für Institute ist die fachliche Eignung der Inhaber (= Antragsteller) und der Geschäftsleiter, die eine solche Funktion auch tatsächlich ausüben; sie muss für das konkrete Institut bestehen (§ 33 I 1 Nr. 4 KWG). Bedingung für die fachliche Eignung der Geschäftsleiter ist, dass sie in ausreichendem Maße über theoretische und praktische Kenntnisse in den betreffenden Geschäften verfügen und Leitungserfahrung haben. Fachliche Eignung der Geschäftsleiter ist gemäß § 25c I 3 KWG regelmäßig anzunehmen, wenn eine 3-jährige leitende Tätigkeit bei einem Institut von vergleichbarer Größe und Geschäftsart nachgewiesen wird. Darüber hinaus können aber auch Tätigkeiten unmittelbar unter der Ebene der eigentlichen Geschäftsleiter mit annähernd gleichen Verantwortlichkeiten (etwa unterstellte Geschäftsbereiche und Entscheidungsbefugnisse insbesondere im Kreditgeschäft) zum Nachweis der fachlichen Eignung der Inhaber und Geschäftsleiter geeignet sein. *[GKR]*

Festzinsrisiko

Negative Wirkungen auf die Brutto-Zinsspanne sind bei Marktzinsänderungen insoweit ausgeschlossen, wie geschlossene Festzinspositionen vorliegen, das heißt, den zinstragenden Positionen mit Festzinsvereinbarungen stehen Aktiv- und Passivpositionen in gleicher Höhe gegenüber, wobei sich auch die durchschnittliche Bindungsdauer der Aktiv- und Passivpositionen gemäß der Duration entsprechen müssen. Im Ergebnis kann das Festzinsrisiko daher nur aus ungleichgewichtigen Positionsblöcken auf der Aktiv- und Passivseite resultieren, das heißt, festverzinslichen Aktiva (Passiva) stehen in Teilen auch variabel verzinsliche Passiva (Aktiva) gegenüber. Steigende Marktzinsen sind ein Risiko, wenn festverzinslichen Aktiva in Teilen auch variabel verzinsliche

Passiva gegenüberstehen. Umgekehrt bedeuten sinkende Zinsen ein Risiko, wenn festverzinslichen Passiva in Teilen auch variabel verzinsliche Aktiva gegenüberstehen. *[AWI]*

Financial Action Task Force (FATF)

Die FATF ist ein bei der OECD 1989 eingerichtetes internationales Gremium, dem derzeit weltweit 35 Mitgliedsländer und zwei internationale Organisationen (die Europäische Kommission und der Golf-Kooperationsrat) angehören. Aufgabe der FATF ist es, auf nationaler und internationaler Ebene Maßnahmen zur Bekämpfung von Geldwäsche zu entwickeln beziehungsweise zu fördern. 1990 beschloss die FATF ein Programm mit 40 Empfehlungen als Mindeststandards zur Geldwäschebekämpfung, die 1996 überarbeitet und 2001 um acht Sonderempfehlungen zur Bekämpfung von Terrorismusfinanzierung ergänzt wurden. 2003 erfolgte eine weitere Überarbeitung der Empfehlungen, 2004 die Ergänzung einer neunten Sonderempfehlung. Im Februar 2012 wurde eine überarbeitete Fassung der Empfehlungen verabschiedet, in der eine weitere Verstärkung der Anforderungen, insbesondere in Bezug auf die Finanzierung der Verbreitung von Massenvernichtungswaffen, erfolgte und in der die neun Sonderempfehlungen zur Bekämpfung von Terrorismusfinanzierung in die 40 Empfehlungen integriert wurden. Die Empfehlungen sind zwar nicht rechtlich, aber politisch verbindlich. Die FATF veröffentlicht dreimal jährlich eine Stellungnahme, in der Länder aufgeführt werden, die Defizite bei der Geldwäsche- und Terrorismusbekämpfung aufweisen und für die daher eine verstärkte Risikoüberwachung beziehungsweise Gegenmaßnahmen der FATF-Mitglieder notwendig sind; ebenfalls dreimal im Jahr veröffentlicht die FATF, welche Fortschritte die Länder erzielt haben, die auch Defizite bei der Bekämpfung von Geldwäsche und Terrorismusfinanzierung aufweisen, die aber bereits Verbesserungen über einen gemeinsam mit der FATF entwickelten Aktionsplan anstreben. *[GKR]*

Financial Risks

Engl. Oberbegriff für Kreditrisiken, Marktpreisrisiken und Liquiditätsrisiken. *[GWA]*

Financial Stability Institute (FSI)

Institut für Finanzstabilität; das Financial Stability Institute (FSI) ist eine von der Bank für Internationalen Zahlungsausgleich (BIZ) und dem Baseler Ausschuss für Bankenaufsicht im Jahr 1998 geschaffene Einrichtung, die Aufsichtsbehörden dabei unterstützen soll, ihre Finanzsysteme zu verbessern. Eine zentrale Zielsetzung des FSI besteht darin, solide aufsichtsrechtliche Standards und Praktiken weltweit zu fördern und die vollständige Umsetzung dieser Standards in allen Ländern zu unterstützen. *[GKR]*

Finanzdienstleistung im Sinne des KWG

Zu den Finanzdienstleistungen im Sinne des KWG zählen:

a) die Anlagevermittlung (§ 1 Ia 2 Nr. 1 KWG);

b) die Anlageberatung (§ 1 Ia 2 Nr. 1a KWG);

c) der Betrieb eines multilateralen Handelssystems (§ 1 Ia 2 Nr. 1b KWG);

d) das Platzierungsgeschäft (§ 1 Ia 2 Nr. 1c KWG);

e) der Betrieb eines organisierten Handelssystems (§ 1 Ia 2 Nr. 1d KWG);

f) die Abschlussvermittlung (§ 1 Ia 2 Nr. 2 KWG);

g) die Finanzportfolioverwaltung (§ 1 Ia 2 Nr. 3 KWG);

h) der Eigenhandel (§ 1 Ia 2 Nr. 4 KWG);

i) die Drittstaateneinlagenvermittlung (§ 1 Ia 2 Nr. 5 KWG);

j) das Sortengeschäft (§ 1 Ia 2 Nr. 7 KWG);

k) das Factoring (§ 1 Ia 2 Nr. 9 KWG);

l) das Finanzierungsleasing (§ 1 Ia 2 Nr. 10 KWG);

m) die Anlageverwaltung (§ 1 Ia 2 Nr. 11 KWG) sowie

n) das eingeschränkte Verwahrgeschäft (§ 1 Ia 2 Nr. 12 KWG).

Sollen im Inland Finanzdienstleistungen im Sinne des KWG gewerbsmäßig oder in einem Umfang, der einen in kaufmännischer Weise eingerichteten Geschäftsbetrieb erfordert, erbracht werden, so ist hierfür die schriftliche Erlaubnis der Bundesanstalt für Finanzdienstleistungsaufsicht (BaFin) erforderlich (§ 32 I 1 KWG). *[GKR]*

Finanzdienstleistungsinstitut im Sinne des KWG

Ein Finanzdienstleistungsinstitut im Sinne des KWG ist ein Unternehmen, das Finanzdienstleistungen im Sinne des KWG für andere gewerbsmäßig oder in einem Umfang erbringt, der einen in kaufmännischer Weise eingerichteten Geschäftsbetrieb erfordert, und das kein Kreditinstitut im Sinne des KWG ist (§ 1 Ia 1 KWG). Ebenso wie Kreditinstitute im Sinne des KWG unterliegen Finanzdienstleistungsinstitute im Sinne des KWG der Aufsicht durch die Bundesanstalt für Finanzdienstleistungsaufsicht (BaFin). Im KWG werden die Finanzdienstleistungsinstitute im Sinne des KWG zusammen mit den Kreditinstituten im Sinne des KWG unter dem Oberbegriff der Institute im Sinne des KWG zusammengefasst.

Ein Finanzdienstleistungsinstitut kann zwar kein Kreditinstitut (§ 1 Ia 1 KWG) und auch keine Wertpapierhandelsbank (§ 1 IIId 4 KWG) sein, wohl aber ein Wertpapierhandelsunternehmen (§ 1 IIId 3 KWG). *[GKR]*

Finanzholding-Gesellschaft

Der Begriff „Finanzholding-Gesellschaft" ist in Artikel 2 Nr. 15 der Richtlinie 2002/87/EG vom 15.2.2002 definiert. Demnach ist eine Finanzholding-Gesellschaft ein Mutterunternehmen (Artikel 2 Nr. 9 Richtlinie 2002/87/EG), das nicht der Aufsicht unterliegt und das zusammen mit seinen Tochterunternehmen (Artikel 2 Nr. 10 Richtlinie 2002/87/EG) und anderen Unternehmen ein Finanzkonglomerat (Artikel 2 Nr. 14 Richtlinie 2002/87/EG) bildet, wobei es sich bei mindestens einem dieser Tochterunternehmen um ein beaufsichtigtes Unternehmen (Artikel 2 Nr. 4 Richtlinie 2002/87/EG) mit Sitz in der Europäischen Gemeinschaft (EG) handeln muss. Das Kreditwesengesetz (KWG) enthält an verschiedenen Stellen spezifische Bestimmungen für Finanzholding-Gesellschaften, z.B. in Bezug auf deren Leitungsorgane (§ 2c KWG), Anzeigepflichten (24 IIIa KWG) und geldwächerechtliche Pflichten (§ 25l KWG) sowie bezüglich der Maßnahmen, die die Bundesanstalt für Finanzdienstleistungsaufsicht (BaFin) ergreifen kann (§ 45a KWG). [GKR]

Finanzholding-Gruppe im Sinne des KWG

Der Begriff der Finanzholding-Gruppe im Sinne des KWG wurde durch die Zweite Konsolidierungs-Richtlinie geprägt, mit der Fünften KWG-Novelle umgesetzt und 1997 modifiziert; er ist insbesondere im Zusammenhang mit den Bestimmungen über Großkredite und die Eigenmittelausstattung von Instituten von Bedeutung. Eine Finanzholding-Gruppe besteht gemäß § 10a I KWG aus einem übergeordneten Unternehmen sowie einem oder mehreren nachgeordneten Unternehmen. Als übergeordnete Unternehmen gelten dabei CRR-Institute, die nach Artikel 11 CRR die Konsolidierung vorzunehmen haben sowie weitere Institute, die zwar keine CRR-Institute sind, für die aber die Bestimmungen der CRR gemäß § 1a KWG dennoch Gültigkeit haben und die ebenfalls nach Artikel 11 CRR die Konsolidierung vorzunehmen haben. Auf Antrag des übergeordneten Unternehmens kann die Bundesanstalt für Finanzdienstleistungsaufsicht (BaFin) ein anderes gruppenangehöriges Institut als übergeordnetes Unternehmen bestimmen, wobei zuvor das gruppenangehörige Institut zu hören ist (§ 10a I 5 KWG). Nachgeordnete Unternehmen sind Unternehmen, die gemäß Artikel 18 CRR zu konsolidieren sind oder freiwillig in die Konslidierung einbezogen werden (§ 10a I 3 KWG).

Ein übergeordnetes Unternehmen hat zur Ermittlung der Angemessenheit der Eigenmittel auf konsolidierter Ebene sowie zur Begrenzung der Großkreditrisiken jeweils die Eigenmittel sowie die maßgeblichen Risikopositionen der Finanzholding-Gruppe zusammenzufassen (§ 10a IV 1 KWG). Das in einer Finanzholding-Gruppe im Sinne des KWG als übergeordnet geltende Unternehmen ist für die angemessene Eigenmittelausstattung der Gruppe verantwortlich (§ 10a IIX KWG). Jedoch darf es zur Erfüllung dieser Verpflichtung nur so weit auf die gruppenangehörigen Unternehmen einwirken, wie dies dem allgemein geltenden Gesellschaftsrecht nicht entgegensteht. *[GKR]*

Finanzielle Gegenpartei

Finanzielle Gegenparteien (engl. Financial Counterparty) sind nach Artikel 2 Nr. 8 der Verordnung (EU) Nr. 648/2012 des Europäischen Parlaments und des Rates vom 4.7.2012 (European Markets Infrastructure Regulation, EMIR) nach EU-Recht zugelassene Wertpapierfirmen, zugelassene Kreditinstitute, zugelassene Versicherungsunternehmen oder Rückversicherungsunternehmen, zugelassene OGAW und deren zugelassene Verwaltungsgesellschaften, Einrichtungen zur betrieblichen Altersversorgung und alternative Investmentfonds, die von zugelassenen oder eingetragenen Verwaltern alternativer Investmentfonds verwaltet werden. *[RBL]*

Finanzinstitut im Sinne der CRR

Als „Finanzinstitut im Sinne der CRR" wird ein Unternehmen bezeichnet, das kein Institut im Sinne der CRR ist, sondern dessen Haupttätigkeit darin besteht, bestimmte andere finanzielle Dienstleistungen zu erbringen (Artikel 4 Nr. 26 CRR), wie beispielsweise Erwerb von Beteiligungen, Factoring mit und ohne Rückgriff, Handelsfinanzierung (einschließlich Forfaitierung), Finanzierungsleasing, Geldmaklergeschäfte, Portfolioverwaltung und -beratung, Wertpapieraufbewahrung und -verwaltung, Ausgabe von E-Geld. *[GKR]*

Finanzinstrumente

Das Kreditwesengesetz definiert den Begriff der Finanzinstrumente im Sinne der §§ 1 I–III und XVII sowie 2 I–VI KWG. Diese umfassen gemäß § 1 XI 1 KWG insbesondere Aktien, Vermögensanlagen im Sinne von § 1 II VermAnlG, Schuldtitel, die ihrer Art nach auf den Kapitalmärkten handelbar sind (z.B. Genussscheine, Inhaberschuldverschreibungen, Orderschuldverschreibungen), Anteile an Investmentvermögen im Sinne von § 1 I KAGB, Geldmarktinstrumente, Devisen und Rechnungseinheiten, Derivate sowie Emissionszertifikate. Finanzinstrumente können Gegenstand von Bankgeschäften im Sinne des KWG sein (Finanzkommissionsgeschäft, Emissionsgeschäft), aber auch von Finanzdienstleistungen im Sinne des KWG (Anlagevermittlung, Anlageberatung, Betrieb eines multilateralen Handelssystems, Platzierungsgeschäft, Betrieb eines organisierten Handelssystems, Abschlussvermittlung, Finanzportfolioverwaltung, Eigenhandel im Sinne des KWG, Anlageverwaltung, Eigengeschäft); sie sind dann für Wertpapierhandelsunternehmen beziehungsweise für Wertpapierhandelsbanken typisch. Auch Haupttätigkeiten von Finanzunternehmen im Sinne des KWG können sich auf Finanzinstrumente beziehen, nämlich der Handel mit ihnen für eigene Rechnung (im Sinne von § 1 III 1 Nr. 5 KWG) sowie die Beratung anderer bei der Anlage in Finanzinstrumenten (im Sinne von § 1 III 1 Nr. 6 KWG). *[GKR]*

Finanzkommissionsgeschäft

Beim Finanzkommissionsgeschäft handelt es sich um ein Bankgeschäft im Sinne des KWG in Form der Anschaffung und der Veräußerung von Finanzinstrumenten im eigenen Namen für fremde Rechnung (§ 1 I 2 Nr. 4 KWG). Wird das Finanzkommissionsgeschäft gewerbsmäßig oder in einem Umfang erbracht, der einen in kaufmännischer Weise eingerichteten Geschäftsbetrieb erfordert, ist hierfür – unabhängig von der Rechtsform des Unternehmens – die schriftliche Erlaubnis durch die Bundesanstalt für Finanzdienstleistungsaufsicht (BaFin) erforderlich (§ 32 I in Verbindung mit § 1 I 2 Nr. 4 KWG; Erlaubniserteilung für Institute). *[GKR]*

Finanzkrise

Eine Finanzkrise liegt insbesondere bei Störungen des Finanzsystems vor, die erhebliche negative Rückwirkungen auf die Gesamtwirtschaft haben können. *[GWA]*

Finanzmarktwächter

Der Marktwächter Finanzen – auch Finanzmarktwächter genannt – ist ein Gemeinschaftsprojekt der Verbraucherzentrale Bundesverband e.V. (vzbv) und der 16 Verbraucherzentralen der Länder. Dabei übernimmt der vzbv – als Dachverband der Verbraucherzentralen und Interessenvertreter von Verbraucherinnen und Verbrauchern – die zentrale Koordination und die Qualitätssicherung dieses Projekts. Die Aufgabe des Finanzmarktwächters ist die Beobachtung des Finanzmarkts aus Verbraucherperspektive. Erkenntnisse über die tatsächliche Lage am Finanzmarkt erhält der Finanzmarktwächter über die Verbraucherberatung in den Verbraucherzentralen. Diese bilden die wesentliche Grundlage seiner Erkenntnisse und zeigen auf, welche Probleme Verbraucherinnen und Verbraucher aktuell am Markt beschäftigen. Daneben helfen ihm auch Verbraucherbeschwerden, empirische Untersuchungen und ein interaktives Onlineportal dabei, die Entwicklungen am Finanzmarkt im Blick zu behalten. Die aus der Beobachtung des Finanzmarkts gewonnenen Erkenntnisse werden systematisch analysiert und ausgewertet. Je nach Ergebnis leitet der Finanzmarktwächter die Erkenntnisse an Verbraucherinnen und Verbraucher, die Politik oder Aufsichtsbehörden wie beispielsweise die Bundesanstalt für Finanzdienstleistungsaufsicht (BaFin) weiter. Vertiefende Analysen werden insbesondere in den Bereichen „Geldanlage/Altersvorsorge", „Immobilienfinanzierung", „Versicherungen", „Grauer Kapitalmarkt" sowie „Bankdienstleistungen und Konsumentenkredite" durchgeführt. Fehlentwicklungen und Missstände am Finanzmarkt sollen so frühzeitig entdeckt, behoben und der Verbraucherschutz gestärkt werden. [GWA]

Finanzportfolioverwaltung

Portfolioverwaltung; die Finanzportfolioverwaltung ist eine für ein Finanzdienstleistungsinstitut im Sinne des KWG typische Finanzdienstleistung im Sinne des KWG, welche die Verwaltung einzelner in Finanzinstrumenten angelegter Vermögen für andere Personen umfasst, bei der dem Institut ein Entscheidungsspielraum eingeräumt ist (§ 1 Ia 2 Nr. 3 KWG). Wird diese Finanzdienstleistung gewerbsmäßig oder in einem Umfang erbracht, der einen in kaufmännischer Weise eingerichteten Geschäftsbetrieb erfordert, ist hierfür – unabhängig von der Rechtsform des Unternehmens – die schriftliche Erlaubnis durch die Bundesanstalt für Finanzdienstleistungsaufsicht (BaFin) erforderlich (§ 32 I in Verbindung mit § 1 Ia 2 Nr. 3 KWG; Erlaubniserteilung für Institute). Voraussetzung für die Erteilung der Erlaubnis zur Erbringung der Finanzportfolioverwaltung ist unter anderem ein Anfangskapital im Gegenwert von mindestens 50.000 Euro (§ 33 I 1 Nr. 1 Buchstabe a KWG), wenn der Finanzportfolioverwalter nicht befugt ist, sich bei der Erbringung von Finanzdienstleistungen Eigentum oder Besitz an Geldern oder Wertpapieren von Kunden zu verschaffen, und er nicht (auch) auf eigene Rechnung mit Finanzinstrumenten handelt; bei Vorliegen eines solchen Handels mit Finanzinstrumenten auf eigene Rechnung beträgt das erforderliche Anfangskapital mindestens 730.000 Euro (§ 33 I 1 Nr. 1 Buchstabe c KWG).

Soweit bestimmte Finanzinstrumente, nämlich Wertpapiere im Sinne von § 1 XI 2 KWG, für andere Personen verwahrt und verwaltet werden, handelt es sich hingegen um das sogenannte Depotgeschäft (§ 1 I 2 Nr. 5 KWG), welches Kreditinstituten im Sinne des KWG vorbehalten ist. *[GKR]*

Finanzstabilitätsrat

Der Finanzstabilitätsrat (Financial Stability Board, FSB) ist ein internationales Gremium mit vielfältigen Aufgaben, die die weltweite Finanzstabilität betreffen. So überwacht er das internationale Finanzsystem hinsichtlich potenzieller Schwachstellen, insbesondere systemischer Risiken, um möglichen Handlungsbedarf festzustellen und Vorschläge zu ihrer Beseitigung zu unterbreiten. Hierbei ist es die Aufgabe des Finanzstabilitätsrates, die Regulierungs- und Aufsichtspolitik auf internationaler Ebene zu koordinieren und die Kooperation und den Informationsaustausch zwischen den verschiedenen Behörden und Institutionen zu fördern. So zählten zu seinen bisherigen Tätigkeitsschwerpunkten beispielsweise die Reform des Over-the-Counter-Derivate-Marktes, die Regulierung des Schattenbankensystems und die Erarbeitung von Grundlagen für die grenzüberschreitende Abwicklung respektive Restrukturierung großer Institute. Der Finanzstabilitätsrat ist Nachfolger des bis April 2009 agierenden Forums für Finanzstabilität (Financial Stability Forum, FSF), jedoch mit erweitertem Mandat und ausgedehntem Mitgliederkreis. Dem Finanzstabilitätsrat gehören Vertreter von Zentralbanken, Finanzministerien und Aufsichtsbehörden der G20-Staaten sowie von Hongkong, den Niederlanden, Spanien, Singapur und der Schweiz, Vertreter der internationalen Standardsetzer, darunter der Baseler Ausschuss für Bankenaufsicht (Basel Committee on Banking Supervision, BCBS), die Internationale Vereinigung der

Versicherungsaufsichtsbehörden (International Association of Insurance Supervisors, IAIS) und die Internationale Organisation der Wertpapieraufsichtsbehörden (International Organization of Securities Commissions, IOSCO), und Vertreter bedeutender Finanzinstitutionen, darunter der Internationale Währungsfonds (IWF, International Monetary Fund, IMF), die Weltbank (The World Bank) und die Bank für Internationalen Zahlungsausgleich (BIZ, Bank for International Settlements, BIS), sowie Repräsentaten der Europäischen Kommission und der Europäischen Zentralbank an. Dabei wird Deutschland durch das Bundesministerium der Finanzen, die Deutsche Bundesbank sowie die Bundesanstalt für Finanzdienstleistungsaufsicht (BaFin) verteten. Darüber hinaus tauscht sich der Finanzstabilitätsrat auch mit vielen weiteren Ländern aus, was ihn zum Zentrum internationaler Diskussionen über die globale Finanzstabilität macht. [ARA]

Finanztechnologie-Unternehmen (FinTech)

1. *Begriff*: Bei einem FinTech handelt es sich um einen Sammelbegriff mit dem Fokus auf „Technologien" und „Finanzdienstleistungen". Daher beschreibt der Ausdruck FinTech Unternehmen, die sich auf Basis des Internets und der vielseitigen Kommunikationsmöglichkeiten durch den Einsatz mobiler Endgeräte neuartige Technologien und Systeme zunutze machen und diese weiterentwickeln, um Dienstleistungen und moderne Geschäftsmodelle im finanziellen Bereich sowie in finanzähnlichen Segmenten zu offerieren.

2. *Merkmale*: FinTechs stammen mehrheitlich aus dem Nichtbanken-Sektor (Non-Banks) oder stellen bankähnliche Dienstleister (Near-Banks) dar, die vorherrschend nicht über eine Erlaubnis verfügen. Stattdessen weisen die Unternehmen einen hohen Grad an IT-basierten Kenntnissen auf und setzen diese zu Gunsten ihrer Kunden ein. Darüber hinaus sind für FinTechs ein hoher Innovationsgrad sowie eine ausgeprägte Kundenorientierung in Form von Benutzerfreundlichkeit, Automatisierung sowie eines hohen Bedienkomforts kennzeichnend. Aufgrund der angestrebten

Kundenorientierung wird häufig nicht das volle Sortiment an Finanzdienstleistungen angeboten, sondern es findet eine Fokussierung auf ein bestimmtes Geschäftsfeld mit ausgewählten Finanzangeboten (sogenanntes Cherry Picking) statt. [GRE]

Finanztransaktionssteuer

Die Finanztransaktionssteuer stellt eine Abgabe auf börsliche und außerbörsliche Finanztransaktionen dar und gilt somit als Kapitalverkehrssteuer. Die theoretischen Überlegungen gehen auf die amerikanischen Ökonomen John Maynard Keynes und James Tobin zurück, die damit den Rückgang kurzfristiger Spekulation zugunsten einer längerfristigen, nachhaltigen Gewinnorientierung verbanden. Ziel der Finanztransaktionssteuer ist es, spekulative Geschäfte weniger attraktiv und somit die Finanzmärkte stabiler zu machen sowie gleichzeitig zusätzliche Steuereinnahmen zu generieren. Insbesondere die internationale Finanz- und Wirtschaftskrise war Anlass für langjährige und intensive Diskussionen um die Einführung einer einheitlichen Transaktionssteuer. Allerdings sprechen sich unter anderem die Vereinigten Staaten von Amerika sowie Großbritannien gegen eine international einheitliche Steuer aus, da sie etwa Abwanderungen an andere Finanzplätze aufgrund von Arbitragemöglichkeiten befürchten. Mangels einer globalen oder gesamteuropäischen Lösung wird derzeit die Einführung einer Finanztransaktionssteuer in mehreren europäischen Ländern, darunter Deutschland, beratschlagt. Die Ausarbeitung der Details für ein einheitliches Konzept ist aufgrund befürchteter Nachteile im Wettbewerb mit anderen Finanzstandorten allerdings sehr komplex. Einzelne europäische Länder wie Frankreich haben – dem vorgreifend – bereits eigene Gesetze mit ähnlichen Steuern erlassen. [ARA]

Finanztransfergeschäft

Zahlungsdienst im Sinne des ZAG, bei dem ohne Einrichtung eines Zahlungskontos auf den Namen des Zahlers oder des Zahlungsempfängers ein Geldbetrag des Zahlers nur zur Übermittlung eines entsprechenden Betrags an einen Zahlungsempfänger oder an einen anderen im Namen des Zahlungsempfängers handelnden Zahlungsdienstleister entgegengenommen oder bei dem der Geldbetrag im Namen des Zahlungsempfängers entgegengenommen und diesem verfügbar gemacht wird (§ 1 I 2 Nr. 6 ZAG). Wesentlich für das Finanztransfergeschäft ist, dass die Übermittlung von Geldbeträgen ohne kontenmäßige Beziehung zwischen Zahlungsdienstleister und Zahlungsdienstenutzer stattfindet. Ein Finanztransferdienstleister kann auf der Seite des Zahlers, des Zahlungsempfängers sowie auf beiden Seiten tätig sein. Neben der Übermittlung des Geldbetrags können weitere Zwecke verfolgt werden, so dass auch Zusatzdienstleistungen mit dem Finanztransfergeschäft verbunden sein können. Unternehmen, die das Finanztransfergeschäft gewerbsmäßig oder in einem Umfang betreiben, der einen in kaufmännischer Weise eingerichteten Geschäftsbetrieb erfordert, ohne dass sie bereits nach § 1 I Nr. 2-5 ZAG als Zahlungsdienstleister im Sinne des ZAG gelten, sind Zahlungsinstitute im Sinne des ZAG und benötigen für ihre Tätigkeit die schriftliche Erlaubnis der Bundesanstalt für Finanzdienstleistungsaufsicht (BaFin) (§ 10 I ZAG). Diese Erlaubnis muss vor der Aufnahme der Geschäftstätigkeit vorliegen. E-Geld-Institute (§ 1 I 1 Nr. 2 ZAG) oder CRR-Kreditinstitute (§ 1 IIId 1 KWG) können das Finanztransfergeschäft aufgrund ihrer Erlaubnis nach § 11 I ZAG beziehungsweise § 32 I KWG erbringen. Finanztransfergeschäfte im Sinne des ZAG werden beispielsweise von money remittance agencies (wie Western Union oder MoneyGram), Vermittlungsportalen im Internet, die Geldbeträge von Kunden zur Weiterleitung entgegennehmen, Treuhändern, die lediglich Geldbeträge entgegennehmen und weiterleiten, Supermärkten, Tankstellen, Kiosken etc. als Agenten (§ 1 IX ZAG) oder Auslagerungsunternehmen (§ 25b KWG) im Rahmen von bestimmten Geschäftsmodellen (z.B. Barzahlen.de) erbracht, nicht dagegen von Steuerberatern, die als Nebendienstleistung im Zusammenhang mit Lohnabrechnungen Zahlungen erbringen, von Inkassounternehmen, die Forderungen im Rahmen einer ausgelagerten Debitorenbuchhaltung oder im Sinne einer

Inkasso-Beitreibung einziehen, oder bei Entgegennahme sogenannter Nachnahmezahlungen durch Paketboten im Versandverkauf. Nicht erfasst sind ferner der reine Bargeld-Transport sowie das Zahlscheingeschäft, bei dem ein Zahlungsdienstleister Bargeld eines Nichtkunden mit der Weisung entgegennimmt, den Geldbetrag auf ein Konto des Zahlungsempfänger bei einem anderen Zahlungsdienstleister zu überweisen. [DGN]

Finanzunternehmen im Sinne des KWG

1. *Charakterisierung*: Der Begriff der Finanzunternehmen im Sinne des KWG ist eine durch die Sechste KWG-Novelle in § 1 III 1 KWG eingefügte Bezeichnung für Unternehmen, die keine Institute im Sinne des KWG und keine Kapitalverwaltungsgesellschaften oder extern verwaltete Investmentgesellschaften im Sinne des Kapitalanlagegesetzbuchs sind und die zumindest eine von mehreren banknahen Tätigkeiten als Haupttätigkeit wahrnehmen.

2. *Haupttätigkeiten*:

a) Beteiligungen zu erwerben und zu halten,

b) Geldforderungen entgeltlich zu erwerben,

c) Leasing-Objektgesellschaft im Sinne des § 2 VI 1 Nr. 17 KWG zu sein,

d) mit Finanzinstrumenten (§ 1 XI KWG) für eigene Rechnung zu handeln,

e) andere bei der Anlage in Finanzinstrumenten zu beraten,

f) Unternehmen über die Kapitalstruktur, die industrielle Strategie und die damit verbundenen Fragen zu beraten sowie bei Zusammenschlüssen und Übernahmen von Unternehmen diese zu beraten und ihnen Dienstleistungen anzubieten sowie

g) Darlehen zwischen Kreditinstituten im Sinne des KWG zu vermitteln (Geldmaklergeschäfte).

3. *Weitere Tätigkeiten*: Bei einer Änderung der im Anhang der Capital Requirements Directive IV (CRD IV) (Richtlinie 2013/36/EU) enthaltenen Liste mit Haupttätigkeiten kann das Bundesministerium der Finanzen nach Anhörung der Deutschen Bundesbank durch Rechtsverordnung weitere Unternehmen als Finanzunternehmen im Sinne des KWG bezeichnen (§ 1 III 2 KWG). Wenn und soweit ein Finanzunternehmen im Sinne des KWG als Folge oder im Zusammenhang mit seiner Haupttätigkeit zugleich Bankgeschäfte im Sinne des KWG betreibt beziehungsweise Finanzdienstleistungen im Sinne des KWG erbringt, benötigt es hierfür eine Erlaubnis durch die Bundesanstalt für Finanzdienstleistungsaufsicht (BaFin).

4. *Aufsicht*: Finanzunternehmen im Sinne des KWG unterliegen keiner Erlaubnispflicht nach dem Kreditwesengesetz oder anderen gewerberechtlichen Gesetzen. Unternehmen mit Sitz in einem anderen Staat des Europäischen Wirtschaftsraums (EWR) können sich über eine Zweigniederlassung oder im Wege grenzüberschreitender Dienstleistungen im Inland als Finanzunternehmen im Sinne des KWG ohne Erlaubnis der BaFin betätigen (§ 53b VII KWG), wenn sie die Bedingungen des § 53b VII 1 Nr. 1–7 KWG erfüllen; hierzu zählt, dass sie mindestens 90-prozentige Tochterunternehmen im Sinne der Bankenaufsicht eines oder mehrerer Einlagenkreditinstitute sind, und dass die Mutterunternehmen im Sinne der Bankenaufsicht ihrerseits als ein solches Kreditinstitut zugelassen sind und im Hinblick auf die Tochterunternehmen eine Beaufsichtigung auf konsolidierter Basis besteht. *[GKR]*

FOLTF

Engl. Abkürzung für *Failing or Likely to Fail*; ausfallend oder wahrscheinlich ausfallend. *[GWA]*

Forderungsausfallrisiko

Adressenausfallrisiko, das darin besteht, dass vertraglich vereinbarte Zins- und Tilgungszahlungen, die ein Kreditnehmer als Gegenleistung für erhaltene schuldrechtliche monetäre Leistungen (verbriefte und unverbriefte Kreditgewährung) zu erbringen hat, teilweise oder vollständig ausfallen. Als Vorstufe des definitiven Ausfalls von Forderungen ist auch das Terminrisiko im Sinne der Gefahr negativer Erfolgswirkungen wegen verspäteten Zuflusses von Zins- und Tilgungszahlungen relevant.

Die Gefahr der hierdurch bedingten negativen Abweichung zwischen tatsächlichem und erwartetem Erfolg umfasst

(1) das Kreditausfallrisiko bei Buchkrediten (Kreditrisiko),

(2) das Ausfallrisiko verbriefter Forderungen, insbesondere in Form von Schuldverschreibungen, und

(3) das Risiko der Nichterfüllung vertragsgemäßer Leistungen aus derivativen Transaktionen wie z.B. Swaps oder Optionen (Counterparty Risk).

Bei börsennotierten Schuldverschreibungen zeigt sich ein derartiges Ausfallrisiko als Kurswertrisiko, soweit dieses im Sinne des sogenannten unsystematischen Risikos mit Bonitätsverschlechterung zu begründen ist. [AWI]

Fremdwährungsrisikopositionen

Die Fremdwährungsrisikopositionen eines Instituts umfassen die Ansprüche oder Verpflichtungen einschließlich Beteiligungen in fremder Währung und in Gold sowie die Kassenbestände in fremder Währung und die Bestände in Gold. [GWA]

Garantiegeschäft

Das Garantiegeschäft ist ein Bankgeschäft im Sinne des KWG, das die „Übernahme von Bürgschaften, Garantien und sonstigen Gewährleistungen für andere" beinhaltet (§ 1 I 2 Nr. 8 KWG). Hierunter fallen der Avalkredit, die Akkreditiveröffnung und Akkreditivbestätigung, eine wechsel- oder scheckrechtliche Indossamentsverbindlichkeit, die Schuldmitübernahme, der Kreditauftrag, die Scheckeinlösungszusage und jede Verpflichtung zum Einstehen für einen bestimmten Erfolg. Die Gewährleistungen müssen „für andere" übernommen werden, das heißt, es wird auf das Vorhandensein einer fremden Schuld abgestellt. Dies trifft nicht für die Händlerhaftung im Teilzahlungsfinanzierungsgeschäft zu. Hier ist die Gewährleistung wirtschaftlich ein Teil des Verkaufsgeschäfts und dient diesem unmittelbar. Auch Versicherungsunternehmen gewähren Garantien, gelten jedoch nicht als Kreditinstitute (§ 2 I Nr. 4 KWG).

Das Garantiegeschäft von Versicherungsunternehmen unterliegt nicht der Bankenaufsicht, weil es sich um ein „ihnen eigentümliches Geschäft" handelt (§ 2 III KWG, Kreditversicherung).

Soweit keine rechtliche Verpflichtung zur Leistung besteht, wird kein Garantiegeschäft betrieben (so z.B. die freiwilligen Einrichtungen der Einlagensicherung der Kreditwirtschaft).

Wird das Garantiegeschäft gewerbsmäßig oder in einem Umfang erbracht, der einen in kaufmännischer Weise eingerichteten Geschäftsbetrieb erfordert, ist hierfür – unabhängig von der Rechtsform des Unternehmens – die schriftliche Erlaubnis durch die Bundesanstalt für Finanzdienstleistungsaufsicht (BaFin) erforderlich (§ 32 I in Verbindung mit § 1 I 2 Nr. 8 KWG; Erlaubniserteilung für Institute). *[GKR]*

Gefährdungsanalyse

Zunächst in § 25a I 3 Nr. 6 KWG, heute in § 25c KWG vorgesehener Teil des Risikomanagements, das Institute im Sinne des KWG im Hinblick auf die Vorschriften über Geldwäsche, Terrorismusfinanzierung und „sonstige strafbare Handlungen" einrichten müssen; dabei ist eine Integration dieser drei Bereiche samt vergleichbaren Präventionsmaßnahmen erforderlich. Die Gefährdungsanalyse erfasst neben kunden-, produkt- und transaktionsbezogenen Risiken (know your business-Prinzip, know your customer-Prinzip) weitere Risiken, wie Länder- und Vertriebsweg- sowie „sonstige" Risiken, wozu insbesondere Mitarbeiterrisiken gehören (know your employee-Prinzip). Zu bewerten sind Schadenseintrittswahrscheinlichkeit und potenzielle Schadenshöhe, wenn sich ein Risiko verwirklicht. Eine Gefährdungsanalyse muss vor allem zweifelhafte oder ungewöhnliche Geschäftsbeziehungen oder Transaktionen erfassen; insofern müssen zur Risikoerkennung in der Regel angemessene IT-Systeme betrieben und aktualisiert werden (§ 25c II KWG). Im Ergebnis einer Gefährdungsanalyse gelten gegebenenfalls Anzeige- und Dokumentationspflichten nach § 25c III KWG. Die Gefährdungsanalyse obliegt, sofern sie nicht wirksam an Dritte ausgelagert wurde, der zentralen Stelle nach § 25c IX KWG. Die Gefährdungsanalyse unterliegt jährlich der Kontrolle durch Wirtschaftsprüfer und findet so Eingang in den Jahresabschlussprüfungsbericht eines Instituts. *[AKR]*

Gegenparteirisiko

Kontrahentenrisiko; spezielles Adressenausfallrisiko, das darin besteht, dass ein Handelspartner seinen Verpflichtungen (z.B. Lieferverpflichtung, Überweisung des Verkaufsbetrages) nicht oder nur teilweise oder nicht rechtzeitig nachkommt. Kann generell über die Zwischenschaltung eines zentralen Kontrahenten (Börse) oder z.B. bei Financial Swaps durch Interest Netting verringert werden. Das Gegenparteirisiko (engl. Counterparty Risk) ist ein unsystematisches Risiko, das durch Diversifikation verkleinert werden kann. *[AWI]*

Geldinstitut

Andere Bezeichnung für ein Kreditinstitut (z.B. in § 70 AWV) beziehungsweise für eine Geschäftsbank. *[GKR]*

Geldkartengeschäft

Das Geldkartengeschäft wurde im Rahmen des Gesetzes zur Umsetzung von EG-Richtlinien zur Harmonisierung bank- und wertpapieraufsichtsrechtlicher Vorschriften vom 22.10.1997 (BGBl. I S. 2518) als Bankgeschäft im Sinne des KWG in das Kreditwesengesetz aufgenommen. In § 1 I 2 Nr. 11 KWG a.f. wurde das Geldkartengeschäft als „die Ausgabe vorausbezahlter Karten zu Zahlungszwecken, es sei denn, der Kartenemittent ist auch der Leistungserbringer, der die Zahlung aus der Karte erhält", bezeichnet. Durch das Vierte Finanzmarktförderungsgesetz vom 21.6.2002 (BGBl. I S. 2010) wurden das Geldkartengeschäft und das Netzgeldgeschäft zum (damals neuen) Bankgeschäftstatbestand des E-Geld-Geschäfts (§ 1 I 2 Nr. 11 KWG n.F.) als die Ausgabe und Verwaltung von elektronischem Geld zusammengefasst. Durch das Gesetz zur Umsetzung der Zweiten E-Geld-Richtlinie vom 1.3.2011 (BGBl. I S. 288) wurde das E-Geld-Geschäft aus dem KWG gestrichen und in § 1a ZAG aufgenommen. Mit der Neufassung des Zahlungsdiensteaufsichtsgesetzes (ZAG) durch das Gesetz zur Umsetzung der Zweiten Zahlungsdiensterichtlinie vom 17.7.2017 (BGBl. I S. 2446) wurde die Definition des Begriffs „E-Geld-Geschäft" in § 1 II 1 ZAG verlagert. *[GKR]*

Geldmaklergeschäft

Vermittlung von Darlehen zwischen Kreditinstituten (Tätigkeit von Finanzunternehmen im Sinne des § 1 III 1 Nr. 8 KWG). *[GWA]*

Geldwäschebeauftragter

Beim Geldwäschebeauftragten handelt es sich um eine der Geschäftsleitung eines Instituts im Sinne des KWG, eines Zahlungsinstituts oder eines E-Geld-Instituts im Sinne des ZAG unmittelbar nachgeordnete Person auf Führungsebene (§ 7 I 1 und 3 GwG). Er ist für die Einhaltung der geldwäscherechtlichen Vorschriften zuständig (§ 7 I 2 GwG). Zu seinen Aufgaben zählt jedoch nicht nur die Bekämpfung der Geldwäsche, sondern auch die Verhinderung der Terrorismusfinanzierung und sonstiger strafbarer Handlungen, die zu einer Gefährdung des Vermögens des Instituts führen können (§ 25h I 1 in Verbindung mit VII 1 KWG). Der Geldwäschebeauftragte muss seine Tätigkeit im Inland ausüben und ist Ansprechpartner für die Strafverfolgungsbehörden, für die für die Aufklärung, Verhütung und Beseitigung von Gefahren zuständigen Behörden, für die Zentralstelle für Finanztransaktionsuntersuchungen und für die Aufsichtsbehörde in Bezug auf die Einhaltung der einschlägigen Vorschriften (§ 7 V 1 und 2 GwG). Dem Geldwäschebeauftragten sind ausreichende Befugnisse und die für eine ordnungsgemäße Durchführung seiner Funktion notwendigen Mittel einzuräumen (§ 7 V 3 GwG). Vor allem ist ihm ein ungehinderter Zugang zu sämtlichen Informationen, Daten, Aufzeichnungen und Systemen zu gewähren oder zu verschaffen, die im Rahmen der Erfüllung seiner Aufgaben von Bedeutung sein können (§ 7 V 4 GwG). Der Geldwäschebeauftragte hat der Geschäftsleitung eines Instituts unmittelbar zu berichten (§ 7 V 5 GwG). *[GWA]*

Geldwäschegesetz

1. *Begriff*: Mit dem Gesetz über das Aufspüren von Gewinnen aus schweren Straftaten (Geldwäschegesetz – GwG) vom 25.10.1993 (BGBl. I S. 1770) sollte die Überführung von Gewinnen aus Straftaten in den legalen Geldkreislauf und die Finanzierung des internationalen Terrorismus verhindert werden. Diese ursprüngliche Fassung des GwG wurde mit der Umsetzung des Gesetzes zur Ergänzung der Bekämpfung der Geldwäsche und der Terrorismusfinanzierung

(Geldwäschebekämpfungsergänzungsgesetz – GwBekErgG) vom 13.8.2008 (BGBl. I S. 1690) neu gefasst. Eine Konkretisierung und Vervollständigung der Sorgfaltspflichten und internen Sicherungsmaßnahmen insbesondere für den Nichtfinanzsektor erfolgte durch die Umsetzung des Gesetzes zur Optimierung der Geldwäscheprävention vom 22.12.2011 (BGBl. I S. 2959), durch das die im FATF-Deutschlandbericht vom 19.2.2010 festgestellten Defizite im deutschen Rechtssystem bei der Bekämpfung von Geldwäsche und Terrorismusfinanzierung beseitigt werden sollten. Eine erneute Neufassung des GwG erfolgte durch das Gesetz zur Umsetzung der Vierten EU-Geldwäscherichtlinie, zur Ausführung der EU-Geldtransferverordnung und zur Neuorganisation der Zentralstelle für Finanztransaktionsuntersuchungen vom 23.6.2017 (BGBl. I S. 1822).

2. *Verpflichtete*: Die Verpflichteten des GwG sind in § 2 I GwG aufgeführt; hierzu zählen insbesondere Kreditinstitute im Sinne des KWG, Finanzdienstleistungsinstitute im Sinne des KWG, im Inland gelegene Zweigstellen und Zweigniederlassungen ausländischer Kredit- und Finanzdienstleistungsinstitute sowie ausländischer Finanzunternehmen, Zahlungsinstitute im Sinne des ZAG, E-Geld-Institute im Sinne des ZAG, Agenten im Sinne des ZAG und E-Geld-Agenten im Sinne des ZAG, bestimmte Finanzunternehmen im Sinne des KWG, bestimmte Versicherungsunternehmen und Versicherungsvermittler, Kapitalverwaltungsgesellschaften im Sinne des KAGB, Rechtsanwälte, Wirtschaftsprüfer, Steuerberater, Immobilienmakler, Spielbanken und Personen, die gewerblich mit Gütern handeln.

3. *Sorgfaltspflichten*: Die Verpflichteten im Sinne des § 2 I GwG haben die in § 10 I GwG genannten allgemeinen Sorgfaltspflichten zu erfüllen. Hierzu zählen die Identifizierung des Vertragspartners, die Einholung von Informationen über Zweck und Art der Geschäftsbeziehung, die Abklärung des wirtschaftlich Berechtigten, die Feststellung, ob es sich bei dem Vertragspartner beziehungsweise dem wirtschaftlich Berechtigten um eine politisch exponierte Person handelt, und die kontinuierliche

Überwachung der Geschäftsbeziehung. Die allgemeinen Sorgfaltspflichten sind gemäß § 10 III GwG insbesondere in den folgenden Fällen zu erfüllen:

a) bei der Begründung einer Geschäftsbeziehung,

b) im Falle der Durchführung eines Geldtransfers von mindestens 1.000 Euro oder einer sonstigen Transaktion im Wert von mindestens 15.000 Euro außerhalb einer bestehenden Geschäftsbeziehung,

c) wenn Tatsachen vorliegen, die darauf hinweisen, dass es sich bei Vermögensgegenständen in Verbindung mit einer Transaktion oder Geschäftsbeziehung um den Gegenstand von Geldwäsche handelt oder Vermögensgegenstände mit der Terrorismusfinanzierung in Zusammenhang stehen, und

d) im Falle von Zweifeln an der Richtigkeit der erhobenen Angaben zur Identität des Vertragspartners.

Vereinfachte Sorgfaltspflichten, die eine angemessene Reduzierung des Umfangs der zur Erfüllung der allgemeinen Sorgfaltspflichten zu treffenden Maßnahmen sowie Erleichterungen bei der Überprüfung der Identität des Vertragspartners umfassen, können gemäß § 14 I GwG angewendet werden, soweit ein Verpflichteter unter Berücksichtigung bestimmter Risikofaktoren feststellt, dass in bestimmten Bereichen (z.B. bezüglich Kunden, Transaktionen, Dienstleistungen, Produkten) lediglich ein geringes Risiko von Geldwäsche oder Terrorismusfinanzierung vorliegt.

Bestehen dagegen erhöhte Risiken bezüglich Geldwäsche oder Terrorismusfinanzierung, so müssen verstärkte Sorgfaltspflichten (z.B. verstärkte kontinuierliche Überwachung der Geschäftsbeziehung; Ergreifen angemessener Maßnahmen zur Bestimmung der Vermögenswerte) erfüllt werden (§ 15 I, II GwG). Erhöhte Risiken liegen insbesondere dann vor, wenn es sich beim Vertragspartner oder dem wirtschaftlich Berechtigten um eine politisch exponierte Person im Sinne des § 1 XII

GwG (z.B. hochrangige Politiker) handelt oder wenn die Transaktion im Vergleich zu vergleichbaren Transaktionen ungewöhnlich abläuft oder besonders komplex beziehungsweise groß ist (§ 15 III GwG).

4. *Identifizierungspflicht*: Identifizieren ist nach § 1 III GwG die Feststellung der Identität durch Erhebung von Angaben sowie die Überprüfung der Identität. Zur Feststellung der Identität des Vertragspartners hat der Verpflichtete bei einer natürlichen Person Vorname und Nachname, Geburtsort, Geburtsdatum, Staatsangehörigkeit und Anschrift, bei einer juristischen Person oder einer Personengesellschaft Firma, Name oder Bezeichnung, Rechtsform, Registernummer, Anschrift des Sitzes oder der Hauptniederlassung sowie die Namen der Mitglieder des Vertretungsorgans oder der gesetzlichen Vertreter zu erheben (§ 11 IV GwG). Die Überprüfung der Identität des Vertragspartners hat anhand geeigneter Dokumente (z.B. amtlicher Lichtbildausweis bei natürlichen Personen; Auszug aus dem Handels- oder Genossenschaftsregister oder aus einem vergleichbaren amtlichen Register oder Verzeichnis bei juristischen Personen) zu erfolgen.

5. *Aufzeichnungs- und Aufbewahrungspflicht*: Nach § 8 I GwG sind unter anderem die im Rahmen der Erfüllung der Sorgfaltspflichten erhobenen Angaben und eingeholten Informationen aufzuzeichnen und aufzubewahren. Erfolgt die Identifizierung eines Vertragspartners anhand eines amtlichen Lichtbildausweises oder anhand von Registerauszügen, so ist der Verpflichtete berechtigt und verpflichtet, vollständige Kopien dieser Dokumente und Unterlagen anzufertigen oder sie vollständig optisch digitalisiert zu erfassen (§ 8 II 2 GwG). Wird nach § 8 II 4 GwG von einer erneuten Identifizierung abgesehen, sind der Name des zu Identifizierenden sowie der Umstand, dass er bereits bei früherer Gelegenheit identifiziert worden ist, aufzuzeichnen. Die Aufzeichnungen können auch digital auf einem Datenträger gespeichert werden, wobei jedoch sichergestellt werden muss, dass die gespeicherten Daten jederzeit innerhalb einer angemessenen Frist lesbar gemacht werden können (§ 8 III GwG). Die Aufzeichnungen und Belege sind mindestens fünf Jahre

aufzubewahren und anschließend unverzüglich zu vernichten (§ 8 IV GwG).

6. *Interne Sicherungsmaßnahmen*: Verpflichtete im Sinne des § 2 I GwG müssen die in § 6 II GwG genannten internen Sicherungsmaßnahmen treffen. Hierzu gehört für Kreditinstitute, Finanzdienstleistungsinstitute, Zahlungsinstitute, E-Geld-Institute, Versicherungsunternehmen, Kapitalverwaltungsgesellschaften und Spielbanken die Bestellung eines Geldwäschebeauftragten auf Führungsebene nebst Stellvertreter. Der Geldwäschebeauftragte, der der Geschäftsleitung unmittelbar nachgeordnet sein muss, ist für die Einhaltung der geldwäscherechtlichen Vorschriften zuständig (§ 7 I GwG). Unter bestimmten Voraussetzungen kann die zuständige Aufsichtsbehörde im Sinne von § 50 GwG einen Verpflichteten von der Pflicht zur Bestellung eines Geldwäschebeauftragten befreien (§ 7 II GwG).

Weitere interne Sicherungsmaßnahmen umfassen nach § 6 II GwG die Ausarbeitung von internen Grundsätzen, Verfahren und Kontrollen bezüglich bestimmter Anforderungen des GwG, die Schaffung und Fortentwicklung geeigneter Maßnahmen zur Verhinderung des Missbrauchs neuer Produkte und Technologien zu Zwecken von Geldwäsche und Terrorismusfinanzierung, die Überprüfung der Beschäftigten auf ihre Zuverlässigkeit insbesondere mittels Personalkontroll- und Beurteilungssystemen, die erstmalige und laufende Unterrichtung der Beschäftigten über Typologien und aktuelle Methoden der Geldwäsche und Terrorismusfinanzierung sowie über die bestehenden Vorschriften und Pflichten zu deren Verhinderung, ferner die unabhängige Überprüfung der oben genannten internen Grundsätze und Verfahren.

7. *Meldung von Verdachtsfällen*: Bei der Feststellung von Tatsachen, die darauf schließen lassen, dass es sich bei Vermögenswerten im Zusammenhang mit einer Transaktion oder Geschäftsbeziehung um den Gegenstand einer strafbaren Handlung, die eine Vortat zur Geldwäsche darstellen könnte, handelt oder ein Zusammenhang

mit Terrorismusfinanzierung besteht, muss der Verpflichtete – unabhängig von der Transaktionshöhe oder vom Wert des betroffenen Vermögensgegenstands – diesen Sachverhalt nach § 43 I GwG der Zentralstelle für Finanztransaktionsuntersuchungen unverzüglich auf elektronischem Wege melden. Eine gemeldete Transaktion darf frühestens dann durchgeführt werden, wenn dem Verpflichteten die Zustimmung der Zentralstelle für Finanztransaktionsuntersuchungen oder der Staatsanwaltschaft übermittelt wurde oder wenn der dritte Werktag nach dem Abgangstag der Meldung verstrichen ist, ohne dass die Durchführung der Transaktion durch die Zentralstelle für Finanztransaktionsuntersuchungen oder die Staatsanwaltschaft untersagt worden ist (§ 46 I GwG). Ist ein Aufschub dagegen nicht möglich oder könnte ein Aufschub die Verfolgung einer mutmaßlichen strafbaren Handlung verhindern, so darf die Transaktion durchgeführt werden; die Meldung ist dann unverzüglich nachzuholen.

8. *Bußgeldvorschriften*: Wer nach den Bestimmungen des § 56 GwG vorsätzlich oder leichtfertig gegen die Vorschriften des Geldwäschegesetzes verstößt, begeht eine Ordnungswidrigkeit, die mit einer Geldbuße von bis zu 1.000.000 Euro oder bis zum Doppelten des aus dem Verstoß gezogenen wirtschaftlichen Vorteils geahndet werden kann. [GKR]

Geldwäsche-Richtlinie

Die Geldwäsche-Richtlinie bezeichnet einen durch das Geldwäschegesetz (GwG) in deutsches Recht umgesetzten EG-Rechtsakt von 1991 (Richtlinie 91/308/EWG), dem im Jahr 2001 die Zweite Geldwäsche-Richtlinie (2001/97/EG) mit einer Ausweitung des Verbots der Geldwäsche folgte.

Die Dritte Geldwäsche-Richtlinie vom 26.10.2005 (2005/60/EG) und eine zu dieser Richtlinie erlassene Durchführungsrichtlinie vom 1.8.2006 (2006/70/EG) wurden durch das Geldwäschebekämpfungsergänzungsgesetz (GwBekErgG) vom 13.8.2008 (BGBl. I S. 1690) in deutsches

Recht umgesetzt. Das GwBekErgG löste das bisherige Geldwäschegesetz durch ein neues Gesetz ab und brachte unter anderem eine Ausdifferenzierung der geldwäscherechtlichen Sorgfaltspflichten nach Maßgabe des Grundsatzes der Risikoorientierung, eine Verschärfung der Identifizierungspflichten hinsichtlich des wirtschaftlich Berechtigten, verstärkte Sorgfaltspflichten in Bezug auf politisch exponierte Personen aus ausländischen Staaten und eine Ausweitung der zur Geldwäschebekämpfung bereits bestehenden Instrumente auf die Bekämpfung von Terrorismusfinanzierung.

Durch die Vierte Geldwäsche-Richtlinie vom 20.5.2015 (2015/849) wurden die Dritte Geldwäsche-Richtlinie (2005/60/EG) sowie die dazugehörige Durchführungsrichtlinie (2006/70/EG) mit Wirkung vom 26.6.2017 aufgehoben und die europäischen Geldwäscheregeln an die im Jahr 2012 überarbeiteten Empfehlungen der Financial Action Task Force (FATF) angepasst. Wesentliche Änderungen durch die Vierte Geldwäsche-Richtlinie betreffen eine Stärkung des risikobasierten Ansatzes, die Einrichtung eines elektronischen Transparenzregisters der wirtschaftlich Berechtigten sowie eine Harmonisierung der Bußgeldbewehrung von Verstößen gegen geldwäscherechtliche Pflichten. Die Umsetzung der Vierten Geldwäsche-Richtlinie in deutsches Recht erfolgte durch das Gesetz zur Umsetzung der Vierten EU-Geldwäscherichtlinie, zur Ausführung der EU-Geldtransferverordnung und zur Neuorganisation der Zentralstelle für Finanztransaktionsuntersuchungen vom 23.6.2017 (BGBl. I S. 1822). *[GKR]*

Gesamtkapitalquote

Die Gesamtkapitalquote beschreibt das prozentuale Verhältnis der Eigenmittel eines Instituts – bestehend aus dem Kernkapital und dem Ergänzungskapital – zum Gesamtrisikobetrag dieses Instituts. Sie muss mindestens acht Prozent betragen. *[GWA]*

Gesamtrisikobetrag

Der Gesamtrisikobetrag eines Instituts ist nach Artikel 92 III CRR die Summe aus den risikogewichteten Positionsbeträgen für das Kredit- und das Verwässerungsrisiko in allen Geschäftsfeldern eines Instituts im Anlagebuch, dem 12,5-fachen der Eigenmittelanforderungen für die Handelsbuchtätigkeit des Instituts für das Positionsrisiko sowie für Großkredite oberhalb bestimmter Obergrenzen, soweit dem Institut eine Überschreitung dieser Obergrenzen gestattet ist, dem 12,5-fachen der Eigenmittelanforderungen für das Fremdwährungsrisiko, das Abwicklungsrisiko und das Warenpositionsrisiko, dem 12,5-fachen der Eigenmittelanforderungen für das Risiko einer Anpassung der Kreditbewertung bei OTC-Derivaten außer bei anerkannten Kreditderivaten zur Verringerung der risikogewichteten Positionsbeträge für das Kreditrisiko, dem 12,5-fachen der Eigenmittelanforderungen für das operationelle Risiko sowie den risikogewichteten Positionsbeträgen für das Gegenparteirisiko aus der Handelsbuchtätigkeit des Instituts für bestimmte Arten von Geschäften und Vereinbarungen. Zu diesen Geschäften zählen beispielsweise Derivate nach Anhang II der CRR oder Kreditderivate, Pensionsgeschäfte oder auch Wertpapierleihgeschäfte. *[GWA, RBL]*

Geschäftsleiter

Geschäftsleiter im Sinne des Kreditwesengesetzes (§ 1 II KWG) sind alle natürlichen Personen, die nach Gesetz, Satzung oder Gesellschaftsvertrag zur Geschäftsführung und zur Vertretung eines Instituts im Sinne des KWG in der Rechtsform einer juristischen Person oder einer Personenhandelsgesellschaft berufen sind (sogenannte „geborene" Geschäftsleiter wie z.B. Mitglieder des Vorstands einer AG, persönlich haftende Gesellschafter einer Personengesellschaft und KGaA, Geschäftsführer einer GmbH, Vorstandsmitglieder einer eingetragenen Genossenschaft oder einer Sparkasse) beziehungsweise in Ausnahmefällen von der Bundesanstalt für Finanzdienstleistungsaufsicht (BaFin) (widerruflich) als solche bezeichnet werden (sogenannte „gekorene" Geschäftsleiter, die kraft Vollmacht zur Geschäftsführung und Vertretung eines Instituts ermächtigt sind). Geschäftsleiter eines Kreditinstituts im Sinne des KWG oder eines Finanzdienstleistungsinstituts im Sinne des KWG müssen gemäß § 33 I 1 Nr. 2-4a KWG zuverlässig und fachlich geeignet sein sowie über ausreichend Zeit zur Wahrnehmung ihrer Aufgaben verfügen. *[GKR]*

Gesetzliche Entschädigungseinrichtung

Gesetzliche Entschädigungseinrichtungen sind in § 22 des Einlagensicherungsgesetzes (EinSiG) vorgesehene Stellen, deren Aufgabe es ist, die Beiträge der ihnen zugeordneten CRR-Institute (§§ 1, 24 EinSiG) (Institut im Sinne der CRR) zu erheben, die verfügbaren Finanzmittel im Sinne von § 18 EinSiG derart risikoarm und ausreichend diversifiziert anzulegen, dass eine möglichst große Sicherheit und ausreichende Liquidität der Anlagen bei angemessener Rentabilität gewährleistet sind (§ 18 IV EinSiG), und die im Entschädigungsfall (§ 10 EinSiG) die Gläubiger eines ihnen zugeordneten CRR-Kreditinstituts für nicht zurückgezahlte Einlagen (§ 2 III EinSiG) entschädigt (§ 22 I EinSiG).

Gesetzliche Entschädigungseinrichtungen sind gemäß § 22 II EinSiG:

a) beliehene Entschädigungseinrichtungen, also juristische Personen des Privatrechts, denen vom Bundesministerium der Finanzen durch Rechtsverordnung die Aufgaben und Befugnisse einer gesetzlichen Entschädigungseinrichtung zugewiesen sind, oder

b) bei der Kreditanstalt für Wiederaufbau (KfW) vom Bundesministerium der Finanzen durch Rechtsverordnung errichtete Entschädigungseinrichtungen.

Die Zuweisung der Aufgaben und Befugnisse einer gesetzlichen Entschädigungseinrichtung an eine juristische Person des Privatrechts setzt voraus, dass diese zur Übernahme der Aufgaben bereit ist und im

Hinblick auf Leitungspersonal, Ausstattung (unter anderem Eigenmittel in Höhe von mindestens einer Mio. Euro) und Organisation hinreichende Gewähr für die Erfüllung von Entschädigungsansprüchen bietet (§ 23 I EinSiG). Die Errichtung einer gesetzlichen Entschädigungseinrichtung bei der KfW ist nur zulässig, wenn keine beliehenen Entschädigungseinrichtungen zur Verfügung stehen, insbesondere wenn eine solche beliehene Entschädigungseinrichtung aufgelöst oder abgewickelt wird (§ 23 II EinSiG).

Gesetzliche Entschädigungseinrichtungen unterliegen der Aufsicht durch die Bundesanstalt für Finanzdienstleistungsaufsicht (BaFin) (§ 50 I EinSiG). Ihnen wird jeweils eine Gruppe von CRR-Instituten (privatrechtliche, öffentlich-rechtliche) zugeordnet (§ 24 I EinSiG).

Als beliehene Entschädigungseinrichtungen wurden bisher die „Entschädigungseinrichtung deutscher Banken GmbH", eine Tochtergesellschaft des Bundesverbandes deutscher Banken e.V. (BdB), sowie die „Entschädigungseinrichtung des Bundesverbandes Öffentlicher Banken Deutschlands GmbH", eine Tochtergesellschaft des Bundesverbandes Öffentlicher Banken Deutschlands e.V. (VÖB), errichtet. Die freiwilligen Einlagensicherungseinrichtungen bestehen neben den gesetzlichen Entschädigungseinrichtungen fort. *[GKR]*

Gewährträger

Körperschaft des öffentlichen Rechts (Gemeinde, Kreis usw.), die für die Verbindlichkeiten einer Sparkasse oder einer Landesbank/Girozentrale einstand beziehungsweise übergangsweise noch einsteht (Gewährträgerhaftung). Sparkassen oder Landesbanken konnten beziehungsweise können mehrere Gewährträger haben, z.B. bei Gemeinschaftssparkassen (Verbandssparkassen). *[NST]*

Gewährträgerhaftung

1. *Begriff/Charakterisierung*: durch Gesetz vorgesehene, uneingeschränkte Haftung der Gewährträger der Sparkassen und der Landesbanken/Girozentralen für Verbindlichkeiten dieser Kreditinstitute, die jedoch zum 18.7.2005 für Sparkassen und Landesbanken/Girozentralen im Wege einer Übergangsphase abgeschafft und für öffentlich-rechtliche Förderbanken (insbesondere für die Kreditanstalt für Wiederaufbau) erheblich vermindert wurde.

2. *Übergangsregelung*: Der Träger einer Sparkasse beziehungsweise Landesbank/Girozentrale haftet am 18.7.2005 für die Erfüllung sämtlicher zu diesem Zeitpunkt bestehenden Verbindlichkeiten der Sparkasse beziehungsweise Landesbank/Girozentrale. Für solche Verbindlichkeiten, die bis zum 18.7.2001 vereinbart wurden, gilt die Gewährträgerhaftung zeitlich unbegrenzt; für danach bis zum 18.7.2005 vereinbarte Verbindlichkeiten nur, wenn deren Laufzeit nicht über den 31.12.2015 hinausgeht. Der Träger wird seinen Verpflichtungen aus der Gewährträgerhaftung gegenüber den Gläubigern der beiden vorgenannten Gruppen von Verbindlichkeiten umgehend nachkommen, sobald er bei deren Fälligkeit ordnungsgemäß und schriftlich festgestellt hat, dass die Gläubiger dieser Verbindlichkeiten aus dem Vermögen der Sparkasse beziehungsweise Landesbank/Girozentrale nicht befriedigt werden können. Verbindlichkeiten, die seitens der Sparkasse beziehungsweise Landesbank/Girozentrale nach dem 18.7.2005 oder zwischen dem 19.7.2001 und dem 18.7.2005 mit einer Laufzeit über den 31.12.2015 hinaus eingegangen wurden, unterliegen nicht mehr der Gewährträgerhaftung.

3. *Generelle Regelung*: Die Körperschaft, welche die Sparkasse beziehungsweise Landesbank/Girozentrale errichtet (Träger), unterstützt diese bei der Erfüllung ihrer Aufgaben mit der Maßgabe, dass ein Anspruch der Sparkasse beziehungsweise Landesbank/Girozentrale gegen den Träger oder eine sonstige Verpflichtung des Trägers, diesen Kreditinstituten Mittel zur Verfügung zu stellen, nicht besteht. Die

Sparkasse beziehungsweise Landesbank/Girozentrale haftet für ihre Verbindlichkeiten mit ihrem gesamten Vermögen. Der Träger einer Sparkasse haftet nicht für deren Verbindlichkeiten. So ist auch in den regionalen Sparkassengesetzen die Trägerschaft und Haftung klarstellend dahingehend geregelt, dass weder eine Verpflichtung des Trägers existiert, der Sparkasse Mittel zur Verfügung zu stellen, noch der Träger für die Verbindlichkeiten der Sparkasse haftet (z.B. § 7 II SpkG NRW). Bei Landesbanken/Girozentralen ist die Haftung des Trägers grundsätzlich auf den satzungsmäßigen Kapitalanteil beschränkt. *[NST]*

Gläubigerrun

Massiver Abzug der Einlagen bei einer Bank ohne Rücksicht auf Fälligkeiten und Kündigungsfristen. Die Gefahr eines Gläubigerruns besteht, wenn die Einleger befürchten müssen, dass sie ihre Einlagen aufgrund einer wesentlichen Verschlechterung der wirtschaftlichen Verhältnisse ihrer Schuldnerbank nicht mehr zurückerhalten werden. Ein Run der Gläubiger auf die Schalter *einer* Bank (*einzelbetrieblicher* Run) ist für diese zwingend mit schwerwiegenden Konsequenzen verbunden; er führt üblicherweise zur Einschränkung, wenn nicht gar zur Einstellung der Geschäftstätigkeit dieses Kreditinstituts. Ein einzelbetrieblicher Run kann zudem zu einem *allgemeinen* Run auf die Bankschalter führen (kumulativer Einlagenabzug), beinhaltet also das Risiko eines partiellen bis totalen Zusammenbruchs des Bankensektors mit möglicherweise gravierenden Wohlfahrtsverlusten für die gesamte Volkswirtschaft (Gefährdung von Bankensystem und Gesamtwirtschaft durch Auslösen eines allgemeinen Gläubigerruns). *[GWA]*

Gläubigerschutz

Im Bankwesen versteht man unter Gläubigerschutz Maßnahmen, die Bankeinleger (Gläubiger) vor Vermögensverlusten aus ihren Geldanlagen bewahren sollen. Im speziell bankbetrieblichen Sinne geht dieser Schutz über den gesetzlich kodifizierten üblichen rechtlichen Schutz hinaus, den Gläubiger beispielsweise durch das handelsrechtliche Vorsichtsprinzip auch von Nichtbanken genießen. Der Gläubigerschutz ist ein in der Bankwirtschaft dominierendes Prinzip, dessen Grundgedanke sich in zahlreichen Normen niederschlägt und das gleichzeitig als Rechtfertigungsgrund für die besondere staatliche Überwachung von Kreditinstituten allgemein anerkannt ist. Begründet wird dies regelmäßig mit der besonderen Schutzwürdigkeit bei gleichzeitiger Schutzbedürftigkeit von Bankeinlegern. [RBL]

Global systemrelevante Institute

Global systemrelevante Institute sind gemäß § 10f II 1 KWG Institute, EU-Mutterinstitute, EU-Mutterfinanzholdinggesellschaften oder gemischte EU-Mutterfinanzholdinggesellschaften mit Sitz in Deutschland, die auf Basis einer quantiativen Analyse von der Bundesanstalt für Finanzdienstleistungsaufsicht (BaFin) im Einvernehmen mit der Deutschen Bundesbank auf konsolidierter Ebene als global systemrelevant eingestuft werden. Bei der Analyse werden die folgenden, jeweils auf die Gruppe bezogenen Aspekte von der BaFin berücksichtigt: Größe, grenzüberschreitende Aktivitäten, Vernetztheit mit dem Finanzsystem, Ersetzbarkeit hinsichtlich der angebotenen Dienstleistungen und Finanzinfrastruktureinrichtungen, Komplexität. Die auf diese Weise als global systemrelevant identifizierten Institute werden von der BaFin jeweils einer bestimmten Größenklasse zugeordnet. Hieraus ergibt sich dann der aus hartem Kernkapital bestehende Kapitalpuffer für global systemrelevante Institute, den die BaFin für das jeweilige Institut festlegt und der von dem global systemrelevanten Institut auf konsolidierter Ebene vergehalten werden muss (§ 10f I KWG). [GKR]

Goldplating

Mit der Bezeichnung Goldplating werden die Ermessensspielräume der Mitgliedstaaten der Europäischen Union umschrieben, bei der

Umsetzung von EU-Richtlinien (beispielsweise im Bereich der Bankenaufsicht) nationale Verschärfungen oder Erleichterungen einzuführen. *[GWA]*

Goldpreisrisiko
Gefahr eines Vermögensverlusts aufgrund einer nachteiligen Veränderung des Goldpreises. *[GWA]*

Good Bank
„Good Bank" bezeichnet die überlebensfähigen Teile eines zusammengebrochenen Kreditinstituts. *[GWA]*

Grandfathering
Auch als *Grandfather Clause* bezeichnete Regelung, die für vor einem bestimmten Zeitpunkt (Stichtag), etwa dem Inkrafttreten eines völkerrechtlichen Vertrags, eines EU-Rechtsakts oder eines staatlichen Gesetzes, geltende Rechtsvorschriften einen Bestandsschutz anordnet. Hiervon erfasste Bestimmungen gelten also weiter und müssen nicht – oder nicht ohne weiteres – der ab diesem Datum geltenden neuen Rechtslage angepasst werden, werden durch die Rechtsänderung gerade nicht aufgehoben. Grandfathering findet sich etwa in Artikel I GATT, Artikel XIV IWF-Abkommen. Demgegenüber verbieten sogenannte *Stand-still*-Klauseln eine einseitige Änderung (im Sinne einer Verschlechterung) der bestehenden Rechtslage. *[LGR]*

Gremium laufende Aufsicht
Beim Gremium laufende Aufsicht handelt es sich um ein von der Deutschen Bundesbank und der Bundesanstalt für Finanzdienstleistungsaufsicht (BaFin) eingerichtetes Gremium. Dieses Gremium dient der strategischen und operativen Ausrichtung der Tätigkeit von Deutscher Bundesbank und BaFin im Bereich der Bankenaufsicht sowie deren

Austausch zu risikoorientierten Fragestellungen. Die in diesem Gremium gewonnenen Erkenntnisse fließen in die Aufsichtsstrategie und Aufsichtsplanung ein, die der Europäischen Zentralbank (EZB) zur Kenntnis gegeben werden. Das Gremium laufende Aufsicht tritt in der Regel vierteljährlich im Wechsel bei der Deutschen Bundesbank beziehungsweise der BaFin zusammen. Bei einem aktuellen Anlass findet auch kurzfristig zwischen zwei turnusmäßigen Sitzungen ein Treffen statt. *[GWA]*

Großkredit

1. *Definition und Begrenzungen*: Ein Großkredit liegt gemäß Artikel 392 CRR immer dann vor, wenn die mit einem Adressenausfallrisiko behafteten bilanziellen und außerbilanziellen Risikopositionen eines Instituts im Sinne der CRR an einen Kunden oder an eine Gruppe verbundener Kunden mindestens zehn Prozent der anrechenbaren Eigenmittel des Instituts betragen. Die Gewährung eines Großkredits ist gemäß Artikel 395 I CRR grundsätzlich auf 25 Prozent der anrechenbaren Eigenmittel des Instituts beschränkt (Großkredit-Obergrenze). Sofern der Kunde ein Institut ist oder ein oder mehrere Institute einer Gruppe verbundener Kunden angehören, beträgt die Großkredit-Obergrenze unter bestimmten Bedingungen 150 Mio. Euro, falls der Wert von 25 Prozent der anrechenbaren Eigenmittel des Instituts niedriger als 150 Mio. Euro ist. Bestimmte Risikopositionen wie beispielsweise Forderungen an Zentralstaaten, Zentralbanken und öffentliche Stellen mit einem Risikogewicht in Höhe von null Prozent sind von der Berechnung der Großkreditobergrenze ausgenommen (Artikel 400 CRR).

2. *Überschreitungen*: Generell ist eine Überschreitung der Großkreditobergrenzen nur ausnahmsweise zulässig. Das Institut hat in einem solchen Fall den zuständigen Behörden unverzüglich den Forderungswert mitzuteilen; die zuständigen Behörden können dann dem Institut eine begrenzte Frist zur Einhaltung der Obergrenze einräumen (Artikel 396 I CRR). Eine reguläre Überschreitung der Großkredit-Obergrenze ist nur für Handelsbuch-Risikopositionen des Instituts zulässig und auch dann

nur unter bestimmten Bedingungen wie z.b. Erfüllung zusätzlicher Eigenmittelanforderungen für Großkredite im Handelsbuch sowie Begrenzung aller Überschreitungen, die länger als zehn Tage dauern, auf 600 Prozent der anrechenbaren Eigenmittel des Instituts.

3. *Beschlussfassung*: Großkredite dürfen nach § 13 II KWG nur aufgrund eines einstimmigen Beschlusses sämtlicher Geschäftsleiter, der aktenkundig zu machen ist, gewährt werden. Der Beschluss soll vor der Kreditgewährung gefasst werden. Ist eine rechtzeitige Beschlussfassung nicht möglich, ist die Zustimmung der übrigen Geschäftsleiter unverzüglich nachzuholen. Wird die Beschlussfassung nicht innerhalb eines Monats nachgeholt, ist dies der Bundesanstalt für Finanzdienstleistungsaufsicht (BaFin), der Deutschen Bundesbank sowie gegebenenfalls der Europäischen Zentralbank (EZB) unverzüglich anzuzeigen. Fällt ein bereits gewährter Kredit wegen einer Reduzierung der anrechenbaren Eigenmittel des Instituts unter die Großkredit-Vorschriften, ist unbeschadet der Wirksamkeit des Rechtsgeschäfts ein unverzüglicher einstimmiger Beschluss sämtlicher Geschäftsleiter erforderlich, der ebenfalls aktenkundig zu machen ist. Sofern der Beschluss nicht innerhalb eines Monats, nachdem der Kredit zu einem Großkredit geworden ist, nachgeholt wird, ist dies der BaFin, der Deutschen Bundesbank sowie gegebenenfalls der EZB unverzüglich anzuzeigen. Die Erhöhung eines Großkredits über die Großkreditobergrenze hinaus setzt ebenfalls die vorherige einstimmige Beschlussfassung sämtlicher Geschäftsleiter des Instituts voraus (§ 4 Großkredit- und Millionenkreditverordnung [GroMiKV]). *[GKR]*

Großkredit- und Millionenkreditverordnung

Großkredit- und Millionenkreditverordnung (GroMiKV) ist die Kurzbezeichnung für die Verordnung zur Ergänzung der Großkreditvorschriften nach der Verordnung (EU) Nr. 575/2013 des Europäischen Parlaments und des Rates vom 26. Juni 2013 über Aufsichtsanforderungen an Kreditinstitute und Wertpapierfirmen und zur Änderung der Verordnung

(EU) Nr. 646/2012 und zur Ergänzung der Millionenkreditvorschriften nach dem Kreditwesengesetz vom 6.12.2013 (BGBl. I S. 4183). Diese Rechtsverordnung des Bundesministeriums der Finanzen dient auch der Umsetzung der Capital Requirements Directive IV (CRD IV) sowie der Anpassung des Aufsichtsrechts an die Capital Requirements Regulation (CRR). Sie enthält ergänzende Regelungen für Großkredite (§§ 1-10 GroMiKV), Bestimmungen für Millionenkredite (§§ 11-18 GroMiKV), Vorschriften über die Benachrichtigung nach § 14 II 1 KWG über die Verschuldung der Kreditnehmer (§ 19 GroMiKV) sowie Übergangs- und Schlussvorschriften (§§ 20-21 GroMiKV). Die §§ 1 und 2 GroMiKV enthalten Ausnahmen von der Anwendung der Obergrenze für Großkredite, die §§ 3 und 4 GroMiKV konkretisieren die Beschlussfassungspflichten der Geschäftsleiter. In den §§ 8-10 GroMiKV finden sich Regelungen bezüglich der Meldungen zu den Großkrediten, während die §§ 15-18 GroMiKV das Meldeverfahren für Millionenkreditanzeigen konkretisieren. *[GKR]*

Großkreditrisiko

Beim Großkreditrisiko handelt es sich um eine spezielle Form des Kreditausfallrisikos, das aus Krediten an einen Kreditnehmer resultiert, deren Volumen (gemessen an den Eigenmitteln des Kreditgebers) relativ hoch ist. Wegen dieses erhöhten Risikos existieren für Großkredite strenge bankenaufsichtsrechtliche Vorschriften hinsichtlich ihrer Höhe, der Überschreitungsmöglichkeiten der Obergrenzen sowie der Beschlussfassung über Großkredite. *[GKR]*

Group of Central Bank Governors and Heads of Supervision (GHOS)

Die Gruppe der Zentralbankpräsidenten und Leiter der Bankenaufsichtsinstanzen ist das Leitungsgremium des Baseler Ausschusses für Bankenaufsicht. *[GWA]*

G-SRI

Abkürzung für global systemrelevante Institute. *[GKR]*

H

Haftendes Eigenkapital

1. *Frühere Regelung für Institute*: Der Begriff „haftendes Eigenkapital" war früher - zusammen mit den Drittrangmitteln - eine Teilkomponente der Eigenmittel von Instituten im Sinne des KWG. Das haftende Eigenkapital war im Kreditwesengesetz definiert als die Summe aus Kernkapital und Ergänzungskapital vermindert um die Abzugspositionen des § 10 VI 1 KWG a.f. (§ 10 II 2 KWG a.f.). Mit der Capital Requirements Regulation (CRR) fand eine Vereinheitlichung des Bankenaufsichtsrechts der Europäischen Union (EU) auch im Hinblick auf die Eigenmittel der Institute statt (Single Rule Book). Da sich die Eigenmittel der Institute nach Wegfall der Drittrangmittel nur noch aus dem Kernkapital und dem Ergänzungskapital zusammensetzen, verwendet die CRR nicht den Begriff „haftendes Eigenkapital", sondern nur den Begriff „Eigenmittel".

2. *Aktuelle Regelung*: Der Begriff des haftenden Eigenkapitals wird im KWG inzwischen nur noch im Zusammenhang mit Wohnungsunternehmen mit Spareinrichtung verwendet. Als haftendes Eigenkapital gelten dabei die Geschäftsguthaben und die Rücklagen sowie der Bilanzgewinn, soweit seine Zuweisung zu den Rücklagen oder den Geschäftsguthaben beschlossen ist (§ 51a VI KWG). Von dieser Summe sind die folgenden Positionen abzuziehen:

- die Geschäftsguthaben von Mitgliedern, die zum Schluss des Geschäftsjahres ausscheiden, sowie ihre Ansprüche auf Auszahlung des ihnen zustehenden Anteils an der gesondert auszuweisenden Ergebnisrücklage nach § 73 III GenG;

- der Bilanzverlust;

- die immateriellen Vermögensgegenstände;

- der Korrekturposten gemäß § 51a IX KWG;

- gegebenenfalls Verbriefungspositionen. *[GKR]*

Haftsummenzuschlag

Der Haftsummenzuschlag war die Bezeichnung für eine spezielle Position bei der Berechnung der Eigenmittel der Institute, speziell des haftenden Eigenkapitals der Kreditinstitute in der Rechtsform der eingetragenen Genossenschaft gemäß § 10 IIb 1 Nr. 8 KWG a.F. Beim Haftsummenzuschlag handelte sich um einen bankenaufsichtsrechtlichen Zuschlag zum Ergänzungskapital eines Instituts, welcher der Haftsummenverpflichtung der Mitglieder einer Kreditgenossenschaft (Nachschusspflicht) Rechnung trug und dessen Umfang durch die Zuschlagsverordnung begrenzt war. Da keine Einzahlung von Mitteln erfolgte, erfüllte der Haftsummenzuschlag die an haftendes Eigenkapital zu stellenden Anforderungen nicht vollständig. Der Haftsummenzuschlag gehörte zum Ergänzungskapital; bei der Berechnung des haftenden Eigenkapitals konnte er nur begrenzt herangezogen werden (§ 10 II 7 KWG a.F.).

Historisch gesehen diente der Haftsummenzuschlag als Starthilfe für eine förderungswürdige, noch unterentwickelte Bankengruppe. Aus Gründen der Wettbewerbspolitik sollte der Haftsummenzuschlag keinen Dauercharakter haben; daher begann 1984 ein teilweiser Abbau (von 50 Prozent 1985 auf 25 Prozent 1995), um die Einführung neuer Eigenkapitalsurrogate zu verhindern, ohne dabei über Gebühr in die gewachsene Struktur der Genossenschaftsbanken einzugreifen. Der damaligen Forderung der öffentlich-rechtlichen Sparkassen, wegen der Gewährträgerhaftung und der Anstaltslast einen sogenannten Haftungszuschlag als Eigenkapitalergänzung einzuführen, folgte der Gesetzgeber nicht.

In der Capital Requirements Regulation (CRR) als derzeitige einschlägige bankenaufsichtsrechtliche Rechtsgrundlage ist der Haftsummenzuschlag – vor allem wegen der fehlenden Einzahlung – als reguläre Komponente der Eigenmittel nicht mehr vorgesehen. Allerdings gelten Altbestände im Rahmen des Bestandsschutzes (Grandfathering) noch bis Ende 2021 als Ergänzungskapital, wobei ein sukzessives Abschmelzen vorgesehen ist (Artikel 484 und 486 CRR in Verbindung mit § 31 SolvV). *[GKR]*

Haircut

1. Prozentualer Abschlag auf die Werte von Vermögensgegenständen, die als Kreditsicherheiten dienen. Da sich der Wert von Vermögensgegenständen verschlechtern kann, könnte der Erlös bei der Verwertung von Sicherheiten niedriger ausfallen als der ursprüngliche Marktwert. Deshalb werden Abschläge vorgenommen, um durch einen Risikopuffer für Wertverluste den Rückzahlungsanspruch eines Kredits vollständig abzusichern. Darüber hinaus hat das kreditgebende Finanzinstitut die Möglichkeit, bei einem Wertverfall der Kreditsicherheiten unter eine vorher vereinbarte Grenze den Kredit fällig zu stellen oder zusätzliche Sicherheiten zu verlangen (Nachschussverpflichtungen – Remarginings).

2. Abschlag beziehungsweise Gewichtungssatz für die Ermittlung von Risikoaktiva. Im Bankaufsichtsrecht ist für die Ermittlung der Eigenmittelanforderung das Risiko von Kreditpositionen zu berechnen (gemäß Artikel 107 CRR). Sicherheiten reduzieren das Kreditrisiko und wirken sich entsprechend auf das Risikogewicht aus. Auch hier wird der Wert je nach Art der Sicherheiten um einen Haircut gekürzt. Der gewichtete Risikobetrag, der mit Eigenmittel zu unterlegen ist, ergibt sich aus dem jeweiligen Positionswert x Gewichtungssatz (gemäß CRR, insbesondere Teil 3 – Titel II: Eigenmittelanforderungen für das Kreditrisiko).

Darüber hinaus müssen alle Kredit- und Finanzdienstleistungsinstitute Liquiditätsanforderungen erfüllen und einen Liquiditätspuffer nachweisen. Im Rahmen der Berechnung der Kennzahl „Liquidity Coverage Ratio" werden die liquiden Aktiva je nach Einstufung mit einem Haircut versehen (gemäß Teil 6 CRR).

3. Prozentualer Abschlag auf eine Forderung, auf den der Gläubiger (freiwillig) verzichtet, um die Insolvenz des Schuldners zu verhindern (Schuldenschnitt). Er gilt für Privatpersonen und für Unternehmen, aber auch für Staaten, die ihren Verpflichtungen nicht mehr nachkommen können. Mit einem Schuldenschnitt wird zwar ein Teil der Schulden erlassen, aber im Unterschied zur Insolvenz bekommt der Gläubiger zumindest

den anderen Teil seiner Forderungen zurück. Da aber die Gläubiger den erlassenen Teil selbst übernehmen müssen, kann es dazu führen, dass die Gläubiger selbst an Bonität verlieren oder gar in eine Schieflage geraten. Ein Schuldenschnitt für hoch verschuldete Staaten spielt im Rahmen der europäischen Finanzmarktkrise eine große Rolle. So wurde beispielsweise Griechenland von privaten Gläubigern (Banken, Versicherungen) Schulden erlassen (2012).

4. Auch im Eurosystem sind für Kreditgeschäfte ausreichende Sicherheiten zu stellen (gemäß Artikel 18.1 der Satzung des Europäischen Systems der Zentralbanken). Dabei müssen die Sicherheiten bestimmte Voraussetzungen erfüllen. Zum einen wird von der Europäischen Zentralbank festgelegt, welche Sicherheiten in diesem Sinne notenbankfähig sind (List of eligible marketable assets) und zum anderen welche Bewertungsabschläge – Haircuts – vorzunehmen sind (Guideline on the valuation haircuts).

Die Höhe der Bewertungsabschläge wird beeinflusst von der Art der Sicherheit, Restlaufzeit, Verzinsung und Bonitätsstufe. Die Sicherheiten werden zunächst in Haircutkategorien eingestuft (I – V). Danach werden je nach Bonitätsstufe, Restlaufzeit und Verzinsung Abschläge vorgegeben. *[UER]*

Handelsbuchinstitut

Als Handelbuchinstitut wird – in Abgrenzung zu einem Nicht-Handelsbuchinstitut – ein Institut im Sinne der CRR bezeichnet, dessen bilanzielles und außerbilanzielles Handelsbuchvolumen die in Artikel 94 CRR genannten Bagatellgrenzen überschreitet und das damit bestimmte Erleichterungen bei der Berechnung seines Gesamtrisikobetrags nicht in Anspruch nehmen darf. *[GKR]*

Handelssystem im Sinne des KWG, multilaterales

Ein System, das die Interessen einer Vielzahl von Personen am Kauf und Verkauf von Finanzinstrumenten innerhalb des Systems und nach festgelegten Bestimmungen in einer Weise zusammenbringt, die zu einem Vertrag über den Kauf dieser Finanzinstrumente führt. Der Betrieb eines multilateralen Handelssystems stellt eine Finanzdienstleistung im Sinne des § 1 Ia 2 Nr. 1b KWG dar. *[GWA]*

Harte Kernkapitalquote

Die harte Kernkapitalquote beschreibt das prozentuale Verhältnis des harten Kernkapitals eines Instituts zum Gesamtrisikobetrag dieses Instituts. Sie muss mindestens 4,5 Prozent betragen. *[GWA]*

Hartes Kernkapital

Das harte Kernkapital eines Instituts im Sinne der CRR bildet zusammen mit seinem zusätzlichen Kernkapital das Kernkapital des Instituts (Artikel 25 CRR). Das harte Kernkapital besteht gemäß Artikel 26 I 1 CRR aus den folgenden Komponenten:

a) Kapitalinstrumente, die die Voraussetzungen der Artikel 28, 29 CRR erfüllen (Hybridkapital);

b) das mit diesen Kapitalinstrumenten verbundene Agio;

c) einbehaltene Gewinne;

d) das kumulierte sonstige Ergebnis;

e) die sonstigen Rücklagen;

f) der Fonds für allgemeine Bankrisiken. *[GKR]*

Herkunftsmitgliedstaat im Sinne der CRR

Derjenige Mitgliedstaat, in dem einem Kreditinstitut im Sinne der CRR oder einer Wertpapierfirma im Sinne der CRR die Zulassung erteilt wurde (Artikel 4 I Nr. 43 CRR). *[GWA]*

Herkunftsstaat im Sinne des KWG

Derjenige Staat, in dem die Hauptniederlassung eines Kreditinstituts im Sinne des KWG oder Finanzdienstleistungsinstituts im Sinne des KWG zugelassen ist (§ 1 IV KWG). *[GWA]*

Hybridkapital

1. *Begriff*: Als Hybridkapital wird Kapital bezeichnet, das Charakteristika sowohl von Eigenkapital als auch von Fremdkapital aufweist und somit nicht eindeutig einer dieser beiden Kapitalkategorien zugeordnet werden kann (Mezzanine-Finanzierung).

2. *Bankenaufsichtsrechtliche Anerkennung*: Hybridkapital spielt insbesondere im Rahmen der Eigenmittelausstattung von Instituten eine wichtige Rolle. So sahen die vom Baseler Ausschuss für Bankenaufsicht erarbeiteten Bestimmungen von Basel I und Basel II die explizite Anerkennung von Hybridkapital (Hybrid [debt/equity] capital instruments) als eigene Kategorie im Rahmen des Ergänzungskapitals (Tier 2 Capital) vor. Nach Basel III ist diese spezielle Kategorie nicht mehr vorgesehen.

Darüber hinaus konnte aber Kapital, das bestimmte Eigenschaften von Eigen- und Fremdkapital besaß, den Eigenmitteln zugerechnet werden, auch ohne dass es als Hybridkapital bezeichnet wurde. So wurde im sogenannten „Sydney-Agreement" des Baseler Ausschusses für Bankenaufsicht von Oktober 1998 vereinbart, bestimmte innovative Kapitalinstrumente (z.B. Kapitalinstrumente mit Step-up-Klauseln) unter strengen Voraussetzungen als Kernkapital bis zu einer Obergrenze von 15 Prozent des Kernkapitals anzuerkennen. Nach den Bestimmungen von Basel III ist hingegen vorgesehen, solche innovativen hybriden Eigenkapitalinstrumente auslaufen zu lassen.

Auch wenn die Bestimmungen von Basel III nicht mehr von Hybridkapital reden, ist die Anerkennung von Kapital, das Eigenschaften sowohl von Eigen- als auch von Fremdkapital aufweist, immer noch möglich, auch wenn die Anerkennungsvoraussetzungen derart verschärft wurden, dass die Charakteristika der anerkennungsfähigen Kapitalinstrumente eine sehr hohe Übereinstimmung mit denen von Eigenkapital aufweisen. Im Rahmen der Capital Requirements Regulation (CRR) gelten solche (hybriden) Kapitalinstrumente - einschließlich des mit ihnen verbundenen Agios - bei Erfüllung der jeweiligen Voraussetzungen als hartes Kernkapital (Artikel 26 I 1 Buchstabe a CRR), als zusätzliches Kernkapital (Artikel 51 I 1 Buchstabe a CRR) oder als Ergänzungskapital (Artikel 62 I 1 Buchstabe a CRR). *[GKR]*

© Springer Fachmedien Wiesbaden GmbH, ein Teil von Springer Nature 2020
L. Gramlich et al. (Hrsg.), *550 Keywords Bankenaufsichtsrecht*,
https://doi.org/10.1007/978-3-658-28295-0_9

ICAAP

Engl. Abkürzung für Internal Capital Adequacy Assessment Process; interner Prozess zur Sicherstellung einer angemessenen Ausstattung eines Instituts mit internem Kapital. *[GWA]*

ILAAP

Engl. Abkürzung für Internal Liquidity Adequacy Assessment Process; interner Prozess zur Sicherstellung einer angemessenen Liquiditätsausstattung eines Instituts. *[GWA]*

Illiquiditätsrisiko

Beschreibt die Gefahr der Zahlungsunfähigkeit eines Unternehmens. *[GWA]*

Imagerisiken

Siehe das Stichwort „Reputationsrisiken".

Immobilienwertermittlungsverordnung (ImmoWertV)

Immobilienwertermittlungsverordnung (ImmoWertV) ist die Kurzbezeichnung für die Verordnung über die Grundsätze für die Ermittlung der Verkehrswerte von Grundstücken vom 19.5.2010 (BGBl. I S. 639). Sie ist eine Rechtsverordnung der Bundesregierung, auf deren Basis Wertermittlungsverfahren zur Ermittlung des Verkehrswerts, insbesondere bei Grundstücken, durch nach dem Baugesetzbuch bestellte Gutachterausschüsse (§§ 192 ff. BauGB) durchzuführen sind. Die Immobilienwertermittlungsverordnung ist bei der Beleihung von Grundstücken von Bedeutung. Als Verfahren zur Ermittlung des Verkehrswerts sieht die Immobilienwertermittlungsverordnung das Vergleichswertverfahren einschließlich des Verfahrens zur Bodenwertermittlung, das

Ertragswertverfahren sowie das Sachwertverfahren vor; auch die Verwendung mehrerer dieser Verfahren ist zulässig (§ 8 I ImmoWertV). *[GKR]*

Implizite Staatsgarantie
Annahme von Marktteilnehmern, dass systemrelevante Institute aufgrund ihrer Größe und Bedeutung bei einer Schieflage vom Staat gestützt werden (too big to fail). *[GWA]*

Institut im Sinne der CRR
Oberbegriff für ein Kreditinstitut im Sinne der CRR oder eine Wertpapierfirma im Sinne der CRR (Artikel 4 I Nr. 3 CRR). *[GWA]*

Institut im Sinne des KWG
Die Bezeichnung Institut im Sinne des KWG ist ein durch die Sechste KWG-Novelle eingefügter Oberbegriff für Kreditinstitute im Sinne des KWG und Finanzdienstleistungsinstitute im Sinne des KWG (§ 1 Ib KWG). *[GKR]*

Institutsgruppen im Sinne des KWG
Eine Institusgruppe im Sinne des KWG besteht gemäß § 10a I KWG aus einem übergeordneten Unternehmen sowie einem oder mehreren nachgeordneten Unternehmen. Als übergeordnete Unternehmen gelten dabei CRR-Institute (Institut im Sinne der CRR), die nach Artikel 11 CRR die Konsolidierung vorzunehmen haben, sowie weitere Institute, die zwar keine CRR-Institute sind, für die aber die Bestimmungen der CRR gemäß § 1a KWG dennoch Gültigkeit haben und die ebenfalls nach Artikel 11 CRR die Konsolidierung vorzunehmen haben. Auf Antrag des übergeordneten Unternehmens kann die Bundesanstalt für Finanzdienstleistungsaufsicht (BaFin) ein anderes gruppenangehöriges Institut als übergeordnetes Unternehmen bestimmen, wobei zuvor das gruppenangehörige

Institut zu hören ist (§ 10a I 5 KWG). Nachgeordnete Unternehmen sind Unternehmen, die gemäß Artikel 18 CRR zu konsolidieren sind oder freiwillig in die Konsolidierung einbezogen werden (§ 10a I 3 KWG). *[GKR]*

Internal Ratings Based Approach (IRBA)

IRB-Ansatz; der im Rahmen von Basel II eingeführte IRBA umfasst eine in zwei Formen (Basisansatz beziehungsweise Foundation Approach sowie fortgeschrittener Ansatz beziehungsweise Advanced Approach) vorgesehene Regelung zur Ermittlung von Kreditrisiken im Wege eines internen Ratings, wodurch er sich vom Standardansatz (Kreditrisiko-Standardansatz) unterscheidet, der auf externe Ratings zurückgreift. Jede IRBA-Position ist dabei einer von sieben Forderungsklassen (Zentralregierungen, Institute, Mengengeschäft, Beteiligungen, Verbriefungen, Unternehmen oder sonstige kreditunabhängige Aktiva) zuzuordnen. Das Konzept berücksichtigt als Risikokomponenten die einjährige Ausfallwahrscheinlichkeit (Probability of Default [PD]) des Schuldners, die erwartete Verlustquote bei Ausfall (Loss Given Default [LGD]), den IRBA-Positionswert, also die erwartete Höhe der ausstehenden Forderungen im Zeitpunkt des Ausfalls (Exposure at Default [EAD]; der IRBA-Positionswert wird über den Konversionsfaktor [Credit Conversion Factor – CCF] ermittelt), und beim fortgeschrittenen Ansatz zusätzlich die (Rest-) Laufzeit (Maturity [M]). Im Basisansatz schätzen die Institute bei IRBA-Positionen der Forderungsklassen Zentralregierungen, Institute und Unternehmen lediglich deren PD selbst, während die anderen relevanten Risikoparameter anhand der von der Bankenaufsicht vorgegebenen Regelungen bestimmt werden. Im fortgeschrittenen IRBA werden neben PD auch LGD, CCF und M selbst geschätzt. Für die IRBA-Forderungsklasse Mengengeschäft sind PD, LGD und CCF immer von den Instituten selbst zu schätzen. Über eine stetige Risikogewichtungsfunktion, in die, je nach dem gewählten Ansatz und der zugewiesenen Forderungsklasse, die entweder selbst geschätzten oder nach den bankenaufsichtsrechtlichen Vorgaben bestimmten Größen PD, LGD und gegebenenfalls M eingesetzt werden, wird ein IRBA-Risikogewicht ermittelt, welches, mit EAD multipliziert, das (mit Eigenmitteln unterlegungspflichtige) risikogewichtete Aktivum ergibt. Schließlich erfolgt eine Granularitätsanpassung, bei der das Ausmaß von Klumpenrisiken berücksichtigt wird.

Vergleichbare Vorschriften finden sich in der Capital Requirements Regulation (CRR), auch wenn dort nicht explizit zwischen Basisansatz und fortgeschrittenem IRBA unterschieden wird. *[GKR]*

Internationale Vereinigung der Versicherungsaufsichtsbehörden

Die Internationale Vereinigung der Versicherungsaufsichtsbehörden (International Association of Insurance Supervisors, IAIS) wurde 1994 mit dem Ziel gegründet, eine wirksame und weltweit einheitliche Versicherungsaufsicht zu fördern. Dadurch soll ein Beitrag zu stabilen Versicherungsmärkten sowie zur Stabilität und Fortentwicklung der internationalen Finanzmärkte geleistet werden. Aus diesem Grund arbeitet sie auch eng mit internationalen Organisationen und standardsetzenden Gremien zusammen. Vor diesem Hintergrund besteht die Hauptaufgabe der Internationalen Vereinigung der Versicherungsaufsichtsbehörden in der Festlegung und Veröffentlichung internationaler Grundsätze, Normen und Leitlinien für die Versicherungsaufsicht. Daneben fördert sie die Zusammenarbeit der Aufsichtsbehörden und bietet sowohl Schulungen als auch Beratungen zu diesem Themenkomplex an. Mitglieder der Internationalen Vereinigung der Versicherungsaufsichtsbehörden sind Versicherungsaufsichtsbehörden. Die inhaltliche Arbeit wird in Arbeitsgruppen geleistet, in denen etwa die Bundesanstalt für Finanzdienstleistungsaufsicht (BaFin) sowie das Bundesministerium der Finanzen aktive Mitglieder sind. *[ARA]*

Internes Rating

Als internes Rating wird ein im Rahmen der ersten Säule (Mindestkapitalanforderungen) der Bestimmungen von Basel II vorgesehenes Verfahren mit bestimmten operationalen Mindestanforderungen für die Bestimmung von Kreditrisiken bezeichnet, das von den Banken selbst – und nicht von privaten Rating-Agenturen beziehungsweise von staatlichen Exportkreditversicherungseinrichtungen – durchgeführt wird und eine Alternative zum auf (externen) Ratings basierenden Standardansatz darstellt. Beim Basisansatz (Foundation Approach) schätzt die Bank nur die Ausfallwahrscheinlichkeit, beim fortgeschrittenen Ansatz (Advanced Approach) auch die drei anderen Risikokomponenten (Internal Ratings Based Approach [IRBA]). Mindestanforderungen für die Zulassung eines internen Ratings sollen sicherstellen, dass das Ratingsystem, der Ratingprozess und die geschätzten Risikokomponenten einer Bank adäquat sind und tatsächlich zur internen Risikosteuerung eingesetzt werden. Die Möglichkeit zur Verwendung interner Ratings ist auch im Rahmen der Capital Requirements Regulation (CRR) vorgesehen. *[GKR]*

Investmentaktiengesellschaft

Investmentaktiengesellschaft ist – neben der Investmentkommanditgesellschaft – die nach § 1 XI Kapitalanlagegesetzbuch (KAGB) für Investmentgesellschaften vorgeschriebene Rechtsform von Investmentvermögen im Sinne des KAGB, wobei zwischen Investmentaktiengesellschaften mit veränderlichem Kapital und Investmentaktiengesellschaften mit fixem Kapital unterschieden wird. So dürfen offene inländische Investmentvermögen – sofern sie nicht als Sondervermögen gemäß den Vorschriften der §§ 92-107 KAGB aufgelegt werden – nur als Investmentaktiengesellschaften mit veränderlichem Kapital aufgelegt werden (§ 91 I KAGB). Hingegen dürfen geschlossene inländische Investmentvermögen nur als Investmentgesellschaft mit fixem Kapital oder als geschlossene Investmentkommanditgesellschaft aufgelegt werden. Sowohl Investmentaktiengesellschaften mit veränderlichem Kapital als auch Investmentgesellschaften mit fixem Kapital dürfen nur in der Rechtsform der Aktiengesellschaft betrieben werden (§§ 108 I, 140 I KAGB). Neben den Vorschriften des Aktiengesetzes (AktG) gelten für Investmentaktiengesellschaften auch die spezialgesetzlichen Vorschriften des KAGB. *[GKR]*

Investmentfondsanteil-Sondervermögen

Die Legaldefinition des Begriffs „Investmentfondsanteil-Sondervermögen" befand sich in § 25k Kapitalanlagegesellschaftengesetz (KAGG). Hierbei handelte es sich um eine durch das Dritte Finanzmarktförderungsgesetz für Kapitalanlagegesellschaften (KAG) geschaffene Möglichkeit, das bei ihnen eingelegte Geld in Anteilen von Sondervermögen einer oder mehrerer anderer Investmentfonds oder in ausländischen Investmentanteilen anzulegen. Das KAGG unterschied dabei zwischen Geldmarkt-, Wertpapier-, Beteiligungs-, Investmentfondsanteil-, Grundstücks-, Altersvorsorge- sowie gemischten Wertpapier- und Grundstücks-Sondervermögen. Mit Inkrafttreten des Investmentgesetzes (InvG) zum 1. Januar 2004 wurde sowohl die Legaldefinition des Begriffs als auch die bis dato geltende Unterscheidung aufgehoben. Seit dem 22. Juli 2013 ist das Kapitalanlagegesetzbuch (KAGB) die nationale Rechtsgrundlage für Verwalter von Investmentfonds und ersetzt das InvG. Fortan werden die bisher als KAG bezeichneten Verwalter von Investmentvermögen als Kapitalverwaltungsgesellschaften (KVG) bezeichnet. *[NKR]*

IRBA-Institut

IRBA-Institute verwenden zur Ermittlung der Mindesteigenmittelausstattung für eingegangene Kreditrisiken den auf internen Einstufungen basierenden Ansatz (Internal Ratings Based Approach, IRBA). Vor der Verwendung des IRBA muss ein Institut sich jedoch von der zuständigen

Aufsichtsbehörde zunächst die Erlaubnis zur Verwendung des IRB-Ansatzes einholen. Die zu erfüllenden Bedingungen sind in den Artikeln 143 ff. CRR geregelt. *[RBL]*

IRRBB

Engl. Abkürzung für Interest Rate Risk in the Banking Book; Zinsänderungsrisiko im Bankbuch. *[GWA]*

© Springer Fachmedien Wiesbaden GmbH, ein Teil von Springer Nature 2020
L. Gramlich et al. (Hrsg.), *550 Keywords Bankenaufsichtsrecht*,
https://doi.org/10.1007/978-3-658-28295-0_10

Joint Forum

Tochterorganisation des Basel Committee on Banking Supervision, der International Organization of Securities Commissions und der International Association of Insurance Supervisors, gegründet 1996. Das Joint Forum hat die Aufgabe, das Verständnis der Geschäftsmodelle und Regeln, die Aufsichtsorgane in den drei Finanzsektoren (Banken, Wertpapierhäuser, Versicherungen) verwenden, abzugleichen beziehungsweise zu erlassen. So sollen die Probleme der jeweils anderen Aufsichtsorgane durch vergleichende Studien transparent gemacht werden und die Kommunikation zwischen den Aufsichtsorganen verbessert werden. Im Zuge der Integration von Finanzmärkten und des Zusammenschlusses von Finanzinstitutionen aus verschiedenen Sektoren zu Finanzkonzernen wird das Thema Allfinanzaufsicht und somit die Arbeit des Joint Forum weiter an Bedeutung gewinnen. Sitz des Joint Forum ist Basel. *[AEI]*

Joint Forum on Financial Conglomerates

Das Joint Forum on Financial Conglomerates wurde 1996 unter Federführung des Baseler Ausschusses für Bankenaufsicht, der International Organization of Securities Commissions (IOSCO) und der International Association of Insurance Supervisors (IAIS) gegründet. 1999 erfolgte die Umbenennung in „Joint Forum". *[GKR]*

Joint Supervisory Teams (JSTs)

Gemeinsame Aufsichtsteams aus Mitarbeitern der Europäischen Zentralbank (EZB) und der nationalen Aufsichtsbehörden (National Competent Authorities). Die JSTs sind im Rahmen des Einheitlichen Aufsichtsmechanismus (Single Supervisory Mechanism) für die Beaufsichtigung der bedeutenden Institute zuständig. Sie sind darüber hinaus auch für die Durchführung des Aufsichtlichen Überprüfungs- und Bewertungsprozesses (Supervisory Review and Evaluation Process) verantwortlich.

Joint Supervisory Teams (JSTs)

Die konkrete Zusammensetzung der JSTs richtet sich nach der Bedeutung, der Komplexität, dem Geschäftsmodell und dem Risikoprofil des jeweils beaufsichtigten Instituts sowie nach dem Umfang der Geschäftsaktivitäten dieses Instituts in den einzelnen SSM-Mitgliedstaaten. *[GWA]*

K

© Springer Fachmedien Wiesbaden GmbH, ein Teil von Springer Nature 2020
L. Gramlich et al. (Hrsg.), *550 Keywords Bankenaufsichtsrecht*,
https://doi.org/10.1007/978-3-658-28295-0_11

Kapitalerhaltungspuffer

Kapitalerhaltungspolster, capital conservation buffer; nach den Bestimmungen von Basel III ist die Einführung eines Kapitalerhaltungspuffers vorgesehen. Eine entsprechende Verpflichtung findet sich auf EU-Ebene in Artikel 129 CRR. In Deutschland ist der Kapitalerhaltungspuffer in § 10c KWG geregelt. Institute im Sinne des KWG sollen außerhalb von Stressphasen einen Kapitalerhaltungspuffer aufbauen, der aus hartem Kernkapital (Common Equity Tier 1) zu bilden ist. Der Kapitalerhaltungspuffer beträgt 2,5 Prozent des Gesamtrisikobetrags des Instituts und ist zusätzlich zu den aufsichtsrechtlichen Mindestkapitalanforderungen vorzuhalten. Er soll dazu beitragen, die Prozyklizität zu verringern, indem ein Institut in Verlustphasen auf den Kapitalerhaltungspuffer zurückgreifen kann; sobald sich die Kapitalausstattung des Instituts z.B. durch die Inanspruchnahme des Kapitalerhaltungspuffers unterhalb der geforderten Höhe bewegt, besteht explizit die Notwendigkeit einer anschließenden Wiederaufstockung der Kapitalbasis. Ein spezieller Mechanismus, der die Begrenzung von diskretionären Ausschüttungen in Form von Dividenden, Aktienrückkäufen oder Bonuszahlungen vorsieht, soll den Instituten Anreize für den Aufbau des Kapitalerhaltungspuffers geben. So sind in Abhängigkeit von der harten Kernkapitalquote eines Instituts bestimmte Mindestkapitalerhaltungsquoten – im Sinne von Ausschüttungssperren – und damit auch implizit die jeweils maximal möglichen Ausschüttungsquoten vorgeschrieben (§ 37 SolvV). Faktisch handelt es sich bei der Mindestkapitalerhaltungsquote um eine gestaffelte Zwangsthesaurierungsquote, die dann zur Anwendung kommt, sobald die harte Kernkapitalquote unter sieben Prozent (das bankenaufsichtsrechtliche Minimum von 4,5 Prozent hartem Kernkapital zuzüglich des Kapitalerhaltungspuffers in Höhe von 2,5 Prozent hartem Kernkapital) fällt. Dabei gilt, dass die Mindestkapitalerhaltungsquote umso höher ist, je niedriger die harte Kernkapitalquote der Bank ist. Die Einführung des Kapitalerhaltungspuffers ist ab dem 1.1.2016 mit einer anfänglichen Höhe von 0,625 Prozent vorgesehen; er soll dann schrittweise bis zum 1.1.2019 um jährlich 0,625 Prozentpunkte bis zur endgültigen Höhe von 2,5 Prozent erhöht werden (§ 64r V KWG). *[GKR]*

Kapitalplanungsprozess

Institute haben einen Prozess zur Planung des zukünftigen Kapitalbedarfs einzurichten. Dieser Kapitalplanungsprozess muss einen angemessenen Mehrjahreshorizont umfassen. Ziel eines solchen nachhaltigen Kapitalplanungsprozesses ist es, über den üblichen 1-jährigen Risikobetrachtungshorizont hinaus zu erkennen, wie sich Veränderungen der eigenen Geschäftstätigkeit, der strategischen Ziele sowie des wirtschaftlichen Umfelds auf die Kapitalausstattung des Instituts auswirken. Der Kapitalplanungsprozess ergänzt das Risikotragfähigkeitskonzept. Er dient dazu festzustellen, welche Kapitalbestandteile in den nächsten Jahren auslaufen, so dass die Institute rechtzeitig geeignete Gegenmaßnahmen ergreifen können. *[GWA]*

Kapitalpuffer

Im Kreditwesengesetz werden die folgenden Kapitalpuffer unterschieden: Kapitalerhaltungspuffer (§ 10c KWG), antizyklischer Kapitalpuffer (§ 10d KWG), Kapitalpuffer für systemische Risiken (§ 10e KWG), Kapitalpuffer für global systemrelevante Institute (§ 10f KWG), Kapitalpuffer für anderweitig systemrelevante Institute (§ 10g KWG). *[GKR]*

Kapitalpuffer für anderweitig systemrelevante Institute

Artikel 131 V CRD IV sieht für die Mitgliedstaaten der Europäischen Union (EU) – zusätzlich zur Einführung eines Kapitalpuffers für global systemrelevante Institute (G-SRI) – die Einführung eines Kapitalpuffers für andere (beziehungsweise anderweitig) systemrelevante Institute vor. In Deutschland sind die Bestimmungen über den Kapitalpuffer für anderweitig systemrelevante Institute (A-SRI) in § 10g KWG enthalten. Die Bundesanstalt für Finanzdienstleistungsaufsicht (BaFin) bestimmt – im Einvernehmen mit der Deutschen Bundesbank – unter Verwendung einer zweistufigen Methode mindestens jährlich, welche Institute im Sinne des KWG, EU-Mutterinstitute, EU-Mutterfinanzholdinggesellschaften oder gemischte EU-Mutterfinanzholdinggesellschaften mit Sitz in Deutschland als A-SRI eingestuft werden (§ 10g II KWG). Dabei werden die folgenden Beurteilungskriterien berücksichtigt: Größe, grenzüberschreitende Aktivitäten, Vernetztheit mit dem Finanzsystem, wirtschaftliche Bedeutung für den Europäischen Wirtschaftsraum (EWR) und für Deutschland. Für als anderweitig systemrelevant identifizierte Institute kann die BaFin das Vorhalten eines aus hartem Kernkapital bestehenden Kapitalpuffers für anderweitig systemrelevante Institute bis zur Höhe von zwei Prozent des Gesamtrisikobetrags des Instituts anordnen (§ 10g I KWG). Mindestens einmal im Jahr werden von der BaFin – unter Beachtung der Vorgaben und Empfehlungen des Europäischen Ausschusses für Systemrisiken (European Systemic Risk Board (ESRB)) – Notwendigkeit und Höhe des Kapitalpuffers für anderweitig systemrelevante Institute überprüft (§ 10g III KWG). *[GKR]*

Kapitalpuffer für global systemrelevante Institute

Artikel 131 IV CRD IV sieht für die Mitgliedstaaten der Europäischen Union (EU) – zusätzlich zur Einführung eines Kapitalpuffers für anderweitig systemrelevante Institute (A-SRI) – die Einführung eines Kapitalpuffers für global systemrelevante Institute (G-SRI) vor. In Deutschland sind die Bestimmungen über den Kapitalpuffer für global systemrelevante Institute in § 10f KWG enthalten. Die Bundesanstalt für Finanzdienstleistungsaufsicht (BaFin) bestimmt – im Einvernehmen mit der Deutschen Bundesbank – auf Basis einer quantitativen Analyse mindestens jährlich, welche Institute im Sinne des KWG, EU-Mutterinstitute, EU-Mutterfinanzholdinggesellschaften oder gemischten EU-Mutterfinanzholdinggesellschaften mit Sitz in Deutschland auf konsolidierter

Ebene als G-SRI eingestuft werden (§ 10f II KWG). Dabei werden die folgenden auf die Institutsgruppe im Sinne des KWG bezogenen Beurteilungskriterien berücksichtigt: Größe, grenzüberschreitende Aktivitäten, Vernetztheit mit dem Finanzsystem, Ersetzbarkeit hinsichtlich der angebotenen Dienstleistungen und Finanzinfrastruktureinrichtungen, Komplexität. Ein als global systemrelevant eingestuftes Institut wird von der BaFin einer von fünf Größenklassen zugeordnet. In Abhängigkeit von der Größenklasse hat das Institut dann einen aus hartem Kernkapital bestehenden Kapitalpuffer für global systemrelevante Institute in Höhe von 1,0, 1,5, 2,0, 2,5 oder 3,5 Prozent des Gesamtrisikobetrags des Instituts vorzuhalten (§ 10f I KWG). Mindestens einmal im Jahr überprüft die BaFin die jeweilige Höhe der Quote des Kapitalpuffers für global systemrelevante Institute. *[GKR]*

Kapitalpuffer für systemische Risiken

Artikel 133 CRD IV sieht für die Mitgliedstaaten der Europäischen Union (EU) die Einführung eines Systemrisikopuffers vor. In Deutschland sind diese Bestimmungen durch Einführung eines Kapitalpuffers für systemische Risiken (§ 10e KWG) umgesetzt worden. Der Kapitalpuffer für systemische Risiken kann von der Bundesanstalt für Finanzdienstleistungsaufsicht (BaFin) zur Verminderung oder Abwehr langfristiger, nicht zyklischer systemischer oder makroprudentieller Risiken, die zu einer Störung mit bedeutenden Auswirkungen auf das nationale Finanzsystem und die Realwirtschaft im Inland führen können und nicht durch die Capital Requirements Regulation (CRR) abgedeckt sind, angeordnet werden (§ 10e II 1 KWG). Die BaFin kann den Kapitalpuffer für systemische Risiken, der aus hartem Kernkapital zu bestehen hat, für alle Institute im Sinne des KWG oder für bestimmte Arten oder Gruppen von Instituten anordnen (§ 10e I 1 KWG). Der Kapitalpuffer für systemische Risiken kann für Risikopositionen im Inland, in einem anderen Staat des Europäischen Wirtschaftsraums (EWR) oder in einem Drittstaat im Sinne des KWG – auch in unterschiedlicher Höhe – festgelegt werden.

Seine Quote, die von der BaFin mit einer Schrittweite von 0,5 Prozentpunkten festgesetzt wird, beträgt zwischen einem und drei Prozent der risikogewichteten Positionswerte der Risikopositionen, auf die er angeordnet wurde, und ist zusätzlich zu den aufsichtsrechtlichen Mindestkapitalanforderungen (Eigenmittelausstattung von Instituten) einzuhalten. Unter bestimmten Voraussetzungen kann die Quote des Kapitalpuffers für systemische Risiken auch bis auf fünf Prozent erhöht werden (§ 10e V 1 KWG). Mindestens alle zwei Jahre hat gemäß § 10e II 4 KWG eine Überprüfung des Kapitalpuffers für systemische Risiken zu erfolgen. *[GKR]*

Katastrophenrisiken

Siehe das Stichwort „Externe Ereignisrisiken".

Kernkapital

Als Kernkapital wird die Summe aus hartem Kernkapital und zusätzlichem Kernkapital eines Instituts im Sinne der CRR bezeichnet (Artikel 25 CRR). Zusammen mit dem Ergänzungskapital bildet es die Eigenmittel eines Instituts (Artikel 4 CXVIII CRR). Es umfasst Eigenmittelbestandteile, die einem Institut uneingeschränkt und sogleich für die Risiko- oder Verlustabdeckung zur Verfügung stehen, sobald sich die betreffenden Risiken oder Verluste ergeben, und weist damit eine höhere Qualität als das Ergänzungskapital auf. *[GKR]*

Kernkapitalquote

Die Kernkapitalquote beschreibt das prozentuale Verhältnis des Kernkapitals eines Instituts – bestehend aus dem harten Kernkapital und dem zusätzlichen Kernkapital – zum Gesamtrisikobetrag dieses Instituts. Sie muss mindestens sechs Prozent betragen. *[GWA]*

Key Investor Information Document (KIID)

Bei einem Investmentfonds müssen die wesentlichen Anlegerinformationen, die sogenannten Key Investor Information Documents (KIID), den Kunden vorgelegt werden. Ein KIID wird bei Investmentfonds statt eines Produktinformationsblattes (PIB) verwendet und ersetzt den bisher verwendeten vereinfachten Verkaufsprospekt. Gegenstand eines KIID sind alle wesentlichen Merkmale eines Fonds oder einer Anteilsklasse, um die Art einer Anlage in einen Fonds oder eine Anteilsklasse einschließlich der damit verbundenen Risiken den Anlegern zu vermitteln. Insofern enthalten die Key Investor Information Documents konkret alle wichtigen Informationen hinsichtlich der Kosten, welche der Fonds mit sich bringt, ferner zur Wertentwicklung in der Vergangenheit, zum Inhalt, zum Risiko- und Ertragsprofil sowie zur Funktionsweise des Produkts. Darüber hinaus soll in dem KIID auf Werbung verzichtet werden und sämtliche Erläuterungen sollen plausibel und verständlich für den Kunden dargestellt werden. Das KIID muss vom Emittenten erstellt werden, worunter nicht nur die Betreiber einer Anlageberatung fallen, sondern auch Fondsvermittler. *[GRE]*

Klimarisiko

1. Klimarisiken *im weiteren Sinn* sind *physische Risiken*, die für die Gesellschaft oder Unternehmen aus den physischen Auswirkungen des Klimas beziehungsweise Klimawandels resultieren können. Sie lassen sich unterteilen in Risiken, die unmittelbar (z.B. Anlagenschäden aufgrund extremer Wetterereignisse wie Stürme oder Überflutungen) oder mittelbar (z.B. Einbußen eines Kraftwerks aufgrund des Ausfalls seiner Wasserkühlung bei langen Trockenperioden) wirksam sein können.

2. Klimarisiken *im engeren Sinn* sind darüber hinaus (nicht-physische) „Transitionsrisiken", die zu einer Minderung beziehungsweise Abschreibung von Vermögenswerten für Unternehmen beziehungsweise deren Investoren führen können, weil die zugrundeliegenden

Vermögensgegenstände aufgrund der von ihnen ausgehenden klimawirksamen Emissionen (vor allem CO_2) in einem – tatsächlichen oder potenziellen – ursächlichen Zusammenhang mit dem Klimawandel stehen. Solche Transitionsrisiken unterteilen sich ihrerseits z.B. in politisch-regulatorische Risiken (z.B. steigende Preise für CO_2-Emissionen), rechtliche Risiken (z.B. Haftungsklagen für Klimaschädigungen), Marktrisiken (z.B. fallende Nachfrage nach fossilen Energieträgern), Technologie- beziehungsweise Wettbewerbsrisiken (z.B. veraltete Umwelttechnologie), Reputationsrisiken (z.B. veränderte Konsumentenpräferenzen) in Reaktion auf den Klimawandel. *[SRE]*

Klumpenrisiko

Risiko eines Verlusts, welches sich aus der übermäßigen Konzentration von Krediten auf einen einzigen Kunden oder eine Gruppe von verbundenen Kunden ergibt. *[GWA]*

Kollektiver Verbraucherschutz

Die Bundesanstalt für Finanzdienstleistungsaufsicht (BaFin) ist innerhalb ihres gesetzlichen Auftrags auch dem Schutz der kollektiven Verbraucherinteressen, also dem Schutz der Gesamtheit der Verbraucher, verpflichtet (§ 4 la FinDAG). Unbeschadet weiterer Befugnisse nach anderen Gesetzen kann die BaFin gegenüber den Instituten im Sinne des KWG und anderen Unternehmen, die nach dem Kreditwesengesetz, dem Zahlungsdiensteaufsichtsgesetz, dem Versicherungsaufsichtsgesetz, dem Wertpapierhandelsgesetz, dem Kapitalanlagegesetzbuch sowie nach anderen Gesetzen beaufsichtigt werden, alle Anordnungen treffen, die geeignet und erforderlich sind, um verbraucherschutzrelevante Missstände zu verhindern oder zu beseitigen, wenn eine generelle Klärung im Interesse des Verbraucherschutzes geboten erscheint. Ein Missstand im vorgenannten Sinne ist ein erheblicher, dauerhafter oder wiederholter Verstoß gegen ein Verbraucherschutzgesetz, der nach seiner Art oder seinem Umfang die Interessen nicht nur einzelner

Verbraucherinnen oder Verbraucher gefährden kann oder beeinträchtigt. Im Gegensatz dazu hat der individuelle Verbraucherschutz den einzelnen Verbraucher und seinen Einzelfall im Blick. Der Schutz individueller Verbraucherinteressen ist Aufgabe der Ombudsmänner, Schiedsstellen und Gerichte. *[GWA]*

Kombinierte Kapitalpuffer-Anforderung

Als kombinierte Kapitalpuffer-Anforderung wird nach § 10i KWG das gesamte harte Kernkapital eines Instituts im Sinne des KWG bezeichnet, das erforderlich ist, um die Anforderungen der folgenden Kapitalpuffer einzuhalten:

- Kapitalerhaltungspuffer,

- antizyklischer Kapitalpuffer,

- Kapitalpuffer für systemische Risiken,

- Kapitalpuffer für global systemrelevante Institute,

- Kapitalpuffer für anderweitig systemrelevante Institute.

In Bezug auf die drei letztgenannten Kapitalpuffer ist zu beachten, dass im Regelfall nur der höchste dieser drei Kapitalpuffer einzuhalten ist (§ 10f KWG). *[GKR]*

Kongruenzprinzip

Das Kongruenzprinzip ist ein Deckungsprinzip, demzufolge der Betrag der Sicherheit dem Betrag der Verpflichtungen entsprechen muss. Nach den Vorschriften des Pfandbriefgesetzes (PfandBG) gilt das Kongruenzprinzip für Hypothekenpfandbriefe, öffentliche Pfandbriefe, Schiffspfandbriefe und Flugzeugpfandbriefe (§ 4 in Verbindung mit § 1 III PfandBG). *[GKR]*

Konsolidierte Bilanz der monetären Finanzinstitute

Eine in den von der Deutschen Bundesbank erstellten bankstatistischen Gesamtrechnungen im Euroraum enthaltene zusammengefasste Bilanz der monetären Finanzinstitute (MFIs), das heißt der Banken (einschließlich Bausparkassen), Geldmarktfonds sowie der Europäischen Zentralbank (EZB) und der nationalen Zentralbanken im Europäischen System der Zentralbanken (ESZB). Die konsolidierte Bilanz ist eine Bestandsrechnung, welche die Forderungen (Aktiva) und Verbindlichkeiten (Passiva) der MFIs gegenüber Nichtbanken (Nicht-MFIs) in der Europäischen Währungsunion sowie den deutschen Beitrag hierzu aufzeigt. *[NKR]*

Kontoinformationsdienst

Engl. *Account Information Service Provider* (AISP); nach § 1 XXXIV ZAG Online-Zahlungsdienste, welche konsolidierte Informationen über ein Zahlungskonto beziehungsweise mehrere Zahlungskonten des Zahlungsdienstenutzers bei einem oder auch mehreren anderen Zahlungsdienstleistern zur Verfügung stellen. Durch die Inanspruchnahme kann der Zahlungsdienstenutzer vom Kontoinformationsdienstleister (KIDL) einen – zumeist benutzerfreundlich aufbereiteten – Gesamtüberblick über seine finanzielle Situation zu einem bestimmten Zeitpunkt auf elektronischem Wege erhalten. Kontoführende Stellen sind daher verpflichtet, mit diesem Dienstleister zu kooperieren (§ 50 ZAG). Das Anbieten von derartigen Dienstleistungen ist nach den §§ 10 und 12 ZAG nicht zulassungspflichtig. Zahlungsinstitute, die als Zahlungsdienst lediglich den Kontoinformationsdienst anbieten, müssen sich jedoch bei der Bundesanstalt für Finanzdienstleistungsaufsicht (BaFin) registrieren (§ 2 VI, § 34 I ZAG), hierfür verschiedene Angaben machen (§ 34 I 2 ZAG) und diverse Nachweise führen, unter anderem Absicherung für den Haftungsfall (§ 36 ZAG). Zivilrechtlich gelten für Verträge von Kontoinformationsdienstleistern nur eingeschränkte Informationspflichten (§ 675c IV BGB) sowie weitere Sonderregelungen in §§ 675d II 2, 675f III, 675i

II Nr. 2, III BGB. Bislang gibt es nur wenige Anbieter in diesem Bereich, was auch daran liegt, dass die Dienstleistungen bisher allein in Deutschland angeboten werden. *[GRE]*

Konto-Screening

Beim Konto-Screening handelt es sich um eine besondere organisatorische Pflicht eines Instituts im Sinne des KWG, die durch das Gesetz zur weiteren Fortentwicklung des Finanzplatzes Deutschland (Viertes Finanzmarktförderungsgesetz) vom 21.6.2002 (BGBl. I S. 2010) neu in § 25a I 1 Nr. 4 KWG a.F. eingefügt wurde. Die Verpflichtung zum Konto-Screening befindet sich mittlerweile in § 25h II KWG. Danach müssen Kreditinstitute im Sinne des KWG angemessene Datenverarbeitungssysteme betreiben und aktualisieren, mit deren Hilfe sie in der Lage sind, diejenigen Geschäftsbeziehungen und einzelnen Transaktionen im Zahlungsverkehr zu erkennen, die aufgrund von Erfahrungswissen über die Methoden der Geldwäsche, der Terrorismusfinanzierung im Sinne des KWG und sonstiger strafbarer Handlungen, die zu einer Gefährdung des Vermögens des Instituts führen können, im Verhältnis zu vergleichbaren Fällen besonders komplex oder groß sind, ungewöhnlich ablaufen oder ohne offensichtlichen wirtschaftlichen oder rechtmäßigen Zweck erfolgen. Ein Institut ist nach § 25h III 1 KWG verpflichtet, alle im Rahmen des Konto-Screenings erkannten Transaktionen mit angemessenen Maßnahmen zu untersuchen. Ob das Institut der Verpflichtung zum Konto-Screening nach § 25h KWG nachgekommen ist, ist von einem Prüfer im Rahmen der Jahresabschlussprüfung zu untersuchen, wobei er über diese Prüfung gesondert zu berichten hat (§ 29 II KWG). Der Prüfungsbericht ist der Bundesanstalt für Finanzdienstleistungsaufsicht (BaFin) und der Deutschen Bundesbank unverzüglich nach Beendigung der Prüfung einzureichen. *[GKR]*

Kreditanzeigen nach KWG und CRR

1. *Allgemeines*: Anzeigen über Großkredite und Millionenkredite, die insbesondere von Instituten im Sinne des KWG und von Instituten im Sinne der CRR (Capital Requirements Regulation) abgegeben werden müssen. Organkredite sind seit der Sechsten KWG-Novelle durch den Wegfall des § 16 KWG nicht mehr unverzüglich anzeigepflichtig; stattdessen erfolgt eine Überwachung der Organkreditvorschriften im Rahmen der Jahresabschlussprüfung.

2. *Rechtsgrundlagen*: § 13 KWG (Großkredite) in Verbindung mit den Artikeln 387-403 CRR, § 14 KWG (Millionenkredite), Großkredit- und Millionenkreditverordnung (GroMiKV).

3. *Gegenstand*:

a) *Großkredite*: Ein Kreditinstitut hat den zuständigen Aufsichtsbehörden gemäß Artikel 392 CRR in Verbindung mit Artikel 394 CRR anzuzeigen, wenn seine Risikopositionen (Artikel 390 CRR) an einen Kreditnehmer insgesamt zehn Prozent der anrechenbaren Eigenmittel erreichen oder übersteigen (Großkredit). Das Überschreiten einer Großkreditobergrenze liegt vor, wenn ein Kreditinstitut gegenüber einem Kreditnehmer unter Berücksichtigung der Kreditrisikominderungstechniken gemäß den Artikeln 399-403 CRR eine Risikoposition aufweist, die insgesamt 25 Prozent seiner anrechenbaren Eigenmittel überschreitet (Artikel 395 CRR). Ist ein Großkredit ohne den vorherigen einstimmigen Beschluss sämtlicher Geschäftsleiter gewährt worden und wird diese Beschlussfassung nicht innerhalb eines Monats nach der Gewährung des Großkredits nachgeholt, so hat das Kreditinstitut auch dies der zuständigen Aufsichtsbehörde (BaFin oder EZB), der Deutschen Bundesbank und, sofern die EZB Aufsichtsbehörde ist, der BaFin unverzüglich anzuzeigen (§ 13 II 5 KWG). Wird ein bereits gewährter Kredit durch die Verringerung der anrechenbaren Eigenmitteln nachträglich zu einem Großkredit, so bedarf dies eines unverzüglich nachzuholenden einstimmigen Beschlusses sämtlicher Geschäftsleiter (§ 13 II 6 KWG).

Sollte ein solcher Beschluss nicht innerhalb eines Monats, gerechnet von dem Zeitpunkt, an dem der Kredit zu einem Großkredit geworden ist, nachgeholt werden, so hat das Kreditinstitut dies ebenfalls der zuständigen Aufsichtsbehörde (BaFin oder EZB), der Deutschen Bundesbank und, sofern die EZB Aufsichtsbehörde ist, der BaFin unverzüglich anzuzeigen (§ 13 II 8 KWG). Kreditinstitute, deren Umfang ihrer bilanziellen und außerbilanziellen Handelsbuchtätigkeiten die gemäß Artikel 94 I CRR (Ausnahme für Handelsbuchtätigkeiten von geringem Umfang) genannten Grenzen (durchschnittlich < fünf Prozent beziehungsweise 15 Mio. Euro und nie > sechs Prozent beziehungsweise 20 Mio. Euro) nicht überschreiten, können bei der im Zusammenhang mit der Ermittlung der Großkredite sowie der Großkreditobergrenze erforderlichen Berechnung ihrer Eigenmittelanforderungen auf die gemäß Artikel 92 III a CRR bestehende Regelung (Ausschluss der risikogewichteten Forderungsbeträge aus der Handelsbuchtätigkeit) zurückgreifen. Überschreitet ein Kreditinstitut die entsprechenden Kriterien von Artikel 94 I CRR, so hat es dies wiederum der zuständigen Aufsichtsbehörde direkt anzuzeigen, welche die Bewertung des Kreditinstituts (Wegfall des Ausnahmetatbestandes) nochmals überprüft (Artikel 94 III CRR). Für Großkredite von Institutsgruppen und Finanzholding-Gruppen gelten die vorstehend angesprochenen Anzeigepflichten über Großkredite einzelner Institute entsprechend, wobei hierbei das übergeordnete Unternehmen die Anzeigepflichten zu erfüllen hat (§ 13 III KWG).

b) *Millionenkredite*: Ein Kreditinstitut hat der bei der Deutschen Bundesbank geführten Evidenzzentrale vierteljährlich diejenigen Kreditnehmer anzuzeigen, deren Kreditvolumen zu irgendeinem Zeitpunkt während des Berichtszeitraums eine Mio. Euro oder mehr betragen hat (§ 14 I 1 KWG). Für die Höhe des Kreditbetrags ist dabei der jeweilige Stand bei Geschäftsschluss entscheidend. Bei Gemeinschaftskrediten besteht eine Anzeigepflicht für alle beteiligten Kreditgeber. Eine Anzeigepflicht existiert bei Gemeinschaftskrediten auch dann, wenn der Anteil eines einzelnen Kreditgebers eine Mio. Euro nicht erreicht (§ 14 I 5 KWG). Bei

Gemeinschaftskrediten unter einer Mio. Euro wird die Anzeigepflicht für ein beteiligtes Kreditinstitut erst ausgelöst, wenn sein Anteil zusammen mit einem anderen eigenen Kredit an denselben Kreditnehmer eine Mio. Euro erreicht beziehungsweise übersteigt.

4. *Berichtszeitraum* und *Abgabetermin*: Berichtszeiträume für die Meldungen gemäß Artikel 394 CRR (Stammdaten- und Einreichungsverfahren) für Großkredite sowie gemäß § 14 KWG (Gesamtverfahren) für Millionenkredite sind die Monate Januar bis März, April bis Juni, Juli bis September und Oktober bis Dezember. Meldestichtag ist dabei jeweils der letzte Geschäftstag im jeweiligen Berichtszeitraum. Die Anzeigen haben grundsätzlich bis zum 15. Geschäftstag der Monate Januar, April, Juli und Oktober (Folgemonat des jeweiligen Berichtszeitraums) zu erfolgen (§ 8 I GroMiKV und § 16 I GroMiKV in Verbindung mit der meldetechnischen Durchführungsbestimmung für die Abgabe der Großkreditanzeige nach Artikel 394 CRR und der Millionenkreditanzeige nach § 14 KWG).

5. *Einreichungsstellen*: Die Betragsdatenanzeigen zu den Kreditmeldungen sind der Deutschen Bundesbank ausschließlich in elektronischer Form zu übermitteln, wohingegen die Angaben zu den Stammdaten von Kreditnehmern in Papierform bei der zuständigen Hauptverwaltung der Deutschen Bundesbank einzureichen sind (§ 8 I GroMiKV und § 16 I GroMiKV in Verbindung mit der meldetechnischen Durchführungsbestimmung für die Abgabe der Großkreditanzeige nach Artikel 394 CRR und der Millionenkreditanzeige nach § 14 KWG). *[GWA, NKR]*

Kreditbegriff des KWG und der CRR

1. *Allgemeines*: Von Anfang an wurde der Kreditbegriff im KWG durch Aufzählung einzelner Geschäftsarten sehr viel weiter gefasst als das Kreditgeschäft im Sinne des KWG, um Umgehungen zu erschweren und eine möglichst umfassende Anknüpfung für Kreditanzeigen nach dem KWG zu schaffen. Seit der sechsten Novellierung des KWG und der Einführung der Capital Requirements Regulation (CRR) gelten drei

unterschiedliche Begriffsdefinitionen: Während für Großkredite Artikel 392 CRR und für Organkredite sowie die Offenlegung der wirtschaftlichen Verhältnisse § 21 KWG maßgeblich ist, gilt für Millionenkredite die Begriffsbestimmung des § 19 I und Ia KWG.

2. *Kreditarten*: *Großkredite* umfassen alle Aktiva und außerbilanziellen Positionen im Sinne von Teil 3 Titel II Kapitel 2 (Kreditrisiko-Standardansatz) der CRR ohne Anwendung der Risikogewichte und -grade (Artikel 389 CRR). Die bisherige Betrachtung der Bruttowerte wurde mit Einführung der CRR dahingehend abgelöst, dass fortan auf den um die Wertberichtigung korrigierten Buchwert abzustellen ist. Eine Auflistung der außerbilanziellen Positionen gemäß CRR findet sich in Anhang I dieser Verordnung samt zugehöriger Risikoeinstufung der jeweiligen Geschäfte.

Millionenkredite werden indes weiterhin durch das KWG definiert und umfassen Bilanzaktiva, Derivate mit Ausnahme der Stillhalterverpflichtungen aus Kaufoptionen sowie die dafür übernommenen Gewährleistungen und andere außerbilanzielle Geschäfte (§ 19 I 1 KWG). Die Liste der *Bilanzaktiva* in § 19 I 2 KWG erfasst: (a) Guthaben bei Zentralnotenbanken und Postgiroämtern, (b) Schuldtitel öffentlicher Stellen und Wechsel, die zur Refinanzierung bei Zentralnotenbanken zugelassen sind, (c) im Einzug befindliche Werte, für die entsprechende Zahlungen bereits bevorschusst wurden, (d) Forderungen an Kreditinstitute und Kunden (auch aus Warengeschäften sowie in der Bilanz aktivierte Ansprüche aus Leasingverträgen auf Zahlungen, zu denen der Leasingnehmer verpflichtet ist oder verpflichtet werden kann, und Optionsrechte des Leasingnehmers zum Kauf der Leasinggegenstände, die einen Anreiz zur Ausübung des Optionsrechts bieten), (e) Schuldverschreibungen und andere festverzinsliche Wertpapiere, soweit sie kein Recht verbriefen, das unter die Kategorie Derivate fällt, (f) Aktien und andere nicht festverzinsliche Wertpapiere, soweit sie kein Recht verbriefen, das unter die Kategorie Derivate fällt, (g) Beteiligungen, (h) Anteile an verbundenen Unternehmen sowie (i) sonstige Vermögensgegenstände, sofern sie einem Adressenausfallrisiko unterliegen.

Ebenso werden die *anderen außerbilanziellen Geschäfte* aufgezählt. § 19 I 3 KWG führt an: (a) den Kreditnehmern abgerechnete eigene Ziehungen im Umlauf, (b) Indossamentsverbindlichkeiten aus weitergegebenen Wechseln, (c) Bürgschaften und Garantien für Bilanzaktiva, (d) Erfüllungsgarantien und andere Garantien und Gewährleistungen, soweit sie sich nicht auf Derivate beziehen, (e) Eröffnung und Bestätigung von Akkreditiven, (f) unbedingte Verpflichtungen der Bausparkassen zur Ablösung fremder Vorfinanzierungs- und Zwischenkredite an Bausparer, (g) Haftung aus der Bestellung von Sicherheiten für fremde Verbindlichkeiten, (h) beim Pensionsgeber vom Bestand abgesetzte Bilanzaktiva, die dieser mit der Vereinbarung auf einen anderen übertragen hat, dass er sie auf Verlangen zurücknehmen muss, (i) Verkäufe von Bilanzaktiva mit Rückgriff, bei denen das Kreditrisiko bei dem verkaufenden Institut verbleibt, (j) Terminkäufe auf Bilanzaktiva, bei denen eine unbedingte Verpflichtung zur Abnahme des Liefergegenstandes besteht, (k) Platzierung von Termineinlagen auf Termin, (l) Ankaufs- und Refinanzierungszusagen, (m) noch nicht in Anspruch genommene Kreditzusagen, (n) Kreditderivate, (o) noch nicht in der Bilanz aktivierte Ansprüche aus Leasingverträgen auf Zahlungen, zu denen der Leasingnehmer verpflichtet ist oder verpflichtet werden kann, und Optionsrechte des Leasingnehmers zum Kauf der Leasinggegenstände, die einen Anreiz zur Ausübung des Optionsrechts bieten, sowie (p) sonstige außerbilanzielle Geschäfte, sofern sie einem Adressenausfallrisiko unterliegen.

Organkredite und sonstige Kredite können gemäß § 21 I 1 KWG sein: (a) Gelddarlehen aller Art, entgeltlich erworbene Geldforderungen (Factoring), Akzeptkredite sowie Forderungen aus Namensschuldverschreibungen (ausgenommen auf den Namen lautende Pfandbriefe und Kommunalschuldverschreibungen), (b) Diskontkredite, (c) Geldforderungen aus sonstigen Handelsgeschäften des Kreditinstituts mit Ausnahme der Forderungen aus Warengeschäften der Kreditgenossenschaften, sofern diese nicht über die handelsübliche Frist hinaus gestundet werden, (d) Avalkredite sowie die Haftung eines Instituts aus der Bestellung von

Sicherheiten für fremde Verbindlichkeiten, (e) die Verpflichtung, für die Erfüllung entgeltlich übertragener Geldforderungen einzustehen oder sie auf Verlangen des Erwerbers zurückzuerwerben (z.B. unechte Pensionsgeschäfte), (f) der Besitz an Aktien oder Geschäftsanteilen eines anderen Unternehmens in Höhe von mindestens 25 Prozent des Kapitals, ohne dass es auf die Dauer des Besitzes ankommt, (g) Gegenstände, über die ein Institut als Leasinggeber Leasingverträge abgeschlossen hat (eventuell unter Berücksichtigung von Korrekturen). Zugunsten eines Instituts bestehende Sicherheiten sowie Guthaben des Kreditnehmers bei dem Institut bleiben bei der Bestimmung eines Organkredits oder sonstigen Kredits außer Betracht (§ 21 I 2 KWG).

3. *Ausnahmen*: Anzumerken ist, dass für alle vorgenannten Begriffsdefinitionen vielfältige Ausnahmeregelungen existieren: für Großkredite nach Artikel 400 CRR, für Millionenkredite nach § 20 KWG, für Organkredite nach § 21 II und (teils) III KWG und für Kredite im Sinne von § 18 KWG nach § 21 II-IV KWG. Die jeweiligen Ausnahmen reichen für Großkredite und Millionenkredite unterschiedlich weit. Artikel 400 CRR, der sich auf Großkredite bezieht, nennt Risikopositionen (z.B. Forderungen an Zentralstaaten oder Zentralbanken sowie bestimmte besicherte Aktiva), in denen kaum ein spezifisches Kreditrisiko entstehen kann und denen folglich ein geringes Risikogewicht zugeordnet wird. Im Hinblick auf Millionenkredite, bei denen die Regelungen des § 20 KWG gelten, werden bestimmte Kreditarten (z.B. bestimmte Kredite bei Wechselkurs- und Wertpapiergeschäften) sowie abgeschriebene Kredite vom Regelungsbereich des § 14 KWG ausgenommen. Zudem enthalten die §§ 13, 22 KWG eine auf das Bundesministerium der Finanzen übertragene Befugnis zum Erlass einer Rechtsverordnung (Großkredit- und Millionenkreditverordnung; GroMiKV). Aufgrund der direkten Regulierung des Großkreditregimes durch die CRR verringerte sich der Regelungsbereich der GroMiKV entsprechend und beschränkt sich nur noch auf solche Sachverhalte, in denen die CRR Wahlrechte beziehungsweise Ausnahmen zulässt. *[GWA, NKR]*

Kreditdatenstatistik (AnaCredit)

Analytical Credit Datasets;

1. *Allgemeines:* eine im Rahmen der Bankenstatistik angeordnete Meldung zum Zwecke des Aufbaus einer analytischen granularen Mehrzweckdatenbank, welche harmonisierte Daten aus allen Mitgliedstaaten des Eurosystems auf Ebene des einzelnen Kredits und des Kreditnehmers erhebt (= zentrales Kreditregister). Die granularen Kreditdaten und Kreditrisikodaten der Berichtspflichtigen umfassen hierbei detaillierte und einzelne Informationen zu vorgegebenen „Instrumenten", die mit Kreditrisiken behaftet sind. Im Wesentlichen handelt es sich hierbei um die nachfolgenden Positionen (vgl. Artikel 1 Nr. 23 in Verbindung mit Anhang IV AnaCredit-Verordnung):

a) Buchforderungen;

b) eigene Einlagen;

c) außerbilanzielle Posten bei unmittelbarer Verbindung zum berichtspflichtigen Kredit.

Neben der angestrebten Harmonisierung des Kreditmeldewesens sollen mittels AnaCredit perspektivisch auch wichtige Zentralbankaufgaben des Eurosystems, wie z.B. die Geldpolitik oder die Finanzstabilitätsüberwachung, unterstützt werden. Auch soll die Kreditdatenstatistik einer Vielzahl an externen Institutionen, unter anderem der Europäischen Kommission, dem Europäischen Ausschuss für Systemrisiken, der Bank für Internationalen Zahlungsausgleich oder dem Internationalen Währungsfonds, als Informationsquelle und Entscheidungshilfe dienen. Die vollständige Implementierung von Ana-Credit soll in verschiedenen Phasen verlaufen; die veröffentlichte AnaCredit-Verordnung stellt hierbei die erste Phase dar. Detaillierte Informationen zu weiteren Phasen mit zusätzlichen Berichtspflichtigen, Instrumenten oder Kreditnehmern stehen noch aus.

2. *Rechtsgrundlagen:* Verordnung (EU) 2016/867 der Europäischen Zentralbank vom 18. Mai 2016 über die Erhebung granularer Kreditdaten und Kreditrisikodaten (EZB/2016/13). Die Verordnung trat zum 31. Dezember 2017 in Kraft. Die nationalen Anforderungen zu auslegungsbedürftigen Vorgaben der Verordnung wurden durch die Mitteilung Nr. 8001/2016 der Deutschen Bundesbank vom 14. Juli 2016 umgesetzt.

3. *Berichtspflichtiger:* Gemäß AnaCredit-Verordnung „ein Rechtsträger oder eine ausländische Niederlassung, die in einem Berichtsmitgliedstaat gebietsansässig sind und den Berichtspflichten der EZB gemäß dieser Verordnung unterliegen" (Artikel 1 Nr. 8 AnaCredit-Verordnung). Dies bedeutet, dass zunächst nur Kreditinstitute meldepflichtig sind; eine Ausweitung auf weitere Akteure im Finanzsektor ist allerdings bereits in einer späteren Phase angedacht. Die Berichtspflichtigen melden an die jeweiligen nationalen Notenbanken, ergo in Deutschland an die Deutsche Bundesbank. Zur Meldung an die Deutsche Bundesbank sind nach Mitteilung Nr. 8001/2016 alle in Deutschland gebietsansässigen Kreditinstitute sowie in Deutschland gebietsansässigen Zweigniederlassungen von im Ausland gebietsansässigen Kreditinstituten verpflichtet. Ferner haben in Deutschland gebietsansässige Kreditinstitute mit im Ausland gebietsansässigen Zweigniederlassungen neben der Meldung für den in Deutschland gebietsansässigen Teil des Instituts auch Meldungen für die im Ausland gebietsansässigen Zweigniederlassungen einzureichen.

4. *Berichtspflichten:* Der Meldeumfang wird durch die AnaCredit-Verordnung, insbesondere die Artikel 4-6 sowie Anhang I, vorgegeben. Er umfasst prinzipiell alle Kreditarten (ohne Derivate) an Kreditnehmer, die keine natürlichen Personen sind und deren Betrag die Meldegrenze von 25.000 Euro je Kreditnehmer bei einem Kreditinstitut überschreitet. Ausgenommen sind folglich Kredite, die ausschließlich an natürliche Personen vergeben werden. Vorbehaltlich der in Artikel 7 und Anhang II aufgeführten Meldeerleichterungen sind zunächst insgesamt 95 Attribute (89 Kreditmerkmale und 6 Identifikationsmerkmale) auf

elektronischem Weg zu melden. Das durch die Verordnung eingeräumte Wahlrecht zur Einführung gewisser Meldeerleichterungen wurde national durch die Mitteilung Nr. 8001/2016 der Deutschen Bundesbank umgesetzt. Eine reduzierte Berichtspflicht ist dieser zufolge für kleinere Banken gestattet, deren zusammengefasster Marktanteil am Kreditvolumen kleiner als zwei Prozent ist. Darüber hinaus werden Meldeerleichterungen auch für das Bestandsgeschäft (Instrumente, die vor dem 1. September 2018 vergeben wurden) sowie für Niederlassungen von Kreditinstituten außerhalb der Eurozone gewährt. Die jeweils geltenden Meldeschemata in Bezug auf AnaCredit sind auf der Internetseite der Deutschen Bundesbank unter www.bundesbank.de abrufbar.

5. *Meldefrequenz:* Die jeweilige Meldefrequenz ist abhängig von dem zu meldenden Attribut und reicht von anlassbezogenen über monatliche bis hin zu quartalsmäßigen Meldungen. Unterschieden wird hierbei einerseits zwischen Vertragspartner-Stammdaten und Kredit-Stammdaten (z.B. Instrumentendaten, Daten empfangener Sicherheiten), die einmalig bei Abschluss des zu meldenden Vertrages und jeweils bei Änderung eines oder mehrerer Merkmale zu übermitteln sind, sowie andererseits sogenannten dynamischen Kreditdaten, die monatlich (z.B. Finanzdaten, Daten zu Verbindlichkeiten mit mitschuldnerischer Haftung, Daten des Vertragspartnerrisikos) beziehungsweise vierteljährlich (z.B. Rechnungslegungsdaten) zu melden sind.

6. *Meldetermine:* Die Meldung von Vertragspartner-Stammdaten sowie Kredit-Stammdaten ist grundsätzlich täglich möglich; sie ist für in Deutschland gebietsansässige Kreditinstitute jedoch spätestens bis zum Geschäftsschluss des sechsten Geschäftstages (bei im Ausland gebietsansässigen Instituten spätestens bis zum Geschäftsschluss des 15. Geschäftstages) nach Ablauf eines jeden Monats, in dem das die Meldepflicht auslösende Ereignis eingetreten ist, zu übermitteln. Monatlich zu meldende Daten sind mit dem Stand des jeweils letzten Tages des Monats (Meldestichtag) ebenfalls bis zum Geschäftsschluss des sechsten Geschäftstages nach Ablauf eines jeden Monats

von gebietsansässigen Instituten (bei im Ausland gebietsansässigen Einheiten bis zum Geschäftsschluss des 15. Geschäftstages nach Ablauf eines jeden Monats) zu übermitteln. Bei vierteljährlich zu überliefernden Daten sind die Meldestichtage jeweils die letzten Tage der Monate März, Juni, September und Dezember. Hierbei haben die Meldungen der Daten des ersten Quartals bis zum Geschäftsschluss des 12. Mai, die Meldungen der Daten für das zweite Quartal bis zum Geschäftsschluss des 11. August, die Meldungen der Daten für das dritte Quartal bis zum Geschäftsschluss des 11. November und die Meldungen der Daten für das vierte Quartal bis zum Geschäftsschluss des 11. Februar des Folgejahres zu erfolgen. Handelt es sich bei dem Meldetermin um einen gesetzlichen Feiertag, einen Samstag respektive einen Sonntag, so verlängert sich dieser auf den Geschäftsschluss des darauffolgenden Geschäftstages.

7. *Erstmeldung:* Während Vertragspartner-Stammdaten erstmalig für den Stichtag 31. Januar 2018 an die Deutsche Bundesbank zu melden waren, erfolgte die Erstmeldung der Kredit-Stammdaten sowie der dynamischen Kreditdaten für den Stichtag 31. März 2018. *[NKR]*

Kreditgeschäft

Als Kreditgeschäft gelten nach der engen Definition des Kreditwesengesetzes (§ 1 I 2 Nr. 2 KWG) nur die Gewährung von Gelddarlehen und Akzeptkrediten, im weiteren Sinne auch andere Bankgeschäfte (z.B. Diskontgeschäft), bei denen einer anderen Person ein Kredit eingeräumt wird. *[GKR]*

Kreditgeschäft im Sinne des KWG

Das Kreditgeschäft im Sinne des KWG ist ein Bankgeschäft im Sinne des KWG (§ 1 I 2 Nr. 2 KWG), das „die Gewährung von Gelddarlehen und Akzeptkrediten" umfasst. Der Begriff „Gelddarlehen" knüpft nicht am wirtschaftlichen, sondern am rechtlichen Kreditbegriff (§ 488 BGB) an.

Factoring ist daher kein Kreditgeschäft im Sinne des KWG, sondern eine Finanzdienstleistung im Sinne des KWG nach § 1 Ia 2 Nr. 9 KWG. Der Erwerber von Darlehensforderungen wird zwar Gläubiger, es liegt jedoch keine „Gewährung" im Sinne des Kreditgeschäfts im Sinne des KWG vor. Andere Typen von Bankgeschäften im Sinne von § 1 I 2 KWG, die dem Kreditgeschäft im Sinne des KWG nahe stehen, umfassen das Diskontgeschäft (Nr. 3) und das Garantiegeschäft (Nr. 8), bei denen Kreditgeschäfte in einem weiteren wirtschaftlichen Sinne vorliegen. Auch Kreditvermittler betreiben kein Kreditgeschäft im Sinne des KWG, da sie nicht selbst Darlehen gewähren; darüber hinaus liegt kein Bankgeschäft vor (es sei denn, die Vermittlung ist mit der Übernahme von Haftung verbunden). Das Vermitteln von Darlehen zwischen Kreditinstituten (Geldmaklergeschäft) gehört hingegen zu den Haupttätigkeiten von Finanzunternehmen im Sinne des KWG (§ 1 III 1 Nr. 8 KWG); Anlage- und Abschlussvermittlung bei Finanzinstrumenten sind ebenso wie das Finanzierungsleasing im Sinne von § 1 Ia 2 Nr. 10 KWG Finanzdienstleistungen im Sinne des KWG, die für Finanzdienstleistungsinstitute im Sinne des KWG kennzeichnend sind (§ 1 Ia KWG). *[GKR]*

Kreditinstitut im Sinne der CRR

Ein Unternehmen, dessen Tätigkeit darin besteht, Einlagen oder andere rückzahlbare Gelder des Publikums entgegenzunehmen und Kredite für eigene Rechnung zu gewähren (Artikel 4 I Nr. 1 CRR). *[GWA]*

Kreditinstitut im Sinne des KWG

Ein Kreditinstitut im Sinne des KWG ist ein Unternehmen, das Bankgeschäfte gewerbsmäßig oder in einem Umfang betreibt, der einen in kaufmännischer Weise eingerichteten Geschäftsbetrieb erfordert (§ 1 I 1 KWG). Danach müssen für das Vorliegen eines Kreditinstituts im Sinne des KWG drei Merkmale gegeben sein:

a) ein Unternehmen, also nicht eine einzelne natürliche Person, auch wenn es sich um einen Kaufmann handelt;

b) das Betreiben mindestens eines der in § 1 I 2 Nr. 1-12 KWG abschließend aufgezählten Bankgeschäfte;

c) ein gewisser Umfang der Geschäfte, wofür in erster Linie eine gewerbsmäßige Tätigkeit maßgeblich ist (Gewerbe). Gemäß § 1 Ib KWG fallen Kreditinstitute im Sinne des KWG und Finanzdienstleistungsinstitute im Sinne des KWG unter den Oberbegriff des Instituts im Sinne des KWG. Kreditinstitute im Sinne des KWG bedürfen vor der Aufnahme ihrer Geschäftstätigkeit einer schriftlichen Erlaubnis der Bundesanstalt für Finanzdienstleistungsaufsicht (BaFin) gemäß § 32 KWG zum Betreiben von Bankgeschäften (siehe auch das Stichwort „Erlaubniserteilung für Institute"). Nicht als Kreditinstitute im Sinne des KWG gelten nach § 2 I KWG insbesondere die Deutsche Bundesbank, die Kreditanstalt für Wiederaufbau (KfW), die Sozialversicherungsträger, die Bundesagentur für Arbeit, private und öffentlich-rechtliche Versicherungsunternehmen, Unternehmen des Pfandleihgewerbes, soweit sie dieses durch die Gewährung von Darlehen gegen Faustpfand betreiben, Unternehmen, die aufgrund des Gesetzes über Unternehmensbeteiligungsgesellschaften als Unternehmensbeteiligungsgesellschaften anerkannt sind, sowie Unternehmen, die Bankgeschäfte ausschließlich mit ihrem Mutterunternehmen oder ihren Tochter- oder Schwesterunternehmen betreiben.

Darüber hinaus gelten unter anderem auch folgende Unternehmen nicht als Kreditinstitute im Sinne des KWG:

a) Unternehmen, die abgesehen von dem Finanzkommissionsgeschäft und dem Emissionsgeschäft (jeweils ausschließlich mit Warentermingeschäften, Emissionszertifikaten und Derivaten) kein Bankgeschäft betreiben und keinen Eigenhandel im Sinne des § 1a 2 Nr. 4 Buchstabe c und d KWG erbringen,

b) Unternehmen, die das Finanzkommissionsgeschäft lediglich als Dienstleistung für Anbieter oder Emittenten von Vermögensanlagen im Sinne des § 1 II des Vermögensanlagegesetzes oder von geschlossenen alternativen Investmentfonds im Sinne des § 1 V des Kapitalanlagegesetzes betreiben,

c) Unternehmen, die ausschließlich durch die Übernahme gleichwertiger Garantien im Sinne des § 1 I 2 Nr. 10 KWG das Emissionsgeschäft für Anbieter oder Emittenten von Vermögensanlagen im Sinne des § 1 II des Vermögensanlagegesetzes oder von geschlossenen alternativen Investmentfonds im Sinne des § 1 V des Kapitalanlagegesetzes betreiben,

d) Unternehmen, die das Depotgeschäft ausschließlich für alternative Investmentfonds praktizieren,

e) Zentralverwahrer, soweit sie das Finanzkommissions- und Emissionsgeschäft ausüben.

Diese Ausnahmen bestehen vor allem, weil die betroffenen Unternehmen beziehungsweise Institutionen entweder öffentliche Funktionen wahrnehmen und insofern einer staatlichen Sonderaufsicht unterliegen (z.B. KfW), weil eine besondere Fachaufsicht vorliegt (z.B. Versicherungen) oder weil sie selbst in die Bankenaufsicht eingeschaltet sind (Deutsche Bundesbank). [GWA, GRE]

Kreditkonversionsfaktor

Der Kreditkonversionsfaktor (engl. Credit Conversion Factor, CCF) dient der Konvertierung außerbilanzieller Positionen in kreditrisikoäquivalente bilanzielle Positionen. Dies wird notwendig, da außerbilanzielle Positionen mit einer gewissen Wahrscheinlichkeit in einer geschätzten durchschnittlichen Höhe zu bilanziellen Positionen werden können. Beispielhaft wäre etwa die Inanspruchnahme einer zuvor erteilten – und bis zum Zeitpunkt der Inanspruchnahme außerbilanziell zu führenden – Kreditzusage zu nennen. Der CCF dient der Einschätzung der durchschnittlichen

Höhe und Wahrscheinlichkeit einer Inanspruchnahme, welche die außerbilanzielle Position zu einer bilanziellen Position umwandelt. Dabei wird der Betrag der außerbilanziellen Position mit dem gemäß Artikel 111 I in Verbindung mit Anhang I CRR (Capital Requirements Regulation) ermittelten CCF multipliziert. Für Kreditinstitute, die den Standardansatz verwenden, beträgt der CCF in Abhängigkeit vom Risiko einer tatsächlichen Inanspruchnahme 100 Prozent (hohes Risiko), 50 Prozent (mittleres Risiko), 20 Prozent (mittleres/niedriges Risiko) oder 0 Prozent (niedriges Risiko). In der CRR wird der in der SolvV a.F. noch verwendete Begriff „Konversionsfaktor" nicht genutzt. [RBL]

Kreditnehmerbegriff des KWG

1. *Allgemein*: Die gesetzliche Festlegung des Begriffs „ein Kreditnehmer" (Kreditnehmereinheit) findet sich in § 19 II und III KWG.

2. *Zweck*: Die bankenaufsichtsrechtlichen Vorschriften über das Kreditgeschäft im Sinne des KWG können nur dann ihren Zweck erfüllen, wenn eng verbundene Schuldner (ungeachtet der Bonitätsbeurteilung jedes einzelnen) zusammengefasst werden, um dem Risiko Rechnung zu tragen, das in einer engen rechtlichen oder wirtschaftlichen Bindung liegen kann.

3. *Einzelheiten*: Der Kreditnehmerbegriff wird für Zwecke des § 14 KWG (Millionenkredit) etwas anders definiert als für Zwecke des § 15 KWG (Organkredite) und des § 18 KWG (Offenlegung der wirtschaftlichen Verhältnisse). Gemäß § 19 II KWG gelten als ein Kreditnehmer im Sinne von § 14 KWG zwei oder mehr natürliche Personen oder juristische Personen oder Personenhandelsgesellschaften, die insofern eine Einheit (Kreditnehmereinheit) bilden, als eine von ihnen unmittelbar oder mittelbar einen beherrschenden Einfluss auf die andere(n) ausüben kann. Dies ist insbesondere der Fall bei Unternehmen, die im Sinne von § 290 II HGB konsolidiert werden oder durch einen unbegrenzten Gewinnabführungsvertrag miteinander verbunden sind oder bei in Mehrheitsbesitz

stehenden Unternehmen und deren mehrheitlichen Anteilseignern. Darüber hinaus gelten als ein Kreditnehmer alle Unternehmen, die demselben Konzern im Sinne von § 18 Aktiengesetz (AktG) angehören, sowie Personenhandelsgesellschaften oder Kapitalgesellschaften und jeder persönlich haftende Gesellschafter sowie Partnerschaften und jeder Partner.

Im Gegensatz dazu definiert § 19 III KWG den Begriff des Kreditnehmers im Sinne der §§ 15 und 18 KWG als zwei oder mehr natürliche oder juristische Personen, die gemäß Artikel 4 I Nr. 39 CRR eine Gruppe verbundener Kunden bilden. Eine Gruppe verbundener Unternehmen und damit eine Kreditnehmereinheit im Sinne der §§ 15 und 18 KWG liegt demnach dann vor, wenn zwei oder mehr natürliche oder juristische Personen eine Einheit bezüglich des Risikos bilden, als eine von ihnen über eine direkte oder indirekte Kontrolle über die andere oder die anderen verfügt. Sofern das Gegenteil nachgewiesen wird, gelten diese Personen nicht als Gruppe verbundener Unternehmen. Aber auch wenn kein solches Kontrollverhältnis zwischen zwei oder mehr natürlichen oder juristischen Personen besteht, sind diese Personen als eine Gruppe verbundener Kunden anzusehen, wenn sie derart voneinander abhängig sind, dass es wahrscheinlich ist, dass finanzielle Schwierigkeiten – insbesondere Finanzierungs- und Rückzahlungsschwierigkeiten – bei einer dieser Personen auch zu finanziellen Schwierigkeiten bei einer oder mehreren der anderen Personen führen. *[GKR]*

Kreditnehmerstatistik

Die Kreditnehmerstatistik ist eine von der Deutschen Bundesbank nach § 18 BBankG angeordnete Erhebung, in deren Rahmen die monetären Finanzinstitute der Deutschen Bundesbank vierteljährlich ihre ausstehenden Kredite an inländische Unternehmen und Privatpersonen (einschließlich Organisationen ohne Erwerbszweck), gegliedert nach Kreditarten, Fristigkeiten und Kreditnehmergruppen beziehungsweise Beleihungsobjekten, melden. Kredite, die für den Wohnungsbau vergeben werden, müssen hierbei gesondert aufgeführt werden. Darüber hinaus sind zu den Meldebeständen alle im Berichtszeitraum aus Bewertungskorrekturen resultierenden Zu- und Abgänge anzugeben. Die Meldung der Daten für die Kreditnehmerstatistik hat von den Banken an die Deutsche Bundesbank spätestens am 10. Geschäftstag nach Ablauf des jeweiligen Quartals zu erfolgen. Die Kreditnehmerstatistik ist ein Teil der Bankenstatistik der Deutschen Bundesbank. [NKR]

Kreditrisiko

1. *Begriff*: Gefahr einer Abweichung zwischen erwartetem und tatsächlichem Erfolg infolge ungeplant reduzierter Kapitaldienstfähigkeit von Schuldnern.

2. *Arten*:

a) Kreditrisiko im engeren Sinne: Adressenausfallrisiko.

b) Kreditrisiko im weiteren Sinne: Gefahr eines nicht vollständigen, sondern nur graduellen Verlusts der Kapitaldienstfähigkeit, die sich z.B. in einem verschlechterten (Kredit-) Rating ausdrückt. Auch dieses Bonitätsänderungsrisiko schlägt sich beim Gläubiger in ergebnismindernden Wertkorrekturen nieder.

c) Counterparty Risk: Spezialfall der vorgenannten; der Unterschied liegt darin, dass Ausfall/Bonitätsänderung nicht einen Kreditschuldner, sondern die Gegenpartei eines Handelsgeschäfts betreffen; spätestens seit Basel III gesondert zu betrachten.

3. *Bedeutung*: Auf Märkten, die durch Unsicherheit und Informationsasymmetrien geprägt sind, wohnt jeder Kreditgewährung ein Kreditrisiko inne. Da das namengebende Kreditgeschäft zu den Ursprüngen und traditionellen Schwerpunkten der Geschäftstätigkeit von Kreditinstituten zählt, finden sich heute vergleichsweise gute Informationsbestände sowie darauf Bezug nehmende Mess- und Steuerungskonzepte.

4. *Zerlegung*: Gemeinsamer Nenner moderner Auffassungen vom Kreditrisiko ist die Differenzierung von erwarteten und unerwarteten Verlusten im Kreditgeschäft.

5. *Aggregation*: Neben dem Kreditrisiko von Einzeltransaktionen ist auch eine Total-Credit-Risk-Betrachtung nötig und inzwischen üblich, die die Gesamtheit der Kreditgeschäfte einer Teileinheit oder der Gesamtbank als Kreditportfolio analysiert, steuert und kontrolliert. *[AHO]*

Kreditrisikoanpassung

Bei dem aufsichtsrechtlichen Begriff der Kreditrisikoanpassung handelt es sich nach Artikel 4 I Nr. 95 CRR um den Betrag der spezifischen und allgemeinen Rückstellungen für Kreditverluste zur Unterlegung der Kreditrisiken, die gemäß dem geltenden Rechnungslegungsrahmen im Jahresabschluss des Instituts anerkannt wurden. *[GWA]*

Kreditrisikoanpassungen, allgemeine

Allgemeine Kreditrisikoanpassungen (KRA) sind gemäß Artikel 4 I Nr. 95 CRR und Artikel 1 der Delegierten Verordnung (EU) Nr. 183/2014 die Summe der Beträge, die vom harten Kernkapital abgezogen wurden, um ausschließlich kreditrisikobedingten und gemäß dem geltenden Rechnungslegungsrahmen anerkannten Verlusten Rechnung zu tragen, unabhängig davon, ob sie sich aus Wertminderungen, Bewertungsanpassungen oder Rückstellungen ergeben. In Abgrenzung zu den spezifischen KRA (siehe das Stichwort „Kreditrisikoanpassungen, spezifische") müssen allgemeine KRA jederzeit in voller Höhe frei und uneingeschränkt verfügbar sein, um Verluste aus noch nicht eingetretenen Kreditrisiken zu decken. Zudem müssen sie den kreditrisikobedingten Verlusten bei einer Gruppe von Risikopositionen entsprechen, für die dem Institut im aktuellen Zeitpunkt keinerlei Hinweise für das Eintreten eines Verlustereignisses vorliegen. *[RBL]*

Kreditrisikoanpassungen, spezifische

Spezifische Kreditrisikoanpassungen sind gemäß Artikel 4 I Nr. 95 CRR und Artikel 1 der Delegierten Verordnung (EU) Nr. 183/2014 die Summe der Beträge, die vom harten Kernkapital abgezogen wurden, um ausschließlich kreditrisikobedingten und gemäß dem geltenden Rechnungslegungsrahmen anerkannten Verlusten Rechnung zu tragen, unabhängig davon, ob sie sich aus Wertminderungen, Bewertungsanpassungen oder Rückstellungen ergeben. Die Beträge dürfen zudem keine allgemeinen Kreditrisikoanpassungen (siehe das Stichwort „Kreditrisikoanpassungen, allgemeine") darstellen. [RBL]

Kreditrisikominderung

Ein Verfahren, das ein Institut einsetzt, um das mit einer oder mehreren Risikopositionen, die es im Bestand hält, verbundene Kreditrisiko herabzusetzen (Artikel 4 I Nr. 57 CRR). [GWA]

Kreditrisikostandardansatz

Der Kreditrisikostandardansatz (KSA) ist das von Nicht-IRBA-Instituten anzuwendende Verfahren zur Ermittlung der risikogewichteten Positionsbeträge für das Kreditrisiko. Diese sind Ausdruck der Höhe der von einem Institut aus aufsichtsrechtlichem Blickwinkel eingegangenen Risiken aus dem Kreditgeschäft und das Maß für die Quantifizierung der von diesem Institut vorzuhaltenden aufsichtsrechtlichen Eigenmittel. Die Regelungen zum KSA finden sich in den Artikeln 111 bis 141 CRR. Die grundsätzliche Berechnungsweise des KSA sieht es vor, dass Kreditinstitute ihre Risikopositionswerte mit einem dem jeweiligen Risikopositionswert zuzuordnenden Risikogewicht – das derzeit standardmäßig zwischen null Prozent und 150 Prozent betragen kann – multiplizieren. Die Zuweisung des Risikogewichts hängt einerseits von der Risikopositionsklasse ab, der der Risikopositionswert zugeordnet wird. Andererseits lässt sich das Risikogewicht in manchen Risikopositionsklassen von einem Rating einer anerkannten Ratingagentur ableiten, sofern ein solches vorhanden ist. Ansonsten wird ein von der Bonität des Schuldners unabhängiges und von der Bankenaufsicht fest veranschlagtes Risikogewicht zugeordnet, das eine für die jeweilige Forderung durchschnittlich angemessene Eigenmittelunterlegung repräsentiert. Die auf diese Weise ermittelten risikogewichteten Positionsbeträge für das Kreditrisiko sind nach Artikel 92 CRR mit mindestens acht Prozent Eigenmitteln zu unterlegen. Zusätzlich sind Eigenmittel mindestens in Höhe der kombinierten Kapitalpuffer-Anforderung vorzuhalten. Der in der Solvabilitätsverordnung (SolvV) heute noch verwendete Begriff „Kreditrisikostandardansatz" ist in der CRR nicht zu finden. In der EU-Verordnung wird lediglich der Terminus „Standardansatz" verwendet. [RBL]

Kreditwesengesetz (KWG)

Der Begriff Kreditwesengesetz (KWG) ist eine Kurzbezeichnung für das Gesetz über das Kreditwesen vom 10.7.1961 (BGBl. I S. 881), das zur Sicherung der Funktionsfähigkeit der Kredit- wie der gesamten Volkswirtschaft sowie im Interesse des Gläubigerschutzes, insbesondere des Einlegerschutzes, einen gewerberechtlichen Rahmen für die Bankentätigkeit bildet. Mittelpunkt des Gesetzes bilden Vorschriften über die Organisation, Aufgaben und Mittel der staatlichen Bankenaufsicht, die in erster Linie durch die Bundesanstalt für Finanzdienstleistungsaufsicht (BaFin) ausgeübt wird, welche dabei mit der Deutschen Bundesbank zusammenarbeitet (§ 7 KWG). Hierzu gehört zum einen die Zugangskontrolle, das heißt die für die Aufnahme des Geschäftsbetriebs erforderliche Erlaubniserteilung für Institute, zum anderen die laufende Überwachung der Tätigkeit von Kreditinstituten im Sinne des KWG und Finanzdienstleistungsinstituten im Sinne des KWG im Wege von bankaufsichtlichen Auskünften und Prüfungen sowie durch bankaufsichtliche Maßnahmen. Das KWG bedient sich teils sogenannter Ordnungsvorschriften, teils sieht es Melde- und Anzeigepflichten der Institute sowie Vorlagepflichten der Institute vor. Das KWG wurde in der

Vergangenheit durch mehrere Novellierungen den jeweiligen aktuellen Notwendigkeiten angepasst. Im Zuge der Reformierung des europäischen Bankenaufsichtsrechts durch die Bestimmungen von Basel III und zur Schaffung eines single rule books auf Ebene der Europäischen Union (EU) sind wesentliche Regelungen aus dem KWG herausgelöst worden; entsprechende Vorschriften finden sich seitdem in der Capital Requirements Regulation (CRR). *[GKR]*

Kreditzusagenstatistik

Die Kreditzusagenstatistik war eine von der Deutschen Bundesbank nach § 18 BBankG angeordnete Erhebung, bei der die Kreditinstitute, die im Rahmen der monatlichen Bilanzstatistik meldepflichtig waren, der Deutschen Bundesbank monatlich Stand und Entwicklung der Zusagen für Darlehen mit festem Betrag und fester Laufzeit melden mussten. Sie war ein Teil der Bankenstatistik der Deutschen Bundesbank und wurde mit Beginn der dritten Stufe der EWU zu Beginn des Jahres 1999 eingestellt. *[NKR]*

Kritische Infrastrukturen

Kritische Infrastrukturen im Sinne des Gesetzes über das Bundesamt für Sicherheit in der Informationstechnik (BSIG) sind Einrichtungen, Anlagen oder Teile davon, die (1) den Sektoren Energie, Informationstechnik und Telekommunikation, Transport und Verkehr, Gesundheit, Wasser, Ernährung oder Finanz- und Versicherungswesen angehören und (2) von hoher Bedeutung für das Funktionieren des Gemeinwesens sind, weil durch ihren Ausfall oder ihre Beeinträchtigung erhebliche Versorgungsengpässe oder Gefährdungen für die öffentliche Sicherheit eintreten würden (§ 2 X BSIG). Kritische Dienstleistungen im Finanz- und Versicherungswesen sind die Bargeldversorgung, der kartengestützte und konventionelle Zahlungsverkehr im Bankenbereich, die Verrechnung und Abwicklung von Wertpapier- und Derivatgeschäften sowie die Vertragsverwaltungs-, Leistungs-, Schaden- und Auszahlungssysteme von

Versicherungsunternehmen. Betreiber Kritischer Infrastrukturen (Kritis-Betreiber) sind gemäß § 8a I BSIG dazu verpflichtet, angemessene organisatorische und technische Vorkehrungen zur Vermeidung von Störungen der Verfügbarkeit, Integrität, Authentizität und Vertraulichkeit ihrer informationstechnischen Systeme, Komponenten oder Prozesse zu treffen, die für die Funktionsfähigkeit der von ihnen betriebenen Kritischen Infrastrukturen maßgeblich sind. Dabei soll der Stand der Technik eingehalten werden. Organisatorische und technische Vorkehrungen sind angemessen, wenn der dafür erforderliche Aufwand nicht in einem Missverhältnis zu den Folgen eines Ausfalls oder einer Beeinträchtigung der betroffenen Kritischen Infrastruktur steht. *[GWA]*

© Springer Fachmedien Wiesbaden GmbH, ein Teil von Springer Nature 2020
L. Gramlich et al. (Hrsg.), *550 Keywords Bankenaufsichtsrecht*,
https://doi.org/10.1007/978-3-658-28295-0_12

Länderrisiko

Auf einzelne Länder bezogenes, in der Regel durch Krisensituationen hervorgerufenes Kreditrisiko und Marktpreisrisiko, das in der Gefahr des teilweisen oder vollständigen Ausfalls vertraglich vereinbarter Zins- und Tilgungszahlungen des Landes selbst (originäres Länderrisiko) oder von Marktteilnehmern aus diesem Land (derivatives Länderrisiko) oder des Wertverfalls von Wertpapieren oder Derivaten, die von Marktparametern des Landes abhängen, besteht. Folglich ist die Risikoanalyse im internationalen (Bank-)Geschäft um Methoden zur Erfassung von kredit- und marktbezogenen Ereignisrisiken, die die verschiedenen Transaktionen mit Kontrahenten des jeweiligen Landes insgesamt betreffen, zu ergänzen. Der Analyse können unterschiedliche Szenarien zugrunde gelegt werden. Üblicherweise werden Krisen betrachtet, die durch die besonderen wirtschaftlichen und/oder politischen Gegebenheiten eines Landes bedingt sind und in dem betroffenen Land den grenzüberschreitend abzuleistenden Schuldendienst der Gesamtheit aller Schuldner beeinträchtigen.

Kreditbezogene Ereignisrisiken sind insbesondere das Transferrisiko und das Kreditereignisrisiko. Unter dem *Transferrisiko* versteht man das Risiko, dass es in dem betrachteten Land im Verlauf der Krise zu einer weitgehenden Behinderung des internationalen Zahlungsverkehrs (oder der Konvertibilität der Landeswährung) kommt, z.B. durch Maßnahmen der Regierung des von der Krise betroffenen Landes (politisches Risiko). In ausländischer Währung denominierte Zins- und Tilgungszahlungen können auch durch einen extremen Wechselkursverfall beeinträchtigt werden. Dem Transferrisiko hinzuzurechnen ist außerdem das Risiko, dass es im Verlauf der Krise zu einem Umschuldungsabkommen zwischen der Regierung des betroffenen Landes und den internationalen Gläubigern kommt, durch das sich der Gegenwartswert der ausstehenden Schulden (gegenüber dem ursprünglichen vor der Krise erwarteten Gegenwartswert) bei allen beteiligten internationalen Gläubigern reduziert. Solche Umschuldungsabkommen können sich sowohl auf öffentliche wie auch auf private Schuldner beziehen. Unter dem *Krediterereignisrisiko* versteht man das Risiko, dass sich infolge der Krise die wirtschaftlichen Bedingungen derart verschlechtern, dass es in dem betroffenen Land (oder auch in weiteren Ländern) zu einer Erhöhung der Ausfallwahrscheinlichkeiten der Schuldner (und/oder zu einer Erhöhung der Verlustraten im Schadensfall) kommt.

Marktbezogene Ereignisrisiken betrachten den potenziellen Wertverfall von Handelsportfolios unter Berücksichtigung von Prognosen über Aktienpreise, Währungskurse und Zinsen des betroffenen Landes.

In der Regel versuchen Kreditinstitute, ihr Länderrisiko dadurch zu begrenzen, dass sie für ihre Auslandsaktiva länder- und geschäftsbereichspezifische Länderlimite aufstellen, wobei sie sich von internen oder externen Länder-Ratings leiten lassen. *[AWI]*

Leasing-Objektgesellschaft im Sinne des KWG

Ein Unternehmen, das als einzige Finanzdienstleistung im Sinne des KWG das Finanzierungsleasing betreibt und nur für ein einzelnes Leasingobjekt tätig wird, keine eigenen geschäftspolitischen Entscheidungen trifft und von einem Institut mit Sitz im Europäischen Wirtschaftsraum (EWR) verwaltet wird, das nach dem Recht des Herkunftsmitgliedstaats zum Betrieb des Finanzierungsleasings zugelassen ist (§ 2 VI 1 Nr. 17 KWG). Unternehmen, deren Haupttätigkeit darin besteht, eine Leasing-Objektgesellschaft zu sein, sind nach § 1 III 1 Nr. 3 KWG Finanzunternehmen im Sinne des KWG. *[GWA]*

Legal-Entity-Identifier-Code (LEI-Code)

Der LEI-Code ist ein zwanzigstelliger alphanumerischer Code, der mit wesentlichen Referenzdaten eines Unternehmens der Finanzbranche verknüpft ist. Er ermöglicht eine klare und eindeutige Identifikation der Rechtsträger, die an Finanztransaktionen beteiligt sind. Der öffentlich zugängliche LEI-Datenpool stellt ein Verzeichnis dar, das die Transparenz auf den globalen Finanzmärkten stark verbessert. *[GWA]*

Lender of Last Resort

Diese Wortwahl geht auf Sir Francis Baring zurück und bezeichnet die letzte Refinanzierungsinstanz, welche freiwillig oder gesetzlich als Kreditgeber fungiert, um die Insolvenz von Schuldnern oder gar einen Staatsbankrott zu vermeiden. Im nationalen Bereich fungiert die Zentralbank als Lender of Last Resort (für Deutschland die Deutsche Bundesbank), für das Europäische System der Zentralbanken (ESZB) ist es die Europäische Zentralbank (EZB). Im internationalen Bereich erfüllt der Internationale Währungsfonds (IWF) zum Teil diese Aufgabe. Auch die Bank für Internationalen Zahlungsausgleich (BIZ) darf in ähnlicher Weise als Agent und Korrespondent nationaler Zentralbanken handeln. Siehe in diesem Zusammenhang auch die Stichwörter „Too big to fail", „Bail-out" und „Moral Hazard". *[LRI]*

Less Significant Institutions

Engl. Bezeichnung für weniger bedeutende Institute. *[GWA]*

Level Playing Field

Unter einem Level Playing Field ist die Gewährleistung gleicher und fairer Wettbewerbsbedingungen für alle Teilnehmer eines Marktes (beispielsweise für Kreditinstitute im Bereich bankenaufsichtsrechtlicher Regelungen) zu verstehen. *[GWA]*

Leverage Ratio

Die Bestimmungen von Basel III sehen die Einführung einer Leverage Ratio vor. In der Europäischen Union (EU) wurden diese Vorgaben durch Einführung einer Verschuldungsquote (synonym für Leverage Ratio) in Artikel 429 CRR übernommen. Die Leverage Ratio ist als risikoungewichtete Höchstverschuldungsquote konzipiert. Sie soll zum einen als Korrektiv zu den risikoadjustierten Eigenkapitalmessgrößen dienen; zum anderen soll mit ihr der Aufbau einer übermäßigen Verschuldung im Bankensystem begrenzt und dadurch die Zyklizität des Kreditgeschäfts der Banken eingedämmt werden.

Die Leverage Ratio ist als das prozentuale Verhältnis der Kapitalmessgröße (capital measure) eines Instituts im Sinne der CRR zu seiner Gesamtrisikopositionsmessgröße (total exposure measure) definiert (Artikel 429 II CRR). Dabei setzt sich der Zähler (Kapitalmessgröße) der Leverage Ratio aus dem Kernkapital (Summe aus hartem Kernkapital und zusätzlichem Kernkapital) zusammen (Artikel 429 III CRR), während der Nenner (Gesamtrisikopositionsmessgröße) das Gesamtengagement eines Instituts, das sich aus Bilanzpositionen sowie außerbilanziellen Positionen zusammensetzt, umfasst.

Zur Erprobung der Leverage Ratio wurde ihre Höhe während einer ersten Beobachtungsphase auf einen Wert von drei Prozent festgesetzt. Während dieser Beobachtungsphase, die sich auf den Zeitraum vom 1.1.2013 bis zum 1.1.2017 erstreckte, wurden die Eingangsgrößen der Leverage Ratio, die Leverage Ratio selbst sowie ihre Entwicklung im Vergleich zu den risikoadjustierten Kenngrößen analysiert. Wies ein Institut während der Beobachtungsphase eine Leverage Ratio von weniger als drei Prozent auf, wurde dies durch die Bankenaufsichtsbehörde allerdings nicht sanktioniert. Ab dem 1.1.2015 erfolgte die verpflichtende Offenlegung der Leverage Ratio und ihrer Komponenten durch die Institute. Auf der Grundlage der während der Beobachtungsphase gewonnenen Erkenntnisse soll zunächst eine angemessene Überprüfung und Kalibrierung der Leverage Ratio erfolgen. Aufbauend auf diesen Ergebnissen sollen gegebenenfalls Anpassungen vorgenommen und die Kennzahl in die verbindlichen Mindesteigenkapitalanforderungen (Säule 1 des Baseler Aufsichtssystems) integriert werden. Die bankenaufsichtsrechtliche Vorgabe einer maximalen Höhe der Leverage Ratio würde das maximal mögliche Geschäftsvolumen eines Instituts durch die Höhe seines vorhandenen Kernkapitals begrenzen. *[GKR]*

Liquiditätsreserven der Kreditinstitute

Die Liquiditätsreserven der Kreditinstitute umfassen grundsätzlich alle liquiden Mittel (insbesondere Barmittel, Barmitteläquivalente, hochliquide Wertpapiere), die der Aufrechterhaltung der Zahlungsbereitschaft und -fähigkeit des Kreditinstituts (insbesondere zur Schließung von Liquiditätsabflüssen) dienen. Hierbei wird in der Regel zwischen freien primären und sekundären Liquiditätsreserven unterschieden. Während freie primäre Liquiditätsreserven die Bestände an liquiden Aktiva, also Kassenbestände und Zentralbankguthaben der Kreditinstitute, soweit sie über das Mindestreservesoll hinausgehen, enthalten, beinhalten freie sekundäre Liquiditätsreserven die Möglichkeiten zur Refinanzierung bei der Deutschen Bundesbank beziehungsweise im Europäischen System der Zentralbanken. *[NKR]*

Liquiditätsrisiko

1. *Begriff:* Gefahr negativer Abweichungen zwischen den tatsächlichen Ein- und Auszahlungen und den erwarteten Ein- und Auszahlungen. Zu jedem Zeitpunkt muss gelten:

Kassenbestand + Einzahlungen ≥ Auszahlungen.

Da Kreditinstitute in größerem Umfang Fristentransformation betreiben, kommt den unterschiedlichen Kapitalbindungsfristen auf der Aktiv- und Passivseite eine erhebliche Bedeutung für das Liquiditätsrisiko zu.

2. *Formen:*

a) *Refinanzierungsrisiken:* Anschlussrefinanzierungsrisiken aus einer positiven Fristentransformation (Kapitalbindungsfristen auf der Aktivseite größer als auf der Passivseite, das heißt die Rückzahlungstermine für Verbindlichkeiten liegen vor den entsprechenden Terminen der Forderungen).

b) *Terminrisiken:* ergeben sich in erster Linie durch Verzögerungen beziehungsweise den Ausfall von Zins- und Tilgungszahlungen im Aktivgeschäft, die durch kurzfristige Mittelaufnahmen gedeckt werden müssen.

c) *Abrufrisiken:* Abrufrisiken ergeben sich im Aktivgeschäft vor allem durch eine unerwartete Inanspruchnahme von offenen Kreditzusagen beziehungsweise im Passivgeschäft durch einen unerwarteten Abzug von z.B. Großeinlagen.

d) *Aktivische und passivische Liquiditätsrisiken:* Je nachdem, ob sie durch die Aktiv- oder Passivseite determiniert werden, kann zwischen aktivischen und passivischen Liquiditätsrisiken unterschieden werden. Während die aktivischen Liquiditätsrisiken die Terminrisiken und die unerwarteten Inanspruchnahmen von Kreditzusagen beinhalten, werden das Refinanzierungsrisiko und der unerwartete Abzug von Einlagen unter den passivischen Liquiditätsrisiken zusammengefasst.

3. *Messung:* Für das Management des Liquiditätsrisikos wird ein erwartetes zukünftiges Liquiditätsprofil in Gestalt von Liquiditätsablaufbilanzen erzeugt, welches die gesamten kontrahierten Ein- und Auszahlungen aggregiert und in Form von Gap-Analysen Unter- und Überdeckungen aufzeigt. Daneben sind Kreditinstitute verpflichtet, die aufsichtsrechtlichen Anforderungen an die Liquidität einzuhalten, die seit dem 1. Januar 2014 in der CRR (Capital Requirements Regulation) in den Artikeln 411 ff. geregelt sind. Zu nennen sind insbesondere die kürzerfristig orientierte Liquidity Coverage Ratio (LCR) und die längerfristige strukturelle Net Stable Funding Ratio (NSFR). Neben den aufsichtsrechtlichen Bedingungen liegt der Schwerpunkt eines Treasury im Rahmen des Marktliquiditätsrisikos insbesondere auf der Liquidierbarkeit von Aktiva, da hier eine Hauptrisikokomponente für eine Bank liegt. *[AWI]*

Liquiditätsstresstest

Instrument des Risikomanagements, das helfen soll, Liquiditätsengpässe frühzeitig zu erkennen und entsprechende Steuerungsimpulse zu setzen. Basis für die Ausgestaltung von Liquiditätsstresstests bilden in der Regel die kurzfristigen Zeitbänder der Liquiditätsablaufbilanz oder z.B. der Liquidity-at-Risk (LaR) und Liquidity-Value-at-Risk (LVaR). Die Durchführung von Liquiditätsstresstests wird von der Aufsicht basierend auf den MaRisk eingefordert und durchgesetzt. Die Ergebnisse sind in ein Frühwarnsystem (Limite, Beobachtungskennzahlen) beziehungsweise in die Notfallplanung der Bank zu integrieren. Es werden sowohl institutsindividuelle, marktweite als auch (nur für kapitalmarktorientierte Banken) eine Kombination der Szenarien in den MaRisk verlangt. Mögliche Stressszenarien sind z.B. der Abzug von Kundeneinlagen in wesentlicher Höhe (Bank Run), eine Herabstufung des Ratings um drei Notches oder der Schwund zentraler Refinanzierungsquellen. *[MBA, EIC]*

Liquiditätsverordnung (LiqV)

1. *Begriff*: Liquiditätsverordnung (LiqV) ist die geläufige Bezeichnung für die Verordnung über die Liquidität der Institute vom 14.12.2006 (BGBl. I S. 3117), die am 1.1.2007 in Kraft trat und den bis dahin gültigen Liquiditätsgrundsatz II ersetzte. Die vom Bundesministerium der Finanzen im Benehmen mit der Deutschen Bundesbank erlassene LiqV ist eine Konkretisierung der in § 11 I 1 KWG enthaltenen Bestimmung, dass die Institute im Sinne des KWG ihre Mittel so anzulegen haben, dass eine ausreichende Zahlungsbereitschaft jederzeit gewährleistet ist. Mithilfe der LiqV beurteilt die BaFin für den Regelfall, ob die Liquidität eines Instituts ausreichend ist oder nicht. Allerdings ist die Bundesanstalt für Finanzdienstleistungsaufsicht (BaFin) nach § 11 II KWG berechtigt, an die Institute über die Vorgaben der LiqV hinausgehende Liquiditätsanforderungen zu stellen, wenn die nachhaltige Liquidität eines Instituts ansonsten nicht gesichert wäre.

2. *Anwendungsbereich*: Die LiqV gilt seit dem 1.1.2018 gemäß § 1 I LiqV (nur noch) für Kreditinstitute im Sinne des KWG, auf die die Bestimmungen der Capital Requirements Regulation (CRR) über die Liquidität (Artikel 411-428 CRR) nicht anzuwenden sind. Hierzu zählen Bürgschaftsbanken, Wohnungsunternehmen mit Spareinrichtung und bestimmte Wertpapierfirmen im Sinne der CRR (§ 2 IXc-IXd KWG). Darüber hinaus gilt die LiqV für Finanzdienstleistungsinstitute im Sinne des KWG, die

a) Eigenhandel betreiben oder

b) die als Anlagevermittler, Abschlussvermittler oder Finanzportfolioverwalter befugt sind, sich Eigentum oder Besitz an Geldern oder Wertpapieren ihrer Kunden zu verschaffen oder auf eigene Rechnung mit Finanzinstrumenten zu handeln.

3. *Einzelheiten*: Zur Beurteilung ihrer Liquiditätssituation haben die Institute zum Ende eines jeden Kalendermonats (Meldestichtag) die sogenannte Liquiditätskennzahl zu berechnen. Die Liquiditätskennzahl gibt nach § 2 I 2 LiqV das Verhältnis zwischen den im ersten Laufzeitband (Fälligkeit: täglich fällig oder in bis zu einem Monat fällig) verfügbaren Zahlungsmitteln und den während dieses Zeitraums abrufbaren Zahlungsverpflichtungen an (Ein-Monats-Kennzahl). Sofern die Liquiditätskennzahl eines Instituts den Wert 1 nicht unterschreitet, gilt dessen Liquidität als ausreichend (§ 2 I 1 LiqV). Zusätzlich haben die Institute drei sogenannte Beobachtungskennzahlen zu berechnen, die über die Liquiditätsverhältnisse im zweiten (Fälligkeit: in über einem Monat bis zu drei Monaten), dritten (Fälligkeit: in über drei Monaten bis zu sechs Monaten) und vierten (Fälligkeit: in über sechs Monaten bis zu zwölf Monaten) Laufzeitband Auskunft geben sollen (§ 2 II LiqV). Im Gegensatz zur Liquiditätskennzahl dienen die Beobachtungskennzahlen lediglich nachrichtlichen Zwecken und sollen der Bankenaufsichtsbehörde einen Einblick in die von einem Institut im kurzfristigen Bereich vorgenommene Fristentransformation geben. Die Zahlungsmittel und Zahlungsverpflichtungen eines Instituts sind nach den Vorschriften der §§ 3,

4 LiqV den vier Laufzeitbändern zuzuordnen. Positionen, die bereits Bargeld oder Zentralbankgeld darstellen oder in solches ohne Weiteres umgewandelt werden können, werden unabhängig von den vertraglich vereinbarten (Rest-)Laufzeiten dem ersten Laufzeitband zugeordnet. Die übrigen Positionen müssen dagegen entsprechend ihrer jeweiligen Fälligkeiten in die entsprechenden Laufzeitbänder des Liquiditätserfassungsschemas eingestellt werden. Gleiches gilt für Zahlungsverpflichtungen mit fest vereinbarten Laufzeiten oder Kündigungsfristen. Hingegen sind Zahlungsverpflichtungen ohne fest vereinbarte Laufzeiten oder Kündigungsfristen dem ersten Laufzeitband zuzuordnen, wobei dem Ausmaß des unterstellten Abzugs beziehungsweise Abzugsrisikos durch differenzierte empirisch ermittelte Anrechnungssätze Rechnung getragen wird. *[GKR]*

Liquidity Coverage Ratio (LCR)

Mindestliquiditätsquote, kurzfristige Liquiditätsdeckungsziffer. Die Bestimmungen von Basel III sehen neben der Einführung einer Net Stable Funding Ratio (NSFR) auch die Einführung einer Liquidity Coverage Ratio (LCR) vor. In der Europäischen Union (EU) findet sich eine entsprechende Regelung in Artikel 412 CRR. Die LCR ist auf die Stärkung der kurzfristigen Widerstandskraft des Liquiditätsrisikoprofils von Instituten im Sinne der CRR ausgerichtet. Mit ihrer Hilfe soll sichergestellt werden, dass die Institute über ausreichend lastenfreie, erstklassige liquide Aktiva verfügen, um den Liquiditätsbedarf während eines Liquiditätsstressszenarios von 30 Tagen zu decken. Die LCR setzt den Bestand eines Instituts an erstklassigen liquiden Aktiva ins Verhältnis zum gesamten Nettoabfluss von Barmitteln des Instituts in den nächsten 30 Kalendertagen. Unterschreitet die so definierte LCR einen Wert von 100 Prozent nicht, so ist die Liquidität des Instituts im kurzfristigen Bereich aus Sicht der Bankenaufsicht ausreichend. *[GKR]*

Lokale Firma im Sinne der CRR

Eine Firma, die auf Derivatemärkten und auf Kassamärkten für eigene Rechnung mit dem alleinigen Ziel der Absicherung von Positionen auf Derivatemärkten tätig ist oder die für Rechnung anderer Mitglieder dieser Märkte handelt und die über eine Garantie seitens der Clearingmitglieder der genannten Märkte verfügt, wobei die Verantwortung für die Erfüllung der von einer solchen Firma abgeschlossenen Geschäfte von Clearingmitgliedern derselben Märkte übernommen wird (Artikel 4 I Nr. 4 CRR). *[GWA]*

Loss Given Default

LGD, Verlust(quote) bei Ausfall einer Forderung; unter 100 Prozent der ausstehenden Forderung kann der Verlust bei Ausfall insbesondere infolge werthaltiger Kreditsicherheiten liegen. Der Loss Given Default ist einer der Parameter des fortgeschrittenen Ansatzes zur Bestimmung der Risikogewichte im IRB-(Internal Ratings Based-Approach) Ansatz, der seit dem 1. Januar 2014 in der CRR (Capital Requirements Regulation) geregelt ist (Artikel 162 I CRR). *[AWI]*

Low-Default-Portfolien

Portfolien von Forderungen, in denen im Allgemeinen nur vergleichsweise wenige Ausfallbeobachtungen vorliegen. *[GWA]*

MaComp

Abkürzung für „Mindestanforderungen an die Compliance-Funktion und weitere Verhaltens-, Organisations- und Transparenzpflichten" im Sinne der §§ 63 ff. WpHG für Wertpapierdienstleistungsunternehmen, Rundschreiben der Bundesanstalt für Finanzdienstleistungsaufsicht (BaFin). Die zuerst 2010 veröffentlichte, 2018 neu gefasste Regelung beinhaltet einen Allgemeinen Teil (Allgemeine Anforderungen für Wertpapierdienstleistungsunternehmen) und einen Besonderen Teil (Besondere Anforderungen nach §§ 63 ff. WpHG). Im Allgemeinen Teil werden nach einer Vorbemerkung behandelt: Quellen, Anwendungsbereich, Gesamtverantwortung der Geschäftsleitung, Zusammenarbeit mehrerer Wertpapierdienstleistungsunternehmen und allgemeine Anforderungen an diese nach § 80 I WpHG betreffend Aufbau- und Ablauforganisation sowie Mittel und Verfahren, schließlich das Verhältnis der §§ 63 ff. WpHG zu §§ 25a, 25e KWG, Aufzeichnungspflichten und Anforderungen an das Outsourcing nach EU-Recht. Im Besonderen Teil finden sich Vorschriften zu: Organisatorischen Anforderungen und Aufgaben der Compliance-Funktion, Überwachung von „persönlichen", das heißt Mitarbeitergeschäften, Anforderungen an redliche, eindeutige und nicht irreführende Informationen nach § 63 VI WpHG, bestmögliche Ausführung von Kundenaufträgen nach § 82 WpHG, Product-Governance-Anforderungen im Zusammenhang mit der Erbringung von Wertpapierdienst- und -nebendienstleistungen, Zur-Verfügung-Stellen der Geeignetheitserklärung nach § 64 IV WpHG, Prüfung der Geeignetheit nach § 31 IV WpHG, Anforderungen an Vergütungssysteme bei Wertpapierdienst- und -nebendienstleistungen, Interessenkonflikte im Zusammenhang mit Staffelprovisionen, Aufzeichnungspflichten nach § 70 I 2 WpHG, Qualifikation der Mitarbeiter von Wertpapierdienstleistungsunternehmen, Beschwerdemanagement und -bericht, komplexe Schuldtitel und strukturierte Einlagen nach § 63 XI Nr. 1 WpHG, Querverkäufe.
[LGR]

Makroprudentielle Aufsicht

Aufsichtsrechtliche Tätigkeiten, um Systemrisiken frühzeitig zu erkennen und einzudämmen, die Stabilität des Finanzsystems als Gesamtheit zu gewährleisten und seine Widerstandsfähigkeit zu erhöhen. Die makroprudentielle Aufsicht agiert damit als Ergänzung zur mikroprudentiellen Aufsicht. Auf der globalen Ebene beschäftigen sich der Internationale Währungsfonds (IWF) und der Finanzstabilitätsrat (Financial Stability Board, FSB) mit der Risikosituation und der Entwicklung der Risiken für das Finanzsystem weltweit. Auf europäischer Ebene üben primär der Europäische Ausschuss für Systemrisiken (European Systemic Risk Board, ESRB) sowie die Europäische Zentralbank (EZB) die Aufgaben der makroprudentiellen Aufsicht aus. In Deutschland spielt der Ausschuss für Finanzstabilität (AFS) eine bedeutende Rolle bei der makroprudentiellen Aufsicht. *[ARA]*

Managementrisiko

Im weiteren Sinne Bezeichnung für alle ungeplanten Erfolgsabweichungen, die aus der Gefahr von Managementfehlern resultieren (strategische Risiken). Im engeren Sinne des Fondsmanagements: Risiko, das sich aus der Anlagepolitik von aktiv gemanagten Investmentfonds gegenüber passiv gemanagten ergibt. *[AWI]*

Markets Committee (MC)

Märkteausschuss; bei der Bank für Internationalen Zahlungsausgleich (BIZ) angesiedelter Ausschuss, der sich mit der Beobachtung der Entwicklungen an den Finanzmärkten sowie der Beurteilung deren Auswirkungen auf die Zentralbankgeschäfte sowie auf die Funktionsfähigkeit der Märkte beschäftigt. Zudem dient er für die Vertreter der 21 Zentralbanken als Forum (beispielsweise über negative Leitzinsen). Eine besondere Initiative des MC in den letzten Jahren bildete das Einsetzen einer Arbeitsgruppe, die bei der Ausarbeitung eines einheitlichen globalen

Verhaltenskodex für den Devisenmarkt mitwirken und die Einhaltung dieser Grundsätze fördern sollte. *[NKR]*

Marktdisziplin

Das Konzept der Marktdisziplin ist in Säule 3 der vom Baseler Ausschuss für Bankenaufsicht erarbeiteten Regelungen von Basel II verankert. Ziel des Konzepts der Marktdisziplin ist es, durch erweiterte Offenlegungsverpflichtungen der Banken insbesondere professionellen Marktteilnehmern einen umfassenden Einblick in das Risikoengagement sowie die Ausstattung mit regulatorischen Eigenmitteln der einzelnen Bank zu gewähren, um auf diese Weise die Selbstregulierungskräfte des Marktes nutzen zu können. Sofern die Marktteilnehmer ein – im Verhältnis zu ihrem Verlustdeckungspotenzial – gestiegenes Risiko einer Bank erkennen, werden sie – so die zentrale Annahme des Konzepts der Marktdisziplin – früher hingegebenes Kapital (Eigenkapital beziehungsweise Fremdkapital) zurückverlangen, einen Risikozuschlag oder zusätzliche Sicherheiten für die Kapitalbereitstellung fordern oder auf die Zurverfügungstellung finanzieller Mittel verzichten, wodurch sich die Finanzierungssituation dieser Bank verschlechtert. Die gestiegenen Finanzierungskosten sollen dann einen Anreiz für die Bank darstellen, die von ihr eingegangenen Risiken auf ein adäquates Niveau zurückzuführen beziehungsweise ihre regulatorischen Eigenmittel in angemessenem Maße zu erhöhen. In dem Maße, in dem die Banken durch die Selbstregulierungskräfte des Marktes ihre Risiken nicht zu sehr erhöhen, kann auf eine Verschärfung der bankenaufsichtsrechtlichen Vorschriften verzichtet werden. Es ist allerdings fraglich, ob das Konzept der Marktdisziplin die gewünschte Wirkung entfalten kann, da eine verschlechterte Finanzierungssituation nicht unbedingt eine Risikoreduzierung (beziehungsweise eine Erhöhung des Risikodeckungspotenzials) durch die Bank zur Folge haben muss. Außerdem können institutionelle Rahmenbedingungen – z.B. ein faktischer (Einlagensicherung beziehungsweise Institutssicherung) oder erwarteter (too big to fail) Schutz der Marktteilnehmer vor den Folgen einer Insolvenz der Bank – disziplinierenden Maßnahmen durch die Marktteilnehmer entgegenwirken. *[GKR]*

Marktliquiditätsrisiko

Erfolgsrisiko, welches sich durch potenzielle Verluste beim Verkauf/Kauf von Finanzinstrumenten durch eine zu geringe Markttiefe ergibt, z.B. weil ein Verkauf nur über einen längeren Zeitraum möglich ist, über den es zu einem Preisverfall kommt.

Die *Risikomessung* muss strenggenommen für jedes Finanzinstrument individuell durchgeführt werden, was angesichts ihrer Zahl und Vielfalt kaum möglich ist. Neuere Ansätze fassen daher gleichartige Finanzinstrumente zu Liquiditätsklassen zusammen und verwenden die Ergebnisse der Analyse einer Klasse für alle Instrumente dieser Klasse. *[AWI]*

Marktpreisrisiko

1. *Begriff*: Sammelbegriff für alle ungeplanten Erfolgsabweichungen, die aus der ungünstigen Entwicklung von Marktpreisen resultieren. Für Kreditinstitute sind insbesondere folgende Unterformen relevant: Zinsänderungsrisiko, Währungsrisiko, Aktienkursrisiko sowie Rohwarenrisiko. Hinzu kommt jeweils das Risiko bezüglich der impliziten Volatilitäten für die vorgenannten Risikoklassen.

2. *Quantifizierung*: Das Marktpreisrisiko einer Position kann auf verschiedene Weisen quantifiziert werden. Die unterschiedlichen Risikomaße ergänzen einander und stellen verschiedene Aspekte des Marktpreisrisikos dar. *Sensitivitätskennzahlen* beschreiben in erster Näherung das Risiko einer Position oder eines Portfolios gegenüber Marktpreisveränderungen und werden beim Hedging verwendet. *Value-at-Risk (VAR)-Kennzahlen* verbinden Positions- und Marktinformationen, indem aus einem statistischen Modell für Marktbewegungen eine Aussage über potenzielle Verluste in einem vorgegebenen Zeitraum und mit einer ebenfalls vorgegebenen Wahrscheinlichkeit getroffen wird. *Stresstesting* untersucht den

Einfluss hypothetischer extremer Marktbewegungen auf den Wert einer Position.

In der Regel versuchen Kreditinstitute, ihr Marktpreisrisiko dadurch zu begrenzen, dass sie für ihre Portfolios nach Geschäfts- beziehungsweise Regionalbereichen und Risikotypen (Aktienkurse, Währungskurse, Zinssätze und Rohwarenpreise) gegliederte Limite vorgeben. Hierbei begrenzen Sensitivitätenlimite einzelne Positionen des Portfolios und VAR- und Stress-Limite gesamte Portfolios (Gesamtrisiko). *[AWI]*

Marktwächter Finanzen

Siehe das Stichwort „Finanzmarktwächter".

Maximalbelastungstheorie

Während die Goldene Bankregel, die Bodensatztheorie sowie die Shiftability-Theorie die Fortführung der Geschäftstätigkeit einer Bank unterstellen, geht die auf *Wolfgang Stützel* zurückzuführende Maximalbelastungstheorie von einem Run aus, einer Situation also, in der alle Einleger einer Bank ihre Einlagen abziehen. *Stützel* fordert für einen solchen Fall der extremen Liquiditätsanspannung, dass eine Bank jederzeit in der Lage sein müsse, ihren Auszahlungsverpflichtungen nachkommen zu können. Die zur Erfüllung von Auszahlungsverpflichtungen erforderlichen liquiden Mittel müssten gegebenenfalls auch durch die Notveräußerung von Vermögenswerten vor deren Fälligkeit beschafft werden, wobei Verluste entstehen können. Die Verluste, die bei einer vorzeitigen Abtretung von Vermögenswerten entstehen, dürften allerdings nicht größer sein als das Eigenkapital einer Bank.

Ob derartige Abtretungsverluste durch Eigenkapital gedeckt sind, ist den Überlegungen *Stützels* zufolge mithilfe einer Einlegerschutzbilanz zu ermitteln. In dieser Testbilanz, die nach den Vorstellungen *Stützels* von den Geschäftsleitern einer Bank regelmäßig zu erstellen ist, werden – ausgehend von den Werten der Handelsbilanz – die einzelnen

Vermögenswerte entsprechend dem wahrscheinlichen Verlust, der bei ihrer Transformation in primärliquide Mittel insbesondere aufgrund der Bonitäts- und Zinsänderungsrisiken entsteht, abgeschrieben. Diese Liquidationsverluste müssen durch das Eigenkapital der Bank gedeckt sein.

Die Kritik an der Maximalbelastungstheorie gilt einerseits ihrer Praktikabilität. Tatsächlich sind die Abschläge auf die Vermögenswerte aufgrund der Risiken in der Praxis kaum abschätzbar; somit ist eine objektive Überprüfung der Abschläge und die Glaubhaftmachung, dass eine Bank im Extremfall ihren Auszahlungsverpflichtungen nachkommen kann, kaum möglich. Andererseits wird es aber auch als problematisch erachtet, dass *Stützel* seiner Theorie nicht den Normalfall der Unternehmensfortführung, sondern den Extremfall eines Run zugrunde legt. Die aus der Testbilanz ermittelte angemessene Ausstattung an Eigenkapital muss nach seiner Vorstellung deswegen so dimensioniert sein, dass die gesamten Liquidationsverluste im Maximalbelastungsfall abgedeckt werden können. Geht man jedoch vom Fall der Unternehmensfortführung und damit von der „normalen" Abwicklung der Geschäfte aus, so werden die dabei auftretenden Verluste geringer sein als bei einer Zwangsliquidation der einzelnen Vermögenspositionen im Run-Fall. Folglich muss eine auf den Extremfall abstellende Eigenkapitalausstattung einer Bank höher sein als das Haftungspotenzial, das im Normalfall erforderlich ist. *[GWA]*

Melde- und Anzeigepflichten der Institute

1. Meldungen: Verpflichtungen von Instituten im Sinne des KWG beziehungsweise von Instituten im Sinne der CRR zu Meldungen, die in der Regel an die jeweilige Bankenaufsichtsbehörde und/oder die Deutsche Bundesbank, aber auch an sonstige Institutionen, wie z.B. das Bundeszentralamt für Steuern, zu erfolgen haben:

a) im Rahmen der Bankenstatistik der Deutschen Bundesbank (Deutsche Bundesbank, statistische Erhebungen) aufgrund von § 18 BBankG, § 25 KWG in Verbindung mit § 4 FinaRisikoV (Finanzinformationen; Vermögensstatus);

b) Meldungen über den Außenwirtschaftsverkehr aufgrund der Außenwirtschaftsverordnung, teils auch aufgrund von § 18 BBankG im Rahmen der Bankenstatistik (Auslandsstatus);

c) Meldepflichten aufgrund spezieller Vorschriften, beispielsweise des Finanzkonten-Informationsaustauschgesetzes (FKAustG);

d) Meldepflichten im Europäischen System der Zentralbanken (z.b. LCR, NSFR, AnaCredit, wobei letztere Meldung dennoch der Bankenstatistik der Deutschen Bundesbank subsumiert wird).

2. Anzeigen: Anzeigen nach der Capital Requirements Regulation (CRR) sowie dem Kreditwesengesetz umfassen insbesondere die Kreditanzeigen sowie die Anzeigen der Institute über personelle, finanzielle und gesellschaftsrechtliche Veränderungen. *[NKR]*

Memorandum of Understanding (MoU)

In einem Memorandum of Understanding wird im Detail die Form der bilateralen Zusammenarbeit zwischen den Aufsichtsbehörden einzelner Länder festgelegt. Hierzu zählen insbesondere Bestimmungen zu den gegenseitigen Informations- und Konsultationspflichten sowie den im Einzelnen eingeräumten Prüfungsrechten. Ein Memorandum of Understanding dient somit der praktischen Ausfüllung der Regelungen in der grenzüberschreitenden Bankenaufsicht. *[GWA]*

Mikroprudentielle Aufsicht

Aufsichtsrechtliche Tätigkeiten über einzelne Institute, welche von den nationalen Aufsichtsbehörden – in Deutschland von der Bundesanstalt für Finanzdienstleistungsaufsicht (BaFin) und der Deutschen

Bundesbank – ausgeübt werden. Seit dem 1. Januar 2011 wird die mikroprudentielle Aufsicht in Zusammenarbeit mit den drei eigenständigen europäischen Aufsichtsbehörden, den European Supervisory Authorities (ESA), wahrgenommen. Die mikroprudentielle Aufsicht überwacht primär die Einhaltung quantitativer sowie qualitativer Vorschriften auf der Ebene des einzenen Instituts und wird ergänzt durch die makroprudentielle Aufsicht, die die Überwachung des Finanzsystems in seiner Gesamtheit verfolgt. *[ARA]*

Millionenkredit

1. *Begriff*: Ein Millionenkredit ist ein von einem Kreditnehmer (beziehungsweise einer Kreditnehmereinheit; Kreditnehmerbegriff des KWG) in Anspruch genommener Kredit in Höhe von einer Mio. Euro oder mehr (§ 14 I 1 KWG).

2. *Meldeverfahren*: Außer den Kreditinstituten im Sinne des KWG haben auch gewisse Wertpapierfirmen im Sinne der CRR (CRR-Wertpapierfirmen, die für eigene Rechnung handeln), Finanzdienstleistungsinstitute im Sinne des KWG (Finanzdienstleitungsinstitute, die Eigenhandel, Factoring oder Finanzierungsleasing betreiben) und Finanzinstitute im Sinne der CRR, die das Factoring betreiben, sowie weitere Unternehmen (unter anderem die Kreditanstalt für Wiederaufbau (KfW), Sozialversicherungsträger, die Bundesagentur für Arbeit, Versicherungsunternehmen sowie Unternehmensbeteiligungsgesellschaften) der bei der Deutschen Bundesbank geführten Evidenzzentrale vierteljährlich diejenigen Kreditnehmer anzuzeigen, deren Kreditvolumen im Sinne von § 19 I KWG bei ihnen eine Mio. Euro oder mehr betragen hat (Kreditanzeigen nach KWG). Der Forderung des § 14 I 1 KWG, Anzeigeinhalte und -fristen von Millionenkrediten durch eine Rechtsverordnung nach § 22 KWG zu regeln, ist das Bundesministerium der Finanzen durch Erlass der Großkredit- und Millionenkreditverordnung (GroMiKV) nachgekommen. Übergeordnete Unternehmen haben nach § 14 I 2 in Verbindung mit § 14 I 3 KWG entsprechende Kreditnehmer zugleich für

diejenigen gruppenangehörigen Unternehmen zu melden, die (als inländische Unternehmen) nicht schon selbst zur Anzeige verpflichtet sind. Bei Gemeinschaftskrediten ist eine Meldung auch dann erforderlich, wenn der Anteil des einzelnen Unternehmens die Grenze von einer Mio. Euro nicht erreicht (§ 14 I 5 KWG).

Falls einem Kreditnehmer von mehreren Unternehmen Millionenkredite gewährt worden sind, hat die Deutsche Bundesbank als Evidenzzentrale die anzeigenden Unternehmen über die Gesamtverschuldung des Kreditnehmers, gegebenenfalls über die Gesamtverschuldung der Kreditnehmereinheit, der dieser zugehört, über die Anzahl der beteiligten Unternehmen sowie – sofern eine solche von einen Unternehmen selbst gemeldet worden ist – über die prognostizierte Ausfallwahrscheinlichkeit im Sinne der Capital Requirements Regulation (CRR) dieses Kreditnehmers zu informieren (§ 14 II 1, 2 KWG). Die Verschuldung bei den beteiligten Kreditgebern muss in dieser Benachrichtigung nach den Bestimmungen des § 19 GroMiKV näher aufgegliedert werden. Im Falle von Kreditnehmereinheiten im Sinne des § 19 II KWG müssen auch die Verschuldung der einzelnen Schuldner sowie Informationen über deren jeweilige prognostizierte Ausfallwahrscheinlichkeiten angezeigt werden; die Verschuldung einzelner Schuldner sowie Informationen über deren prognostizierte Ausfallwahrscheinlichkeiten sind jedoch nur denjenigen Unternehmen mitzuteilen, die diesen Schuldnern selbst Kredite gewährt oder Informationen über deren prognostizierte Ausfallwahrscheinlichkeiten abgegeben haben (§ 14 III 2 KWG). § 14 IV KWG ermächtigt die Deutsche Bundesbank im Einvernehmen mit der Bundesanstalt für Finanzdienstleistungsaufsicht (BaFin), die bei ihr gespeicherten Daten über Kreditnehmer nach Maßgabe von § 4b BDSG ausländischen Evidenzzentralen zur Verfügung zu stellen; diese dürfen die erhaltenen Informationen ihrerseits an dort ansässige Kreditgeber weiterleiten. *[GKR]*

Mindestanforderung an Eigenmittel und berücksichtigungsfähige Verbindlichkeiten

Die Mindestanforderung an Eigenmittel und berücksichtigungsfähige Verbindlichkeiten (engl. Minimum Requirement for Own Funds and Eligible Liabilities, MREL) wurde im Rahmen des Artikels 45 I BRRD (Richtlinie zur Sanierung und Abwicklung von Kreditinstituten) als neue Kapitalkennzahl eingeführt. Sie soll sicherstellen, dass ein Kreditinstitut über ausreichend bail-in-fähiges Kapital zur Absorption von Verlusten und zu Rekapitalisierungszwecken verfügt. Dies soll vermeiden, dass sich Banken zu sehr auf Refinanzierungsformen stützen, die im Insolvenzfall vom Bail-in ausgenommen sind, da deren Einbeziehung eine Gefahr für die Finanzstabilität nach sich ziehen kann. So könnte beispielsweise von einem Bail-in gedeckter Einlagen bis zu 100.000 Euro die Gefahr eines Gläubigerruns ausgehen. Welche Instrumente als berücksichtigungsfähige Verbindlichkeiten gelten, legt in Deutschland § 91 des Sanierungs- und Abwicklungsgesetzes (SAG) fest. Die Höhe der zu erfüllenden MREL-Quote ist institutsindividuell und wird von der zuständigen Abwicklungsbehörde festgelegt. Im Falle der Einhaltung der Mindestquote soll demnach zukünftig davon ausgegangen werden, dass ein Kreditinstitut ohne eine Beeinträchtigung des Finanzsystems und insbesondere ohne den Rückgriff auf Steuergelder saniert oder abgewickelt werden kann. Bei einer Missachtung der MREL-Anforderung ist zunächst ein Dialog zwischen der Aufsichtsbehörde und dem betroffenen Kreditinstitut vorgesehen. MREL findet seit 2016 für grundsätzlich alle Banken in der Europäischen Union Anwendung. *[RBL]*

Mindestanforderungen an das Risikomanagement (MaRisk)

1. *Begriff:* Verwaltungsanweisung, die als Rundschreiben der Bundesanstalt für Finanzdienstleistungsaufsicht (BaFin) für die Ausgestaltung des Risikomanagements in deutschen Instituten im Sinne des

KWG veröffentlicht wurde, erstmals mit Rundschreiben 18/2005 (vom 20.12.2005) veröffentlicht und zuletzt am 27.10.2017 durch Rundschreiben 09/2017 (BA) geändert.

2. *Inhalt*: Die MaRisk konkretisieren § 25a KWG im Sinne eines flexiblen und praxisnahen Rahmens für die Ausgestaltung des Risikomanagements und beinhalten die Umsetzung der bankaufsichtlichen Überprüfungsprozesse für die in Basel II und den dazu ergangenen EU-Rechtsakten geregelten Eigenkapitalvorschriften in deutsches Recht („zweite Säule" von Basel II). Die MaRisk sind modular strukturiert. Der allgemeine Teil (Modul AT) enthält grundlegende Anforderungen an das institutsinterne Risikomanagement und umfasst auch Vorgaben bei Auslagerungen. Besondere Anforderungen an die Ausgestaltung des internen Kontrollsystems für bestimmte Geschäftsarten und Risikoarten sowie an die Ausgestaltung der Internen Revision sind in Modulen des Besonderen Teils (Module BT) niedergelegt. Die Einhaltung der MaRisk wird vom Abschlussprüfer im Rahmen der Jahresabschlussprüfung geprüft. Die MaRisk sind auch Gegenstand von Sonderprüfungen nach § 44 I KWG.

3. *Rechtsnatur*: Bei den MaRisk handelt es sich um sogenannte normeninterpretierende Verwaltungsvorschriften, die eine Selbstbindung der deutschen Bankenaufsicht gegenüber Instituten im Sinne des KWG (mit Besonderheiten für Finanzdienstleistungsinstitute und Wertpapierhandelsbanken) darstellen. Die MaRisk sind somit de facto eine verbindliche Auslegung des § 25a I KWG, um eine konsistente Anwendung gegenüber allen Anwendern zu ermöglichen und Rechts- und Planungssicherheit zu schaffen. *[CMN]*

Minority Interest

Minderheitenanteile Dritter am Nominalkapital (Grundkapital) eines Unternehmens. *[GWA]*

Mitarbeitergeschäfte

Als Mitarbeitergeschäfte werden sogenannte persönliche Geschäfte von bestimmten Mitarbeitern (sogenannte relevante Personen) von Wertpapierdienstleistungsunternehmen im Sinne von § 2 X WpHG bezeichnet. Damit (private) Geschäfte von Mitarbeitern von Wertpapierdienstleistungsunternehmen keine Nachteile für die Kunden des Unternehmens mit sich bringen, sind persönliche Geschäfte und deren Umfang in der delegierten Verordnung (EU) 2017/565 vom 25.4.2016 (DV 2017/565) geregelt. Durch BT 2 der MaComp (Rundschreiben 05/2018 (WA) – Mindestanforderungen an die Compliance-Funktion und weitere Verhaltens-, Organisations- und Transparenzpflichten) wiederum werden die Bestimmungen der delegierten Verordnung konkretisiert.

Als relevante Person eines Wertpapierdienstleistungsunternehmens gelten gemäß Artikel 2 Nr. 1 DV 2017/565 unter anderem ein Direktor, ein Gesellschafter oder eine vergleichbare Person, ein Mitglied der Geschäftsleitung sowie ein vertraglich gebundener Vermittler des Wertpapierdienstleistungsunternehmens, aber auch jeder Angestellte des Wertpapierdienstleistungsunternehmens, der an den von dem Wertpapierdienstleistungsunternehmen erbrachten Wertpapierdienstleistungen und Anlagetätigkeiten beteiligt ist. Tätigt eine relevante Person Geschäfte mit Finanzinstrumenten für eigene oder für fremde Rechnung außerhalb ihres Aufgabenbereichs, für den sie im Rahmen ihrer beruflichen Tätigkeit zuständig ist, so handelt es sich um ein persönliches Geschäft (Artikel 28 DV 2017/565). Wertpapierdienstleistungsunternehmen sind nach Artikel 29 I DV 2017/565 dazu verpflichtet, angemessene Vorkehrungen zu treffen und auf Dauer einzuhalten, um relevante Personen, die Zugang zu Insider-Informationen haben oder deren Tätigkeit Anlass zu einem Interessenkonflikt geben könnte, an der Durchführung bestimmter in Artikel 29 II, III und IV DV 2017/565 genannter Geschäfte zu hindern. *[GKR]*

Mitarbeiter-Leitsätze

Die Mitarbeiter-Leitsätze sind als Baustein einer Compliance-Organisation vom früheren Bundesaufsichtsamt für das Kreditwesen (BAKred) zunächst allein, dann zusammen mit dem Bundesaufsichtsamt für den Wertpapierhandel (BAWe) im Jahr 2000 aufgestellte (BAKred und BAWe wurden gemeinsam mit dem Bundesaufsichtsamt für das Versicherungswesen [BAV] am 1.5.2002 in der Bundesanstalt für Finanzdienstleistungsaufsicht [BaFin] zusammengefasst), nicht unmittelbar rechtsverbindliche Regeln über das Verhalten von Mitarbeitern von Instituten im Sinne des KWG in Bezug auf Mitarbeitergeschäfte, um Interessenkonflikte im Interesse des Kundenschutzes und der Sicherung der Solvenz der Institute zu minimieren. Die BaFin hob die Mitarbeiter-Leitsätze durch das Schreiben vom 23.10.2007 mit Wirkung zum 1.11.2007 auf. Regelungen zu Mitarbeitergeschäften finden sich mittlerweile in Artikel 29 der delegierten Verordnung (EU) 2017/565 vom 25. April 2016, die durch BT 2 der MaComp (Rundschreiben 05/2018 (WA) – Mindestanforderungen an die Compliance-Funktion und weitere Verhaltens-, Organisations- und Transparenzpflichten) präzisiert werden. [GKR]

Mitarbeiterrisiken

Siehe das Stichwort „Personelle Risiken".

Modellrisiko

Model Risk; Risiko, dass sich ein Bewertungs- oder Hedgemodell nicht so verhält wie erwartet, kann im Rahmen der Risk Governance abgebildet werden. Wichtige Ursachen für Modellrisiken:

1. Die ökonomische Realität ist durch eine große Anzahl von ökonomischen Variablen und häufig komplexen Wechselwirkungen zwischen diesen gekennzeichnet. Alle realistischen (Bewertungs-)Modelle basieren darauf, dass durch vereinfachende Annahmen und Zusammenhänge

diese Komplexität auf ein praktikables Maß reduziert wird. Dabei wird notwendigerweise in Kauf genommen, dass durch die Konzentration auf die wichtigsten Variablen und Zusammenhänge weniger wichtige vernachlässigt werden. Modellrisiken entstehen dadurch, dass der Gültigkeitsbereich dieser Modelle a priori häufig schwierig zu bestimmen ist und daher die Adäquanz eines Modellansatzes im Vorfeld nicht leicht zu beurteilen ist. Zuweilen kommen auch bewusst Modelle zum Einsatz, bei denen die Voraussetzungen nicht erfüllt sind, die aber diese grundsätzliche Schwäche durch Anschaulichkeit und einfache Handhabung wieder ausgleichen können (wie z.B. viele Varianten des Black-Scholes-Modells). In manchen dieser Fälle können Vergleichsstudien mit alternativen Modellen oder (sofern verfügbar) ein Vergleich mit unabhängigen Marktpreisen, z.B. in sogenannten Out-of-Sample-Bewertungen, helfen, das Risiko zu begrenzen. Eine weitere Risikoquelle ist die allzu sorglose Verwendung beziehungsweise Übertragung vorhandener, möglicherweise extern eingekaufter Modelle auf neue Produkte, bei denen nicht kritisch genug geprüft wird, ob die Voraussetzungen zur Anwendung der Modelle wirklich erfüllt sind (Black-Box Mentalität).

2. Die mathematische Modellierung führt dazu, dass komplexere Bewertungsmodelle häufig Parameter enthalten, die nicht direkt einer ökonomischen Größe zugeordnet werden können und die deshalb nur indirekt durch Kalibrierung des Modells an Marktpreise für einfache Produkte bestimmt werden können. Die Kontrolle, das heißt Stabilität und Plausibilität, dieser kalibrierten Parameter ist häufig nicht trivial (Kalibrierungsrisiko).

3. Der Gültigkeitsbereich der Modelle wird häufig durch Abstriche von den verwendeten mathematischen Algorithmen bezüglich Konvergenz, Genauigkeit und Geschwindigkeit eingeschränkt, insbesondere wenn komplexe numerische oder statistische Verfahren und Simulationen (Monte-Carlo) zur Anwendung kommen.

4. Fehler bei der Implementierung dieser in der Regel komplexen Algorithmen. Die obige noch nicht vollständige Liste von Risikoquellen macht deutlich, dass das Modellrisiko äußerst facettenreich ist und viele potenzielle Fehlerquellen beinhaltet und dass die involvierten Risiken ohne einen detaillierten Einblick in den Modellierungsprozess sowie umfassende Kenntnis des methodischen State-of-the-Art nicht angemessen beurteilt werden können. Eine systematische Quantifizierung des Modellrisikos ist äußerst schwierig. [AWI]

Modifizierte bilanzielle Eigenkapitalquote

§ 24 I Nr. 16 KWG definiert die modifizierte bilanzielle Eigenkapitalquote als das Verhältnis von bilanziellem Eigenkapital zur Summe aus der Bilanzsumme, den außerbilanziellen Verpflichtungen sowie dem Wiedereindeckungsaufwand für Ansprüche aus außerbilanziellen Geschäften. [GWA]

Monatliche Bilanzstatistik

1. *Begriff*: eine aufgrund von § 18 BBankG von der Deutschen Bundesbank angeordnete bilanzstatistische Erhebung, in deren Rahmen die monetären Finanzinstitute (MFIs) der Deutschen Bundesbank den Stand ihrer Aktiva und Passiva zum Monatsende, gegliedert nach Arten, Fristigkeiten und Wirtschaftssektoren der Schuldner beziehungsweise Gläubiger, zu melden haben. Die monetären Finanzinstitute müssen ferner unter anderem Eventualverbindlichkeiten, Verbindlichkeiten aus Termingeschäften, andere nicht passivierte Verbindlichkeiten, unwiderrufliche Kreditzusagen, Platzierungs- und Übernahmezusagen, Verwaltungskredite, Zins- und Währungsswaps sowie Altersvorsorgevermögen nach dem AVmG mitteilen und gewisse weitere Angaben (Zahl der im Umlauf befindlichen Bankkunden-Karten ohne Kreditkarten, Anzahl der Beschäftigten) machen. Bausparkassen haben beispielsweise auch

Informationen über die Entwicklung des Bauspargeschäfts sowie die Anzahl ihrer Neuabschlüsse zu liefern. Für Zwecke des Mindestreservesystems des ESZB sind außerdem Angaben zu Verbindlichkeiten gegenüber Banken und Nichtbanken sowie zu eigenen Schuldverschreibungen zu machen.

2. *Differenziertere Angaben* müssen Banken mit Zweigstellen in mehreren Bundesländern machen (Regionalmeldung); Kreditinstitute mit ausländischen Zweigstellen haben sowohl eine Meldung für den im Inland gelegenen Teil des Instituts als auch gesonderte Meldungen für jedes Sitzland der Zweigstelle(n) abzugeben (Meldung über den Auslandsstatus).

3. *Einordnung*: Die monatliche Bilanzstatistik ist Teil der Bankstatistik. Sie enthält keine Bewertung der Bestände. [NKR]

Monatsausweis

Der Monatsausweis ist eine nach § 29 I ZAG (Zahlungsdiensteaufsichtsgesetz) von Instituten im Sinne des ZAG unverzüglich nach Ablauf eines jeden Monats der Deutschen Bundesbank einzureichende Meldung. Nähere Bestimmungen über Inhalt, Art, Umfang und Zeitpunkt sowie über die zulässigen Datenträger, Übertragungswege und Datenformate der Monatsausweise enthält die vom Bundesministerium der Finanzen im Benehmen mit der Deutschen Bundesbank erlassene Verordnung zur Einreichung von Monatsausweisen nach dem Zahlungsdiensteaufsichtsgesetz (ZAGMonAwV). Demnach besteht ein Monatsausweis aus einem Vermögensstatus, der sich auf das Ende des jeweiligen Berichtszeitraums bezieht, sowie einer den Zeitraum seit Ende des letzten Geschäftsjahres umfassenden Gewinn- und Verlustrechnung (GuV) (§ 2 ZAGMonAwV). Die Deutsche Bundesbank leitet regelmäßig die Monatsausweise mit einer Stellungnahme versehen an die Bundesanstalt für Finanzdienstleistungsaufsicht (BaFin) weiter. Im Vergleich mit dem Jahresabschluss ermöglicht der Monatsausweis bei einer Reihe von Anlagen einen weitergehenden Einblick in die Struktur der einzelnen

Bilanzposten. Der Monatsausweis soll der Bankenaufsichtsbehörde einen laufenden Einblick in die geschäftliche Entwicklung eines Instituts verschaffen, um Schwierigkeiten rechtzeitig erkennen zu können. *[GKR]*

Monetäre Finanzinstitute (MFIs)

Monetary Financial Institutions; nach der Definition der Europäischen Zentralbank (EZB) sind dies die nationalen Zentralbanken (NZB), gebietsansässige Kreditinstitute im Sinne des EU-Rechts (Einlagenkreditinstitute) und andere Unternehmen (vornehmlich Einlagenfonds), deren Tätigkeit darin besteht, Einlagen beziehungsweise Einlagensubstitute im engeren Sinne von anderen Personen entgegenzunehmen und Kredite (zumindest im wirtschaftlichen Sinne) auf eigene Rechnung zu gewähren und/oder in Wertpapieren zu investieren. *[CMN]*

Moral Hazard

Wörtlich: moralisches Wagnis; vor allem im Zusammenhang mit internationalen Finanzkrisen benutzter Terminus, der zum Ausdruck bringen soll, dass private Wirtschaftsakteure, insbesondere Gläubiger, Kredite vergeben, ohne angemessen auf Kreditrisiken zu achten, weil sie hoffen, dass im Falle des Ausfalls internationale Organisationen, insbesondere der Internationale Währungsfonds (IWF) und die Weltbank, für eine Schadensregulierung gerade stehen werden. *[LGR]*

Moral Suasion im Sinne der Bankenaufsicht

Zu dt. *Seelenmassage*; Bestreben einer Bankenaufsichtsbehörde, die von ihr beaufsichtigten Unternehmen durch eine Politik der Belehrung, des gütlichen Zuredens, des Ermahnens oder des formlosen Ersuchens (beispielsweise durch rechtlich unverbindliche Schreiben) zu einem aus Sicht der Bankenaufsicht gewünschten Verhalten zu bewegen. *[GWA]*

Moratorium im Sinne des KWG

Befugnis der Bundesanstalt für Finanzdienstleistungsaufsicht (BaFin), gegenüber einem Institut im Sinne des KWG einstweilige Maßnahmen zu ergreifen, wenn bei diesem Institut eine Gefahr für die Erfüllung seiner Verpflichtungen gegenüber seinen Gläubigern gegeben ist oder der begründete Verdacht besteht, dass eine wirksame Aufsicht über das Institut nicht möglich ist (§ 46 I 1 KWG). Zu solchen Maßnahmen zählen vor allem der Erlass eines vorübergehenden Veräußerungs- und Zahlungsverbots an das Institut sowie die Anordnung der Schließung des Instituts für den Verkehr mit der Kundschaft (§ 46 I 2 Nr. 4 und Nr. 5 KWG). Durch die Anordnung eines Moratoriums für ein Not leidend gewordenes Institut soll den beteiligten Wirtschaftskreisen Zeit für Überlegungen und Maßnahmen mit dem Ziel gegeben werden, einen Schaden für die Gläubiger des betreffenden Instituts zu vermeiden beziehungsweise ihn möglichst gering zu halten. Die Eröffnung eines Moratoriums nach § 46 I KWG ist von dem in § 46g KWG vorgesehenen Moratorium zu unterscheiden, das von der Bundesregierung zur Abwehr gesamtwirtschaftlicher Gefahren angeordnet werden kann. Sind danach wirtschaftliche Schwierigkeiten bei Kreditinstituten zu befürchten, die schwerwiegende Gefahren für die Gesamtwirtschaft, insbesondere für den geordneten Ablauf des allgemeinen Zahlungsverkehrs erwarten lassen, so kann die Bundesregierung nach Anhörung der Deutschen Bundesbank durch Rechtsverordnung

a) einem Kreditinstitut im Sinne des KWG (nicht aber einem Finanzdienstleistungsinstitut im Sinne des KWG) einen Aufschub für die Erfüllung seiner Verbindlichkeiten gewähren und anordnen, dass während der Dauer des Aufschubs Zwangsvollstreckungen, Arreste und einstweilige Verfügungen gegen das Kreditinstitut sowie das Insolvenzverfahren über das Vermögen des Kreditinstituts nicht zulässig sind,

b) anordnen, dass die Kreditinstitute insgesamt (beziehungsweise bestimmte Arten oder Gruppen von Kreditinstituten) für den Verkehr mit ihrer Kundschaft vorübergehend geschlossen bleiben und im Kundenverkehr Zahlungen und Überweisungen weder leisten noch entgegennehmen dürfen (sogenannte Bankfeiertage),

c) anordnen, dass die Börsen im Sinne des Börsengesetzes vorübergehend geschlossen bleiben (§ 47 I und II KWG). *[GWA]*

N

Nachrangige Verbindlichkeiten

1. *Begriff*: Verbindlichkeiten, die im Falle der Insolvenz oder der Liquidation eines Unternehmens erst nach Befriedigung aller nicht nachrangigen Gläubiger zurückgezahlt werden, werden als nachrangige Verbindlichkeiten beziehungsweise nachrangige Darlehen bezeichnet. Besondere Bedeutung kommt den nachrangigen Verbindlichkeiten im Rahmen der Bestimmung der Eigenmittelbasis von Instituten im Sinne des KWG zu, da nachrangige Verbindlichkeiten bei Vorliegen bestimmter Voraussetzungen nach Artikel 62 CRR als Ergänzungskapital anerkannt werden und damit die Eigenmittelbasis eines Instituts vergrößern.

2. *Formen*: Nachrangige Verbindlichkeiten können als Buchverbindlichkeiten oder als verbriefte Verbindlichkeiten, z.B. durch Ausgabe von nachrangig ausgestalteten Inhaberschuldverschreibungen, begründet werden.

3. *Bilanzausweis*: Ausweis im Passivposten Nr. 9 der Bankbilanz. *[GKR]*

National Competent Authorities (NCAs)

Für die Aufsicht über Institute zuständige nationale Aufsichtsbehörden in den EU-Mitgliedstaaten des Euroraums. In der Bundesrepublik Deutschland ist dies die Bundesanstalt für Finanzdienstleistungsaufsicht (BaFin). *[GWA]*

Nationale Abwicklungsbehörde (NAB)

Nach § 3 I des Gesetzes zur Sanierung und Abwicklung von Instituten und Finanzgruppen (Sanierungs- und Abwicklungsgesetz, SAG) ist die Bundesanstalt für Finanzdienstleistungsaufsicht (BaFin) ab dem 1. Januar 2018 die zuständige Abwicklungsbehörde in Deutschland. Die Nationale Abwicklungsbehörde (NAB) stellt hierbei eine operativ eigenständige Einheit der BaFin dar, die organisatorisch und personell unabhängig von deren übrigen Funktionen ist. In den Jahren 2015 bis 2017 übernahm die Bundesanstalt für Finanzmarktstabilisierung (FMSA) dieses Aufgabenspektrum. Um die geordnete Abwicklung eines Instituts durchführen zu können, erteilt das SAG der Nationalen Abwicklungsbehörde weitreichende Befugnisse. Dies sind beispielsweise Instrumente der Beteiligung der Anteilsinhaber und Gläubiger von Instituten, der Übertragung von Anteilen, Vermögenswerten, Verbindlichkeiten und Rechtsverhältnissen oder der Unternehmensveräußerung. Daneben beurteilt die Nationale Abwicklungsbehörde die Abwicklungsfähigkeit von Instituten und entwirft deren Abwicklungspläne – gegebenenfalls gemeinsam mit dem Einheitlichen Abwicklungsgremium. Sie bereitet zudem Abwicklungsmaßnahmen für in eine finanzielle Schieflage geratene Institute vor und übernimmt gegebenenfalls auch deren Durchführung. [ARA]

Negative externe Effekte

Negative externe Effekte liegen vor, wenn durch die Produktion oder den Verbrauch bestimmter Güter beziehungsweise die Erbringung und Entgegennahme von Dienstleistungen für Dritte Nachteile entstehen, die nicht notwendig in die Marktbeziehungen zwischen den Beteiligten eingehen und deshalb bei der Preisbildung unberücksichtigt bleiben. [GWA]

Negativzinsen

Negativzinsen sind Zinsen mit einem negativen Vorzeichen (Minuszinsen), die Banken zunehmend bei hohen Einlagevolumina auf Tagesgeldkonten erheben. Sie können sich auch als ein jährliches oder monatliches Verwahrentgelt bei normalen Girokonten ausdrücken. Damit haben sie den Charakter einer Gebühr oder eines Strafzinses für die Geldanlage. Hintergrund dieser Entwicklung ist die Niedrigzinspolitik der Europäischen Zentralbank (EZB), die von Banken für die Geldanlage über Nacht (Einlagefazilität) seit Jahren ebenfalls Strafzinsen verlangt. Diese Kosten reichen die Banken beispielsweise über Negativzinsen an ihre Kunden weiter. [ARA]

Net Stable Funding Ratio (NSFR)

Stabile Liquiditätskennziffer, strukturelle Liquiditätsquote. Die Bestimmungen von Basel III sehen neben der Einführung einer Liquidity Coverage Ratio (LCR) auch die Einführung einer Net Stable Funding Ratio (NSFR) vor. In der Europäischen Union (EU) findet sich eine entsprechende Regelung (stabile Refinanzierung) in Artikel 413 CRR. Die NSFR zielt auf die Stärkung der Widerstandskraft des Liquiditätsrisikoprofils von Banken über einen Zeithorizont von einem Jahr. Durch Vorgabe eines Mindestbetrags an stabiler Refinanzierung ist die NSFR darauf ausgerichtet, die Struktur der Liquiditätsrisikoprofile der Banken zu verändern und deren mittel- beziehungsweise langfristige Refinanzierung zu fördern. Die NSFR setzt den verfügbaren Betrag stabiler Refinanzierung einer Bank ins Verhältnis zum erforderlichen Betrag an stabiler Refinanzierung der Bank. Als stabile Refinanzierung gelten dabei diejenigen Teile von Eigenkapital und Fremdkapital, die – bezogen auf einen Zeitraum von einem Jahr und unter der Annahme anhaltender Stressbedingungen – für die Bank eine zuverlässige Finanzierungsquelle darstellen. Der verfügbare Betrag stabiler Refinanzierung ergibt sich aus der Summe der in Abhängigkeit von ihrer dauerhaften Verfügbarkeit gewichteten Passiva, während der erforderliche Betrag stabiler Refinanzierung die Summe der in Abhängigkeit von ihrer Liquiditätsnähe gewichteten Aktiva unter Einbeziehung des sich aus außerbilanziellen Positionen ergebenden mittelfristigen Finanzierungsbedarfs darstellt. Unterschreitet die so definierte NSFR einen Wert von 100 Prozent nicht, so ist die Liquidität der Bank über einen Zeithorizont von einem Jahr aus Sicht der Bankenaufsicht ausreichend (für den kurzfristigen Bereich ist die Liquidity Coverage Ratio relevant). Durch die NSFR werden die Möglichkeiten der Banken, Fristentransformation zu betreiben, eingeschränkt. *[GKR]*

Nettohaftungsreserve

Eigenkapital, Eigenmittel, Nettohaftungskapital, Reinvermögen; Überschuss des gesamten haftenden Vermögens eines Unternehmens über seine Schulden. *[GWA]*

Netzgeldgeschäft

Das Netzgeldgeschäft wurde im Rahmen des Gesetzes zur Umsetzung von EG-Richtlinien zur Harmonisierung bank- und wertpapieraufsichtsrechtlicher Vorschriften vom 22.10.1997 (BGBl. I S. 2518) als Bankgeschäft im Sinne des KWG in das Kreditwesengesetz aufgenommen. In § 1 I 2 Nr. 12 KWG a.F. wurde das Netzgeld als „die Schaffung und die Verwaltung von Zahlungseinheiten in Rechnernetzen" bezeichnet. Durch das Vierte Finanzmarktförderungsgesetz vom 21.6.2002 (BGBl. I S. 2010) wurden das Geldkartengeschäft und das Netzgeldgeschäft zum (damals neuen) Bankgeschäftstatbestand des E-Geld-Geschäfts (§ 1 I 2 Nr. 11 KWG a.F.) als die Ausgabe und Verwaltung von elektronischem Geld zusammengefasst. Durch das Gesetz zur Umsetzung der Zweiten E-Geld-Richtlinie vom 1.3.2011 (BGBl. I S. 288) wurde das E-Geld-Geschäft wieder aus dem KWG gestrichen und in § 1a ZAG a.F. aufgenommen (E-Geld-Institut). *[GKR]*

Nichtbeistandsklausel

Die Nichtbeistandsklausel ist in Artikel 125 AEUV geregelt. Dieser Artikel untersagt sowohl den EU-Mitgliedstaaten als auch der EU selbst, für Verbindlichkeiten eines (anderen) EU-Mitgliedstaates einzutreten. Darüber hinaus gelten auch die in Artikel 123 AEUV sowie Artikel 124 AEUV genannten Verbote. Diese besagen, dass Überziehungs- oder andere Kreditfazilitäten bei der Europäischen Zentralbank (EZB) (Artikel 123 AEUV) sowie der bevorrechtigte Zugang von Einrichtungen der Union oder der Mitgliedstaaten zu den Finanzinstituten (Artikel 124 AEUV) untersagt sind. Begründet wird die Nichtbeistandsklausel damit, dass sämtliche EU-Mitgliedstaaten dazu angehalten werden sollen, finanziell diszipliniert und verantwortungsbewusst zu handeln. Hierdurch soll vermieden werden, dass bei einer falschen Haushaltsführung eines EU-Mitgliedstaats ein anderer EU-Mitgliedstaat finanziell unterstützend wirken kann. Die Nichtbeistandsklausel ergänzt die Verschuldungsgrenzen, welche im Stabilitäts- und Wachstumspakt festgehalten sind. [GRE]

Nichtfinanzielle Gegenpartei

Eine nichtfinanzielle Gegenpartei (engl. Non-Financial Counterparty) ist gemäß Artikel 2 Nr. 9 der Verordnung (EU) Nr. 648/2012 des Europäischen Parlaments und des Rates vom 4.7.2012 (European Markets Infrastructure Regulation, EMIR) ein in der Europäischen Union niedergelassenes Unternehmen, das nicht der Gruppe der zentralen Gegenparteien angehört und das keine finanzielle Gegenpartei ist. [RBL]

Nicht-Handelsbuchinstitut

Als Nicht-Handelbuchinstitut wird – in Abgrenzung zu einem Handelsbuchinstitut – ein Institut im Sinne der CRR bezeichnet, dessen bilanzielles und außerbilanzielles Handelsbuchvolumen die in Artikel 94 CRR genannten Bagatellgrenzen nicht überschreitet und das damit bestimmte Erleichterungen bei der Berechnung seines Gesamtrisikobetrags in Anspruch nehmen darf. [GKR]

NII

Engl. Abkürzung für Net Interest Income; Nettozinsergebnis, Zinsüberschuss. [GWA]

Non-Financial Risks

Der Begriff Non-Financial Risks steht als Oberbegriff für operationelle Risiken, Reputationsrisiken, Compliancerisiken und strategische Risiken. *[GWA]*

Notfall-Liquiditätshilfe

Notfall-Liquiditätshilfe (engl. emergency liquidity assistance, ELA) bezeichnet die Unterstützung eines solventen Finanzinstituts mit temporären Liquiditätsproblemen im Eurogebiet durch eine nationale Zentralbank des Euroraums. Die Verantwortung für die Gewährung des Zentralbankgeldes tragen die geldgebenden Zentralnotenbanken. Sie schultern gemäß Artikel 14.4 der *Satzung des ESZB* (Europäisches System der Zentralbanken) *und der EZB* (Europäische Zentralbank) auch die Kosten und das Risiko aus der Mittelvergabe. Diese Vorschrift besagt ebenfalls, dass die nationalen Zentralbanken solche Aufgaben wahrnehmen dürfen, „es sei denn, der EZB-Rat stellt mit Zweidrittelmehrheit der abgegebenen Stimmen fest, dass diese Aufgaben nicht mit den Zielen und Aufgaben des ESZB vereinbar sind." Die nationalen Zentralbanken informieren die EZB in der Regel spätestens innerhalb von zwei Geschäftstagen über die Einzelheiten jeder ELA-Operation. *[RBL]*

Notleidende Kredite

Notleidende Kredite (Non Performing Loans, NPL) bezeichnen Darlehensverträge, bei denen der jeweilige Kreditnehmer vertragswidrige Verhaltensweisen, wie beispielsweise die Verletzung der vertraglichen Zahlungsverpflichtungen, zeigt und damit einhergehende Zweifel an der kreditvertraglichen Vertrauensgrundlage bestehen. Solche Zweifel können bereits in einer absehbaren Gefährdung der Rückerstattung des Darlehens, z.B. durch die wesentliche Verschlechterung der Vermögensverhältnisse des Kreditnehmers oder der Werthaltigkeit der gestellten Sicherheiten, begründet liegen. Um ein vertragsbrüchiges Verhalten möglichst eindeutig identifizieren zu können, ordnet der „Leitfaden für Banken zu notleidenden Krediten" der Europäischen Zentralbank (EZB) Kredite anhand ihrer Verzugstage unterschiedlichen Verzugsstadien zu. Ein Kredit mit mindestens 90 Verzugstagen gilt demnach grundsätzlich als notleidend. [ARA]

© Springer Fachmedien Wiesbaden GmbH, ein Teil von Springer Nature 2020
L. Gramlich et al. (Hrsg.), *550 Keywords Bankenaufsichtsrecht*,
https://doi.org/10.1007/978-3-658-28295-0_15

Offene Festzinsposition

Aktivüberhang (offene aktivische Festzinsposition) oder Passivüberhang (offene passivische Festzinsposition) festverzinslicher Positionen in der Bilanz gegenüber variabel verzinslichen Positionen. *[JSC, AHO]*

Offene Position

Position, die ein Risiko (z.B. Kursrisiko) beinhaltet, weil keine spiegelbildliche Position besteht; sowohl im bilanziellen Geschäft möglich, wenn also z.B. einem Aktivum kein entsprechendes Passivum gegenübersteht beziehungsweise umgekehrt, als auch im außerbilanziellen Geschäft, indem nur eine Kaufposition (Long Position) oder eine Verkaufsposition (Short Position) vorliegt. Offen- beziehungsweise Geschlossenheit sind in verschiedener, insbesondere betraglicher und zeitlicher Hinsicht möglich. *[AWI]*

Offene Währungsposition

Währungsposition (Devisenposition), die als Kaufposition (Long Position) oder als Verkaufsposition (Short Position) ein Währungsrisiko ergibt. Die offene Währungsposition beinhaltet ein Risiko, da ihr keine spiegelbildliche Position gegenübersteht. Offenheit ist sowohl in betraglicher als auch in zeitlicher Hinsicht möglich. Haben USD-Forderungen und USD-Verbindlichkeiten die gleiche Höhe, so ist die Position betraglich geschlossen, kann aber aufgrund von Laufzeitunterschieden zeitlich offen sein. Die Eigenmittelanforderungen für das Fremdwährungsrisiko sind in Artikel 351 CRR geregelt. *[AWI]*

Offenlegung der wirtschaftlichen Verhältnisse

1. *Begriff*: Nach § 18 KWG sind die Kreditinstitute im Sinne des KWG verpflichtet, die Kreditwürdigkeit ihrer Kreditnehmer in ausreichendem Maße anhand von Unterlagen zu prüfen. Jedes Kreditinstitut muss sich von einem Kreditnehmer, dem ein Kredit von insgesamt mehr als

750.000 Euro im Sinne des § 21 KWG (Kreditbegriff des KWG) oder mehr als zehn Prozent der anrechenbaren Eigenmittel des Kreditinstituts gewährt werden soll, die wirtschaftlichen Verhältnisse, insbesondere durch Vorlage der Jahresabschlüsse, offenlegen lassen. Hiervon kann abgesehen werden, wenn das Verlangen nach Offenlegung der wirtschaftlichen Verhältnisse im Hinblick auf die gestellten Sicherheiten oder auf die Mitverpflichteten, zu denen auch andere Unternehmen eines Konzerns zählen können, offensichtlich unbegründet wäre (Kreditsicherheit). Darüber hinaus kann von der Offenlegung der wirtschaftlichen Verhältnisse abgesehen werden, wenn der Kredit durch Grundpfandrechte auf vom Kreditnehmer selbst genutztes Wohneigentum gesichert ist, die Höhe des Kredits nicht mehr als 80 Prozent des Beleihungswerts des Pfandobjekts im Sinne von § 16 I und II Pfandbriefgesetz ausmacht und die vom Kreditnehmer geschuldeten Zins- und Tilgungsleistungen von ihm störungsfrei erbracht werden.

2. *Zweck*: Obwohl eine Kreditwürdigkeitsprüfung auch im Interesse der Bank liegt, ist die Pflicht zur Offenlegung der wirtschaftlichen Verhältnisse gesetzlich verankert, damit sie unabhängig von der Verhandlungsmacht des Kreditnehmers leichter durchgesetzt werden kann. Die Untergrenze für die Verpflichtung ist für alle Kreditinstitute in Deutschland einheitlich festgelegt, um Wettbewerbsverzerrungen auf nationaler Ebene vorzubeugen. Jedoch schließt dies insbesondere in grenznahen Gebieten Verzerrungen des Wettbewerbs mit Kreditinstituten mit Sitz im Ausland nicht aus.

3. *Zeitraum*: Die Verpflichtung zur Offenlegung der wirtschaftlichen Verhältnisse beschränkt sich nicht auf den Zeitpunkt der Zusage eines Kredits, sondern gilt für dessen gesamte Laufzeit. Jahresabschlüsse sollten nicht länger als 18 Monate zurückliegen; um die Geschäftsentwicklung des Kreditnehmers beurteilen zu können, bedarf es aber der Vorlage mehrerer Jahresabschlüsse. Werden Konzernabschlüsse erstellt, sind grundsätzlich auch diese anzufordern. Das Informationsmaterial sollte stets möglichst aktuell sein.

4. *Ausnahmen:* Von der Pflicht der Offenlegung der wirtschaftlichen Verhältnisse werden nach § 21 II KWG ausgenommen:

a) Kredite an den Bund, die Länder und an deren Sondervermögen sowie Kommunalkredite,

b) Geldmarktkredite, die an andere Institute im Sinne des KWG gewährt werden, ungesichert sind, als Guthaben nur der Geldanlage dienen und in spätestens drei Monaten fällig sind (bei zentraler Liquiditätshaltung im Bereich der Sparkassen beziehungsweise Kreditgenossenschaften kann die Befristung über drei Monate hinausgehen),

c) bestimmte von anderen Instituten angekaufte Wechsel mit Laufzeiten bis zu drei Monaten, sofern diese üblicherweise am Geldmarkt gehandelt werden, sowie

d) abgeschriebene Kredite.

Nach § 21 III KWG ist § 18 KWG auch nicht anwendbar bei Realkrediten, bestimmten Krediten mit Laufzeiten von höchstens 15 Jahren gegen Bestellung von Schiffshypotheken, Krediten an nicht bereits in § 21 II Nr. 1 KWG genannte inländische juristische Personen des öffentlichen Rechts, an die Europäische Union (EU), die Europäische Atomgemeinschaft oder an die Europäische Investitionsbank (EIB) sowie bei Krediten, soweit sie vom Bund oder einem seiner Sondervermögen, einem Bundesland oder von Kommunen gewährleistet sind. Für das (echte) Factoring sowie durch bestimmte Sicherheiten gedeckte Kredite enthält schließlich § 21 IV KWG eine Ausnahmeregelung. Zu den besonderen Pflichten eines Abschlussprüfers gehört es auch festzustellen, ob die Anforderungen aus § 18 KWG von dem Kreditinstitut erfüllt wurden (§ 29 I 2 Nr. 2 KWG). *[GKR]*

Operationelles Risiko

1. *Begriff:* Risiko, im Zusammenhang mit Personal, Kunden oder Dritten, EDV-Systemen, Projekten, internen Verfahren oder Prozessen

unerwartete Verluste zu erleiden. Beispiele sind Unterbrechungen des Geschäftsbetriebs, unzureichend gemanagte oder definierte Geschäftsabläufe oder Versagen der Kontrollmechanismen. Operationelle Risiken sind schwer zu quantifizieren und werden oft durch Einschätzungen des Managements oder die Auswertung historischer Ereignisse erfasst. Operationelle Risiken sollen durch eine möglichst umfassende Erfassung und Auswertung von operationellen Verlusten beziehungsweise Gewinnen (Schadenfalldatenbank), ein gutes internes Kontrollwesen und durch erprobte Notfallpläne gering gehalten werden. Im Rahmen des Managements operationeller Risiken sind „low frequency high impact"-Ereignisse (seltenes Auftreten, aber hohes Verlustpotenzial) im Vergleich zu „high frequency low impact"-Ereignissen (häufiges Auftreten, aber geringes Verlustpotenzial) von vorrangiger Bedeutung. Erstere können zu erheblichen, zum Teil existenziellen Gefährdungen eines Bankbetriebs führen, die unter anderem aus der wachsenden Komplexität und den steigenden Volumina im Bankgeschäft resultieren.

2. *Anforderungen*: Operationelle Risiken zählen neben dem Kredit- und Marktrisiko zu den Risiken, die Kreditinstitute mit Eigenmitteln unterlegen müssen, und werden seit dem 1. Januar 2014 in der CRR (Capital Requirements Regulation) (Artikel 312 ff. CRR) geregelt. Als Methoden sind der Basisindikatoransatz (Artikel 315 ff. CRR), der Standardansatz (Artikel 317 ff. CRR) und fortgeschrittene Messansätze (Artikel 321 ff. CRR) zulässig. *[AWI]*

Opt-in

Opt-in beschreibt die Möglichkeit eines Staates zur freiwilligen Teilnahme am Einheitlichen Aufsichtsmechanismus (SSM). Diese Möglichkeit beschränkt sich auf diejenigen Mitgliedstaaten der Europäischen Union, die nicht den Euro als Währung eingeführt haben. Nach Artikel 7 der SSM-Verordnung müssen die zuständigen Behörden des antragstellenden Nicht-Euro-Staates hierzu eine enge Zusammenarbeit mit der Europäischen Zentralbank (EZB) vereinbaren. Dazu verpflichtet sich der antragstellende Staat hinsichtlich der Wahrnehmung der Aufsichtsaufgaben in Bezug auf sämtliche niedergelassene Institute zu einer engen Zusammenarbeit nach Maßgabe des Artikels 6 SSM-Verordnung. Weiterhin ist sicherzustellen, dass die nationalen zuständigen Behörden künftig allen Leitlinien und Aufforderungen der EZB nachkommen und der EZB sämtliche von ihr eingeforderten Informationen über die niedergelassenen Institute vorlegen. Zudem müssen einschlägige nationale Vorschriften erlassen worden sein, die eine Verpflichtung der nationalen zuständigen Behörde zur Ergreifung sämtlicher aufsichtlicher Maßnahmen in Bezug auf Kreditinstitute gewährleisten, zu denen die EZB unter Vorgabe eines mindestens 48-stündigen Zeitrahmens (eine frühzeitigere Durchführung darf nur zur Abwendung eines nicht wieder gutzumachenden Schadens verlangt werden) auffordert. Der Beschluss über die Aufnahme der engen Zusammenarbeit wird im Amtsblatt der Europäischen Union bekannt gemacht. Dadurch steigt der Nicht-Euro-Staat zu einem (am SSM) „teilnehmenden Mitgliedstaat" gemäß Artikel 2 Nr. 1 SSM-Verordnung auf und fällt damit in den räumlichen Geltungsbereich des SSM. Die enge Zusammenarbeit kann beiderseitig wieder gekündigt werden. [RBL]

Organkredite

1. *Begriff*: Als Organkredite werden Kredite (Kreditbegriff des KWG) an mit einem Institut im Sinne des KWG eng verbundene natürliche Personen (Personalorgankredit) oder Unternehmen (Unternehmensorgankredit) bezeichnet. Organkredite dürfen nur aufgrund eines in der Regel vorher zu fassenden (§ 15 IV 1, 4-6 KWG) einstimmigen Beschlusses sämtlicher Geschäftsleiter und nur mit ausdrücklicher (mehrheitlicher) Zustimmung des Aufsichtsorgans des Instituts sowie – mit Ausnahme von Mitarbeiterprogrammen – nur zu marktmäßigen Bedingungen gewährt werden (§ 15 I KWG). Bei Organkrediten nach § 15 I 1 Nr. 12 KWG (Kredite an persönlich haftende Gesellschafter, an Geschäftsführer, an Mitglieder des Vorstandes oder des Aufsichtsorgans, an

Prokuristen oder an zum gesamten Geschäftsbetrieb ermächtigte Handlungsbevollmächtigte eines von dem Institut abhängigen oder es beherrschenden Unternehmens sowie an ihre Ehegatten, Lebenspartner und minderjährigen Kinder) muss die ausdrückliche Zustimmung des Aufsichtsorgans des herrschenden Unternehmens vorliegen. Die Beschlussfassungsregeln sollen verhindern, dass dem Institut nahestehende Personen oder Unternehmen ihren Einfluss missbrauchen, um Kredite zu Vorzugskonditionen, also nicht zu marktmäßigen Bedingungen, eingeräumt zu bekommen. Die Beschlüsse müssen daher Bestimmungen über die Verzinsung und Rückzahlung des Kredits enthalten und sind aktenkundig zu machen (§ 15 IV 2, 3 KWG). Der Kreditgewährung steht die Gestattung von übermäßigen oder unzeitigen Entnahmen von Vergütungen gleich (§ 15 I 4 KWG).

2. *Arten*:

a) Personalorgankredit;

b) Unternehmensorgankredit.

3. *Ausnahmen*: Die Vorschriften über Organkredite finden keine Anwendung

a) auf Kredite an Prokuristen, zum gesamten Geschäftsbetrieb ermächtigte Handlungsbevollmächtigte (sowie an deren Ehegatten, Lebenspartner und minderjährige Kinder), wenn der Kredit ein Jahresgehalt nicht übersteigt,

b) auf Kredite an stille Gesellschafter und auf Unternehmensorgankredite, wenn der Kredit weniger als ein Prozent der anrechenbaren Eigenmittel des Instituts oder weniger als 50.000 Euro beträgt, sowie

c) auf Kredite, die um nicht mehr als zehn Prozent erhöht werden (§ 15 III KWG).

Fehlen bei Personalorgankrediten (ausgenommen Kredite an stille Gesellschafter) die notwendigen Beschlüsse, so ist der Kredit ohne Rücksicht auf entgegenstehende Vereinbarungen sofort zurückzuzahlen, wenn nicht sämtliche Geschäftsleiter sowie das Aufsichtsorgan der Kreditgewährung unverzüglich nachträglich zustimmen (§ 15 V KWG). Bei Unternehmensorgankrediten und bei Krediten an stille Gesellschafter überwiegt demgegenüber die Verbindlichkeit einmal abgeschlossener Verträge. Für diese Organkredite gilt zudem ein engerer Kreditbegriff (§ 21 III KWG).

4. *Beschränkungen*: Die Bundesanstalt für Finanzdienstleistungsaufsicht (BaFin) kann nach § 15 I 5 KWG anordnen, dass nicht zu marktmäßigen Bedingungen gewährte Organkredite mit hartem Kernkapital zu unterlegen sind. Darüber hinaus kann die BaFin für die Gewährung von Organkrediten Obergrenzen im Einzelfall anordnen, wobei die Anordnung auch nach der Kreditgewährung erfolgen kann (§ 15 II 1 KWG). Sofern ein Organkredit die von der BaFin angeordneten Obergrenzen übersteigt, ist er auf weitere Anordnung der BaFin auf die angeordnete Obergrenze zurückzuführen; bis dahin ist er mit hartem Kernkapital zu unterlegen (§ 15 II 2 KWG). *[GKR]*

Output Floor

Legt fest, inwieweit ein von Instituten mithilfe interner Modelle berechneter Eigenkapitalbedarf maximal von demjenigen Niveau abweichen darf, welches sich für dieselben Risiken bei Anwendung des Kreditrisiko-Standardansatzes ergäbe. Basel III legt einen Output Floor von 72,5 Prozent fest, das heißt, ein mithilfe interner Modelle berechneter Eigenkapitalbedarf darf maximal um 27,5 Prozent niedriger als die Höhe des nach dem Kreditrisiko-Standardansatz ermittelten Eigenkapitalbedarfs sein. *[GWA]*

Outright Risk

Unterform des Zinsänderungsrisikos, resultiert aus einer Parallelbewegung der Zinsstrukturkurve, das heißt, gemessen wird das Risiko, wenn die Zinssätze über alle Laufzeiten gleichermaßen steigen oder fallen. [AWI]

Overall Capital Requirements

Die Overall Capital Requirements (OCR) setzen sich aus den Total SREP Capital Requirements (TSCR) zuzüglich der kombinierten Kapitalpuffer-Anforderung zusammen. [RBL]

Passivisches Festzinsrisiko

Gefahr der nachteiligen Entwicklung einer passivischen Festzinsposition (z.B. ein festverzinsliches Wertpapier aus einer institutionellen Refinanzierung) bei sinkendem Marktzinsniveau durch

1. fehlende Partizipationsmöglichkeiten (Cashflow-Sicht) und

2. steigende Barwerte (barwertige Sicht).

Bei steigenden Marktzinsen ergibt sich eine passivische Festzinschance. *[AWI]*

Personalorgankredite

Ein Personalorgankredit ist ein Organkredit (Kreditbegriff des KWG) an mit einem Institut im Sinne des KWG eng verbundene natürliche Personen, nämlich an Geschäftsleiter, an Prokuristen beziehungsweise an zum gesamten Geschäftsbetrieb ermächtigte Handlungsbevollmächtigte, an die jeweiligen Ehegatten, Lebenspartner und minderjährigen Kinder der vorgenannten Personen und an stille Gesellschafter des Instituts (§ 15 I 1 Nr. 1, 4-6 KWG). Ferner zählen zu den Personalorgankrediten Kredite an Mitglieder eines zur Überwachung der Geschäftsführung des Instituts bestellten Aufsichtsorgans, sofern dessen Überwachungsbefugnisse gesetzlich geregelt sind, sowie an Gesellschafter, die keine Geschäftsleiter sind, wenn das Institut in der Rechtsform einer Personenhandelsgesellschaft, einer Gesellschaft mit beschränkter Haftung oder einer Kommanditgesellschaft auf Aktien betrieben wird (§ 15 I 1 Nr. 2, 3 KWG). Schließlich gelten die Regeln über Organkredite auch dann, wenn Kredite an persönlich haftende Gesellschafter, an Geschäftsführer, an Mitglieder des Vorstands oder des Aufsichtsorgans, an Prokuristen oder an zum gesamten Geschäftsbetrieb ermächtigte Handlungsbevollmächtigte eines von dem Institut abhängigen oder es beherrschenden Unternehmens sowie an ihre Ehegatten, Lebenspartner und minderjährigen Kinder vergeben werden sollen (§ 15 I 1 Nr. 12 KWG). *[GKR]*

Personelle Risiken

Mitarbeiterrisiken; Risiken, die sich aus der Neueinstellung, dem Einsatz oder der Kündigung von Mitarbeitern ergeben. Personelle Risiken können in quantitative und qualitative personelle Risiken unterschieden werden. Während sich die quantitativen personellen Risiken auf Gefahren beziehen, die mit der mengenmäßigen Beschaffung und dem mengenmäßigen Einsatz von Mitarbeitern verbunden sind, sind die qualitativen personellen Risiken mit den fachlichen und charakterlichen Eigenschaften der Mitarbeiter verknüpft. Derartige Risiken resultieren entweder aus unbeabsichtigten, fahrlässigen oder aus vorsätzlichen Handlungen der Mitarbeiter. *[GWA]*

Pfandbriefdeckung

1. *Begriff*: Nach § 4 I 1 PfandBG muss die jederzeitige Deckung der umlaufenden Pfandbriefe nach dem Barwert, in den Zins- und Tilgungszahlungen einbezogen sind, sichergestellt sein. Dabei wird eine sogenannte sichernde Überdeckung dergestalt gefordert, dass der Barwert der in das Deckungsregister eingetragenen Deckungswerte um (mindestens) zwei Prozent höher sein muss als der Barwert der zu deckenden Verbindlichkeiten. Neben dieser barwertigen Deckung fordert § 4 II PfandBG auch eine nominelle Deckung, nach der die im Umlauf befindlichen Pfandbriefe einer Gattung ihrem Nennwert nach jederzeit durch Werte in mindestens gleicher Höhe gedeckt sein müssen. Sofern der maximale Einlösungswert der Pfandbriefe, der zum Zeitpunkt der Pfandbriefausgabe bekannt ist, den Nennwert übersteigt, ist dieser anstelle des Nennwerts zu verwenden.

2. *Deckungswerte*: Für die sichernde Überdeckung sind nach § 4 I 2 PfandBG die folgenden Positionen geeignet:

a) Schuldverschreibungen, Schuldbuchforderungen, Schatzwechsel und Schatzanweisungen, sofern sie geschuldet werden von dem Bund oder einem seiner Sondervermögen, einem Land, den Europäischen

Gemeinschaften (EG), einem anderen Mitgliedstaat der Europäischen Union (EU), einem anderen Vertragsstaat des Abkommens über den Europäischen Wirtschaftsraum (EWR), der Europäischen Investitionsbank (EIB), der Internationalen Bank für Wiederaufbau und Entwicklung, der Entwicklungsbank des Europarats, der Europäischen Bank für Wiederaufbau und Entwicklung oder von Kanada, Japan, der Schweiz oder den Vereinigten Staaten von Amerika (USA), sofern die von diesen Staaten geschuldeten Positionen nach den Bestimmungen der Capital Requirements Regulation (CRR) ein Risikogewicht auf Basis eines externen Ratings einer anerkannten internationalen Ratingagentur von null Prozent erhalten;

b) Schuldverschreibungen, deren Verzinsung und Rückzahlung von einer der vorgenannten Stellen gewährleistet wird;

c) Guthaben bei der Europäischen Zentralbank (EZB), bei Zentralbanken der Mitgliedstaaten der EU oder – unter bestimmten Voraussetzungen – bei Kreditinstituten mit Sitz im EWR, in Kanada, Japan, der Schweiz oder den USA, sofern den Guthaben bei diesen Kreditinstituten ein Risikogewicht auf Basis eines externen Ratings einer anerkannten internationalen Ratingagentur von 20 Prozent oder – wenn die Guthaben eine Ursprungslaufzeit von bis zu 100 Tagen haben und das Kreditinstitut seinen Sitz in einem Mitgliedstaat der EU hat – 20 oder 50 Prozent zugeordnet worden ist.

Darüber hinaus sind *in Abhängigkeit von der Art des Pfandbriefs* die folgenden Deckungswerte vorgeschrieben, sofern sie die jeweils spezifischen Anforderungen erfüllen:

a) Hypothekenpfandbriefe sind durch Hypotheken zu sichern (§ 12 I PfandBG);

b) öffentliche Pfandbriefe sind durch Geldforderungen aus der Vergabe von Darlehen, aus Schuldverschreibungen oder aus vergleichbaren

Rechtsgeschäften zu sichern, wobei sich die Forderungen gegen bestimmte öffentliche Stellen richten müssen (§ 20 I PfandBG);

c) Schiffspfandbriefe müssen durch durch Schiffshypotheken gesicherte Darlehensforderungen gesichert werden (§ 21 PfandBG);

d) Flugzeugpfandbriefe sind durch durch Registerpfandrechte gesicherte Darlehensforderungen zu sichern (§ 26a PfandBG).

Sowohl bei Hypothekenpfandbriefen, öffentlichen Pfandbriefen, Schiffspfandbriefen als auch bei Flugzeugpfandbriefen kann die vorgeschriebene Deckung jeweils durch weitere spezifische Deckungswerte erfolgen.

3. *Deckungsregister*: Die Pfandbriefbank ist verpflichtet, für jede Pfandbriefgattung ein sogenanntes Deckungsregister zu führen. In das jeweilige Deckungsregister hat die Pfandbriefbank die von ihr zur Deckung der Pfandbriefe verwendeten Deckungswerte einzeln einzutragen (§ 5 I PfandBG).

4. *Treuhänder*: Bei allen Pfandbriefbanken ist jeweils ein Treuhänder sowie mindestens ein Stellvertreter zu bestellen; er wird durch die Bundesanstalt für Finanzdienstleistungsaufsicht (BaFin) nach Anhörung der Bank berufen (§ 7 I, III PfandBG). Der Treuhänder hat vor allem darauf zu achten, dass die vorschriftsmäßige Deckung für die Pfandbriefe jederzeit vorhanden ist (§ 8 I PfandBG).

5. *Beleihungsgrenzen*: Für Hypothekenpfandbriefe, Schiffspfandbriefe und Flugzeugpfandbriefe ist eine Obergrenze von 60 Prozent des Beleihungswerts, Schiffsbeleihungswerts beziehungsweise Flugzeugbeleihungswerts vorgegeben (§§ 14, 22, 26b PfandBG). *[GKR]*

Pfandbriefgeschäft

Umfasst als Bankgeschäft gemäß § 1 I 2 Nr. 1a KWG die in § 1 I 2 PfandBG bezeichneten Geschäfte. Diese umfassen:

a) die Ausgabe gedeckter Schuldverschreibungen aufgrund erworbener Hypotheken unter der Bezeichnung Pfandbriefe oder Hypothekenpfandbriefe,

b) die Ausgabe gedeckter Schuldverschreibungen aufgrund erworbener Forderungen gegen staatliche Stellen unter der Bezeichnung Kommunalschuldverschreibungen, Kommunalobligationen oder Öffentliche Pfandbriefe,

c) die Ausgabe gedeckter Schuldverschreibungen aufgrund erworbener Schiffshypotheken unter der Bezeichnung Schiffspfandbriefe sowie

d) die Ausgabe gedeckter Schuldverschreibungen aufgrund erworbener Registerpfandrechte nach § 1 des Gesetzes über Rechte an Luftfahrzeugen oder ausländischer Flugzeughypotheken unter der Bezeichnung Flugzeugpfandbriefe. *[GWA]*

Pfandbriefgesetz

Das Pfandbriefgesetz (PfandBG) vom 22.5.2005 (BGBl. I S. 1373) trat am 19.7.2005 in Kraft. Es löste unter anderem das HypBankG, das PfandBG (a.F.) und das SchiffsBankG ab. Das Pfandbriefgesetz enthält Bestimmungen über die Erlaubnis für das Betreiben des Pfandbriefgeschäfts (§ 2 PfandBG) sowie über die von der Bundesanstalt für Finanzdienstleistungsaufsicht (BaFin) ausgeübte Aufsicht über die Pfandbriefbanken (§ 3 PfandBG). Darüber hinaus finden sich im Pfandbriefgesetz neben allgemeinen Vorschriften über die Pfandbriefemission (§§ 4-11 PfandBG) und allgemeinen Vorschriften für das Pfandbriefgeschäft (§§ 27-28 PfandBG) auch besondere Vorschriften über die Deckungswerte von Hypothekenpfandbriefen, öffentlichen Pfandbriefen, Schiffspfandbriefen und Flugzeugpfandbriefen (§§ 12-26f PfandBG), ferner Regelungen über den Schutz vor Zwangsvollstreckung und über das Trennungsprinzip bei Insolvenz der Pfandbriefbank (§§ 29-36a PfandBG), Bestimmungen über Rechtsbehelfe und Zuwiderhandlungen (z.B. Straf- und Bußgeldvorschriften) (§§ 37-40 PfandBG) sowie

Schlussvorschriften (§§ 41-54 PfandBG), in denen sich unter anderem Bestimmungen über den Bezeichnungsschutz (§ 41 PfandBG) (Pfandbriefprivileg) finden. *[GKR]*

Pfandbriefprivileg

Das Pfandbriefprivileg bezeichnet nach § 41 PfandBG das Recht zur Ausgabe von Hypothekenpfandbriefen, öffentlichen Pfandbriefen, Schiffspfandbriefen, Flugzeugpfandbriefen sowie anderen Schuldverschreibungen, die das Wort „Pfandbrief" enthalten, das nur Kreditinstituten, die über eine schriftliche Erlaubnis der Bundesanstalt für Finanzdienstleistungsaufsicht (BaFin) nach § 32 KWG zum Betreiben des Pfandbriefgeschäfts verfügen, Kreditinstituten im Sinne der CRR mit Sitz in einem anderen Staat des Europäischen Wirtschaftsraums (EWR), sofern die in § 41 Nr. 2 Buchstaben a-d PfandBG aufgeführten Bedingungen erfüllt sind, sowie bestimmten Unternehmen, die unter die Ausnahmeregelungen nach §§ 42-44 PfandBG fallen, zusteht. *[GKR]*

Pfandbriefumlauf

Als Pfandbriefumlauf wird der Gesamtbetrag der im Umlauf befindlichen Hypothekenpfandbriefe, öffentlichen Pfandbriefe, Schiffspfandbriefe und Flugzeugpfandbriefe einer Pfandbriefbank bezeichnet. Nach § 51 PfandBG ist ein getrennter Pfandbriefumlauf für den Fall vorgesehen, dass eine Pfandbriefbank die von ihr vor Inkrafttreten des Pfandbriefgesetzes am 19.7.2005 begebenen Pfandbriefe weiter nach den bis zu diesem Zeitpunkt geltenden (alten) Vorschriften deckt. Das bisherige Deckungsregister ist dann getrennt von dem nach § 5 I 1 PfandBG zu führenden Deckungsregister zu führen. Ein Pfandbrief befindet sich nach § 4 V 1. Halbsatz PfandBG dann im Umlauf, wenn er von dem von der Bundesanstalt für Finanzdienstleistungsaufsicht (BaFin) bei der Pfandbriefbank bestellten Treuhänder gemäß § 8 III PfandBG ausgefertigt und der Pfandbriefbank übergeben worden ist. Eigene Pfandbriefe, die von der Pfandbriefbank gehalten werden, scheiden aus dem Umlauf solange aus, wie sichergestellt ist, dass eine Verfügung über diese Pfandbriefe ohne Zustimmung des Treuhänders nicht ausgeführt würde (§ 4 V 2. Halbsatz PfandBG). *[GKR]*

PIIGS-Staaten

Als PIIGS-Staaten werden in der Europäischen Union diejenigen Staaten bezeichnet, die ein hohes Haushaltsdefizit aufweisen. Das sind Portugal, Irland, Italien, Griechenland und Spanien. *[GWA]*

Pillar-2-Guidance

Die Säule-2-Empfehlung (engl. Pillar-2-Guidance, P2G) ist neben der Säule-2-Anforderung (Pillar-2-Requirements, P2R) die zweite Komponente des sich aus der Implementierung des SREP (aufsichtlicher Überprüfungs- und Bewertungsprozess) obligatorisch ableitenden institutsspezifischen Kapitalzuschlags. Sie wird auch als Eigenmittelzielkennziffer bezeichnet und stellt eine Erweiterung des Konzepts des Kapitalerhaltungspuffers dar. Die Bestimmungsgröße für die Höhe der P2G stellen die Ergebnisse aufsichtsrechtlicher Stresstests dar. Angesiedelt wird die P2G als „weiche" Komponente oberhalb der kombinierten Kapitalpuffer-Anforderung.

Zwar erwarten die zuständigen Aufsichtsbehörden von den Instituten die Einhaltung sowohl der P2R als auch der P2G. Eine Unterschreitung der letztgenannten Größe stellt jedoch keinen Verstoß gegen aufsichtliche Mindestnormen dar, wodurch ihre Nichteinhaltung keine unmittelbaren quantitativen Maßnahmen nach sich zieht. Gleichwohl ist jedoch mit einem intensiveren Dialog mit der zuständigen Aufsichtsbehörde zu rechnen. Das intendierte Ziel der Einführung der Säule-2-Empfehlung ist die Sicherstellung der Einhaltung der Mindesteigenmittelanforderungen nach Säule 1 zuzüglich der P2R unter Stressbedingungen. Damit verfolgt die P2G ein Ziel, das auch bei der Kalibrierung des Kapitalerhaltungspuffers zugrunde liegt. Entsprechend kann die geforderte Höhe der P2G mit einem bereits vorgehaltenen Kapitalerhaltungspuffer verrechnet werden. Gleiches gilt zur Vermeidung einer doppelten Eigenmittelunterlegung für eine Verrechnung der P2G mit dem vorzuhaltenden antizyklischen Kapitalpuffer, sofern dieser und die P2G als Haftungsmasse für dieselben Risiken dienen. Eine Verrechnung mit anderen Kapitalpuffern (Kapitalpuffer für systemische Risiken, Kapitalpuffer für global systemrelevante Institute, Kapitalpuffer für anderweitig systemrelevante Institute) ist nicht vorgesehen, da diese andere Risiken abdecken.

Korrespondierend zu den Vorgaben zur P2R wird von den unmittelbar durch die Europäische Zentralbank (EZB) beaufsichtigten (Einheitlicher Aufsichtsmechanismus, SSM) Instituten erwartet, dass diese ihre P2G vollständig durch hartes Kernkapital (CET 1) aufbauen. Institute, die nicht Teil des SSM sind, dürfen die vorzuhaltende Kapitalempfehlung den Strukturanforderungen der Säule 1 entsprechend aufbauen. Hiernach muss die P2G nur zu mindestens 56,25 Prozent aus hartem Kernkapital (CET 1) und zu mindestens 75 Prozent aus Kernkapital (T1) bestehen. *[RBL]*

Pillar-2-Requirements

Die Säule-2-Anforderung (engl. Pillar-2-Requirement, P2R) leitet sich aus der SREP-Gesamtbeurteilung (aufsichtlicher Überprüfungs- und Bewertungsprozess, SREP) ab und tritt in Form eines „harten" Kapitalzuschlags neben die gemäß der ersten Baseler Säule berechnete Mindesteigenmittelanforderung. Die Anforderung weist einen verbindlichen Charakter auf und ist von den Instituten jederzeit zwingend einzuhalten. Gemeinsam mit den Mindestquoten der ersten Baseler Säule nach Artikel 92 CRR bildet die P2R die Total SREP Capital Requirements (TSCR). Daneben tritt die sich ebenfalls aus der SREP-Gesamtbeurteilung ableitende Säule-2-Empfehlung (Pillar-2-Guidance, P2G).

Von den durch die Europäische Zentralbank (EZB) unmittelbar beaufsichtigten (siehe dazu das Stichwort „Einheitlicher Aufsichtsmechanismus") Instituten ist die vorzuhaltende P2R vollständig durch hartes Kernkapital (CET1) aufzubauen, wodurch sich die Mindesteigenmittelquoten nach Artikel 92 CRR sowie die insgesamt geforderten Eigenmittel (Overall Capital Requirements, OCR) unter Berücksichtigung der kombinierten Kapitalpuffer-Anforderung nach § 10i KWG entsprechend erhöhen. Gleiches gilt für Institute, die den nationalen SREP durchlaufen, mit dem Unterschied, dass der aufzubauende Kapitalzuschlag den Strukturanforderungen der Säule 1 entsprechen darf und demnach nur zu mindestens 56,25 Prozent aus hartem Kernkapital (CET1) und zu mindestens 75 Prozent aus Kernkapital (T1) bestehen muss. *[RBL]*

Platzierungsgeschäft

Das Platzieren von Finanzinstrumenten durch ein Finanzdienstleistungsinstitut im Sinne des KWG ohne eine feste Übernahmeverpflichtung (Finanzdienstleistung im Sinne des § 1 Ia 2 Nr. 1c KWG). *[GWA]*

Positionsrisiko

Positionsrisiko ist ein Begriff der Kapitaladäquanz-Richtlinie (Anhang I), der Capital Requirements Regulation (CRR) und des Baseler Ausschusses für Bankenaufsicht für das Risiko aus dem Wertpapierhandel; die unter anderem hieraus errechneten Kapitalanforderungen sind eine der Grundlagen für die ständig zu haltenden Eigenmittel. Das Positionsrisiko bezieht sich auf das Verhältnis von Kauf- und Verkaufspositionen eines Instituts in Aktien, Schuldverschreibungen und anderen Finanzinstrumenten und setzt sich aus dem spezifischen Risiko des Emittenten sowie dem allgemeinen Marktrisiko zusammen (Building Block Approach). *[GKR]*

Potenziell systemgefährdende Institute

CRR-Kreditinstitute sowie CRR-Wertpapierfirmen, die vom Anwendungsbereich des § 1 des Sanierungs- und Abwicklungsgesetzes (SAG) erfasst werden, sind nach § 20 I 3 SAG potenziell systemgefährdend, wenn ein solches Institut entweder ein global systemrelevantes Institut nach § 10f KWG (G-SRI) oder ein anderweitig systemrelevantes Institut nach § 10g KWG (A-SRI) ist oder wenn für ein solches Institut keine vereinfachten Anforderungen gemäß den Kriterien nach § 19 II SAG festgesetzt werden können. Letzteres ist von der Bundesanstalt für Finanzdienstleistungsaufsicht (BaFin) im Einvernehmen mit der Deutschen Bundesbank festzustellen (§ 20 I 4 SAG). Bei der Festlegung vereinfachter Anforderungen berücksichtigt die BaFin zum einen die Auswirkungen, die der Ausfall eines Instituts abhängig von seiner Größe, der Art, dem Umfang und der Komplexität der Geschäftsaktivitäten, von der Eigentümerstruktur, von der Rechtsform, dem Risikoprofil und der Vernetztheit und von der Mitgliedschaft in einem institutsbezogenen Sicherungssystem hätte, und zum anderen ob eine Abwicklung in einem Insolvenzverfahren negative Auswirkungen auf die Finanzmärkte, auf andere Unternehmen der Finanzbranche einschließlich deren Refinanzierung oder auf die Realwirtschaft haben kann (§ 19 II SAG). *[GWA]*

Prangervorschrift

Die Prangervorschrift (naming and shaming) ist Bestandteil des Geldwäschegesetzes. Gemäß § 57 GwG haben die Aufsichtsbehörden (unter anderem die Bundesanstalt für Finanzdienstleistungsaufsicht) bestandskräftige Maßnahmen und unanfechtbare Bußgeldentscheidungen, die sie wegen eines Verstoßes gegen das Geldwäschegesetz oder die auf seiner Grundlage erlassenen Rechtsverordnungen verhängt haben, nach Unterrichtung des Adressaten der Maßnahme oder Bußgeldentscheidung auf ihrer Internetseite bekannt zu machen. In der Bekanntmachung sind Art und Charakter des Verstoßes und die für den Verstoß verantwortlichen natürlichen Personen und juristischen Personen oder Personenvereinigungen zu benennen. *[GWA]*

Primärliquide Mittel

Bei den primärliquiden Mitteln einer Bank handelt es sich um den Kassenbestand sowie die Guthaben bei Zentralnotenbanken und Postgiroämtern; sie stellen die Barreserve einer Bank dar. *[GWA]*

Produktinformationsblatt (PIB)

Seit Juli 2011 müssen die Kreditinstitute den Verbrauchern leicht verständliche, zwei- bis dreiseitige Produktinformationsblätter (PIB) über die jeweiligen Geldanlageprodukte zur Verfügung stellen (sogenannte Beipackzettel). Das primäre Ziel eines Produktinformationsblattes ist es, die Verbraucher kurz und prägnant über wesentliche Eigenschaften eines Geldanlageprodukts zu informieren und Vergleiche zu ermöglichen. Die Einheitlichkeit in der Informationsdarstellung (Detailtiefe, Sprachqualität und Begriffsverwendung) zwischen den einzelnen Anbietern von Geldanlageprodukten ist hierbei als Grundvoraussetzung für die angestrebte Vergleichbarkeit anzusehen. Die Produktinformationsblätter sollten zudem frei von werblichen Inhalten und Aussagen sein. Wichtige Informationen, die Verbraucher in den Produktinformationsblättern zu den einzelnen Geldanlageprodukten erwarten, sind Angaben über die jeweiligen Risiken, die Rendite (eventuell unter Einbeziehung verschiedener Szenarien), die Kosten (einschließlich der Vertriebsvergütung), die Besteuerung, die Verfügbarkeit sowie die Funktionsweise. *[GWA]*

Produktintervention

Möglichkeit der Bundesanstalt für Finanzdienstleistungsaufsicht (BaFin), die Vermarktung, den Vertrieb oder den Verkauf von bestimmten Finanzprodukten oder strukturierten Einlagen oder eine bestimmte Form der Finanztätigkeit oder -praxis zu beschränken oder zu verbieten, wenn diese erhebliche Bedenken für den Anlegerschutz aufwerfen oder eine Gefahr für das ordnungsgemäße Funktionieren und die Integrität der Finanz- oder Warenmärkte oder in mindestens einem EU-Mitgliedstaat für die Stabilität des gesamten Finanzsystems oder eines Teils davon darstellen (Artikel 42 MiFIR). Die BaFin kann die ihr übertragenen Befugnisse auch dann nutzen, wenn ein Derivat negative Auswirkungen auf den Preisbildungsmechanismus in den zugrundeliegenden Märkten hat. Sofern die vorgenannten Voraussetzungen erfüllt sind, kann die BaFin auch vorsorglich einschreiten, also beispielsweise bereits vor der Vermarktung, dem Vertrieb oder dem Verkauf eines Finanzprodukts gegenüber dem Endkunden. Eine Produktinterventionsmaßnahme kommt allerdings nur dann in Betracht, wenn den genannten Risiken nicht durch bereits bestehende regulatorische Anforderungen hinreichend begegnet werden kann beziehungsweise sie nicht unverhältnismäßig ist. *[GWA]*

Proportionalitätsprinzip

Dem Grundsatz der Proportionalität liegt der Gedanke zugrunde, den regional aufgestellten, nicht komplexen Instituten im Rahmen der Bankenregulierung substanzielle Erleichterungen einzuräumen. Kleine Institute sollen entsprechend ihrem Geschäftsmodell, ihrer Größe und ihrem Risikogehalt von unnötigen bürokratischen Pflichten (z.B. im Meldewesen, bei Veröffentlichungspflichten) entlastet werden, während die zentralen regulatorischen Anforderungen an Eigenmittel, Liquidität und Risikomanagement bestehen bleiben (Small Banking Box). *[GWA]*

Prudent-Banking

Das Konzept des Prudent-Banking beinhaltet ein vorausschauend kluges und vorsichtiges Betreiben der Bankgeschäfte mit dem Ziel, gesetzliche oder allgemeine hoheitliche Regulierungen zu verhindern beziehungsweise überflüssig zu machen. Dies setzt voraus, dass die Verantwortlichen in einer Bank

a) nur solche Geschäfte tätigen, die sie auch verstehen,

b) eine gründliche Prüfung des Risiko-Ertragsverhältnisses der einzelnen Geschäfte vornehmen,

c) auf eine vorausschauende Eigeninitiative setzen, das heißt freiwillig Vorkehrungen treffen, um die von ihnen eingegangenen Risiken zu beherrschen, sowie

d) davon absehen, permanent nach Lücken oder Schwächen in gesetzlichen Regulierungsvorschriften zu suchen, um hieraus einzelbetriebliche Vorteile zu erlangen.

Prudent-Banking bedeutet zudem, dass die Banken ein transparentes und offenes Geschäftsgebaren gegenüber ihren Kunden pflegen und bankbetriebliche Entscheidungen am Leitbild des ehrbaren Kaufmanns auszurichten sind. *[GWA]*

Quadriga

Gremium, das mit Vertretern der Europäischen Zentralbank (EZB), der Europäischen Kommission, des Internationalen Währungsfonds (IWF) und des Europäischen Stabilitätsmechanismus (ESM) besetzt ist. Wie ihr Vorgänger, die Troika, verhandelt die Quadriga mit Staaten, die Liquiditätsschwierigkeiten haben, über Hilfspakete und Kreditprogramme sowie damit verbundene Spar- und Reformauflagen. *[ARA]*

Qualifizierte Beteiligung

Eine qualifizierte Beteiligung liegt nach Artikel 4 I Nr. 36 CRR immer dann vor, wenn mindestens zehn Prozent des Kapitals oder der Stimmrechte eines Unternehmens direkt oder indirekt gehalten werden oder wenn auf die Geschäftsführung dieses Unternehmens auf andere Art und Weise maßgeblich Einfluss genommen werden kann. Der Begriff der qualifizierten Beteiligung ist mit dem der bedeutenden Beteiligung nach § 1 IX KWG nahezu deckungsgleich. Allerdings besteht ein wesentlicher Unterschied in den verschiedenen Anwendungsbereichen der beiden Begriffe. Während sich die bedeutende Beteiligung auf Beteiligungen an anderen Instituten bezieht, ist die qualifizierte Beteiligung im Rahmen der Bestimmungen der Artikel 89 bis 91 CRR über die qualifizierten Beteiligungen von Instituten außerhalb des Finanzsektors von Relevanz. Nach diesen Bestimmungen der CRR haben die nationalen zuständigen Behörden einem Institut das Halten von qualifizierten Beteiligungen, deren Betrag 15 Prozent der anrechenbaren Eigenmittel des Instituts überschreitet, zu untersagen, wenn die qualfizierte Beteiligung an einem Unternehmen gehalten wird, das kein Unternehmen der Finanzbranche ist oder das keine Tätigkeiten ausübt, die eine direkte Verlängerung der Banktätigkeit oder eine Hilfstätigkeit zur Banktätigkeit sind oder bei denen es sich um Leasing, Factoring, Verwaltung von Investmentfonds oder von Rechenzentren oder andere ähnliche Tätigkeiten handelt. Dasselbe gilt für den Gesamtbetrag der qualifizierten Beteiligungen eines Instituts an den genannten Unternehmen, der 60 Prozent der anrechenbaren Eigenmittel des Instituts überschreitet. Als Alternative zu diesem Verbot ist der höhere der beiden genannten Überschreitungsbeträge (15 Prozent beziehungsweise 60 Prozent) bei der Berechnung der Eigenmittelanforderungen mit einem Risikogewicht in Höhe von 1.250 Prozent zu belegen. Die zuständigen Behörden entscheiden, welche der beiden Alternativen zur Anwendung kommt. In Deutschland hat die Bundesanstalt für Finanzdienstleistungsaufsicht (BaFin) im Rahmen einer Allgemeinverfügung vom 20.2.2014 festgelegt, dass die Institute, die ihrer Aufsicht unterliegen, auf den höheren der beiden Überschreitungsbeträge ein Risikogewicht in Höhe von 1.250 Prozent anzuwenden haben. Dieselbe Regelung gilt gemäß Artikel 3 der Verordnung (EU) 2016/445 der Europäischen Zentralbank (EZB) vom 14.3.2016 für Institute, die der Aufsicht durch die EZB unterliegen. *[GKR]*

Rating

Das Rating drückt die Möglichkeit und Bereitschaft eines Schuldners aus, seinen Finanzverbindlichkeiten zeitgerecht und vollständig nachzukommen.

1. *Verfahren:* Mit einem Mix aus qualitativen und quantitativen Kriterien wird die Kreditwürdigkeit evaluiert. Einerseits werden schuldnerspezifische Daten (Profitabilität, Liquidität, Kapitalstruktur etc.) untersucht. Andererseits sind auch externe Einflussfaktoren (Branchenspezifika, Konkurrenzunternehmen, Länderrisiko etc.) von Belang. Im Ergebnis ergibt sich eine Einschätzung der Ausfallwahrscheinlichkeit, die meist mit einer Buchstaben- und/oder Ziffernfolge dargestellt wird.

2. *Durchführende Institution:*

a) *Bankinterne Ratings:* Ein bankinternes Rating wird von Banken im Rahmen des Kreditvergabeprozesses selbst durchgeführt.

b) *Bankexterne Ratings:* Diese werden von Ratingagenturen wie beispielsweise Standard & Poor's, Moody's, Fitch Ratings durchgeführt. „Geratet" werden Emittenten (z.B. Industrieunternehmen, öffentliche Institutionen, Staaten), einzelne Fremdkapitalinstrumente (Schuldverschreibungen) und strukturierte Finanzprodukte (z.B. Asset Backed Securities (ABS), Collateralized Debt Obligations [CDOs]). Das langfristige Rating orientiert sich an einer agenturspezifischen Skala, die nach Investment Grade und Speculative Grade unterscheidet. Siehe die Tabelle „Ratings für langfristige Verbindlichkeiten der drei großen Ratingagenturen". Kurzfristige Ratings geben die Ausfallwahrscheinlichkeit innerhalb eines Jahres an. Meist kann man aus dem langfristigen Rating das Kurzfristrating eines Emittenten ableiten. So sind bei Moody's dem Langfristrating „AAA" bis „A3" das Kurzfristrating „Prime-1", den Noten „A2" bis „Baa2" der Bereich „Prime-2" und den Noten „Baa2" und „Baa3" der Bereich „Prime-3" zugeordnet. Speculative Grades werden als „Not Prime" bezeichnet. Die Fähigkeit, kurzfristige Schuldverschreibungen zurückzuzahlen, werden mit „Prime-1" als herausragend, mit „Prime-2" als in hohem Maße gegeben und mit „Prime-3" als in ausreichendem Maße gegeben abgekürzt. Es gibt eine Vielzahl spezifischer Ratings beispielsweise für strukturierte Produkte. Ratings der Agenturen stellen keine Investitionsempfehlungen dar, sondern liefern lediglich Einschätzungen bezüglich eines Kreditrisikos. Im Rahmen von Basel III können externe Ratings von Banken jedoch zur Kalkulation der Eigenkapitalunterlegung herangezogen werden. Ratings für langfristige Verbindlichkeiten der drei großen Ratingagenturen sind in der nachfolgenden Tabelle aufgelistet. [MRA, MME]

Ratings für langfristige Verbindlichkeiten der drei großen Ratingagenturen

Standard & Poor's	Moody's Investors Service	Fitch Ratings	Erläuterung	
AAA	Aaa	AAA	höchste Qualität; nahezu kein bzw. minimales Kreditausfallrisiko	Investment Grade
AA+ AA AA-	Aa1 Aa2 Aa2	AA+ AA AA-	hohe Qualität; geringes Kreditausfallrisiko	
A+ A A-	A1 A2 A3	A+ A A-	mittlere bis hohe Qualität; angemessene Deckung von Zins und Tilgung	
BBB+ BBB BBB-	Baa1 Baa2 Baa3	BBB+ BBB BBB-	mittlere Qualität; moderates Kreditausfallrisiko; beinhaltet gewisse spekulative Elemente	
BB+ BB BB-	Ba1 Ba2 Ba3	BB+ BB BB-	erhebliches Kreditausfallrisiko; beinhaltet gewisse spekulative Elemente	Speculative Grade
B+ B B-	B1 B2 B3	B+ B B-	spekulative Verbindlichkeiten mit hohem Kreditausfallrisiko; geringe Deckung von Zins und Tilgung	
CCC+ CCC CCC-	Caa1 Caa2 Caa3	CCC+ CCC CCC-	geringe Qualität, sehr hohes Kreditausfallrisiko	
CC C	Ca C	CC C	Niedrige Qualität; hochgradig spekulativ; Zahlungsausfall ist möglicherweise bereits eingetreten oder steht kurz bevor.	
D = (Default)		RD = (Restricted Default) / D = (Default)	niedrigste Qualität; Zahlungsausfall ist i.d.R. bereits eingetreten.	

Rechtliche Risiken

Rechtsrisiken; Risiken, die entstehen, wenn die für den Bankbetrieb relevanten rechtlichen Rahmenbedingungen nicht beachtet werden beziehungsweise geändert werden oder aber Verträge nicht durchgesetzt werden können. So führen beispielsweise Gerichtsurteile oder Vergleiche dazu, dass eine Bank Zahlungen an Dritte leisten muss, eigene Zahlungsansprüche nicht durchgesetzt werden können oder Kosten für den Rechtsstreit selbst entstehen. *[GWA]*

Redenominierungsrisiko

Gefahr, die von einem möglichen Austritt eines Staates aus einer Währungsunion (z.B. der Europäischen Währungsunion) und der damit verbundenen Redenominierung bisheriger Staatsschulden in eine neue nationale Währung ausgeht. *[GWA]*

Refinanzierungsmittler

Refinanzierungsmittler sind Kreditinstitute im Sinne des KWG, die von Refinanzierungsunternehmen oder anderen Refinanzierungsmittlern Gegenstände aus dem Geschäftsbetrieb eines Refinanzierungsunternehmens oder Ansprüche auf deren Übertragung erwerben, um diese an Zweckgesellschaften oder Refinanzierungsmittler zu veräußern. Hierbei ist es unschädlich, wenn sie daneben wirtschaftliche Risiken weitergeben, ohne dass damit ein Rechtsübergang einhergeht (§ 1 XXV KWG). *[GWA]*

Refinanzierungsrisiko

Form des Liquiditätsrisikos, das sich aus der von Banken betriebenen Fristentransformation ergibt und in der Gefahr besteht, dass eine notwendige Anschlussfinanzierung nicht oder nur zu für das Institut ungünstigeren Konditionen durchgeführt werden kann. *[AWI]*

Refinanzierungsunternehmen

Unternehmen, die zum Zwecke der eigenen Refinanzierung oder der Refinanzierung des Übertragungsberechtigten Gegenstände oder Ansprüche auf deren Übertragung aus ihrem Geschäftsbetrieb an Zweckgesellschaften, Refinanzierungsmittler, Kreditinstitute oder Versicherungsunternehmen mit Sitz in einem Staat des Europäischen Wirtschaftsraums, Pensionsfonds oder Pensionskassen im Sinne des Betriebsrentengesetzes oder eine in § 2 I Nr. 1, Nr. 2 oder Nr. 3a KWG genannte Einrichtung (unter anderem die Deutsche Bundesbank, die Kreditanstalt für Wiederaufbau und die öffentliche Schuldenverwaltung des Bundes) veräußern oder für diese treuhänderisch verwalten. Hierbei ist es unschädlich, wenn ein solches Unternehmen daneben wirtschaftliche Risiken weitergibt, ohne dass damit ein Rechtsübergang einhergeht (§ 1 XXIV KWG). *[GWA]*

Regionalmeldung

Im Rahmen der monatlichen Bilanzstatistik (BISTA-Meldungen) für monetäre Finanzinstitute mit Zweigstellen in mehreren Bundesländern angeordnete vierteljährliche Meldung mit Teilangaben für die in den einzelnen Bundesländern gelegenen Zweigstellen. Hierbei sind die Regionalmeldungen mit der Gesamtmeldung, die zum Stichtag am Quartalsende erstattet wird, abzugeben. Angaben für im gleichen Bundesland gelegene Zweigstellen sind dabei in einer Meldung zusammenzufassen. Von der Einreichung von Regionalmeldungen freigestellt sind Institute, deren Zweigstellen am 31.12. des vorhergehenden Jahres in keinem anderen Bundesland als dem des Sitzes des Instituts einen Gesamtbetrag ihrer „Forderungen", „Wechselkredite" und „Treuhandkredite" oder einen Gesamtbetrag ihrer „Verbindlichkeiten" und Treuhandkredite (jeweils im Sinne der Rechnungslegungsverordnung) in Höhe von 50 Mio. Euro erreicht haben. *[NKR]*

Regulatory Technical Standards (RTS)

Technische Regulierungsstandards (engl. Regulatory Technical Standards, kurz: RTS) sind ein Instrument der EU-Kommission zur Weiterentwicklung bestehender EU-Rechtsakte. Ihre Rechtsgrundlage finden sie in der VO (EU) 1093/2010 vom 24.11.2010. Die Europäische Kommission kann die europäischen Aufsichtsbehörden (EBA, EIOPA und ESMA) beauftragen, technische Standards auszuarbeiten, welche die Bedingungen eines Rechtsaktes für eine konsequente Harmonisierung weiterentwickeln, spezifizieren und festlegen. Mit Billigung seitens der EU-Kommission können Regulierungsstandards über ein Verfahren, welches die Zustimmung des Europäischen Parlaments und des Ministerrats erfordert, schließlich in Kraft treten. *[DGN]*

Regulatory Technology (RegTech)

Unterkategorie von Finanztechnologie-Unternehmen (FinTech), die sich zum Ziel gesetzt haben, in den Bereichen Regulierung und Compliance unterstützend tätig zu werden. RegTechs agieren mit dem Ziel, den in der Finanzbranche tätigen Unternehmen durch die Automatisierung von Prozessen entlastend zur Seite zu stehen und die Effizienz im Bereich Compliance zu steigern. Anders als FinTechs beruht die Entstehung von RegTechs auf einer reaktiven Basis, das heißt, es geht ihnen um die Befriedigung bereits vorhandener Nachfrage. Hier lassen sich sechs Bereiche unterscheiden, in denen RegTechs ihre Dienstleistungen anbieten:

a) Regulatorik, Reporting, Datenmanagement und Aggregation,

b) Transaktionsüberwachung und Betrugsaufdeckung,

c) Risikomanagement,

d) rechtliche Fragestellungen,

e) Schutz vor Cyberkriminalität und Sicherstellung der Cybersicherheit sowie

f) Compliance. *[GRE]*

Reisescheckgeschäft

Die Ausgabe von Reisechecks (Bankgeschäft im Sinne des § 1 I 2 Nr. 9 KWG). *[GWA]*

Reputationsrisiken

Imagerisiken; Risiken, die zu einer Verschlechterung des Ansehens der Bank in der Öffentlichkeit führen. Aus Sicht des Baseler Ausschusses für Bankenaufsicht sind die Reputationsrisiken für Banken besonders gravierend, da die Natur ihres Geschäfts verlangt, dass sie sich das Vertrauen ihrer Einleger, Gläubiger und des Marktes generell erhalten. *[GWA]*

Residual Risk

1. Im weiteren Sinne ein verbleibendes, nicht *eliminiertes* Risiko.

2. Im engeren Sinne der Kapitalmarkttheorie das zwingend verbleibende, da nicht *eliminierbare*, unsystematische Risiko. *[RKI]*

Restrukturierungsfonds

Der Restrukturierungsfonds wurde mit Inkrafttreten des RStruktFG zu Beginn des Jahres 2011 gegründet und dient der Stabilisierung des Finanzmarktes (§ 3 I 1 RStruktFG). Zudem gehört die Erhebung von Beiträgen für den Einheitlichen Abwicklungsfonds (Single Resolution Fund, SRF) und die Übertragung dieser Beiträge auf den einheitlichen Abwicklungsfonds zu den Aufgaben des Restrukturierungsfonds (§ 3 I 3 RStruktFG). Dazu zählen die Jahresbeiträge und Sonderbeiträge von

Instituten mit Ausnahme derer von CRR-Wertpapierfirmen unter Einzelaufsicht und von Unionszweigstellen. Der Restrukturierungsfonds kann im Rahmen der Anwendung der Abwicklungsinstrumente auf CRR-Wertpapierfirmen unter Einzelaufsicht und Unionszweigstellen die Mittel aus deren Beiträgen für Maßnahmen wie die Gewährung von Garantien für Verbindlichkeiten, die Besicherung von Vermögenswerten, die Gewährung von Darlehen oder zur Zahlung von Entschädigungen an Anteilsinhaber, Gläubiger oder Entschädigungseinrichtungen verwenden (§ 3a RStruktFG). *[GWA, ARA]*

Restrukturierungsplan

Entsprechen bei einem Institut im Sinne des KWG die Eigenmittel nicht den Anforderungen der Artikel 24 bis 386 der Verordnung (EU) Nr. 575/2013 in ihrer jeweils geltenden Fassung, des § 10 III und IV KWG oder des § 45b I 2 KWG oder die Anlage seiner Mittel nicht den Anforderungen des § 11 KWG, so kann die Bundesanstalt für Finanzdienstleistungsaufsicht (BaFin) anordnen, dass das Institut in einem Restrukturierungsplan darlegt, wie und in welchem Zeitraum die Eigenmittelausstattung oder die Liquidität des Instituts nachhaltig wiederhergestellt werden soll (§ 45 II 1 Nr. 7 KWG). Ein solcher Restrukturierungsplan muss transparent, plausibel und begründet sein (§ 45 II 2 KWG). In ihm sind konkrete Ziele, Zwischenziele und Fristen für die Umsetzung der dargelegten Maßnahmen zu benennen, die von der BaFin überprüft werden können (§ 45 II 3 KWG). Die BaFin kann zudem jederzeit Einsicht in den Restrukturierungsplan und die zugehörigen Unterlagen nehmen (§ 45 II 4 KWG) und anordnen, dass ihr und der Deutschen Bundesbank regelmäßig über den Fortschritt dieser Maßnahmen zu berichten ist (§ 45 II 1 Nr. 7 KWG). Die BaFin kann ferner die Änderung des Restrukturierungsplans verlangen und hierfür Vorgaben machen, wenn sie die angegebenen Ziele, Zwischenziele und Umsetzungsfristen für nicht ausreichend hält oder das Institut sie nicht einhält (§ 45 II 5 KWG). *[GWA]*

Revolving-Geschäft

Das Revolving-Geschäft ist ein Bankgeschäft, das gemäß § 1 I 2 Nr. 7 KWG in der „Eingehung der Verpflichtung, zuvor veräußerte Darlehensforderungen vor Fälligkeit zurückzuerwerben", besteht. Im Rahmen eines sogenannten Revolving-Systems werden langfristige Darlehensforderungen an einen oder mehrere Investoren verkauft, wobei sich der Verkäufer gleichzeitig dazu verpflichtet, diese Forderung vor ihrer Fälligkeit (in der Regel bereits nach kurzer Zeit) von den Käufern zurückzuerwerben. Die zurückerworbenen Darlehensforderungen werden typischerweise unmittelbar nach dem Rückkauf erneut an (dieselben oder andere) Investoren mit einer Rückerwerbsverpflichtung veräußert. Durch die wiederholte Refinanzierung langfristiger Kredite mit kurzfristigen Mitteln findet eine Fristentransformation statt, bei der der Verkäufer das Risiko der Wiederveräußerung (Refinanzierungsrisiko) sowie in der Regel auch das Zinsänderungsrisiko trägt. Das Revolving-Geschäft ist für den Verkäufer der Darlehensforderungen dann lohnend, wenn die Zinskosten für die kurzfristige Refinanzierung geringer als die aus den langfristigen Darlehensforderungen resultierenden Zinserträge sind. Eine größere Rolle spielte das Revolving-Geschäft in den 1960er-Jahren, als der Finanzmakler Rudolf Münemann mit seinem System „7 M" in hohem Maße Fristentransformation betrieb und damit große Erfolge verzeichnete. Als jedoch die Zinssätze für kurzfristige Gelder im Jahr 1970 die fest vereinbarten Zinssätze für die langfristig herausgegebenen Kredite überstiegen, scheiterte Münemanns Gesellschaft an dieser negativen Zinsspanne. *[GKR]*

Richtlinie über Märkte für Finanzinstrumente (MiFID)

Markets in Financial Instruments Directive (MiFID).

1. *Begriff*: Der Begriff MiFID umfasst die beiden Richtlinien über Märkte für Finanzinstrumente MiFID I und MiFID II. MiFID I ist eine im Jahr 2004 erlassene EU-Finanzmarktrichtlinie (2004/39/EG), die durch das

Finanzmarktrichtlinie-Umsetzungsgesetz (FRUG) im Jahr 2007 in das deutsche Recht umgesetzt wurde und zu erheblichen Änderungen verschiedener Einzelgesetze des deutschen Kapitalmarktrechts (WpHG, KWG sowie BörsG) führte. MiFID II hingegen steht einerseits für die im Zuge der Finanzmarktkrise ab dem Jahr 2008 auf europäischer Ebene eingeleitete Überarbeitung auf dem Gebiet des Kapitalmarktrechts. Andererseits stellt sie eine Reaktion auf die technologischen Änderungen in der Marktinfrastruktur sowie auf die gestiegenen Bedürfnisse nach einem ausgeweiteten Anlegerschutz dar. Die Umsetzung der im Jahre 2014 erlassenen EU-Finanzmarktrichtlinie (2014/65/EU) in nationales Recht erfolgte im Juni 2017 durch das Zweite Finanzmarktnovellierungsgesetz (2. FiMaNoG), welches am 3. Januar 2018 in Kraft trat und weitere Anpassungen, unter anderem im WpHG, KWG, BörsG und KAGB erforderte. Schwerpunkte der Überarbeitung im Zuge der MiFID II bilden die Bereiche Marktstruktur, Handelstransparenz, Anlegerschutz, Wohlverhaltensregeln, Meldepflichten sowie Eingriffsbefugnisse der Aufsichtsbehörden.

2. *Ziele*: MiFID I diente im Wesentlichen der europaweiten Regulierung und Harmonisierung der Bedingungen für den Wertpapierhandel, der Verbesserung des Anlegerschutzes durch neue Verhaltens- und Transparenzpflichten sowie der Förderung des Wettbewerbs zwischen Handelsplattformen. Darauf aufbauend sollen die mittels MiFID II eingeführten strengeren Regelungen sowie einheitlichen Standards und Wettbewerbsbedingungen zur Stabilisierung/Modernisierung des europäischen Finanzsystems beitragen. *[NKR]*

Richtlinie zur Sanierung und Abwicklung von Kreditinstituten

„Richtlinie 2014/59/EU des Europäischen Parlaments und des Rates vom 15. Mai 2014 zur Festlegung eines Rahmens für die Sanierung und Abwicklung von Kreditinstituten und Wertpapierfirmen" (engl. Bank Recovery and Resolution Directive, BRRD).

Die BRRD dient der Sicherstellung der Stabilität des Finanzsektors durch eine Harmonisierung der Sanierungs- und Abwicklungsinstrumente innerhalb der Europäischen Union. Das vom Gesetzgeber intendierte Ziel ist die Bindung von Banken an das marktwirtschaftliche Prinzip der Haftung für eigene Verluste. Dies soll dadurch erreicht werden, dass vorrangig die Geldgeber der Bank deren Verluste im Falle des Scheiterns des Kreditinstituts tragen müssen (Bail-in der Eigentümer und Gläubiger), bevor der von den Banken zu finanzierende Einheitliche Abwicklungsfonds greift. Zudem werden den zuständigen Behörden umfangreiche Instrumente an die Hand gegeben, mit denen sie Ausfällen von Kreditinstituten begegnen können. Die Kreditinstitute selbst sind angehalten, bereits im Vorfeld einer finanziellen Schieflage Sanierungspläne zu erstellen. Die komplexen Regelungen der BRRD erlauben in bestimmten Fällen dennoch weiterhin eine finanzielle Beteiligung von staatlichen Institutionen an der Sanierung beziehungsweise Abwicklung von Instituten (Bail-out).

Die BRRD wurde mit Wirkung zum 1.1.2015 in deutsches Recht umgesetzt und führte insbesondere zur Schaffung des Gesetzes zur Sanierung und Abwicklung von Instituten und Finanzgruppen (kurz: Sanierungs- und Abwicklungsgesetz, SAG) Eine im Juni 2019 im Amtsblatt der Europäischen Union geänderte Fassung der BRRD ist von den Mitgliedstaaten bis spätestens zum 28. Dezember 2020 umzusetzen. *[RBL]*

Risiko

1. *Begriffsvielfalt*: Nicht nur in betriebswirtschaftlichen Zusammenhängen existieren bei genauerem Hinsehen verschiedenste, zum Teil umgangssprachliche Begriffsverständnisse. Gemein ist ihnen, dass sie sich auf die Unsicherheit der Zukunft sowie die Unvollständigkeit verfügbarer Informationen zurückführen lassen. Hingegen unterscheiden sie sich darin, ob auf die Problemursache oder auf die hierdurch bedingten (Erfolgs-)Wirkungen abgestellt wird.

2. *Ursachenbezogene Begriffsbestimmung nach Knight*: Basierend auf dem grundlegenden Werk „Risk, Uncertainty, and Profit" (Boston 1921) von Frank H. Knight kann in fundamentale Unsicherheit einerseits sowie Ungewissheit und Risiko andererseits unterschieden werden. Eine heute auch als „Knight'sche" Unsicherheit bezeichnete Situation ist dadurch charakterisiert, dass weitestgehend unvollständiges Wissen darüber besteht, welche Zielerreichung nach dem Eintreten bestimmter denkbarer Handlungsalternativen eintreten wird – unter anderem deswegen, weil nicht alle denkbaren Umweltlagen/Szenarien bekannt, geschweige denn mit Wahrscheinlichkeiten zu belegen sind. Risiko hingegen beschreibt eine Situation idealtypischer Unsicherheit: Alle Umweltlagen sind bekannt und mit Wahrscheinlichkeiten belegt, die Berechnung von Erwartungswerten und Streuungsmaßen ist dementsprechend möglich.

3. *Wirkungsbezogene Begriffsauffassungen* sehen Risiko als die Möglichkeit einer (negativen) Zielverfehlung – der in der Regel die Chance auf eine positive Zielüberschreitung gegenübersteht. Für eine klare Abgrenzung und eine darauf basierende Messung und Steuerung sind Betrachtungsebene und Zielgröße zu spezifizieren. *Beispiel*: Der Differenzierung in Gesamtvermögensebene und Liquiditätsebene folgend werden Erfolgs- und Liquiditätsrisiken von Unternehmen unterschieden. Im Bereich der Erfolgsrisiken wiederum kann eine Verfehlung des unternehmerischen Wert- oder Renditeziels unter anderem darin begründet sein, dass Forderungen (in unerwarteter Zahl beziehungsweise Höhe) uneinbringlich werden.

Es ist subjektiv, was unter Risiko im konkreten Fall verstanden wird und aus welchen Komponenten es sich zusammensetzt. Unabhängig davon haben sich Systematiken etabliert, die sich für eine Vielzahl von Personen oder Institutionen als sinnvoll erwiesen haben. In der Folge wird der Risikobegriff für die Zwecke des Risikomanagements von Kreditinstituten zumeist in die bankbetrieblichen Risiken aufgespalten. *[AHO]*

Risikoappetit

Risk Appetite; drückt die Bereitschaft einer Person beziehungsweise Institution aus, Risiken einzugehen. Gibt Auskunft darüber, welche Risikoarten in welchem Ausmaß und mit welcher Eintrittswahrscheinlichkeit zur Erreichung der Geschäftsziele bewusst eingegangen werden. Mithilfe eines Risk Appetite Statements wird der Risikoumfang, den die Bank im Rahmen ihrer Risikotragfähigkeit bereit ist einzugehen, konkret ausgedrückt. In den MaRisk AT 4.2 werden sowohl quantitative Vorgaben (z.B. Strenge der Risikomessung, Globallimite, Festlegung von Puffern für bestimmte Stressszenarien) als auch qualitative Vorgaben (z.B. Anforderung an die Besicherung von Krediten, Vermeidung bestimmter Geschäfte) beschrieben. *[AWI]*

Risikoarten

Im weiteren Sinne Ergebnis einer Systematisierung von Risiken nach bestimmten Kriterien. Im betriebswirtschaftlichen Kontext meist im engeren Sinne verwendet für eine Unterscheidung nach bestimmten Risikoursachen. Im Risikomanagement der Kreditinstitute durchgesetzt hat sich die Unterteilung in bankbetriebliche Risiken im engeren Sinne einerseits und allgemeine Risiken andererseits, die als nicht bankspezifisch gelten. Tatsächlich ist der Unterschied nur graduell, da die bankbetrieblich genannten Risiken (wie z.B. das Kreditrisiko) auch in Nichtbanken (hier in Gestalt des Forderungsausfallrisikos) regelmäßig vorhanden und daher ebenfalls zu messen sowie zu steuern sind. *[AWI]*

Risikobericht

Im Rahmen des Lageberichts erfolgende Darstellung eingegangener Risiken und ergriffener Steuerungsmaßnahmen, ergänzt um eine entsprechende Prognose. Gegenstand des Risikoberichts sind Informationen, die sowohl die Tätigkeit an sich als auch das Umfeld der Tätigkeit von Kreditinstituten beschreiben. Soll gewährleisten, dass der Aufsichtsrat sowie die Stakeholder entscheidungsrelevante Informationen zu den eingegangenen Risiken erhalten. Standardisierte Risikoberichte enthalten qualitative und quantitative Angaben zu den wesentlichen Risiken einer Bank (Adressenausfall-, Markt-, Liquiditäts- und sonstige Risiken). Ein Kreditinstitut unterliegt periodischen Berichtspflichten, daher ist der Risikobericht mindestens vierteljährlich in angemessener Weise schriftlich zu erstellen (MaRisk AT 4.3.2). Einzelheiten zur Risikoberichterstattung werden außerdem in den MaRisk BT 3 Allgemeine Anforderungen an die Risikoberichterstattung dargestellt. [AWI]

Risikogewichtete Positionsbeträge

Die Summe aller risikogewichteten Positionsbeträge ist Ausgangspunkt der Berechnung der aufsichtlichen Mindesteigenmittelanforderung zur Unterlegung des bankbetrieblichen Kreditrisikos. Die risikogewichteten Positionsbeträge sind gemäß Artikel 92 CRR mit mindestens acht Prozent Eigenmitteln zu unterlegen, zuzüglich der kombinierten Puffer-Anforderung nach § 10i KWG.

Institute, die den Kreditrisikostandardansatz (KSA) verwenden, ermitteln die risikogewichteten Positionsbeträge gemäß Artikel 113 I CRR, indem sie alle Risikopositionswerte, die zuvor einer Risikopositionsklasse zuzuordnen sind, mit dem für sie aufsichtsrechtlich vorgesehenen oder ermittelten Risikogewicht multiplizieren. IRBA-Institute modifizieren diese Berechnungsweise entsprechend den Vorgaben der Artikel 153 ff. CRR. [RBL]

Risikoinventur

Bestandsaufnahme zur Risikoposition; gibt Auskunft über die Risiken, denen ein Kreditinstitut ausgesetzt ist. Durch die Bestimmung aller möglichen Risiken eines Kreditinstituts und die Überprüfung ihrer Wesentlichkeit erhält die Geschäftsleitung einen Überblick über das Gesamtrisikoprofil der Bank, der ihr auch das frühzeitige Erkennen von bestandsgefährdenden Risiken ermöglicht. Dabei wird überprüft, welche Risiken die Vermögens-, Ertrags- oder Liquiditätslage wesentlich beeinträchtigen können. Gemäß MaRisk AT 2.2 sind Banken zu einer ganzheitlichen Risikoinventur verpflichtet, wobei auch Risiken aus außerbilanziellen Geschäfts einzubeziehen sind. Informationen über Einzelrisiken, die Risikobewertung, die Beurteilung und Priorisierung risikopolitischer Maßnahmen und Verbesserungsvorschläge zum Status quo werden in einem Risikoinventar (Risikoregister), welches in einer Risikolandkarte visualisiert werden kann, festgehalten. Ein standardisierter Ablauf der Risikoinventur in regelmäßigen Zeitabständen ist empfehlenswert. [AWI]

Risikokapital

1. Risk Capital; andere Bezeichnung für Eigenkapital. Der Begriff verdeutlicht die Verlustauffang- und Haftungsfunktion des Eigenkapitals. Folgerichtig wird auch von Haftungskapital oder haftendem Eigenkapital gesprochen, was bereits auf die Vielfältigkeit der zugrundeliegenden Begriffsauffassung hinweist.

2. Sammelbezeichnung für Mittelbereitstellungen, die dem Mittelgeber keine vorrangige Position verschaffen (Eigenkapital, nachrangiges Fremdkapital, Venture Capital). [AWI]

Risikokomitee

Ende 2009 gegründetes gemeinsames Gremium hochrangiger Vertreter der Deutschen Bundesbank und der Bundesanstalt für Finanzdienstleistungsaufsicht (BaFin). Ziel dieses Gremiums ist die bessere Verzahnung von mikro- und makroprudentieller Aufsicht. In den regelmäßig stattfindenden Sitzungen werden Informationen über relevante Risikofelder ausgetauscht und Sachverhalte mit systemischer sowie – unter Wahrung der gebotenen Vertraulichkeit – institutsindividueller Relevanz frühzeitig bewertet. Zum Instrumentarium des Gremiums gehören konkrete Handlungsempfehlungen für betroffene Aufsichtsbereiche. *[GWA]*

Risikokosten

Im weiteren Sinne Sammelbegriff für die kalkulatorische oder buchhalterische Abbildung eingegangener Risiken. Zumeist im engeren Sinne für die entsprechende Berücksichtigung von Kreditrisiken benutzt. Die Ist-Risikokosten ergeben sich aus dem tatsächlichen Bedarf an Einzelwertberichtigungen und Abschreibungen auf finanzielle Vermögensgegenstände, besonders eben Forderungen. Für die Margenkalkulation (Berechnung der vom Kreditschuldner zu verlangenden Risikoprämie) finden Standard-Risikokosten Verwendung, die aus schuldner- und marktspezifischen Informationen (wie z.B. Ratings für Schuldner einer bestimmten Risikoklasse oder Credit Spreads) abgeleitet werden. In der Kundengeschäftskalkulation spiegeln die Risikokosten in jedem Fall den mit diesem Geschäft verbundenen erwarteten Verlust wider. Zusätzlich kann eine Prämie für unerwartete Verluste Berücksichtigung finden. *[AWI]*

Risikokultur

Teilgebiet der Unternehmenskultur.

1. Begriff: Schaffung eines Umfelds, in dem Entscheidungen von Einzelpersonen oder Geschäftsbereichen den Risikozielen des Unternehmens entsprechen. Eine ideale Risikokultur herrscht, wenn Mitarbeiter instinktiv Entscheidungen treffen, die mit dem Risikodenken der Organisation in Einklang stehen. Die Bundesanstalt für Finanzdienstleistungsaufsicht (BaFin) erläutert in den MaRisk Risikokultur als die Art und Weise, wie Mitarbeiter im Rahmen ihrer Tätigkeit mit Risiken umgehen (sollen). Die Risikokultur, mit der sich die Beschäftigten möglichst weitgehend identifizieren sollen, soll den bewussten Umgang mit Risiken fördern und sicherstellen, dass Entscheidungsprozesse zu Ergebnissen führen, die auch unter Risikogesichtspunkten ausgewogen sind. Eine angemessene Risikokultur ist vor allem durch das klare Bekenntnis der Geschäftsleitung zu risikoangemessenem Verhalten, die strikte Beachtung des durch die Geschäftsleitung kommunizierten Risikoappetits durch alle Beschäftigten und die Ermöglichung und Förderung eines transparenten und offenen Dialogs innerhalb des Instituts zu risikorelevanten Fragen gekennzeichnet.

2. *Indikatoren:* Leitungskultur (Tone from the Top), die Verantwortlichkeiten der Mitarbeiter (Accountability), die offene Kommunikation einschließlich eines kritischen Dialogs (Effective Communication and Challenge) sowie angemessene Anreizstrukturen (Incentives). *[AWI]*

Risikolandkarte (Risk Map)

Mithilfe einer Risikolandkarte können die Ergebnisse der Risikoidentifikation (Risikoinventur) und Risikobewertung übersichtlich dargestellt werden. In dieser wird die Wahrscheinlichkeit des Auftretens eines Risikos mit dessen Auswirkung ins Verhältnis gesetzt. Dabei wird in einem zweidimensionalen Koordinatensystem auf der Abszisse die Ausfallwahrscheinlichkeit und auf der Ordinate das Schadenausmaß abgebildet. Die Achsenbeschriftung kann mittels eines Indexes oder beschreibend vorgenommen werden. Die Risikolandkarte wird als Grundlage für die Risikosteuerung verwendet. *[AWI]*

Risikolimit

Begrenzung der Höhe von wesentlichen Risiken, um sicherzustellen, dass eine festgelegte Verlusthöhe oder negative Abweichung vom Planwert nicht überschritten wird. Als quantitatives Maß wird das Risikolimit zur Allokation des Gesamtrisikos auf Geschäftsbereiche genutzt. Darstellung der Risikolimite werden im Risikobericht präsentiert, um eine Überwachung der Limite durch die Berichtsadressaten zu ermöglichen. *[AWI]*

Risikomanagement

Gesamtheit der Prozesse beziehungsweise Strukturen, die der planmäßigen und zielgerichteten Analyse, Steuerung und Kontrolle der Risiken gelten, die eine Person oder Institution eingehen könnte beziehungsweise schon eingegangen ist. In einer Prozessperspektive handelt es sich um einen fortwährenden Kreislauf aus Risikodefinition, -identifikation, -analyse (Bewertung und Messung), -steuerung und -überwachung (Kontrolle). *[AWI]*

Risikomarge

Risikoprämie, Risikozuschlag; Aufschlag auf den Preis (insbesondere der reinen, risikofreien Kapitalüberlassung), mit dem das mit dem Geschäft verbundene Kreditrisiko entgolten wird. Während die Risikokosten das Kreditrisiko als absoluten Betrag in Euro darstellen, stellt die Risikomarge die Risikokosten als relative Größe in Prozent dar und setzt die Risikokosten ins Verhältnis zu dem mit dem Geschäft gebundenen Kapital (Margenkalkulation). *[AWI]*

Risikomodell

Risikomodelle bringen in einem mathematisch-statistischen Ansatz die Auswirkungen der (Veränderung von) Risikofaktoren (z.B. Marktpreisen oder Rechtsnormen) auf den Marktwert von Betrachtungsobjekten (z.B. eines Wertpapierportfolios oder eines Edelmetallbestands) zum Ausdruck. Unter den gesetzten Annahmen quantifizieren sie also die Empfindlichkeit der Betrachtungsobjekte gegenüber Veränderungen der für sie maßgeblichen risikobestimmenden Faktoren. *[AWI]*

Risikopositionsklasse

Die aufsichtsrechtlichen Risikopositionsklassen dienen der Einteilung von Forderungspositionen (siehe auch das Stichwort „Risikopositionswert") einer Bank anhand der Schuldner in verschiedene Gruppen. Für

Institute, die den Kreditrisikostandardansatz (KSA) verwenden, sind die Risikopositionsklassen in Artikel 112 CRR abschließend aufgezählt. IRBA-Institute weisen ihre Risikopositionswerte einer Forderungsklasse nach Artikel 147 II CRR zu. Die Zuordnung von Risikopositionswerten zu Risikopositionsklassen dient der Festlegung der für die jeweilige Risikoposition vorzuhaltenden Mindesteigenmittelausstattung. Diese schwankt einerseits in Abhängigkeit von der zugrunde zu legenden Risikopositionsklasse und der damit verbundenen aufsichtsrechtlichen Einschätzung über die grundsätzliche durchschnittliche Bonität der jeweiligen Risikopositionsklasse. Andererseits kann die geforderte Eigenmittelausstattung maßgeblich auch von externen Ratings beeinflusst werden. *[RBL]*

Risikopositionswert

Der Risikopositionswert einer Aktivposition ist gemäß Artikel 111 CRR der verbleibende Buchwert nach Abzug spezifischer Kreditrisikoanpassungen, zusätzlicher Wertberichtigungen im Sinne der Artikel 34 und 110 CRR sowie weiterer mit dem Aktivposten verknüpfter Verringerungen der Eigenmittel. Der Risikopositionswert einer in Anhang I CRR genannten außerbilanziellen Position ergibt sich durch die Multiplikation des um spezifische Kreditrisikoanpassungen verringerten Buchwerts mit dem Kreditkonversionsfaktor (CCF). Handelt es sich hingegen um ein in Anhang II CRR genanntes Derivat, so richtet sich die Ermittlung des Risikopositionswerts nach den Vorschriften der Artikel 271 ff. CRR. Hiernach dürfen Institute den Risikopositionswert nach der Marktbewertungsmethode (Artikel 274 CRR), nach der Ursprungsrisikomethode (nur Nichthandelsbuchinstitute, Artikel 275 CRR), nach der Standardmethode (Artikel 276 ff. CRR) oder nach der auf einem internen Modell beruhenden Methode (Artikel 283 ff. CRR) berechnen. Die Regelungen zur Ermittlung des Risikopositionswerts für Derivate befinden sich aktuell in einer umfassenden Überarbeitungsphase und werden im Juni 2021 durch aktualisierte Regelungen ersetzt. *[RBL]*

Risikosteuerung

Gesamtheit der Prozesse und Strukturen, die der Beeinflussung der (Wahrscheinlichkeiten und Ausmaße) der Risiken gelten, die eine Person oder Institution eingehen könnte oder schon eingegangen ist. Neben aktiven Strategien zur Minderung oder den Transfer übernommener Risiken zählt zur Risikosteuerung (Risikomanagement) auch die passive Risikovorsorge. Eine Risikoübernahme darf nur erfolgen, wenn das damit verbundene Risiko für die Institution tragbar ist (Risikotragfähigkeit). Des Weiteren ist zu prüfen, inwieweit den eingegangenen Risiken entsprechende Chancen gegenüberstehen (Risiko-Chancen-Kalkül), die die Risikoübernahme attraktiv erscheinen lassen. Für Kreditinstitute sind die aufsichtsrechtlichen Anforderungen an die Risikosteuerung detailliert in den MaRisk (Mindestanforderungen an das Risikomanagement) geregelt. *[AWI]*

Risikotragfähigkeitskonzept

Institute im Sinne des KWG haben einen internen Prozess zur Sicherstellung der Risikotragfähigkeit einzurichten. Ziel dieses Risikotragfähigkeitskonzepts ist es sicherzustellen, dass die wesentlichen Risiken des Instituts durch das Risikodeckungspotenzial laufend abgedeckt sind. Hierbei sind auch Risikokonzentrationen zu berücksichtigen. Der interne Prozess zur Sicherstellung der Risikotragfähigkeit hat auch zu analysieren, wie sich beabsichtigte Veränderungen der eigenen Geschäftstätigkeit oder der strategischen Ziele sowie erwartete Veränderungen des wirtschaftlichen Umfelds auf die zukünftige Risikotragfähigkeit des Instituts auswirken. *[GWA]*

Risk Appetite Framework

Bildet den Rahmen, um die Risikobereitschaft einer Bank stringent von der strategischen bis zur operationellen Ebene zu formulieren. Das Risk Appetite Framework verbindet Risikostrategie, Risikopräferenzen,

Risikotoleranzen und Risikolimite. Es dient der Stärkung des Risikobewusstseins und der Förderung der Risikokultur. Der Internal Capital Adequacy Process (ICAAP) und der Internal Liquidity Adequacy Process (ILAAP) sind Teile des Risk Appetite Frameworks. *[AWI]*

Risk Governance

1. Begriff: Durchdringung eines Unternehmens mit einer stakeholderorientierten Risikosteuerung aus strategischer Sicht. Risk Governance schließt die Lücke zwischen dem operativen Risikomanagement und der strategischen Corporate Governance.

2. Ziel: Das Geschäftsmodell eines Unternehmens oder Kreditinstituts kontinuierlich auf die bestehende sowie künftige Risikoexposition zu prüfen, es bei Bedarf anzupassen und auf diese Weise nachhaltig umfassend risikorobust zu gestalten. Weiterhin soll eine effektive Risk Governance die Unternehmensleitung in ihren Risikoentscheidungen kompetenter machen, eine nachhaltige Risikokultur ermöglichen und Risikoquellen auch aus dem Bereich des Managements vermindern.

3. Aufgaben: Design von Risikomodellen, Bestimmung von Modellrisiken, risikobezogene Forschung und Entwicklung, Beratung der Unternehmensleitung bei Risikothemen.

4. Regulatorik: Seit 2016 ist der Begriff der Risk Governance durch die Europäische Zentralbank im Rahmen der Aufsichtsprioritäten der SSM-Leitlinien (Single Supervisory Mechanism, SSM) explizit eingeführt worden. *[AWI]*

Rohwarenrisiko

Risiko, das sich aus einer ungünstigen Entwicklung von Preisen für (ein Portfolio von) Rohwaren ergibt. Zu den Rohwaren zählen Metalle, Landwirtschaftsprodukte und Energieträger. Das Rohwarenrisiko zählt zu den Markt(preis)risiken. Neben Portfolien, die Rohwaren enthalten, sind auch solche, die Rohwarenderivate – z.B. Futures oder Optionen, die an Terminbörsen wie z.b. der NYMEX (New York Mercantile Exchange) oder der CBOT (Chicago Board of Trade), die beide Teil der CME Group sind, gehandelt werden – enthalten, einem Rohwarenrisiko ausgesetzt. *[AWI]*

Rücklagen der Institute

Bestandteil der Eigenmittel, die gemäß Artikel 26 I CRR bei Instituten aller Rechtsformen dem harten Kernkapital als Teil des Kernkapitals zugerechnet werden. Aus den Bestandteilen der Eigenmittel ausdrücklich ausgeschlossen werden allerdings Rücklagen aus Gewinnen oder Verlusten aus zeitwertbilanzierten Geschäften zur Absicherung von Zahlungsströmen für nicht zeitwertbilanzierte Finanzinstrumente, einschließlich erwarteter Zahlungsströme (Artikel 33 I CRR). In der Bankbilanz (siehe Formblatt 1 der RechKredV) wird zwischen der Kapitalrücklage und den Gewinnrücklagen unterschieden. Letztere werden gegliedert in gesetzliche Rücklage, Rücklage für Anteile an einem herrschenden oder mehrheitlich beteiligten Unternehmen, satzungsmäßige Rücklagen sowie andere Gewinnrücklagen; bei Kreditgenossenschaften sind statt der Gewinnrücklagen Ergebnisrücklagen auszuweisen, gegliedert in gesetzliche Rücklage und andere Ergebnisrücklagen. Bei den Gewinnrücklagen ist auch die Sicherheitsrücklage der Sparkassen auszuweisen (§ 25 II 1 RechKredV). *[NKR]*

Sachlich-technische Risiken

Betriebsmittelrisiken; Risiken, die aus der Beschaffung und dem Einsatz von Betriebsmitteln (z.B. Grundstücke, Gebäude, Maschinen, Datenverarbeitungsanlagen) entstehen. *[GWA]*

Sanierungs- und Abwicklungsgesetz

Das „Gesetz zur Sanierung und Abwicklung von Instituten und Finanzgruppen" (SAG) ist das Ergebnis der Umsetzung der europäischen Richtlinie zur Sanierung und Abwicklung von Kreditinstituten (BRRD) in nationales Recht. Es trat im Jahr 2015 in Kraft und vereinheitlicht das materielle Abwicklungs- sowie das zeitlich vorgelagerte Sanierungsrecht. Gleichsam wird der zuständigen Abwicklungsbehörde – dies ist seit 2018 die Bundesanstalt für Finanzdienstleistungsaufsicht (BaFin) – ein Instrumentarium zur Frühintervention an die Hand gegeben. Die intendierten Ziele des Normgebers sind die zukünftige Vermeidung einer Aufzehrung von Steuergeldern und der Schutz der Finanzstabilität im Falle einer Schieflage von Instituten. Dazu sollen künftig primär Anteilseigner und Gläubiger an den Verlusten und den Abwicklungskosten eines Instituts beteiligt werden (Bail-in). *[RBL]*

Sanierungs- und Reorganisationsverfahren

Sanierungs- und Reorganisationsverfahren sind als Bestandteil des Gesetzes zur Reorganisation von Kreditinstituten (Kreditinstitute-Reorganisationsgesetz, KredReorgG) Ausfluss der jüngsten internationalen Finanz- und Wirtschaftskrise und dienen der Stabilisierung des Finanzmarktes durch Sanierung oder Reorganisation von Kreditinstituten im Sinne des § 1 I KWG mit Sitz im Inland (§ 1 I 1 KredReorgG). Mithilfe des Sanierungsverfahrens soll der Geschäftsleitung eines Kreditinstituts das frühzeitige korrigierende Eingreifen im Vorfeld krisenhafter Situationen ermöglicht werden. Das Kreditinstitut leitet das Sanierungsverfahren durch Anzeige der Sanierungsbedürftigkeit, welche gegeben ist, wenn die Voraussetzungen nach § 45 I 1 und 2 KWG erfüllt sind, bei der Bundesanstalt für Finanzdienstleistungsaufsicht (BaFin) ein und hat zugleich einen Sanierungsplan vorzulegen sowie einen geeigneten Sanierungsberater vorzuschlagen (§ 2 KredReorgG). Neben dem Kreditinstitut beteiligen sich auch das zuständige Oberlandesgericht als Entscheidungsinstanz und die BaFin, welche den Inhalt des Sanierungsplans sowie die fachliche Eignung des Sanierungsberaters beurteilt (§ 2 III 2 und 3 KredReorgG), an dem Sanierungsverfahren. Während das Sanierungsverfahren grundsätzlich von allen Kreditinstituten in Anspruch genommen werden kann, setzt das Reorganisationsverfahren nach § 1 I 1 und 2 KredReorgG eine Gefährdung der Stabilität des Finanzsystems voraus und ist somit an das Kriterium der Systemrelevanz von Instituten geknüpft. Es verfolgt die Eindämmung der Auswirkungen einer festgestellten Existenzbedrohung eines Kreditinstituts auf das Finanzsystem als Ganzes und kann lediglich bei Aussichtslosigkeit beziehungsweise Scheitern des Sanierungsverfahrens in Anspruch genommen werden (§ 7 I 1 und 2 KredReorgG). Während das Kreditinstitut im ersten Fall ein Reorganisationsverfahren durch Anzeige bei der BaFin unter Vorlage eines Reorganisationsplans einleiten kann, erfolgt im zweiten Fall die Anzeige mit Zustimmung des Kreditinstituts bei der BaFin unter Vorlage des Reorganisationsplans durch den Sanierungsberater (§ 7 I 1 und 2 KredReorgG). Der Reorganisationsplan gliedert sich nach § 8 I KredReorgG in einen darstellenden sowie einen gestaltenden Teil und weist damit eine höhere Komplexität als der Sanierungsplan auf. Der darstellende Teil beschreibt, welche Regelungen getroffen werden sollen, um die Grundlagen für die Gestaltung der Rechte der Betroffenen zu schaffen (§ 8 I 2 KredReorgG). Er stellt die Maßnahmen zur Sicherung des Fortbestands des Instituts beziehungsweise zur Erreichung der (Teil-)Liquidation unter dem Aspekt der Marktschonung dar. Der gestaltende Teil legt fest, wie die Rechtsstellung der Beteiligten durch den Reorganisationsplan geändert werden soll (§ 8 I 3 KredReorgG). Zu den Instrumenten, welche als Eingriffe in die Rechte von Gläubigern und Anteilseignern vorgesehen sind, zählen im Rahmen des Reorganisationsverfahrens die

Umwandlung von Forderungen in Eigenkapital, die Stundung und Kürzung von Forderungen sowie die Ausgliederung von Unternehmensteilen. *[GWA, ARA]*

Sanierungsplan

Gemäß Artikel 5 I BRRD (Richtlinie zur Sanierung und Abwicklung von Kreditinstituten) haben die EU-Mitgliedstaaten sicherzustellen, dass Kreditinstitute und Wertpapierfirmen (im Folgenden Institute genannt) einen Sanierungsplan erstellen. Durch ihn sollen sich Institute auf einen möglichen Krisenfall vorbereiten. Es ist darzulegen, mit welchen Maßnahmen ein Institut eigenverantwortlich auf eine erhebliche Verschlechterung seiner Finanzlage reagiert, um die eigene finanzielle Stabilität wiederherzustellen. In nationales Recht wurden die Anforderungen aus der BRRD mit der Implementierung des Gesetzes zur Sanierung und Abwicklung von Instituten und Finanzgruppen (Sanierungs- und Abwicklungsgesetz, SAG) transferiert. Flankiert werden soll das SAG durch die Verordnung zu den Mindestanforderungen an Sanierungspläne für Institute und Wertpapierfirmen (MaSanV). Der Sanierungsplan ist mindestens jährlich zu aktualisieren, sofern nicht eine Änderung der Rechts- oder Organisationsstruktur, der Geschäftstätigkeit oder der Finanzlage des Instituts eine zeitigere Anpassung erforderlich machen oder die zuständigen Behörden eine Aktualisierung verlangen. Institute, die Teil einer Gruppe sind, sind von der Sanierungsplanerstellung befreit, da allein das übergeordnete Unternehmen einen Sanierungsplan zu erstellen hat. Näheres zu den besonderen Anforderungen an die Ausgestaltung von Gruppensanierungsplänen regelt § 14 SAG. Ebenfalls sehen sich Institute wie die deutschen Sparkassen oder Kreditgenossenschaften, die einem Institutssicherungssystem angehören und deren Liquidation im Insolvenzfall auf das Finanzsystem keine schädlichen Auswirkungen hat, bei der Sanierungsplanerstellung Erleichterungen gegenüber. Gegebenenfalls genügt es, wenn das Sicherungssystem die Sanierungsplanung übernimmt.

Die inhaltliche Ausgestaltung des Sanierungsplans hängt unter anderem von der Größe, Komplexität und dem Risiko des Geschäftsmodells des Instituts ab. Der Sanierungsplan enthält dabei insbesondere Angaben zu den Möglichkeiten, die dem Institut im Krisenfall zur Wiederherstellung der finanziellen Stabilität zur Verfügung stehen, sowie zu den Auswirkungen, die jede der dargestellten Handlungsoptionen beispielsweise auf die Fortführung der kritischen Funktionen, auf andere Marktteilnehmer, Anteilseigner und Gläubiger sowie Arbeitnehmer des Instituts hat (§ 13 II SAG).

Die Sanierung eines Instituts ist neben der Abwicklung eines von zwei Verfahren, die gemäß der BRRD im Falle einer Schieflage eines Instituts ergriffen werden können. [RBL]

Säule-I-plus-Ansatz

Der Säule-I-plus-Ansatz beschreibt die Aufweichung der vormals weitgehenden Trennung zwischen den quantitativen Mindesteigenmittelanforderungen der bankenaufsichtlichen Säule 1 und den prinzipienorientierten, qualitativ ausgerichteten Anforderungen gemäß der zweiten Baseler Säule. Durch die Etablierung des SREP (aufsichtlicher Überprüfungs- und Bewertungsprozess) entsteht eine direkte Verbindung dieser beiden Säulen mit dem Ziel, die innerhalb des SREP aufgedeckten Mängel aus der zweiten bankenaufsichtlichen Säule zu sanktionieren. Dies soll in der Form geschehen, dass zusätzlich zu der gemäß Säule 1 quantifizierten Untergrenze des Eigenmittelbedarfs ein weiterer Kapitalaufschlag erhoben wird. [RBL]

Schattenbanken (Shadow Banking)

Schattenbanken bezeichnen Akteure auf Finanzmärkten, die bankähnliche Funktionen wahrnehmen, aber nicht der gesetzlich kodifizierten Definition einer Bank entsprechen und somit auch nicht der Regulierung für Kreditinstitute unterliegen. Der ungewollte Anreiz, Finanzgeschäfte verstärkt in den Schattenbankensektor zu verlagern, wächst mit zunehmender Regulierung des traditionellen Bankensektors sowie der andauernden Niedrigzinsphase. In diesem neben dem traditionellen Bankensektor existierenden Teil des Finanzsystems wird in großem Umfang unregulierte Kreditintermediation betrieben. Zu den Akteuren des Schattenbankensystems zählen beispielsweise Hedgefonds, Crowdfunding-Firmen, Geldmarktfonds, Vermögensverwalter oder private Kreditfonds. Aufgrund der im Zuge der internationalen Finanz- und Wirtschaftskrise deutlich gewordenen systemischen Risiken, die vom Schattenbankensektor ausgehen können, wird eine wirksame Regulierung sowohl auf europäischer als auch auf internationaler Ebene bereits seit Jahren diskutiert. *[ARA]*

Scheckeinzugsgeschäft

Die Durchführung des bargeldlosen Scheckeinzugs (Bankgeschäft im Sinne des § 1 I 2 Nr. 9 KWG). *[GWA]*

Schuldersetzung

Ein neues Schuldverhältnis tritt an die Stelle des alten Schuldverhältnisses. *[GWA]*

Schwarzer Kapitalmarkt

Der Schwarze Kapitalmarkt umfasst jene Akteure, die erlaubnispflichtige Geschäfte ohne die erforderliche Erlaubnis nach den jeweils einschlägigen Aufsichtsgesetzen ausüben oder sogar gesetzlich verbotene Geschäfte betreiben. Ihr Tun ist somit illegal. Das Gegenstück ist der Weiße Kapitalmarkt. *[GWA]*

Schwesterunternehmen im Sinne des KWG

Schwesterunternehmen im Sinne des KWG sind Unternehmen, die ein gemeinsames Mutterunternehmen haben (§ 1 VII KWG). *[GWA]*

Sekundärliquide Mittel

Bei den sekundärliquiden Mitteln einer Bank handelt es sich um diejenigen Aktiva, die jederzeit und ohne Weiteres in Bargeld oder Zentralbankgeld umgewandelt werden können. *[GWA]*

Settlement Risk

Abwicklungsrisiko; Risiko, dass die Abwicklung einer Transaktion scheitert und ein neues Geschäft zu höheren Kosten abgeschlossen werden muss, um den ursprünglich verfolgten Zweck zu erreichen. Unter den Begriff wird oft auch das Vorleistungsrisiko gefasst, dass eine Vertragspartei bereits ihre Verpflichtungen erfüllt hat, die andere aber die Gegenleistung nicht erbringt. *[AWI]*

Shiftability-Theorie

Die von *Moulton* begründete Shiftability-Theorie geht im Gegensatz zur Goldenen Bankregel und zur Bodensatztheorie nicht davon aus, dass die Liquidität einer Bank von ihrer Refinanzierungsseite her bestimmt wird, sondern vielmehr von der Möglichkeit abhängt, Vermögenswerte in liquide Mittel transformieren zu können. Die Einhaltung der Goldenen Bankregel sowie der Bodensatztheorie zur Liquiditätssicherung einer Bank ist daher der Shiftability-Theorie zufolge nicht erforderlich, wenn eine Bank über Vermögenswerte verfügt, die sich im Bedarfsfall vor ihrer Fälligkeit und ohne größere Verluste in primärliquide Mittel umwandeln lassen. Solche Vermögenswerte, die durch ihre Abtretbarkeit (shiftability) in Primärliquidität umgewandelt werden können, werden als sekundärliquide Mittel bezeichnet. Die Umwandlung der als Sekundärreserve eingeordneten Vermögenswerte in primärliquide Mittel ist jedoch unter der Annahme einer Fortführung der Geschäftstätigkeit der Bank an mehrere Voraussetzungen gebunden:

a) Die Bonität der hinter den Vermögenswerten stehenden Kreditnehmer (beziehungsweise Emittenten) muss gewährleistet sein.

b) Es müssen Märkte für die Handelbarkeit der Vermögenswerte existieren.

c) Die Funktionsfähigkeit dieser Märkte muss gegeben sein.

Damit vermag die Beachtung der Shiftability-Theorie in Verbindung mit der Bodensatztheorie zu erklären, warum Banken trotz erheblicher positiver Fristentransformation ihren Auszahlungsverpflichtungen im Allgemeinen nachkommen können, ohne dabei illiquide zu werden. Der aus den Erfahrungswerten der Vergangenheit ermittelte Bodensatz kurzfristiger Einlagen kann unter Rentabilitätsaspekten langfristig ausgeliehen werden. Sollte durch den verstärkten Abzug von Einlagen der Bodensatz abnehmen, was zu Liquiditätsengpässen führen kann, gewährleistet das Vorhandensein sekundärliquider Vermögenswerte und deren Umwandlung in primärliquide Mittel die Erfüllung der Auszahlungsverpflichtungen einer Bank. [GWA]

Short-Termism in der Bankenbranche

Bei Short-Termism, auch Kurzfristigkeit oder Kurzfristorientierung genannt, handelt es sich um eine Fehlinterpretation des Shareholder Value-Gedankens. Der Shareholder Value-Gedanke beschreibt im Kern die Ausrichtung der Unternehmensführung an den Anforderungen der Kapitalmärkte. Unternehmerische Entscheidungen werden dabei strikt daran gemessen, ob durch sie der Wert („Value") des Unternehmens für seine Anteilseigner („Shareholder") steigt. Die wirtschaftlich notwendige Shareholder Value-Orientierung wird heute von vielen Führungskräften und Investoren im Sinne einer kurzfristigen Gewinn- und Aktienkursmaximierung – und damit letztlich häufig auch einer Steigerung des eigenen Einkommens – bewusst fehlinterpretiert. Demnach lässt sich insbesondere bei Kreditbanken beobachten, dass eine äußerst kurzfristige Fokussierung auf schnelle Maximierung der Performance gegenüber einer nachhaltig erfolgreichen Langfristperspektive präferiert wird. Der nachhaltige Erfolg und die langfristige Überlebensfähigkeit eines Kreditinstituts drohen in der Folge zugunsten kurzfristig höherer Gewinne geopfert zu werden. *[GWA]*

Sicherheitsrücklage

Rücklage, die Sparkassen aufgrund des für sie jeweils gültigen Sparkassenrechts beziehungsweise einer Satzungsbestimmung bilden müssen. Die Sicherheitsrücklage stellt eine gesetzliche Rücklage dar; sie ist zusammen mit den anderen Rücklagen, die freiwillig gebildet werden können, unter den Gewinnrücklagen auszuweisen (§ 25 II 1 RechKredV). Wegen des bei kommunalen Sparkassen üblicherweise fehlenden Dotationskapitals kommt der Sicherheitsrücklage eine besondere Bedeutung zu. *[NKR]*

SIFIs

Engl. Abkürzung für *Systemically Important Financial Institutions* (zu dt. systemrelevante Institute). *[GKR]*

Single Resolution Board (SRB)

Siehe das Stichwort „Einheitliches Abwicklungsgremium".

Single Resolution Fund (SRF)

Siehe das Stichwort „Einheitlicher Abwicklungsfonds".

Single Resolution Mechanism (SRM)

Siehe das Stichwort „Einheitlicher Abwicklungsmechanismus".

Single Rule Book

Als Single Rule Book werden EU-weit einheitliche beziehungsweise harmonisierte Bankenaufsichtsregeln bezeichnet, die für alle Kredit- und Finanzdienstleistungsinstitute in der Europäischen Union (EU) gleichermaßen Gültigkeit besitzen. Der Begriff des Single Rule Books wurde im Rahmen der Übernahme der Bestimmungen von Basel III in EU-Recht geprägt. Das Single Rule Book stellt die gesetzliche Grundlage der Europäischen Bankenunion dar. Kernstück der einheitlichen Bankenaufsichtsregeln ist insbesondere die Capital Requirements Regulation (CRR), eine EU-Verordnung, die unmittelbar geltendes Recht in sämtlichen EU-Mitgliedstaaten ist, ohne dass es einer Transformation in nationales Recht bedarf. Darüber hinaus umfasst das Single Rule Book verschiedene EU-Richtlinien wie z.b. die Capital Requirements Directive IV (CRD IV), die von den EU-Mitgliedstaaten in nationales Recht transformiert worden sind. Mit dem Single Rule Book wird das Ziel verfolgt, nationale Wahlrechte und Unterschiede in den nationalen Bankenaufsichtsbestimmungen der EU-Mitgliedstaaten zu beseitigen und so aufsichtsrechtliche Wettbewerbsgleichheit (Level Playing Field) für die Unternehmen des Bankensektors herbeizuführen und die Möglichkeiten der Aufsichtsarbitrage durch Banken zu unterbinden. Mit einem Single Rule Book wird nicht nur ein Mindeststandard der Bankenaufsichtsvorschriften sichergestellt; auch die nationale Anwendung strikterer Aufsichtsregeln ist nur noch dann zulässig, wenn dies zur Sicherung der Finanzstabilität erforderlich ist oder um das individuelle Risikoprofil einer Bank zu berücksichtigen. Um eine EU-weit einheitliche Beaufsichtigung aller Banken zu erreichen, ist neben der Einführung eines Single Rule Book auch die einheitliche Interpretation und Anwendung des (einheitlichen) Bankenaufsichtsrechts durch die (nationalen) Bankenaufsichtsbehörden sicherzustellen. Dem einheitlichen Aufsichtsmechanismus (SSM) sowie der European Banking Authority (EBA) kommt hierbei eine wesentliche Rolle zu. *[GKR]*

Single Supervisory Mechanism (SSM)

Siehe das Stichwort „Einheitlicher Aufsichtsmechanismus".

Small Banking Box

Zur Entlastung von kleineren und mittleren Kreditinstituten im Euroraum soll eine Small Banking Box geschaffen werden, die innerhalb des derzeit bestehenden Rechtsrahmens gesonderte Regularien beinhalten soll. Der Vorschlag zur Gestaltung einer Small Banking Box stammt aus einer Arbeitsgruppe, die sich aus Vertretern des Bundesfinanzministeriums, der Bundesanstalt für Finanzdienstleistungsaufsicht (BaFin), der Deutschen Bundesbank sowie der Verbände der deutschen Kreditwirtschaft zusammensetzt. Um dieses Vorhaben umzusetzen, wird eine Novellierung der Capital Requirements Regulation (CRR) sowie der Capital Requirements Directive IV (CRD IV) angestrebt. Die Small Banking Box soll bei kleineren und mittleren Instituten Anwendung finden und für eine Entlastung in Regulierungs- und Aufsichtsthemen sorgen. Vorgesehen sind hierbei Vereinfachungen beziehungsweise Erleichterungen bei Bagatellgrenzen im Rahmen der Offenlegungs- und Meldepflichten sowie Reduzierungen bei der Regulierung im Handelsbuch durch die Einführung eines eigenständigen Regelwerks. Die Vereinfachungen sollen für solche Kreditinstitute gelten, die eine Bilanzsumme in Höhe von maximal 1,5 Milliarden Euro vorweisen. Darüber hinaus soll ein weiteres Kriterium für die Anwendung der Small Banking Box gelten, welches die Bilanzsumme ins Verhältnis zum BIP des entsprechenden Landes setzt. *[GRE]*

SoFFin

Siehe das Stichwort „Sonderfonds Finanzmarktstabilisierung".

Solvabilitätsgrundsätze

Regelungen, die Anforderungen an die Angemessenheit der Eigenmittel von Instituten aufstellen, damit diese ihren Verpflichtungen gegenüber ihren Gläubigern, insbesondere zur Sicherheit der ihnen anvertrauten Vermögenswerte, nachkommen können. *[LRI]*

Solvabilitätsrisiko

Beschreibt die Gefahr der Aufzehrung des Eigenkapitals eines Unternehmens durch Verluste. *[GWA]*

Solvabilitätsverordnung (SolvV)

1. *Fassung bis Ende 2013*: Solvabilitätsverordnung (SolvV) war die früher geläufige Bezeichnung für die Verordnung über die angemessene Eigenmittelausstattung von Instituten, Institutsgruppen und Finanzholding-Gruppen vom 14.12.2006 (BGBl. I S. 2926), die am 1.1.2007 in Kraft trat und den bis dahin gültigen Grundsatz I ersetzte. Sie diente der weiteren Umsetzung der neu gefassten Bankenrichtlinie (Richtlinie 2006/48/EG) sowie der neu gefassten Kapitaladäquanz-Richtlinie (Richtlinie 2006/49/EG), die zusammen als Capital Requirements Directive (CRD) bezeichnet werden. In der SolvV a.f. waren detaillierte Bestimmungen über die angemessene Eigenmittelausstattung von Kreditinstituten, Institutsgruppen und Finanzholding-Gruppen enthalten, welche die im Kreditwesengesetz (KWG) aufgestellten Eigenmittelanforderungen präzisierten. Die SolvV a.f. gab an, wie die Adressenrisiken, Marktpreisrisiken sowie erstmalig die operationellen Risiken zu quantifizieren waren und wie der zu ihrer Unterlegung erforderliche Eigenmittelbedarf zu ermitteln war. Neben der hierdurch erfolgten Umsetzung der ersten Säule von Basel II fanden sich in der SolvV a.f. auch Offenlegungsanforderungen, die Institute im Sinne des KWG nach der dritten Säule des Baseler Regelwerks einzuhalten hatten. Eine der zentralen Kennziffern der SolvV a.f. war der sogenannte Solvabilitätskoeffizient, nach dem ein Institut über modifiziertes verfügbares Eigenkapital im Sinne des § 10 Id KWG a.F. mindestens in Höhe der nach den Vorschriften der SolvV a.f. ermittelten Summe aus dem Gesamtanrechnungsbetrag für Adressenrisiken und dem Anrechnungsbetrag für die operationellen Risiken verfügen musste (§ 2 II SolvV a.F.). Die SolvV a.F. wurde durch die Verordnung zur angemessenen Eigenmittelausstattung von Instituten, Institutsgruppen, Finanzholding-Gruppen und

gemischten Finanzholding-Gruppen (Solvabilitätsverordnung – SolvV) vom 6.12.2013 (BGBl. I S. 4168) zum 1.1.2014 außer Kraft gesetzt.

2. *Fassung ab 2014*: Die SolvV (neue Fassung) trat am 1.1.2014 in Kraft. Eine Neufassung der SolvV (a.f.) war erforderlich geworden, weil viele in der SolvV (a.f.) enthaltenen Regelungen mittlerweile in der (neuen) Capital Requirements Regulation (CRR) enthalten sind und es ansonsten zu unerwünschten Redundanzen gekommen wäre. Während die SolvV (a.F.) noch 340 Paragraphen enthielt, umfasst die neue Fassung der SolvV nur noch 39 Paragraphen. Neben allgemeinen Bestimmungen sowie Übergangs- und Schlussbestimmungen beinhaltet die SolvV (n.F.) nähere Bestimmungen zu den Eigenmittelanforderungen für Institute und Gruppen (Institutsgruppen, Finanzholding-Gruppen, gemischte Finanzholding-Gruppen), zur Ermittlung der Eigenmittel sowie zum antizyklischen Kapitalpuffer und zur kombinierten Kapitalpuffer-Anforderung. *[GKR]*

Sonderfonds Finanzmarktstabilisierung (SoFFin)

Der Sonderfonds Finanzmarktstabilisierung (SoFFin) wurde am 17. Oktober 2008 im Zuge des Finanzmarktstabilisierungsgesetzes als Sondervermögen des Bundes errichtet. Die Instrumente des SoFFin dienten der vorübergehenden Stützung von im Zuge der internationalen Finanz- und Wirtschaftskrise in wirtschaftliche Schwierigkeiten geratenen Instituten zum Zwecke der langfristigen Stabilisierung des deutschen Finanzsystems. Diese Unterstützung sollte insbesondere durch die Stärkung des Eigenkapitals dieser Institute und Hilfestellungen zur Überbrückung von Liquiditätsengpässen erfolgen. So umfasst der SoFFin die Beteiligungen des Bundes an der Commerzbank AG, der Hypo Real Estate Holding AG und der Portigon AG. Ende des Jahres 2015 wurde der Sonderfonds Finanzmarktstabilisierung endgültig für neue Maßnahmen geschlossen und durch den Einheitlichen Abwicklungsfonds abgelöst. Die Verwaltung des SoFFin und der verbleibenden Maßnahmen übernimmt seit dem 1. Januar 2018 die Bundesrepublik Deutschland – Finanzagentur GmbH, zuvor verwaltete die Bundesanstalt für Finanzmarktstabilisierung (FMSA) den SoFFin. *[GWA, ARA]*

Sortengeschäft

Das Sortengeschäft, also der Handel mit Sorten, ist kein Bankgeschäft im Sinne des KWG, wohl aber eine Finanzdienstleistung im Sinne des KWG (§ 1 Ia 2 Nr. 7 KWG). Das Sortengeschäft umfasst den Austausch von (ausländischen) Banknoten und Münzen, die (im Ausland) gesetzliche Zahlungsmittel darstellen, sowie den Verkauf und Ankauf von Reiseschecks, nicht jedoch die Ausgabe von Reiseschecks (Reisescheckgeschäft), die nach § 1 I 2 Nr. 9 KWG ein Bankgeschäft ist. Eine spezifische Rolle spielen im Sortengeschäft die Wechselstuben, die durch diese Regelung der Beaufsichtigung durch die Bundesanstalt für Finanzdienstleistungsaufsicht (BaFin) unterliegen. Die Überwachung von Wechselstuben durch die BaFin ist auf Erkenntnisse der Financial Action Task Force (FATF) zurückzuführen, wonach Wechselstuben zunehmend zur Geldwäsche missbraucht wurden, nachdem es durch die konzertierten internationalen Anstrengungen schwieriger geworden war, illegale Gelder über Banken zu waschen.

Unternehmen, die als einzige Finanzdienstleistung das Sortengeschäft betreiben, sind nach § 2 VI 1 Nr. 12 KWG allerdings nicht als Finanzdienstleistungsinstitute im Sinne des KWG anzusehen, wenn ihre Haupttätigkeit in anderen Geschäften liegt. Damit unterliegen Unternehmen wie Hotels, Reisebüros oder Kaufhäuser, die das Sortengeschäft lediglich als Nebentätigkeit betreiben, nicht der Bankenaufsicht, weil das Sortengeschäft nicht im Vordergrund ihrer Geschäftstätigkeit steht. *[GKR]*

Sparkasse, Aufsicht

Neben der Wirtschaftsaufsicht durch die Bundesanstalt für Finanzdienstleistungsaufsicht (BaFin) beziehungsweise der EZB unterliegen

Sparkassen aufgrund der Sparkassengesetze einer staatlichen Rechtsaufsicht durch Behörden der Länder (Sparkassenaufsicht). Die regionalen Sparkassen- und Giroverbände unterhalten Prüfungsstellen für die Prüfung der Sparkassen, insbesondere des Jahresabschlusses. Diese Einrichtungen können auch die Sparkassenaufsichtsbehörden gutachterlich beraten. *[NST]*

Sparkassen, Eigenkapital

Da Sparkassen von ihren Trägern üblicherweise kein Dotationskapital erhalten, sind sie im Hinblick auf die Notwendigkeit der Bildung von Eigenkapital auf die Gewinnthesaurierung durch die (obligatorische) Dotierung einer Sicherheitsrücklage und die (freiwillige) Bildung anderer Rücklagen angewiesen. *[GWA]*

Sparkassenaufsicht

Staatliche Rechtsaufsicht („Sonderaufsicht", § 52 KWG), die von Ministerien und anderen Behörden der Bundesländer (Sparkassenaufsichtsbehörden) über öffentlich-rechtliche Sparkassen wahrgenommen wird und neben der Wirtschaftsaufsicht durch die Bundesanstalt für Finanzdienstleistungsaufsicht (BaFin) beziehungsweise der Europäischen Zentralbank (EZB) erfolgt (Anstaltsaufsicht). *[CMN]*

Sparkassenaufsichtsbehörden

Neben der Bundesanstalt für Finanzdienstleistungsaufsicht (BaFin) beziehungsweise der Europäischen Zentralbank (EZB) tätige Stellen der Bundesländer, die über kommunale (öffentlich-rechtliche) Sparkassen die besondere Sparkassenaufsicht ausüben. Oberste Sparkassenaufsichtsbehörde ist in der Regel das Finanzministerium eines Landes. *[CMN]*

Spekulationsblase

Bezeichnung für einen überkauften Markt, der sich unter anderem im Börsen-, Rohstoff- oder Immobilienbereich völlig von der realen Wirtschaftsentwicklung abgekoppelt hat. Investoren treiben beim Aufbau einer Spekulationsblase den Preis ihrer Spekulationsobjekte, wie z.B. Wertpapiere, derart nach oben, dass er den eigentlichen Wert des Handelsobjekts – z.B. im Fall einer Aktie die Struktur und die Gewinnerwartungen des zugrunde liegenden Unternehmens – nicht mehr reflektiert. Die Spekulationsblase platzt, sobald gesicherte Erkenntnisse über den tatsächlichen Wert des Spekulationsobjekts vorliegen. [GWA]

Spezifisches Risiko

Specific Risk; aufsichtsrechtlicher Terminus, mit dem (beginnend mit der Kapitaladäquanzrichtlinie sowie Basel II) das unsystematische Risiko (emittenten- beziehungsweise schuldnerspezifische Risiko) einer Position bezeichnet wird. Das spezifische Risiko tritt nur bei bestimmten Einzelwerten und nicht bei allen Einzelwerten gleichzeitig auf und kann somit durch Diversifikation reduziert werden. Es ist unter anderem abhängig von Bonitätseinschätzungen des Emittenten. Das Pendant zum systematischen Risiko (der Kapitalmarkttheorie) heißt im aufsichtsrechtlichen Kontext (allgemeines) Marktrisiko. Dem Building-Block-Approach gemäß sind beide Risikokomponenten von einem Kreditinstitut zu bemessen und mit regulatorischem Eigenkapital zu unterlegen. [HUE, AHO]

SREP

Engl. Abkürzung für *Supervisory Review and Evaluation Process* (zu dt. aufsichtlicher Überprüfungs- und Bewertungsprozess). [GWA]

SRM-Verordnung

„Verordnung (EU) Nr. 806/2014 des Europäischen Parlaments und des Rates vom 15. Juli 2014 zur Festlegung einheitlicher Vorschriften und eines einheitlichen Verfahrens für die Abwicklung von Kreditinstituten und bestimmten Wertpapierfirmen im Rahmen eines einheitlichen Abwicklungsmechanismus und eines einheitlichen Abwicklungsfonds sowie zur Änderung der Verordnung (EU) Nr. 1093/2010".

Die SRM-Verordnung dient der Errichtung des Einheitlichen Abwicklungsmechanismus im Rahmen der Europäischen Bankenunion. Sie harmonisiert und konkretisiert teilweise die materiell rechtlichen Vorschriften der BRRD (Richtlinie zur Sanierung und Abwicklung von Kreditinstituten) und regelt insbesondere die Modalitäten für das Einheitliche Abwicklungsgremium (SRB) und den zur Abwicklung eingerichteten Einheitlichen Abwicklungsfonds. Damit schafft sie die institutionellen und finanziellen Voraussetzungen für die einheitliche Banksanierung und Bankabwicklung. Im Gegensatz zur BRRD verweist die SRM-Verordnung in Bezug auf ihren Geltungsbereich auf die SSM-Verordnung, wodurch sie nur diejenigen Institute anspricht, die ihren Sitz in Staaten der Euro-Zone („teilnehmende Mitgliedstaaten") haben oder deren Sitzstaat im Rahmen einer freiwilligen Teilnahme (sogenanntes Opt-in) dem SSM angehört. Im Verhältnis zum SAG (Sanierungs- und Abwicklungsgesetz) – durch dessen Schaffung die BRRD in nationales Recht transferiert wurde – hat die SRM-Verordnung als unmittelbar geltender europäischer Rechtsakt Anwendungsvorrang. Eine im Juni 2019 im Amtsblatt der Europäischen Union veröffentlichte modifizierte Fassung der SRM-Verordnung gilt ab dem 28. Dezember 2020. *[RBL]*

SSM-Verordnung

„Verordnung (EU) Nr. 1024/2013 des Rates vom 15. Oktober 2013 zur Übertragung besonderer Aufgaben im Zusammenhang mit der Aufsicht über Kreditinstitute auf die Europäische Zentralbank".

Die SSM-Verordnung bildet die rechtliche Grundlage für den die erste Säule der Europäischen Bankenunion darstellenden Einheitlichen Aufsichtsmechanismus (SSM), welcher am 4.11.2014 seine Arbeit aufgenommen hat. Ihr Geltungsbereich erstreckt sich auf diejenigen Institute, die ihren Sitz in Staaten der Euro-Zone („teilnehmende Mitgliedstaaten") haben oder deren Sitzstaat im Rahmen einer freiwilligen Teilnahme (sogenanntes Opt-in) dem SSM angehört. Die Verordnung überträgt materiell rechtlich jegliche Aufsichtskompetenzen auf die Europäische Zentralbank (EZB). Daneben ist die EZB in letzter Instanz dafür zuständig, Banken zum Geschäftsbetrieb zuzulassen oder ihnen die Erlaubnis zum Betreiben von Geschäften zu entziehen. Insbesondere enthält die SSM-Verordnung Regeln über die Zusammenarbeit der EZB mit anderen europäischen und nationalen Behörden zur Sicherung einer funktionierenden Aufsichtspraxis. So beaufsichtigt die EZB selbst in sogenannten Joint Supervisory Teams (JST) lediglich die ca. 120 größten Institute im Euroraum und überlässt die Beaufsichtigung der restlichen Institute weiterhin den nationalen Aufsichtsbehörden. Weiterhin enthält die SSM-Verordnung Regeln zu den Befugnissen der EZB sowie zu den organisatorischen Grundsätzen – wie beispielsweise zu den von der EZB zu erhebenden Aufsichtsgebühren – des SSM. [RBL]

Staaten-Banken-Nexus

Der „Staaten-Banken-Nexus" stellt eine zentrale Herausforderung regulatorischer Bemühungen dar. Dieser Begriff beschreibt die enge Wechselbeziehung zwischen der wirtschaftlichen Stabilität von Staaten sowie der Liquidität und Solvenz von Banken. Zum einen können Krisen im Bankensektor eines Staates zu einer massiven Belastung des Haushaltes dieses Staates führen, indem der Staat notleidenden Banken mit Liquidität und Kapital hilft. Die Folge solcher Stützungsmaßnahmen ist ein unter Umständen substanzieller Anstieg der Neuverschuldung dieses Staates. Auf der anderen Seite können Schieflagen im Haushalt eines Staates erhebliche Belastungen für die Banken dieses Staates zur Konsequenz haben, wenn diese zuvor zu stark in Anleihen dieses Staates investiert haben, was bei einer Überschuldung des Staates einen hohen Abschreibungsbedarf bei diesen Banken hervorrufen kann. Beim „Staaten-Banken-Nexus" handelt es sich somit um einen Risikoverbund zwischen Staaten und Banken mit selbstverstärkender Wirkung, das heißt um eine Art Teufelskreis, den es aus regulatorischer Sicht zu durchbrechen gilt. *[GWA]*

Stabile Refinanzierung

Der Begriff „stabile Refinanzierung" beschreibt aus Sicht einer Bank diejenigen Arten und Beträge von Eigen- und Fremdmitteln, von denen zu erwarten ist, dass sie über einen Zeithorizont von einem Jahr und unter anhaltenden Stressbedingungen eine zuverlässige Mittelquelle darstellen. *[GWA]*

Step-in Risk

Engl. Bezeichnung für Unterstützungsrisiko. *[GWA]*

Stille Reserven der Institute

Die Regelungen über stille Reserven der Kreditinstitute gelten nach § 340 IV 1 HGB auch für Finanzdienstleistungsinstitute im Sinne des KWG, soweit sie nicht nach § 2 VI oder X KWG von der Anwendung dieses Gesetzes ausgenommen sind, sowie für Zweigniederlassungen von Unternehmen mit Sitz in einem anderen Staat, der nicht Mitglied der Europäischen Gemeinschaft und auch nicht Vertragsstaat des Abkommens über den Europäischen Wirtschaftsraum ist, sofern eine solche Zweigniederlassung nach § 53 I KWG als Finanzdienstleistungsinstitut gilt. Insbesondere sind auch hier die sogenannten Vorsorgereserven für allgemeine Bankrisiken gemäß § 340f HGB von Bedeutung. *[GWA]*

Stille Vermögenseinlagen

Nach § 10 IIa 1 Nr. 8 KWG in Verbindung mit § 10 IV KWG in der bis Ende 2010 gültigen Fassung des Kreditwesengesetzes konnten Vermögenseinlagen stiller Gesellschafter dem haftenden Eigenkapital der Kreditinstitute im Sinne des KWG zugerechnet werden. Voraussetzung für die Anerkennung stiller Vermögenseinlagen als Kernkapital waren insbesondere die Teilnahme am Verlust bis zur vollen Höhe, die Nachrangigkeit gegenüber allen Gläubigern, eine Mindestursprungslaufzeit von fünf Jahren und eine Restlaufzeit von mindestens zwei Jahren. Stille Vermögenseinlagen können gemäß den Bestimmungen der Capital Requirements Regulation (CRR) auch weiterhin als Eigenmittel anerkannt werden, sofern sie die Voraussetzungen für die Anerkennung von hartem Kernkapital (Artikel 28 beziehungsweise 29 CRR), zusätzlichem Kernkapital (Artikel 52 I CRR) oder Ergänzungskapital (Artikel 63 CRR) erfüllen. [GKR]

Stille Vermögenseinlagen bei Sparkassen

Nach § 10 IIa 1 Nr. 8 KWG in Verbindung mit § 10 IV KWG in der bis Ende 2010 gültigen Fassung des Kreditwesengesetzes konnten auch bei Sparkassen Vermögenseinlagen stiller Gesellschafter bei Vorliegen der entsprechenden aufgeführten Voraussetzungen (siehe das Stichwort „Stille Vermögenseinlagen") dem haftenden Eigenkapital der Kreditinstitute im Sinne des KWG zugerechnet werden. Als mögliche stille Gesellschafter kamen vor allem infrage: juristische Personen des öffentlichen Rechts sowie Gesellschaften des privaten Rechts, deren Aufgabe die Förderung von Sparkassen ist und in denen juristische Personen des öffentlichen Rechts die Stimmenmehrheit haben. Voraussetzung für die Anerkennung stiller Vermögenseinlagen als Kernkapital waren auch bei Sparkassen insbesondere die Teilnahme am Verlust bis zur vollen Höhe, die Nachrangigkeit gegenüber allen Gläubigern, eine Mindestursprungslaufzeit von fünf Jahren und eine Restlaufzeit von mindestens zwei Jahren. Stille Vermögenseinlagen bei Sparkassen können gemäß den

Bestimmungen der Capital Requirements Regulation (CRR) auch weiterhin als Eigenmittel anerkannt werden, sofern sie die Voraussetzungen für die Anerkennung von hartem Kernkapital (Artikel 28 beziehungsweise 29 CRR), zusätzlichem Kernkapital (Artikel 52 I CRR) oder Ergänzungskapital (Artikel 63 CRR) erfüllen. *[GKR]*

Strategische Risiken

Gefahr der Verfehlung von Unternehmenszielen infolge von unerwarteten Entwicklungen auf der Ebene grundsätzlicher/langfristiger Aufgabenstellungen. Diese lassen sich an Eigentümern (z.b. Verweigerung einer geplanten Eigenmittelzuführung) und insbesondere obersten Entscheidungsträgern festmachen. Aufgrund ihres Langfrist-/Grundsatzcharakters führt der Risikoeintritt regelmäßig zur Existenzgefährdung der Gesamtbank. Die grundsätzlichen Führungsentscheidungen (konstitutive oder strategische Entscheidungen), die strategische Risiken enthalten, werden getroffen z.b. über Breite und Strukturierung des bankbetrieblichen Leistungsprogramms im Hinblick auf Produktgruppen, Kundengruppen oder geographische Bereiche (strategische Geschäftsfelder). Strategische Entscheidungen der Geschäftsleitung zur Globalsteuerung des bankbetrieblichen Leistungsprozesses zielen z.b. auf die Sicherung und den Ausbau von gegenwärtigen beziehungsweise zukünftigen Erfolgspotenzialen (Verbesserung der Wettbewerbsposition in traditionellen Geschäftsfeldern; Erschließung neuer strategischer Geschäftsfelder) oder auf Leitlinien für das Risikoverhalten bei operativen Entscheidungen. Typische grundsätzliche Weichenstellungen und daher strategische Risiken finden sich darüber hinaus im liquiditätsmäßig-finanziellen Bereich des Bankbetriebs bei relativ hoher Risikobereitschaft der Geschäftsleitung (Risk Taking) mit Blick auf Ausfallrisiken oder Zinsänderungsrisiken; aber auch im technisch-organisatorischen Bereich aus der Festlegung von Organisationsstrukturen (Gefahr der Ineffizienz) oder aus der Dimensionierung von Kapazitäten (Fixkostenrisiko). *[HBR]*

Subprime

Engl. für unterhalb („sub") der erstklassigen Qualität („prime"). Bezeichnung für Schuldner von Hypothekendarlehen, die sich durch eine relativ geringe Bonität auszeichnen. Des Weiteren kennzeichnet der Begriff „Subprime" denjenigen Teil des Hypothekendarlehenmarktes, dessen Kreditnehmer eine vergleichsweise geringe Kreditwürdigkeit aufweisen. Im Vorfeld der jüngsten internationalen Finanz- und Wirtschaftskrise wuchs insbesondere in den Vereinigten Staaten von Amerika der Subprime-Markt, indem Subprime-Kreditnehmern mit einem relativ geringen Einkommen in einer Phase niedriger Zinsen zunehmend Hypothekendarlehen zur Finanzierung von Eigenheimen gewährt wurden. Diese Hypothekendarlehen wurden sodann mit steigenden Zinsen und fallenden Immobilienpreisen zunehmend notleidend. *[ARA]*

Supervisory Board

Das Supervisory Board (Aufsichtsgremium) ist das bei der Europäischen Zentralbank (EZB) angesiedelte zentrale Leitungsorgan des Einheitlichen Aufsichtsmechanismus (SSM) und ist verantwortlich für die Planung und Ausführung der Aufgaben, die der EZB im Rahmen der Bankenaufsicht übertragen wurden. Die Beschlussfassungen erfolgen im Rahmen des Verfahrens der impliziten Zustimmung, wonach das Aufsichtsgremium dem EZB-Rat lediglich Beschlussentwürfe unterbreitet. Widerspricht dieser dem Entwurf nicht, so gilt der Beschluss als gefasst. Das Supervisory Board setzt sich aus einer oder einem Vorsitzenden und einem oder einer aus dem Direktorium der EZB zu wählenden stellvertretenden Vorsitzenden zusammen. Zusätzlich gehören vier weitere Vertreter der EZB dem Gremium an. Komplettiert wird das Supervisory Board durch je einen Vertreter der nationalen Aufsichtsbehörden. Wird die nationale Aufsicht – wie im Falle von Deutschland – nicht (allein) von der nationalen Zentralnotenbank (NZB) ausgeübt, so kann neben dem

Vertreter der nationalen Aufsichtsbehörde zusätzlich ein Vertreter der NZB an den Sitzungen teilnehmen. Im Falle einer Abstimmung werden die dann anwesenden beiden Vertreter eines Landes jedoch als eine Person gewertet. *[RBL]*

Supervisory Colleges

Engl. Bezeichnung für Aufsichtskollegien. *[GWA]*

Supervisory Review Process

Der Supervisory Review Process ist wesentlicher Bestandteil der (ersten) Reform der Eigenkapital-Empfehlung (Basel I) des Baseler Ausschusses für Bankenaufsicht aus dem Jahr 2004 (Basel II). Ziel ist eine Mindestübereinstimmung der Praktiken der Bankenaufsicht in den im Ausschuss mitwirkenden beziehungsweise zumindest in allen politisch-wirtschaftlich bedeutsamen Staaten. Als folgerichtige Ergänzung zu einer gestiegenen Eigenverantwortung der Banken (insbesondere Zulassung des internen Ratings) ist eine stärkere qualitative Beurteilung der verschiedenen bankbetrieblichen Risiken und der Funktionsfähigkeit des Risikomanagements der Banken Bestandteil des Supervisory Review Process. *[GKR]*

Systemisches Risiko

Das systemische Risiko beschreibt das Risiko einer Gefährdung der Funktionsfähigkeit und der Stabilität des gesamten Finanzsystems. So kann die Zahlungsunfähigkeit eines Marktteilnehmers zu einer Kettenreaktion führen, die erhebliche Liquiditäts- und Solvenzprobleme einer Vielzahl anderer Marktteilnehmer nach sich zieht. Dies kann wiederum den funktionellen Zusammenbruch von Teilen des Finanzsystems oder des Finanzsystems in seiner Gesamtheit bewirken. Systemische Risiken sind aufgrund komplexer Wirkungszusammenhänge im Finanzsystem schwer vorhersehbar und beeinflussbar. *[ARA]*

Systemrelevante Institute

Systemrelevante Institute sind Institute, deren Insolvenz die Funktionsfähigkeit des Finanzsystems beeinträchtigen würde. Je nach Reichweite der durch den Zusammenbruch eines Instituts verursachten Probleme wird zwischen global systemrelevanten Instituten und anderweitig systemrelevanten Instituten unterschieden. *[GKR]*

T

Terminrisiko

Unterform des Liquiditätsrisikos. *[AWI]*

Terrorismusfinanzierung im Sinne des KWG

Terrorismusfinanzierung im Sinne des KWG ist die Bereitstellung oder Sammlung finanzieller Mittel in Kenntnis dessen, dass sie ganz oder teilweise dazu verwendet werden oder verwendet werden sollen,

a) eine Tat nach § 129a StGB (Bildung einer terroristischen Vereinigung) – auch in Verbindung mit § 129b StGB (Bildung einer terroristischen Vereinigung im Ausland) – oder

b) eine andere der in den Artikeln 1 bis 3 des Rahmenbeschlusses 2002/475/JI des Rates der Europäischen Union vom 13.6.2002 zur Terrorismusbekämpfung (ABl. EG Nr. L 164 S. 3) umschriebenen Straftaten (unter anderem Angriffe auf das Leben einer Person, die zum Tode führen können, Entführung oder Geiselnahme, Freisetzung gefährlicher Stoffe oder Herbeiführen von Bränden, Überschwemmungen oder Explosionen, wenn dadurch das Leben von Menschen gefährdet wird) zu begehen oder zu einer solchen Tat anzustiften oder Beihilfe zu leisten, um die Bevölkerung auf schwer wiegende Weise einzuschüchtern, öffentliche Stellen oder eine internationale Organisation rechtswidrig zu einem Tun oder Unterlassen zu zwingen oder die politischen, verfassungsrechtlichen, wirtschaftlichen oder sozialen Grundstrukturen eines Landes oder einer internationalen Organisation ernsthaft zu destabilisieren (§ 1 XXXII Nr. 1 KWG). Terrorismusfinanzierung im Sinne des KWG ist zudem die Begehung einer Tat nach § 89c StGB beziehungsweise die Teilnahme an einer solchen Tat (§ 1 XXXII Nr. 2 KWG). *[GWA]*

Tier 1 Capital (T1 Capital)

Engl. Bezeichnung für Kernkapital. *[GWA]*

Tier 2 Capital (T2 Capital)

Engl. Bezeichnung für Ergänzungskapital. *[GWA]*

Too big to fail

Als too big to fail werden Marktteilnehmer bezeichnet, deren Insolvenz derart gravierende negative Auswirkungen auf die Gesamtwirtschaft haben würde, dass deren Ausfall – insbesondere durch staatliche Eingriffe – zu verhindern ist. Die Too-big-to-fail-Problematik trat bislang vor allem im Finanzsektor auf, als der (potenzielle) Zusammenbruch von Banken, Versicherungen und anderen Finanzinstituten (systemisch relevante Finanzinstitute) die Stabilität des gesamten Finanzsystems bedrohte und negative Konsequenzen für die Realwirtschaft mit sich brachte.

Auch wenn der Begriff too big to fail dies nahelegt, kommt es nicht unbedingt auf die Größe (gemessen am Geschäftsvolumen) des Instituts an. Auch eine sehr große Bank kann durch Insolvenz aus dem Wettbewerb ausscheiden, wenn die übrigen Banken die damit verbundenen Verluste aus eigener Kraft auffangen können. Andererseits kann auch schon eine relativ kleine Bank too big to fail sein, wenn sie mit anderen Marktteilnehmern stark vernetzt ist und diese die aus dem Ausfall dieser Bank resultierenden Verluste nicht tragen können. *[GKR]*

Too complex to fail

Als too complex to fail (frei übersetzt: zu komplex, um zu scheitern) werden Marktteilnehmer (z.B. Banken) bezeichnet, die derart komplex aufgebaut sind, dass die Gefahr besteht, dass ihre Insolvenz bei anderen Marktteilnehmern zu hohen Verlusten führt und es als Folge hiervon zu einer Destabilisierung des Finanzsektors kommt. *[GWA]*

Too interconnected to fail

Als too interconnected to fail (frei übersetzt: zu vernetzt, um zu scheitern) werden Marktteilnehmer (z.B. Banken) bezeichnet, die derart stark im Finanzsektor vernetzt sind, dass die Gefahr besteht, dass ihre Insolvenz bei anderen Marktteilnehmern zu hohen Verlusten führt und es als Folge hiervon zu einer Destabilisierung des Finanzsektors kommt. *[GWA]*

Total Loss-Absorbing Capacity

Die Total Loss-Absorbing Capacity (TLAC) ist eine von global systemrelevanten Instituten (G-SIBs) einzuhaltende Kapitalanforderung zur Sicherstellung ihrer Verlustabsorptionsfähigkeit. In Reaktion auf die Finanzkrise der Jahre 2007 ff. wollte man zukünftig erreichen, dass Eigentümer und bestimmte Gläubigerklassen im Falle einer Bestandsgefährdung ihres Kreditinstituts in die Verantwortung für aufgetretene Verluste genommen werden (Bail-in). Zu diesem Zweck veröffentlichte das Financial Stability Board (FSB) im November 2015 den finalen TLAC-Standard, dessen verpflichtende Einhaltung ab dem Jahr 2019 geplant ist. Im Rahmen der TLAC sind neben den aufsichtsrechtlich anerkannten Eigenmitteln auch solche Elemente anerkennungsfähig, die die Anerkennungsvoraussetzungen für Ergänzungskapital nicht erfüllen. Die Berücksichtigung dieser Elemente erfolgt dennoch, sofern eine Reihe von Voraussetzungen wie beispielsweise Nachrangigkeit, effektive Kapitalaufbringung oder auch eine Restlaufzeit von mindestens einem Jahr erfüllt sind. Die zur Erfüllung der TLAC-Mindestquote zugelassenen Elemente dürfen zudem höchstens zu 67 Prozent aus Instrumenten des harten Kernkapitals bestehen beziehungsweise müssen mindestens 33 Prozent nachrangiges Fremdkapital umfassen. Die TLAC-Anforderung soll sicherstellen, dass G-SIBs im Falle einer Schieflage ohne Beeinträchtigung des Finanzsystems und ohne den Rückgriff auf Steuergelder saniert oder abgewickelt werden können. Gemäß den Vorgaben des FSB sollen dazu alle global systemrelevanten Kreditinstitute einheitliche Mindestanforderungen einhalten müssen, wenngleich es der zuständigen Behörde freisteht, die TLAC-Quote mittels eines institutsspezifischen Aufschlags zu kalibrieren, falls dies zur Sicherstellung einer ordentlichen Abwicklung vonnöten ist. Grundsätzlich werden alle G-SIBs verpflichtet, ab dem Jahr 2019 (2022) mindestens 16 Prozent (18 Prozent) TLAC-Kapital in Relation zu den risikogewichteten Aktiva und mindestens 6 Prozent (6,75 Prozent) TLAC-Kapital in Relation zu den ungewichteten Aktiva vorzuhalten. *[RBL]*

Total SREP Capital Requirements

Die Total SREP Capital Requirements (TSCR) setzen sich aus den Mindesteigenmitteln gemäß der ersten Baseler Säule nach Artikel 92 CRR zusammen, erweitert um die institutsspezifische Kapitalanforderung aus der zweiten Baseler Säule (Pillar-2-Requirements, P2R), welche sich aus der SREP-Gesamtbeurteilung ableitet. *[RBL]*

Trading Book

Das Trading Book (zu dt.: Handelsbuch) war ein zentrales Element der inzwischen aufgehobenen Kapitaladäquanz-Richtlinie des Rates der Europäischen Gemeinschaften (EG), in der die Mindesteigenkapitalanforderungen für Risiken festgelegt wurden, die Wertpapierhäuser und Euro-Kreditinstitute im Rahmen von Wertpapiereigenhandelsgeschäften, Devisengeschäften und Geschäften mit derivativen (Finanz-)Instrumenten eingingen. Mittlerweile befinden sich die Bestimmungen zum Trading Book in der Capital Requirements Regulation (CRR).

Gemäß Artikel 4 LXXXVI CRR umfasst das Trading Book alle Positionen in Finanzinstrumenten oder Waren, die ein Institut im Sinne der CRR mit Handelsabsicht oder zur Absicherung von anderen mit Handelsabsicht gehaltenen Positionen des Trading Books hält. Zu den Positionen, die mit Handelsabsicht gehalten werden, zählen nach Artikel 4 LXXXV CRR:

(1) Eigenhandelspositionen und sich aus Kundenbetreuung und Marktpflege ergebende Positionen,

(2) Positionen, die das Institut zu Zwecken des kurzfristigen Wiederverkaufs hält,

(3) Positionen, mit denen das Institut einen Profit aus bestehenden oder erwarteten kurzfristigen Kursunterschieden zwischen Ankaufs- und Verkaufskurs oder aus anderen Kurs- oder Zinsschwankungen erzielen will.

Für Institute, die nur über ein kleines Trading Book verfügen (Nicht-Handelsbuchinstitut), gelten Erleichterungen bei der Berechnung des Gesamtrisikobetrags. *[GKR]*

Transferrisiko

Teil des Währungsrisikos; Gefahr der Verfehlung unternehmerischer Ziele dadurch, dass in dem Land des Vertragspartners eines grenzüberschreitenden Geschäfts staatliche Regelungen getroffen werden, durch die die vertragliche Erfüllung des Geschäfts erschwert oder unmöglich gemacht wird. *[OKR]*

Trennbankengesetz

Das „Gesetz zur Abschirmung von Risiken und zur Planung der Sanierung und Abwicklung von Kreditinstituten und Finanzgruppen" (Trennbankengesetz) wurde am 7. August 2013 erlassen und stellt eine von zahlreichen gesetzgeberischen Maßnahmen als Reaktion auf die Finanzmarktkrise der Jahre 2007 ff. dar. Als Artikelgesetz führte es zu Änderungen oder Ergänzungen bestehender Rechtsnormen in drei Kernthemenbereichen.

Gemäß Artikel 1 wurde das Kreditwesengesetz (KWG) umfangreich um Vorschriften zur Sanierungs- und Abwicklungsplanung erweitert. Diese Änderungen sind allerdings durch die Umsetzung der BRRD (Richtlinie zur Sanierung und Abwicklung von Kreditinstituten) und der damit einhergehenden Schaffung des Sanierungs- und Abwicklungsgesetzes (SAG) auf nationaler Ebene mittlerweile überholt.

Artikel 2 des Trennbankengesetzes verlangt von Kreditinstituten insbesondere eine erweiterte Abschirmung der internen Risikosphären und sieht im Zuge dessen eine Trennung riskanter Eigengeschäfte vom Kundengeschäft vor. Vordefinierte Schwellenwerte, bei deren Überschreitung ein Institut Eigenhandel ohne Dienstleistungscharakter nur dann noch betreiben darf, wenn diese Geschäfte in eine rechtlich, wirtschaftlich und organisatorisch eigenständige Einheit ausgegliedert wurden, sind nun in § 3 KWG zu finden.

Der dritte Kernbereich (Artikel 3 und Artikel 4 Trennbankengesetz) bedingt die Erweiterung des KWG und des Versicherungsaufsichtsgesetzes (VAG) um Pflichten der Geschäftsleiter bezüglich der Sicherstellung einer adäquaten Ausgestaltung des Risikomanagements. Verstöße der Geschäftsleitung gegen die Verantwortung beispielsweise für die Geschäftsstrategie, die Ermittlung der Risikotragfähigkeit oder für interne Kontrollmechanismen können nun direkt den Geschäftsleitern zugerechnet und mit Bußgeldern oder Freiheitsstrafen sanktioniert werden. [RBL]

TRIM-Projekt

Beim „Targeted Review of Internal Models", dem sogenannten TRIM-Projekt, handelt es sich um einen von der Europäischen Zentralbank (EZB) initiierten Prozess zur Überprüfung und Angleichung der von Banken eingesetzten internen Modelle. Ziel dieses Projekts ist es, für die von der EZB direkt beaufsichtigten Banken, die interne Modelle zur Ermittlung ihrer Eigenkapitalanforderungen nutzen, die Anwendung einheitlicher Standards zu gewährleisten. Das TRIM-Projekt, das im Jahr 2017 begonnen hat und im Jahr 2019 abgeschlossen werden soll, ist eine Reaktion auf Erkenntnisse, dass viele Banken mithilfe interner Modelle im Vergleich zu Standardverfahren ihre risikogewichteten Positionswerte und somit ihre erforderliche Eigenmittelunterlegung kleinrechnen. *[GWA]*

Troika

Bezeichnung für die informelle Zusammenarbeit zwischen Internationalem Währungsfonds (IWF), Europäischer Kommission und Europäischer Zentralbank (EZB) zur finanziellen Unterstützung einiger EU-Mitgliedstaaten und Teilnehmer am Eurosystem, aus Anlass der Staatsschuldenkrise 2010, abgelöst durch die Quadriga. *[LGR]*

U

Umlaufgrenze

Die Umlaufgrenze stellte die Obergrenze des zulässigen Gesamtbetrags der im Umlauf befindlichen Schuldverschreibungen von privaten Hypothekenbanken und Schiffspfandbriefbanken dar, die nach den Vorschriften des Hypothekenbankgesetzes (HypBankG) und des Schiffsbankgesetzes (SchiffsbankG) bestimmt wurde. [NKR]

Unerwarteter Verlust

Unexpected Loss; der unerwartete Verlust (Varianz des erwarteten Verlusts) ist der um den erwarteten Verlust für den Zeithorizont verminderte Value-at-Risk. [JSC]

Unternehmensorgankredit

Ein Unternehmensorgankredit ist ein Organkredit, bei dem personelle, haftungsmäßige und kapitalmäßige Verflechtungen zwischen Kreditgeber und -nehmer erfasst werden.

Eine relevante personelle Unternehmensverflechtung ist gegeben, wenn ein Geschäftsleiter, ein Prokurist oder eine mit Handlungsvollmacht im Hinblick auf den gesamten Geschäftsbetrieb ausgestattete Person eines (kreditgewährenden) Instituts im Sinne des KWG ein gesetzlicher Vertreter oder Mitglied des Aufsichtsorgans des (kreditnehmenden) Unternehmens in der Rechtsform einer juristischen Person oder Gesellschafter einer (kreditnehmenden) Personenhandelsgesellschaft ist (§ 15 I 1 Nr. 7 KWG). Eine relevante personelle Unternehmensverflechtung liegt darüber hinaus auch dann vor, wenn ein gesetzlicher Vertreter des (kreditnehmenden) Unternehmens in der Rechtsform einer juristischen Person, ein Gesellschafter einer (kreditnehmenden) Personenhandelsgesellschaft, ein Prokurist oder eine mit Handlungsvollmacht im Hinblick auf den gesamten Geschäftsbetrieb ausgestattete Person eines (kreditnehmenden) Unternehmens dem Aufsichtsorgan des (kreditgebenden) Instituts angehört (§ 15 I 1 Nr. 8 KWG).

Eine relevante haftungsmäßige Unternehmensverflechtung liegt vor, wenn das Institut beziehungsweise ein Geschäftsleiter persönlich haftender Gesellschafter des (kreditnehmenden) Unternehmens (OHG, KG, GbR) ist (§ 15 I 1 Nr. 9 KWG).

Von einer relevanten kapitalmäßigen Unternehmensverflechtung wird ausgegangen, wenn das Institut beziehungsweise ein Geschäftsleiter mit mehr als zehn Prozent am Kapital eines Unternehmens oder wenn ein Unternehmen beziehungsweise ein gesetzlicher Vertreter eines Unternehmens in der Rechtsform einer juristischen Person oder ein Gesellschafter einer Personenhandelsgesellschaft mit mehr als zehn Prozent am Kapital des Instituts beteiligt ist (§ 15 I 1 Nr. 9–11 KWG). In diesem Zusammenhang gilt – unabhängig von der Dauer des Besitzes – ein Besitz von mindestens 25 Prozent der Kapitalanteile als Beteiligung (§ 15 I 3 KWG). *[GKR]*

Unterstützungsrisiko

Das Unterstützungsrisiko (Step-in Risk) beschreibt die Gefahr, dass ein Institut ein Unternehmen, mit dem es verbunden ist, das aber nicht Teil des aufsichtsrechtlichen Konsolidierungskreises ist, finanziell oder anderweitig unterstützt und zwar über die Verpflichtungen hinaus, die sich aus Verträgen oder aus Eigentumsverhältnissen ergeben. Eine solche Unterstützung verfolgt den Zweck, das Institut vor möglicherweise auftretenden Reputationsschäden zu schützen, die sich aus der Verbindung zu dem unterstützten Unternehmen ergeben können. *[GWA]*

V

Value-at-Risk (VaR)

1. *Begriff*: Kennzahl beziehungsweise darauf gestützte Methode zur Quantifizierung insbesondere der Markt- und Preisrisiken von Kassa- oder derivativen (Finanz-)Instrumenten sowie Adressausfallrisiken bei Kreditinstrumenten. Aktuell stellt der Value-at-Risk die wesentliche Grundlage für die Erfassung, Steuerung, Prognose und Kontrolle dieser finanziellen Risiken in Bank- wie Nichtbank-Unternehmen dar. Hierbei wird das Risiko als Wahrscheinlichkeit eines Verlusts, also die negative Abweichung vom Erwartungswert definiert (down side risk). Genauer beschreibt der Value-at-Risk den erwarteten Maximalverlust (in Währungseinheiten), der während eines bestimmten Zeitraums beziehungsweise einer bestimmten Haltedauer (z.B. ein Tag, eine Woche, zehn Tage usw.) mit einer vorgegebenen Wahrscheinlichkeit (z.B. 99 Prozent, 95 Prozent) nicht überschritten wird.

2. *Ermittlung:* Für die konkrete Ermittlung ist entscheidend, welche Daten und Verteilungsannahmen vorliegen. Häufig wird für die beobachtete Größe, also z.B. die Preisentwicklung eines Finanzinstruments, eine Normalverteilung unterstellt. Kann eine solche nicht seriös angenommen werden, muss die Wertentwicklung mit Hilfe historischer oder zufallsgenerierter Werte simuliert werden. Auf der Basis einer Stichprobe von Beobachtungswerten (z.B. täglicher Renditen eines betrachteten Portefeuilles der letzten 250 Börsentage) ergibt sich bei einer Normalverteilung der Value-at-Risk mit 1,65 Standardabweichungen bei einem Niveau von 95 Prozent beziehungsweise mit 2,33 Standardabweichungen bei 99 Prozent. Die Studie der Group of Thirty empfielt, das mit einem derivativen Portefeuille verbundene Marktrisiko auf täglicher Basis mit einem Value-at-Risk-Ansatz zu messen. Eine ähnliche Vorgehensweise benutzt das Marktrisikomanagement-System RiskMetrics. Da Kreditrisiken nicht normalverteilt sind, arbeitet man (z.B. bei CreditMetrics) meist mit Simulationen, um dann das entsprechende Quantil zu bestimmen.

Der Value-at-Risk wurde seit den 1990er-Jahren auch von den Aufsichtsbehörden als Marktrisikokennzahl gefördert und fand daher Eingang in das Bankaufsichtsrecht, wonach Eigenkapital zur Unterlegung von Marktrisiken mit internen Value-at-Risk-Modellen zu berechnen war, die eine zehntägige Halteperiode und ein Konfidenzniveau von 99 Prozent verlangten. Die Qualitätssicherung der Berechnungsmodelle erfolgt anhand von Backtestingmethoden. Die Krisenprozesse auf den Finanzmärkten seit 2007 haben zu einer kritischeren Sicht auf Value-at-Risk-Ansätze und ihre aufsichtliche Verankerung geführt. Maßgeblich hierfür ist – neben der Infragestellung üblicher Verteilungsannahmen – die Tatsache der vom Value-at-Risk eben unberücksichtigten worst cases sowie der methodisch geförderten Uniformität der Risikoabschätzungen gewesen. Für die Betrachtung solcher Extremereignisse, das heißt der Verlustszenarien, die jenseits des nach dem Value-at-Risk-Ansatz gewählten Konfidenzniveaus liegen, sind daher modifizierte (VaR-)Kennzahlen wie der Expected Shortfall vorgeschlagen worden. *[AHO, MBA]*

Variables Zinsrisiko

Das variable Zinsrisiko bezieht sich auf die variabel verzinslichen Aktiva und Passiva. Die Gefahr einer sinkenden Brutto-Zinsspanne geht hier von unterschiedlichen Zinselastizitäten (Höhe der Marktzinsänderung versus Höhe beziehungsweise Schnelligkeit der Zinssatzänderung der einzelnen Aktiv- und Passivposition) der einzelnen Aktiv- und Passivzinssätze aus, die eine Bank kontrahiert hat. In der Folge reagieren die einzelnen variabel verzinslichen Positionen auf der Aktiv- und Passivseite unterschiedlich stark auf Marktzinsänderungen. Steigende Marktzinsen sind ein Risiko, wenn die Zinssätze der variabel verzinslichen Passiva schneller und stärker angepasst werden als die Zinssätze der variabel verzinslichen Aktiva. Bei sinkenden Marktzinsen entsteht dagegen ein Risiko, wenn die Zinssätze der variabel verzinslichen Aktiva schneller und stärker angepasst werden als die Zinssätze der variabel verzinslichen Passiva. *[AWI]*

Verbotene Bankgeschäfte nach KWG

Bei den verbotenen Bankgeschäften nach KWG handelt es sich um Bankgeschäfte im Sinne des KWG, die im Hinblick auf die Zielsetzung der Bankenaufsicht auch von Kreditinstituten im Sinne des KWG nicht betrieben werden dürfen. Gemäß § 3 KWG sind verboten:

a) die Betätigung in Form von Werksparkassen, wenn der Umfang der (überwiegend) von Betriebsangehörigen des (Bank-)Unternehmens angenommenen Einlagen mindestens genauso groß ist wie der der sonstigen Bankgeschäfte, die von dem (Bank-)Unternehmen betrieben werden;

b) der Betrieb von Zwecksparunternehmen außer in Form von Bausparkassen;

c) der Betrieb des Kreditgeschäfts oder des Einlagengeschäfts, wenn hierbei Barverfügungen ausgeschlossen oder erheblich erschwert werden.

Das Verbot gilt auch für inländische Zweigniederlassungen von CRR-Kreditinstituten oder Wertpapierhandelsunternehmen mit Sitz in einem anderen Staat des Europäischen Wirtschaftsraums (EWR) (§ 53b III 1 KWG) und für grenzüberschreitend erbrachte Dienstleistungen (§ 53b III 2 KWG).

Darüber hinaus benennt § 3 II KWG Geschäfte (Eigengeschäfte, bestimmte Kredit- und Garantiegeschäfte sowie bestimmte Formen des Eigenhandels im Sinne des KWG), deren Betreiben für CRR-Kreditinstitute sowie für Unternehmen, die einer Institutsgruppe im Sinne des KWG, einer Finanzholding-Gruppe im Sinne des KWG oder einer gemischten Finanzholding-Gruppe angehören, der ein CRR-Kreditinstitut angehört, nach Ablauf von zwölf Monaten nach Überschreiten bestimmter Schwellenwerte verboten ist.

Schließlich zählen – im Zusammenhang mit der Verhinderung von Geldwäsche, Terrorismusfinanzierung im Sinne des KWG und sonstigen strafbaren Handlungen zu Lasten der Institute – zu den verbotenen Geschäften auch die Aufnahme oder Fortführung von Korrespondenz- oder sonstigen Geschäftsbeziehungen mit einer Bank-Mantelgesellschaft nach § 1 XXII des Geldwäschegesetzes (GWG) sowie die Errichtung und Führung von solchen auf den Namen des Instituts lautende oder für dritte Institute geführte Konten, über die die Kunden des Instituts oder eines dritten Instituts zur Durchführung von eigenen Transaktionen eigenständig verfügen können (§ 25m KWG). *[GKR]*

Verbraucherbeirat

Der Verbraucherbeirat – angesiedelt bei der Bundesanstalt für Finanzdienstleistungsaufsicht (BaFin) – existiert seit 2013. Seine gesetzliche Basis bildet § 8a FinDAG. Der Verbraucherbeirat berät die BaFin bei ihren Aufgaben im kollektiven Verbraucherschutz, indem er Verbrauchertrends analysiert und darüber Bericht erstattet. Der Verbraucherbeirat kann zudem grundlegende Stellungnahmen zu Verordnungsverfahren und zu Verfahren zum Erlass von Verwaltungsvorschriften der BaFin abgeben, sofern diese für den Verbraucherschutz von Bedeutung sind. Darüber hinaus kann er die BaFin bei ihren Stellungnahmen in Gesetzgebungsverfahren, die den Verbraucherschutz betreffen, beratend unterstützen. Der Verbraucherbeirat besteht aus zwölf Mitgliedern, die vom Bundesministerium der Finanzen (BMF) bestellt werden. Im Verbraucherbeirat sollen die Wissenschaft, Verbraucher- und Anlegerschutzorganisationen, Mitarbeiter außergerichtlicher Streitschlichtungssysteme sowie das Bundesministerium der Justiz und für Verbraucherschutz (BMJV) angemessen vertreten sein. Der Verbraucherbeirat wählt aus seinem Kreis einen Vorsitzenden. *[GWA]*

Verbriefungsposition

Eine Risikoposition in einer Verbriefung (Artikel 4 I Nr. 62 CRR). *[GWA]*

Veritätsrisiko

Das Veritätsrisiko ist das hinsichtlich des Bestands und der Realisierbarkeit einer angekauften Forderung bestehende Risiko, dass der Schuldner der angekauften Forderung nicht verpflichtet ist, in vollem Umfang zu leisten. *[GWA]*

Verordnung über Basisinformationsblätter für verpackte Anlageprodukte für Kleinanleger und Versicherungsanlageprodukte

Engl. Packaged Retail and Insurance-based Investment Products-Verordnung, PRIIP-Verordnung. Die 2014 in Kraft getretene und seit dem 31.12.2016 in allen EU-Mitgliedstaaten anzuwendende „Verordnung über Basisinformationsblätter für verpackte Anlageprodukte für Kleinanleger und Versicherungsanlageprodukte" (PRIIP-Verordnung, (EU) Nr. 1286/2014) wurde als Maßnahme zur Verbesserung des Anlegerschutzes erlassen mit dem Ziel, das Vertrauen von Kleinanlegern in die Finanzmärkte (zurück-)zugewinnen. Als zentraler Bestandteil der Verordnung ist die verpflichtende Einführung von Basisinformationsblättern (Key Information Documents, KIDs) zu nennen, mittels derer Anleger seit dem 1.1.2018 Informationen über verpackte Anlageprodukte für Kleinanleger und Versicherungsanlageprodukte erhalten, die für eine fundierte Anlageentscheidung notwendig sind. Das intendierte Ziel der Schaffung eines einheitlichen Standards für Basisinformationsblätter ist die künftige Vermeidung von mit Risiken und Kosten behafteten Anlegerentscheidungen, deren Tragweite die Akteure nicht verstehen und die in der Vergangenheit zu für sie nicht vorhersehbaren Verlusten führten. *[RBL]*

Verordnung über grenzüberschreitende Zahlungen in der Gemeinschaft

Durch die Verordnung über grenzüberschreitende Zahlungen in der Gemeinschaft (Verordnung (EG) Nr. 924/2009), die für alle EU-Mitgliedstaaten gültig ist, wurden die Gebührenunterschiede zwischen grenzüberschreitenden und inländischen Zahlungen in Euro bis zu einem Betrag von 50.000 Euro aufgehoben. Sie umfasst alle elektronischen Zahlungen, das heißt Überweisungen, Lastschriften, Abhebungen an Geldautomaten, Kredit- und Debitkartenzahlungen sowie sonstige Finanztransfers. Je nach Art der Zahlung können dabei bestimmte Voraussetzungen existieren, so etwa bei der Auftragserteilung einer Überweisung die Angabe von IBAN und BIC.

Alle Nicht-Euroländer der EU können die Anwendung der Verordnung auch dahingehend ausdehnen, dass für Zahlungen in Euro die gleichen Gebühren wie für Zahlungen in der Landeswährung erhoben werden. Geändert beziehungsweise erweitert wurde die Verordnung (EG) Nr. 924/2009 im März 2012 durch Artikel 17 der Verordnung (EU) Nr. 260/2012 zur Festlegung der technischen Vorschriften und der Geschäftsanforderungen für Überweisungen und Lastschriften in Euro (sogenannte „SEPA-Verordnung"). Hierdurch konnten letztlich die bis dato bestehenden Unterschiede in den EU-Mitgliedstaaten überwunden sowie der grenzüberschreitende bargeldlose Euro-Zahlungsverkehr innerhalb der EU einfacher, schneller und kostengünstiger abgewickelt werden. [NKR]

Verpacktes Anlageprodukt für Kleinanleger und Versicherungsanlageprodukt

Engl. Packaged Retail and Insurance-based Investment Product, PRIIP. Unter einem verpackten Anlageprodukt für Kleinanleger und Versicherungsanlageprodukt (PRIIP) versteht man gemäß Artikel 4 PRIIP-Verordnung (Verordnung über Basisinformationsblätter für verpackte

Anlageprodukte für Kleinanleger und Versicherungsanlageprodukte) eine Anlage – einschließlich der Anlage in Instrumente, die von Zweckgesellschaften oder Verbriefungszweckgesellschaften ausgegeben wurden –, bei der rechtsformunabhängig die Höhe des dem Kleinanleger zurückzuzahlenden Betrages Schwankungen unterliegt, die sich aus der Abhängigkeit von Referenzwerten oder von der Entwicklung eines oder mehrerer Vermögenswerte ergeben, die der Kleinanleger selbst nicht direkt erwirbt („verpacktes Anlageprodukt für Kleinanleger", PRIP). Daneben zählen Versicherungsprodukte zu den PRIIP, die einen Fälligkeitswert oder Rückkaufwert bieten, der teilweise oder vollständig direkt oder indirekt Marktschwankungen unterliegt („Versicherungsanlageprodukt"). *[RBL]*

Vertrauen in Banken

Vertrauen ist der psychologische Zustand eines Entscheidungsträgers, der eine positive Erwartung in das Verhalten, die Absichten oder die Funktionsfähigkeit von Personen oder Systemen ausdrückt und zu einer freiwilligen Erbringung einer riskanten Vorleistung – unter zumindest partiellem Verzicht auf explizite Sicherungs- und Kontrollmaßnahmen gegen das Abweichen von implizit oder explizit geschlossenen Vereinbarungen – veranlasst. Basis der Entstehung von Vertrauenshandlungen ist die durch die subjektiv wahrgenommene Vertrauenswürdigkeit des Vertrauensnehmers determinierte Vertrauenserwartung des Vertrauensgebers. Werte wie Ehrlichkeit, Integrität, Redlichkeit, Mäßigung und Aufrichtigkeit bilden hierbei die Grundlage für eine Vertrauensbeziehung zwischen den Parteien. Ein derart verstandenes Vertrauen in das Finanzsystem und in die Kreditinstitute bildet das Herz des Kreditgewerbes. Bereits etymologisch findet der Begriff „Kredit" seinen Ursprung in dem mit „vertrauen" oder „glauben" zu übersetzenden lateinischen Verb „credere" beziehungsweise dem Substantiv „creditum", zu Deutsch „das auf Treu und Glauben Anvertraute". Bei Bankgeschäften handelt es sich regelmäßig um komplexe, langfristige und häufig auch risikoreiche Vertragsbeziehungen, so dass die Kunden zu einer Bindung an vertrauenswürdige Banken tendieren. Darüber hinaus sind Bankdienstleistungen ihrem Wesen nach abstrakte, immaterielle und für den Kunden besonders bedeutsame Leistungen und somit stark erklärungsbedürftig und vertrauensempfindlich. Vertrauenswürdigkeit ist folglich eine notwendige Voraussetzung für die Loyalität der Kunden gegenüber einem Kreditinstitut und damit auch für den Aufbau und Erhalt von Geschäftsbeziehungen. Vertrauen gilt ferner auch als Fundament für Wettbewerbsvorteile, es kann Unsicherheit vermindern und somit Transaktionskosten reduzieren und es verbessert die Kommunikation zwischen der Bank und den Kunden. Vertrauen bildet somit die Basis für die langfristig erfolgreiche wirtschaftliche Entwicklung eines jeden Kreditinstituts. Fehlendes oder verlorenes Vertrauen kann hingegen zu einem existenzbedrohenden Bankenrun führen. Insbesondere die Bonikultur der Banken im Kontext der Finanz- und Wirtschaftskrise der Jahre 2007 ff., Zweifel an der Sicherheit der Bankeinlagen, die kundenseitige Unzufriedenheit mit der Beratungs- und Produktqualität der Kreditinstitute sowie die makroökonomischen Folgen der Finanz- und Wirtschaftskrise haben in der Vergangenheit das Vertrauen in Banken generell erschüttert. *[GWA]*

Verwässerungsrisiko

Das Verwässerungsrisiko ist gemäß Artikel 4 I Nr. 53 CRR (Capital Requirements Regulation) das Risiko, dass sich der Betrag einer Forderung durch bare oder unbare Ansprüche des Schuldners vermindert. Verwässerung meint in diesem Zusammenhang die Verminderung der Forderungshöhe gegenüber einem Schuldner beispielsweise aufgrund von Leistungsstörungen, vereinbarten Preisnachlässen oder Aufrechnungen. Es ist gemäß Artikel 92 CRR mit Eigenmitteln zu unterlegen. *[RBL]*

Videoidentifizierung

Bei einer Videoidentifizierung wird ungeachtet der räumlichen Trennung eine sinnliche Wahrnehmung der am Identifizierungsprozess beteiligten Personen ermöglicht, da sich die zu identifizierende Person und der Mitarbeiter des der Identifizierungspflicht unterliegenden Unternehmens im Rahmen der Videoübertragung „von Angesicht zu Angesicht" gegenübersitzen und kommunizieren. Eine Videoidentifizierung ist von daher nur in Bezug auf natürliche Personen durchführbar. Eine Identifizierung juristischer Personen oder Personengesellschaften im Wege einer Videoidentifizierung ist dagegen nicht möglich. Allerdings kann das Videoidentifizierungsverfahren für den gegebenenfalls notwendigen Identitätsnachweis eines gesetzlichen Vertreters oder Bevollmächtigten einer juristischen Personen oder Personengesellschaft genutzt werden. *[GWA]*

Vier-Augen-Prinzip

Kreditinstitute im Sinne des KWG sowie (aufgrund der Wertpapierdienstleistungs-Richtlinie) Finanzdienstleistungsinstitute im Sinne des KWG, die sich bei der Erbringung von Finanzdienstleistungen im Sinne des KWG Eigentum oder Besitz an Geldern oder Wertpapieren von Kunden verschaffen dürfen oder die befugt sind, Altersvorsorgeverträge anzubieten, müssen mindestens zwei geeignete Geschäftsleiter, die nicht nur ehrenamtlich tätig sind, haben (§ 33 I 1 Nr. 5 KWG). Das Vier-Augen-Prinzip ist für eine verantwortliche Führung wesentlich; zudem erschwert es unsolides, zweifelhaftes oder gar kriminelles Verhalten. § 2b I KWG bestimmt ferner im Sinne des Vier-Augen-Prinzips, dass ein Kreditinstitut nicht in der Rechtsform des Einzelkaufmanns betrieben werden darf. *[GKR]*

Volcker Rule

Die Volcker Rule – für die der ehemalige US-Notenbankchef Paul Volcker namensgebend war – ist in Abschnitt 619 des finanzmarktreformierenden Dodd-Frank Acts kodifiziert. Die Regel verbietet US-amerikanischen Banken den Eigenhandel mit Wertpapieren in weiten Teilen. Dies hat zur Folge, dass deren Möglichkeiten, sich an spekulativen Hedge-Fonds oder privaten Beteiligungsgesellschaften (Private-Equity-Gesellschaften) zu beteiligen, massiv eingeschränkt werden. Ausnahmen bestehen insbesondere darin, dass Banken weiterhin die Rolle des einen liquiden Markt sichernden Market-Makers erlaubt bleibt. Hiernach dürfen sie Kontrakte aus eigenen Beständen an ihre Kunden veräußern, falls niemand sonst als Verkäufer am Markt auftritt, solange der Bestand an eigenen Wertpapieren die mögliche Kundennachfrage nicht übersteigt und zu Spekulationszwecken gehalten wird. Ferner sind auch Absicherungsgeschäfte (Hedging) gegen konkrete Risiken von dem Verbot ausgenommen. *[RBL]*

Vollbanklizenz

Im Falle der Erteilung einer Vollbanklizenz durch die Bundesanstalt für Finanzdienstleistungsaufsicht (BaFin) darf ein Kreditinstitut alle Bankgeschäfte im Sinne des § 1 I 2 KWG betreiben. *[GWA]*

Vorlagepflichten der Institute

Neben den Melde- und Anzeigepflichten der Institute bestehen für Institute im Sinne des KWG bestimmte Pflichten zur Übermittlung bestimmter Unterlagen an die Bundesanstalt für Finanzdienstleistungsaufsicht (BaFin) und/oder die Deutsche Bundesbank. Diese Vorlagpflichten der Institute umfassen insbesondere den Jahresabschluss und Lagebericht, gegebenenfalls auch den Konzernabschluss und Konzernlagebericht (§ 26 KWG). Prüfungsberichte sind hingegen von den Abschlussprüfern einzureichen. *[GKR]*

Vorleistungsrisiko

Anschaffungsrisiko; spezielles Adressenausfallrisiko im Rahmen von Tauschbeziehungen, die nicht Zug um Zug abgewickelt werden. Auf Finanzmärkten bei der Abwicklung von Geschäften mit Finanzinstrumenten relevant, wenn ein Kontrahent die Leistung bereits erbracht hat, die Gegenleistung aber noch aussteht. Das Vorleistungsrisiko ist in Artikel 379 CRR (Capital Requirements Regulation) aufsichtsrechtlich geregelt. *[AWI]*

Vorsorgliche Rekapitalisierung

Als vorsorgliche Rekapitalisierung wird die Nutzung einer Öffnungsklausel des einschlägigen europäischen Rechts (siehe auch die Stichwörter „SRM-Verordnung" und „Richtlinie zur Sanierung und Abwicklung von Kreditinstituten, BRRD") im Rahmen der Abwicklung von Kreditinstituten verstanden. Kodifiziert ist die Ausnahmeregelung in Artikel 32 IV BRRD für alle EU-Mitgliedstaaten und in Artikel 18 IV SRM-Verordnung für die am Einheitlichen Abwicklungsmechanismus teilnehmenden Länder. Das Instrument der vorsorglichen Rekapitalisierung führt dazu, dass der Einsatz öffentlicher Gelder zur Stützung einer sich in einer Schieflage befindlichen Bank nicht unmittelbar deren Abwicklung zur Folge hat, obwohl dies im Normalfall einen Abwicklungstatbestand darstellt. Diese staatliche Stützungsmaßnahme bei gleichzeitiger Umgehung des grundsätzlichen Primats des Bail-in ist jedoch nur erlaubt, wenn sie der Abwendung einer schweren Störung der Volkswirtschaft des EU-Mitgliedstaates dient und als erforderlich für die Wahrung der Finanzstabilität angesehen wird. Zudem ist diese lediglich temporäre Überbrückungsmaßnahme nur solchen Instituten vorbehalten, die von den zuständigen Behörden als grundsätzlich überlebensfähig eingestuft werden. Das Kapital darf nicht zur Deckung von Verlusten oder künftig erwarteten Verlusten dienen. Es bedarf deshalb einer ausdrücklichen Genehmigung nach dem Rechtsrahmen für staatliche Beihilfen der Europäischen Union, der unter anderem eine faire Lastenverteilung vorschreibt. *[RBL]*

Währungsrisiko

1. *Begriff*: Gefahr der Verfehlung unternehmerischer Ziele infolge von Wertveränderungen einer Fremdwährung.

2. *Formen*:

a) Transaktionsrisiken: Wechselkursrisiko im engeren Sinne, also Abwertung (Aufwertung) von Forderungen (Verbindlichkeiten) beziehungsweise den daraus resultierenden Zahlungsströmen in einer Fremdwährung aufgrund von deren Abschwächung (Stärkung) gegenüber der Heimatwährung sowie Swapsatzrisiko.

b) Konvertierungsrisiko, ließe sich aufgrund der (durch Intervention erzwungenen) Abwesenheit von erzielbaren Wechselkursen als Spezialfall des Wechselkursrisikos auffassen.

c) Translationsrisiko: Unsicherheit buchhalterischer Bewertungen von Aktiva/Passiva infolge von Wechselkursänderungen.

d) Indirekte Risiken: Schwankungspotenzial zukünftiger Zahlungsströme infolge von Wechselkursentwicklungen, ohne dass bereits eine Fremdwährungsposition besteht (z.B. sinkende Umsatzeinzahlungen eines deutschen Unternehmens deswegen, weil seine Kunden infolge eines schwächeren US-Dollars zunehmend auf vergleichbare Angebote eines US-Konkurrenten ausweichen), in Literatur und Praxis uneinheitlich, unter anderem als strategisches, ökonomisches oder Operationsrisiko bezeichnet.

3. *Steuerung*: Verschiedenste Maßnahmen des Risikomanagements sind einsetzbar, darunter insbesondere Derivate (Devisen- beziehungsweise Währungsswap, Devisenoption, Devisen-Future). Eine zwar betraglich geschlossene (z.B. Forderung und Verbindlichkeit in US-Dollar in gleicher Höhe), jedoch zeitlich offene Position (Laufzeitende der Forderung drei Monate vor der Verbindlichkeit) kann durch Anschlussgeschäfte (Reinvestition des vereinnahmten Forderungsbetrags bis zum

Laufzeitende der Verbindlichkeit) in ein Zinsänderungsrisiko transformiert werden: Die Position wird so zwar hinsichtlich des Währungsrisikos (betraglich und zeitlich) geschlossen, es ist ex ante jedoch unsicher, ob dies zu unveränderten Aktivzinsen geschehen kann. *[AHO, OKR]*

Warenpositionsrisiko

Das Warenpositionsrisiko – dessen Mindesteigenmittelanforderung sich gemäß Artikel 92 III in Verbindung mit den Artikeln 355 ff. CRR (Capital Requirements Regulation) ermitteln lässt – umfasst alle bilanziellen und außerbilanziellen Geschäfte eines Instituts, die dem Risiko der Änderung von Warenpreisen (Commodity Risk) ausgesetzt sind. Dabei umfasst der Begriff Ware neben Rohwaren – also Produkten der Urproduktion und daraus erzeugte Halb- und Fertigfabrikate – auch Edelmetalle wie Silber und Platin. Einzig Goldpositionen sind ausgenommen, da diese dem aufsichtsrechtlichen Fremdwährungsrisiko unterliegen. *[RBL]*

Wechseleinzugsgeschäft

Die Durchführung des Wechseleinzugs (Bankgeschäft im Sinne des § 1 I 2 Nr. 9 KWG). *[GWA]*

Weißer Kapitalmarkt

Der Weiße Kapitalmarkt umfasst jene Institute, Finanzdienstleister, Zahlungsdienstleister, Kapitalverwaltungsgesellschaften und Versicherungsunternehmen, die für ihre Tätigkeiten über eine Erlaubnis nach den jeweils einschlägigen Aufsichtsgesetzen verfügen. Das Gegenstück ist der illegale Schwarze Kapitalmarkt. *[GWA]*

Weniger bedeutende Institute

Als weniger bedeutende Institute werden diejenigen Kreditinstitute im Sinne der CRR, Finanzholdinggesellschaften und gemischten Finanzholdinggesellschaften bezeichnet, die – im Gegensatz zu den bedeutenden

Instituten – im Rahmen des Einheitlichen Aufsichtsmechanismus (SSM) nicht der direkten Aufsicht durch die Europäische Zentralbank (EZB) unterliegen, sondern (weiterhin) von der nationalen zuständigen Aufsichtsbehörde überwacht werden. *[GKR]*

Werksparkassen

1. *Charakterisierung*: Werksparkassen sind Einrichtungen größerer Unternehmen, die Betriebsangehörigen die Möglichkeit bieten, Teile des Arbeitslohns dem Unternehmen als Einlagen für Investitionszwecke zu überlassen. Damit unterliegen derartige Spargelder dem wirtschaftlichen Risiko des Unternehmens.

2. *Werksparkassenverbot*: Da die Einleger bei einem Zusammenbruch des Unternehmens nicht nur ihren Arbeitsplatz, sondern darüber hinaus die gerade dann besonders stark benötigten Ersparnisse verlieren würden, mussten bestehende Werksparkassen 1934 gemäß § 27 KWG a.F. bis zum 31.12.1940 aufgelöst werden. Auch das bundesdeutsche Kreditwesengesetz (KWG) legt ein derartiges Verbot im Hinblick auf das Betreiben des Einlagengeschäfts fest (§ 3 Nr. 1 KWG). Das Verbot gilt nicht, wenn eine Werksparkasse rechtlich verselbstständigt ist, etwa als Gesellschaft mit beschränkter Haftung (GmbH) oder als Verein. Für die Anwendung des § 3 Nr. 1 KWG ist allein maßgebend, ob das Unternehmen oder die Stelle, die eine Werksparkasse betreibt, Schuldner des Anspruchs auf Rückzahlung der Spargelder ist.

3. Die *Vorschriften über vermögenswirksames Sparen* (Fünftes Vermögensbildungsgesetz, 5. VermBG) tragen dem Verbot von Werksparkassen dadurch Rechnung, dass ein Arbeitgeber Sparbeiträge seiner Arbeitnehmer zum Erwerb eigener Namensschuldverschreibungen sowie zum Erwerb einer Darlehensforderung gegen den Arbeitgeber nur anlegen darf, wenn auf Kosten des Arbeitgebers die Ansprüche des Arbeitnehmers aus der Schuldverschreibung beziehungsweise dem Darlehensvertrag durch ein Kreditinstitut im Sinne des KWG verbürgt oder durch ein

Versicherungsunternehmen privatrechtlich gesichert und diese Unternehmen im Inland zum Geschäftsbetrieb befugt sind (§ 2 I Nr. 1 Buchstaben b und k 5. VermBG). *[GKR]*

Wertpapier- oder Terminbörsen im Sinne des KWG

Wertpapier- oder Terminbörsen im Sinne des KWG sind Wertpapier- oder Terminmärkte, die von den zuständigen staatlichen Stellen geregelt und überwacht werden, regelmäßig stattfinden und für das Publikum unmittelbar oder mittelbar zugänglich sind, einschließlich:

a) ihrer Betreiber, wenn deren Haupttätigkeit im Betreiben von Wertpapier- oder Terminmärkten besteht, und

b) ihrer Systeme zur Sicherung der Erfüllung der Geschäfte an diesen Märkten (Clearingstellen), die von den zuständigen staatlichen Stellen geregelt und überwacht werden (§ 1 IIIe KWG). *[GWA]*

Wertpapierdienstleistung

1. *Allgemein*: In der Richtlinie über Märkte für Finanzinstrumente (MiFID) und dem Wertpapierhandelsgesetz (WpHG) verwendeter Oberbegriff für bestimmte gewerbsmäßig erbrachte Dienstleistungen im Hinblick auf Wertpapiere.

2. *Wertpapierdienstleistungen im Sinne der Richtlinie über Märkte für Finanzinstrumente* sind gemäß Artikel 4 I Nr. 2 dieses EG-Rechtsakts alle für dritte Personen vorgenommenen Dienstleistungen, die in Abschnitt A des Anhangs I aufgeführt sind und sich auf eines der Instrumente in Abschnitt C des Anhangs I beziehen. Als *Tätigkeiten* werden in Abschnitt A erfasst:

a) Annahme und Übermittlung von Aufträgen, die ein oder mehrere Finanzinstrumente zum Gegenstand haben,

b) Ausführung von Aufträgen im Namen von Kunden,

c) Handel für eigene Rechnung,

d) Portfolio-Verwaltung,

e) Anlageberatung,

f) Übernahme der Emission von Finanzinstrumenten und/oder Platzierung von Finanzinstrumenten mit fester Übernahmeverpflichtung,

g) Platzierung von Finanzinstrumenten ohne feste Übernahmeverpflichtung,

h) Betrieb eines multilateralen Handelssystems (MTF) sowie

i) Betrieb eines organisierten Handelssystems (OTF).

3. *Wertpapierdienstleistungen im Sinne des WpHG* werden in § 2 III 1 WpHG definiert als:

a) Finanzkommissionsgeschäft,

b) das kontinuierliche Anbieten des Kaufs oder Verkaufs von Finanzinstrumenten an einem organisierten Markt oder in einem MTF zu selbst gestellten Preisen, das häufige organisierte und systematische Betreiben von Handel für eigene Rechnung außerhalb eines organisierten Marktes oder eines MTFs, indem ein für Dritte zugängliches System angeboten wird, um mit ihnen Geschäfte durchzuführen, oder die Anschaffung oder Veräußerung von Finanzinstrumenten für eigene Rechnung als Dienstleistung für andere (Eigenhandel),

c) Abschlussvermittlung,

d) Anlagevermittlung,

e) Emissionsgeschäft,

f) Platzierungsgeschäft,

g) Finanzportfolioverwaltung,

h) Betrieb eines multilateralen Handelssystems,

i) Anlageberatung.

Ferner zählen auch das Eigengeschäft sowie die Anlageverwaltung nach § 1 Ia 2 Nr. 11 KWG zu den Wertpapierdienstleistungen im Sinne des WpHG (§ 2 III 2 und 3 WpHG).

4. *Juristische Personen*, die im Rahmen ihrer beruflichen oder gewerblichen Tätigkeit Wertpapierdienstleistungen gewerbsmäßig erbringen, sind „Wertpapierfirmen" im Sinne des EG-Rechts beziehungsweise Wertpapierdienstleistungsunternehmen im Sinne des WpHG, für die spezifische Verhaltensregeln gelten. *[NKR]*

Wertpapierdienstleistungsunternehmen

Inhaltlich mit dem EG-rechtlichen Begriff der Wertpapierfirma übereinstimmende Bezeichnung des Wertpapierhandelsgesetzes (WpHG), die nach § 2 IV WpHG umfasst:

a) Kreditinstitute im Sinne des KWG,

b) Finanzdienstleistungsinstitute im Sinne des KWG sowie

c) als solche geltende inländische Zweigstellen ausländischer Unternehmen, die Wertpapierdienstleistungen allein oder zusammen mit Wertpapiernebendienstleistungen gewerbsmäßig oder in einem Umfang erbringen, der einen in kaufmännischer Weise eingerichteten Geschäftsbetrieb erfordert.

Wertpapierdienstleistungsunternehmen unterliegen der Aufsicht der Bundesanstalt für Finanzdienstleistungsaufsicht (BaFin). *[NKR]*

Wertpapiere im Sinne des DepotG

Aktien, Kuxe, Zwischenscheine, Zins-, Gewinnanteil- und Erneuerungsscheine (Talons), auf den Inhaber lautende oder durch Indossament übertragbare Schuldverschreibungen sowie sonstige Wertpapiere, wenn diese vertretbar sind, mit Ausnahme von Banknoten und Papiergeld (§ 1 I 1 DepotG). Des Weiteren zählen auch Namensschuldverschreibungen, soweit sie auf den Namen einer Wertpapiersammelbank ausgestellt sind, zu den Wertpapieren im Sinne des DepotG (§ 1 I 2 DepotG). *[NKR]*

Wertpapierfirma im Sinne der CRR

Eine Person im Sinne des Artikels 4 I Nr. 1 der Richtlinie 2004/39/EG, die den Vorschriften dieser Richtlinie unterliegt, mit Ausnahme von Kreditinstituten im Sinne der CRR, lokalen Firmen im Sinne der CRR und Firmen, denen nicht erlaubt ist, die Verwahrung und Verwaltung von Finanzinstrumenten für Rechnung von Kunden (einschließlich der Depotverwahrung und verbundener Dienstleistungen wie Cash-Management oder Sicherheitenverwaltung) zu erbringen, die lediglich eine oder mehrere der in Anhang I Abschnitt A Nr. 1, 2, 4 und 5 der Richtlinie 2004/39/EG genannten Wertpapierdienstleistungen und Anlagetätigkeiten erbringen (dies sind die Annahme und Übermittlung von Aufträgen, die ein oder mehrere Finanzinstrumente zum Gegenstand haben, das Ausführen von Aufträgen im Namen von Kunden, die Portfolio-Verwaltung und die Anlageberatung) und die weder Geld noch Wertpapiere ihrer Kunden halten dürfen und deshalb zu keinem Zeitpunkt Schuldner dieser Kunden sein dürfen (Artikel 4 I Nr. 2 CRR). Nach Artikel 4 I Nr. 1 der Richtlinie 2004/39/EG ist eine Wertpapierfirma jede juristische Person, die im Rahmen ihrer üblichen beruflichen oder gewerblichen Tätigkeit gewerbsmäßig eine oder mehrere Wertpapierdienstleistungen für Dritte erbringt und/oder eine oder mehrere Anlagetätigkeiten ausübt. *[GWA]*

Wertpapierhandel

Wertpapierhandel im Sinne des WpHG: Die §§ 1 und 4 I 2 des Wertpapierhandelsgesetzes (WpHG) unterscheiden zwischen dem Handel mit Finanzinstrumenten (Wertpapiere im Sinne des § 2 I WpHG, Geldmarktinstrumente im Sinne des § 2 Ia WpHG, Derivate im Sinne des § 2 II WpHG sowie Rechte auf die Zeichnung von Wertpapieren) sowie dem Erbringen von Wertpapierdienst- und -nebendienstleistungen. Die Aufsicht über diesen Bereich übt die Bundesanstalt für Finanzdienstleistungsaufsicht (BaFin) aus (§ 4 I 1 WpHG). § 4 I 3 WpHG ermächtigt die BaFin zu allen für eine Verhinderung oder Beseitigung von Missständen geeigneten und erforderlichen Maßnahmen. *[NKR]*

Wertpapierhandelsbank

Kreditinstitut, das nach § 1 IIId 5 KWG kein CRR-Kreditinstitut (vormals: Einlagenkreditinstitut) ist und das Bankgeschäfte im Sinne des § 1 I 2 Nr. 4 oder Nr. 10 KWG in Form des Finanzkommissionsgeschäfts oder des Emissionsgeschäfts betreibt oder das Finanzdienstleistungen im Sinne des § 1 Ia 2 Nr. 1–4 KWG in Form der Anlagevermittlung, der Anlageberatung, des Betriebs eines multilateralen Handelssystems, des Platzierungsgeschäfts, des Betriebs eines organisierten Handelssystems, der Abschlussvermittlung, der Finanzportfolioverwaltung oder des Eigenhandels erbringt. Beschränken sich die Bankgeschäfte oder Finanzdienstleistungen dagegen auf Devisen oder Rechnungseinheiten, so liegt kein Unternehmensgegenstand einer Wertpapierhandelsbank vor. *[LRI]*

Wertpapierhandelsunternehmen

Kreditinstitut oder Finanzdienstleistungsinstitut, das nach § 1 IIId 4 KWG kein CRR-Kreditinstitut (vormals: Einlagenkreditinstitut) ist und das Bankgeschäfte im Sinne des § 1 I 2 Nr. 4 oder Nr. 10 KWG in Form des Finanzkommissionsgeschäfts oder des Emissionsgeschäfts betreibt oder das Finanzdienstleistungen im Sinne des § 1 Ia 2 Nr. 1–4 KWG in Form der Anlagevermittlung, der Anlageberatung, des Betriebs eines multilateralen Handelssystems, des Platzierungsgeschäfts, des Betriebs eines organisierten Handelssystems, der Abschlussvermittlung, der Finanzportfolioverwaltung oder des Eigenhandels erbringt, es sei denn, die Bankgeschäfte oder Finanzdienstleistungen beschränken sich auf Devisen oder Rechnungseinheiten. Wertpapierhandelsunternehmen haben zusätzlich die Vorschriften des WpHG zu befolgen. *[LRI]*

Wertpapiermarkt

Teil des (nationalen beziehungsweise internationalen) Finanzmarktes, dessen Gegenstände Wertpapiere und andere Finanzinstrumente sind. Das für die Funktionsfähigkeit des Wertpapiermarkts wesentliche Vertrauen wird insbesondere durch die Überwachung von Insidern (§§ 12 ff. WpHG) sowie eine erhöhte Transparenz durch Mitteilungs- und Veröffentlichungspflichten bei Veränderungen des Stimmrechtsanteils an börsennotierten Gesellschaften (§§ 21 ff. WpHG) herbeigeführt. Zur Einhaltung der Regeln für den Wertpapiermarkt obliegt der Bundesanstalt für Finanzdienstleistungsaufsicht (BaFin) eine umfassende Aufsicht über den Wertpapierhandel (§ 4 I 1 WpHG). Im Übrigen bestehen zahlreiche Regelungen über eine internationale Zusammenarbeit bei der Beaufsichtigung der Wertpapiermärkte. Ein Wertpapiermarkt kann eine Wertpapierbörse, aber auch ein sonstiger nicht organisierter Markt sein (Over-The-Counter-Markt). *[NKR]*

Wertpapiernebendienstleistung

Begriff des Wertpapierhandelsgesetzes (WpHG), der für Wertpapierdienstleistungsunternehmen typische Tätigkeiten umfasst, die keine Wertpapierdienstleistungen sind. Gemäß § 2 IIIa WpHG zählen zu den Wertpapiernebendienstleistungen:

a) die Verwahrung und die Verwaltung von Finanzinstrumenten für andere und damit verbundene Dienstleistungen (Depotgeschäft),

b) die Gewährung von Krediten oder Darlehen an andere für die Durchführung von Wertpapierdienstleistungen, sofern das Unternehmen, das den Kredit oder das Darlehen gewährt, an diesen Geschäften beteiligt ist,

c) die Beratung von Unternehmen über die Kapitalstruktur, die industrielle Strategie sowie die Beratung und das Angebot von Dienstleistungen bei Unternehmenskäufen und Unternehmenszusammenschlüssen,

d) Devisengeschäfte, die in Zusammenhang mit Wertpapierdienstleistungen stehen,

e) die Erstellung, Verbreitung oder Weitergabe von Finanzanalysen oder anderen Informationen über Finanzinstrumente oder deren Emittenten, die direkt oder indirekt eine Empfehlung für eine bestimmte Anlageentscheidung enthalten,

f) Dienstleistungen, die im Zusammenhang mit dem Emissionsgeschäft stehen, sowie

g) Dienstleistungen, die sich auf einen Basiswert im Sinne des § 2 II Nr. 2 oder Nr. 5 WpHG beziehen und im Zusammenhang mit Wertpapierdienstleistungen oder Wertpapiernebendienstleistungen stehen. *[NKR]*

Wertpapiersammelbank im Sinne des DepotG

Ein Kreditinstitut, das nach Artikel 16 I der Zentralverwahrverordnung des Europäischen Parlaments und des Europäischen Rats als Zentralverwahrer zugelassen ist und als Kerndienstleistung im Inland die Bereitstellung und Führung von Depotkonten auf oberster Ebene („zentrale Kontoführung") erbringt (§ 1 III DepotG). *[GWA]*

Wiederanlagerisiko

Zeitraumbezogenes Zinsänderungsrisiko; Gefahr einer Verfehlung ökonomischer Ziele, weil die Zinszahlungen aus einem Kredit oder einem festverzinslichen Wertpapier nur zu geringen Zinsen wiederangelegt werden können. Entsprechend bezeichnet eine Wiederanlagechance die Möglichkeit, diese zu einem höheren Zinssatz anlegen zu können. Dem Wiederanlagerisiko sind generell Finanzinstrumente ausgesetzt, die laufende Zinszahlungen beinhalten. Besonders vom Wiederanlagerisiko betroffen sind Papiere mit einer kurzen Restlaufzeit und kündbare Papiere (Anleihe mit Schuldnerkündigungsrecht). Zero Bonds (Nullcoupon-Anleihen) mit einer langen Laufzeit sind während der Laufzeit nicht vom Wiederanlagerisiko betroffen. Bei Fälligkeit unterliegen alle Zinsinstrumente dem Wiederanlagerisiko. Das Wiederanlagerisiko verdeutlicht, wie das Zinsänderungsrisiko und der Zeitablauf als weiterer Marktrisikofaktor zusammenwirken. Zinserträge und Zinseszinsen fallen ausschließlich über die Zeit an. Vereinfacht kann gesagt werden, dass das Wiederanlagerisiko umso größer wird, je länger der Planungshorizont des Investors ist. Beispiel: Ein dreijähriges festverzinsliches und endfälliges Wertpapier mit einem Nominalbetrag von 100 und einem Kupon von drei Prozent führt bei einem Kapitalmarktzins von vier Prozent zu einem Endvermögen von

$3 \cdot 1{,}04^2 + 3 \cdot 1{,}04 + 103 = 109{,}36.$

Dies entspricht einem internen Zins von

$\sqrt[3]{\dfrac{109{,}36}{100}} - 1 = 3{,}03 \text{ Prozent}.$

Sinken die Marktzinsen demgegenüber – vor der ersten Zinszahlung auf zwei Prozent und vor der zweiten Zinszahlung auf ein Prozent –, so reduziert sich das Endvermögen auf

$3 \cdot 1{,}02^2 + 3 \cdot 1{,}01 + 103 = 109{,}15.$

Wiederanlagerisiko 426

Der interne Zins beträgt jetzt nur noch 2,96 Prozent.

In der Endvermögens-/Renditeänderung manifestiert sich das Wiederanlagerisiko. Zu seiner Messung und Steuerung dient insbesondere die Duration-Analyse. *[AWI]*

Zahlungsauftrag

Auftrag, den ein Zahler seinem Zahlungsdienstleister zur Ausführung eines Zahlungsvorgangs entweder unmittelbar oder mittelbar über einen Zahlungsauslösedienstleister oder den Zahlungsempfänger erteilt (§ 675f IV 2 BGB), regelmäßig die Erklärung des Zahlungsdienstenutzers an sein kontoführendes Kreditinstitut, dass ein bestimmter Zahlungsvorgang im Einheitlichen Euro-Zahlungsverkehrsraum (SEPA), bei Auslandsüberweisungen auch außerhalb des SEPA-Systems, ausgeführt werden soll. Der Zahlungsauftrag wird wirksam, wenn er der kontoführenden Bank zugegangen ist (§ 675n I BGB). *[DGN]*

Zahlungsauslösedienst

1. *Begriff*: Zu den Zahlungsauslösediensten (engl. Payment Initiation Service Provider [PISP]) zählen Dienste, die nach § 1 XXXIII ZAG auf Wunsch des Zahlungsempfängers und auf Antrag des Zahlungsdienstenutzers einen Zahlungsauftrag in Bezug auf ein bei einem anderen Zahlungsdienstleister geführtes Zahlungskonto auslösen. Der Anbieter solcher Zahlungsauslösedienste wird Zahlungsauslösedienstleister genannt. Ein Kontoinhaber hat das Recht, einen solchen Dienst zu nutzen (§ 675f III BGB); für die kontoführenden Stellen besteht ein Kooperationszwang (§ 48 ZAG). Somit können Nutzer bei Geschäftsabschlüssen im Internet unmittelbar ihre Zahlungen auslösen und für den Zahlungsempfänger wird sichergestellt, dass die Transaktion tatsächlich durchgeführt wird.

2. *Funktionsweise*: Der Kunde eines Online-Händlers wird beim Kauf eines Produkts auf die Webseite eines Drittanbieters weitergeleitet. Dieser wiederum greift beim kontoführenden Zahlungsdienstleister des Kunden auf dessen Zahlungskonto zurück. Sofern die Zahlung ausgelöst wurde, übermittelt der Drittdienstleister dem Online-Händler die Bestätigung der Zahlung. Sodann wird das Produkt des Online-Händlers an den Kunden versendet. Abzugrenzen sind Zahlungsauslösedienste von

technischen Diensten nach § 2 I Nr. 9 ZAG, die regelmäßig keine Zahlungen von einem Zahlungskonto auslösen können. *[GRE, DGN]*

Zahlungsauslösedienstleister
Anbieter von Zahlungsauslösediensten (§ 1 XXXIII ZAG). *[DGN]*

Zahlungsauthentifizierungsinstrument im Sinne des ZAG
Jedes personalisierte Instrument oder Verfahren, das zwischen dem Zahlungsdienstenutzer und dem Zahlungsdienstleister für die Erteilung von Zahlungsaufträgen vereinbart wird und das vom Zahlungsdienstenutzer eingesetzt wird, um einen Zahlungsauftrag zu erteilen. Solche Instrumente oder Verfahren sind unter anderem Telefonbanking mit Passwort, Zahlungskarten mit dazugehörigen personalisierten Sicherheitsmerkmalen wie persönliche Identifikationsnummer (PIN), Transaktionsnummer (TAN) oder elektronische Signatur sowie Kreditkarten mit Rahmenkreditabrede. Der Begriff Zahlungsauthentifizierungsinstrument (§ 1 II Nr. 4 ZAG a.F.) wurde von der Zweiten Zahlungsdiensterichtlinie nicht mehr übernommen – stattdessen wird der Begriff Zahlungsinstrument benutzt (§ 1 XX ZAG). *[GWA, DGN]*

Zahlungsdienste im Sinne des ZAG
Alle in § 1 I 2 ZAG genannten Dienste (Zahlungsdienste-Positivkatalog), namentlich das Ein- oder Auszahlungsgeschäft (Nr. 1, 2), das Zahlungsgeschäft ohne Kreditgewährung in Form des Lastschrift-, des Überweisungs- und des Zahlungskartengeschäfts (Nr. 3), das Zahlungsgeschäft mit Kreditgewährung in den zuvor genannten Zahlungsvorgängen ohne Kreditgewährung (Nr. 4), das Akquisitionsgeschäft (Ausgabe, Annahme und Abrechnung von Zahlungsinstrumenten) sowie das Finanztransfergeschäft (Nr. 5, 6) – jeweils einschließlich der Zahlungsauslöse- und Kontoinformationsdienste (Nr. 7, 8). Erfasst wird ferner das digitalisierte

Zahlungsgeschäft, das nicht mehr ausdrücklich benannt ist, aber den enumerativ aufgelisteten Zahlungsdiensten zugeordnet werden kann. Keine Zahlungsdienste sind nach dem Negativkatalog des § 2 I ZAG unter anderem Zahlungsvorgänge, die ohne zwischengeschaltete Stellen ausschließlich als unmittelbare Bargeldzahlung vom Zahler an den Zahlungsempfänger erfolgen (Nr. 1), der gewerbsmäßige Transport von Banknoten und Münzen einschließlich ihrer Entgegennahme, Bearbeitung und Übergabe (Nr. 3), Geldwechselgeschäfte, die bar abgewickelt werden (Nr. 4), Zahlungsvorgänge innerhalb eines Konzerns oder zwischen Mitgliedern einer kreditwirtschaftlichen Verbundgruppe (Nr. 13) sowie die nicht gewerbsmäßige Entgegennahme und Übergabe von Bargeld im Rahmen einer gemeinnützigen Tätigkeit oder einer Tätigkeit ohne Erwerbszweck (Nr. 15). Zahlungsdienste werden von Zahlungsdienstleistern im Sinne des ZAG erbracht (§ 1 I 1 ZAG). *[GWA, DGN, LGR]*

Zahlungsdienstenutzer

Nach Artikel 4 Nr. 10 ZDRL jede natürliche oder juristische Person, welche als Zahler (Artikel 4 Nr. 8 ZDRL/§ 1 XV ZAG), Zahlungsempfänger (Artikel 4 Nr. 9 ZDRL/§ 1 XVI ZAG) oder in beiden Eigenschaften Zahlungsdienste im Sinne des ZAG (§ 1 I 2) in Anspruch nimmt, z.B. bei Geldtransaktionen zugunsten/zulasten des eigenen Zahlungskontos; Partei eines Zahlungsdienstevertrages (§ 675f I BGB). *[DGN]*

Zahlungsdienstleister

In § 1 I ZAG (in Verbindung mit § 675c III BGB) näher bezeichnete Unternehmen (vor allem Kreditinstitute im Sinne des KWG, E-Geld-Institute, Zahlungsinstitute im Sinne des ZAG, Deutsche Bundesbank), die im Rahmen eines Zahlungsdienstevertrags für Zahlungsdienstenutzer (§ 675f I BGB) Zahlungsvorgänge (§ 675f III 1 BGB) ausführen sowie für diese und auf deren Namen Zahlungskonten im Sinne des ZAG (§ 1 III ZAG) führen. *[LGR, DGN]*

Zahlungsempfänger

Nach Artikel 4 Nr. 9 ZDRL/§ 1 XVI ZAG natürliche oder juristische Person, die den Geldbetrag, der Gegenstand eines Zahlungsvorgangs ist, als Empfänger erhalten soll. *[DGN]*

Zahlungsgeschäft

Zahlungsdienst, der die Ausführung von Zahlungsvorgängen einschließlich der Übermittlung von Geldbeträgen auf ein Zahlungskonto beim Zahlungsdienstleister des Nutzers oder bei einem anderen Zahlungsdienstleister durch die Ausführung von Lastschriften einschließlich einmaliger Lastschriften (Lastschriftgeschäft), die Ausführung von Zahlungsvorgängen mittels einer Zahlungskarte oder eines ähnlichen Zahlungsinstruments (Zahlungskartengeschäft) sowie die Ausführung von Überweisungen einschließlich Daueraufträgen (Überweisungsgeschäft) jeweils ohne Kreditgewährung (§ 1 I 2 Nr. 3 ZAG) umfasst. Das Zahlungsgeschäft erbringt nur eine Person, der unmittelbar in den Transfer von Buchgeld, z.B. im Lastschriftverfahren als Zahl- oder Inkassostelle, eingebunden ist. Die Konten des Zahlers müssen stets gedeckt sein. Ein Dienstleister, der aufbauend auf dem Internet-Banking eines zugelassenen Kreditinstituts lediglich Datensätze übermittelt, betreibt kein Zahlungsgeschäft. *[DGN]*

Zahlungsinstitut im Sinne des ZAG

Zahlungsinstitute im Sinne des Gesetzes über die Beaufsichtigung von Zahlungsdiensten (ZAG) sind Unternehmen, die gewerbsmäßig oder in einem Umfang, der einen in kaufmännischer Weise eingerichteten Geschäftsbetrieb erfordert, Zahlungsdienste erbringen (§ 1 I 1 Nr. 1 ZAG). Nicht zu den Zahlungsinstituten im Sinne des ZAG zählen die im Inland tätigen Kreditinstitute, die E-Geld-Institute, der Bund, die Länder, die Gemeinden und Gemeindeverbände sowie die Träger bundes- oder landesmittelbarer Verwaltung, soweit sie nicht hoheitlich handeln, sowie die Europäische Zentralbank, die Deutsche Bundesbank sowie andere Zentralbanken in der Europäischen Union (EU) oder den anderen Staaten des Abkommens über den Europäischen Wirtschaftsraum (EWR), wenn sie nicht in ihrer Eigenschaft als Währungs- oder andere Behörde handeln (§ 1 I 1 Nr. 2-5 ZAG). *[GWA, DGN]*

Zahlungsinstituts-Register

Artikel 14 PSD II fordert, dass alle Mitgliedstaaten ein öffentliches Register der dort zugelassenen Zahlungsinstitute, ihrer Agenten und deren EU-Zweigniederlassungen einzurichten haben (sogenanntes Zahlungsinstitute-Register). Dies soll der Öffentlichkeit einen leichteren Zugang zu den relevanten Informationen ermöglichen und die aufsichtsrechtliche Zusammenarbeit der Behörden erleichtern. In Deutschland wird das Zahlungsinstitute-Register von der BaFin geführt (§ 43 I ZAG). Das Register erfasst dabei drei Kategorien von Zahlungsinstituten:

1. Inländische Zahlungsinstitute, die eine Erlaubnis nach § 10 ZAG beziehungsweise § 8 ZAG a.F. erhalten haben (§ 43 I Nr. 1 ZAG) sowie inländische Kontoinformationsdienstleister, deren Registrierung nach § 34 ZAG bestätigt wurde (§ 43 I Nr. 2 ZAG), unter Angabe des Erlaubnis- beziehungsweise Registrierungsdatums.

2. Die zweite Kategorie beinhaltet die EU-Zweigniederlassungen der inländischen Zahlungsinstitute im Sinne des § 38 ZAG unter Angabe des Staates, in dem sie errichtet sind, sowie Zeitpunkt der Aufnahme und des Umfangs der Geschäftstätigkeit (§ 43 I Nr. 3 ZAG).

3. Schließlich werden in einer dritten Kategorie die für ein Zahlungsinstitut tätigen Agenten im Sinne von § 25 ZAG sowie der Beginn ihrer Geschäftstätigkeit erfasst (§ 43 I Nr. 4 ZAG). Ebenso sind der Entzug der Erlaubnis, der Wegfall der Registrierung sowie das Beenden der Geschäftstätigkeit darin zu vermerken. *[DGN]*

Zahlungsinstrument

Vor 12.1.2018: Zahlungsauthentifizierungsinstrument; nach § 1 XX ZAG jedes personalisierte Instrument oder Verfahren, das gemäß Vereinbarung (Vertrag) zwischen Zahlungsdienstleister und -nutzer für die Erteilung von Zahlungsaufträgen verwandt wird. Art und Ausgestaltung des Instruments können unterschiedlich sein. Es kann körperlich sein (z.B. Zahlungskarte) oder lediglich aus Informationen (wie einer TAN) bestehen. Voraussetzung ist lediglich, dass das Instrument personalisiert ist, geheim muss es nicht sein (anders bei den personalisierten Sicherheitsmerkmalen), so dass auch die Giro- oder Geldkarte ohne PIN erfasst werden. Personalisiert ist das Instrument, wenn es die Zuordnung zu einem bestimmten Zahlungsdienstenutzer ermöglicht (z.B. Mitteilung der Kartendaten bei Debit- und Kreditkarten). Die weit gefasste Terminologie ist außerdem technologieoffen, so dass nicht nur bekannte Instrumente und Verfahren aus dem Nahfeld- und Telekommunikationsbereich (unter anderem Telefonbanking mit Passwort, Online Banking mit SMS-TAN oder TAN-Generator) erfasst werden, sondern zukünftig auch die Nutzung von Gesichts- oder Stimmerkennung, Fingerabdrücken oder unverwechselbaren Verhaltensmustern des Zahlungsdienstenutzers.

Zentrale privatrechtliche Regelungen im Zusammenhang mit den Zahlungsinstrumenten sind § 675k BGB (Nutzungsvereinbarung und Sperrung), §§ 675l, 675m BGB (Pflichten des Zahlungsdienstenutzers und des Zahlungsdienstleisters in Bezug auf Zahlungsinstrumente) sowie §§ 675v, 675w BGB (Haftung bei Pflichtverletzung beziehungsweise missbräuchlicher Nutzung). *[DGN]*

Zahlungskartengeschäft

Zahlungsdienst, der die Ausführung von Zahlungsvorgängen einschließlich der Übermittlung von Geldbeträgen auf ein Zahlungskonto beim Zahlungsdienstleister des Nutzers oder bei einem anderen Zahlungsdienstleister durch die Ausführung von Zahlungsvorgängen mittels einer

Zahlungskarte oder eines ähnlichen Zahlungsinstruments umfasst (§ 1 I 2 Nr. 3b ZAG). *[DGN]*

Zahlungskonto im Sinne des ZAG

Ein Zahlungskonto im Sinne des Gesetzes über die Beaufsichtigung von Zahlungsdiensten (ZAG) ist ein auf den Namen eines oder mehrerer Zahlungsdienstenutzer lautendes und der Ausführung von Zahlungsvorgängen dienendes Konto, das die Forderungen und Verbindlichkeiten zwischen dem Zahlungsdienstenutzer und dem Zahlungsdienstleister innerhalb der Geschäftsbeziehung buch- und rechnungsmäßig darstellt und für den Zahlungsdienstenutzer dessen jeweilige Forderung gegenüber dem Zahlungsdienstleister bestimmt (§ 1 XVII ZAG). Bei einem Zahlungskonto (das ein Zahlungsinstitut für den Zahlungsdienstenutzer einrichten kann, aber nicht muss) handelt es sich regelmäßig um ein Konto, das den steuerrechtlichen Kontobegriff des § 154 II der Abgabenordnung erfüllt. Die bei Kreditinstituten geführten Girokonten und die Kreditkartenkonten fallen grundsätzlich unter den Begriff des Zahlungskontos. Auch das Pfändungsschutzkonto nach § 850k ZPO ist ein Zahlungskonto. Dagegen erfüllen Sparkonten, Einlagenkonten, wie etwa die Konten für Tages- und Termingelder sowie die reinen Kredit- und Kreditkartenabrechnungskonten, Depots sowie reine interne technische Verrechnungs-, Zwischen- und Erfolgskonten oder die bei einem E-Geld-Emittenten geführten Schattenkonten, welche das umlaufende E-Geld des Emittenten abbilden, nicht die Voraussetzungen des Zahlungskontos im Sinne des § 1 XVII ZAG , da sie allesamt – unbeschadet des ihnen innewohnendes Wertes – nicht für die Ausführung von Zahlungsvorgängen bestimmt sind. *[GWA, DGN]*

Zahlungsmarke

Nach § 1 XXVIII ZAG jeder reale oder digitale Name, Begriff, Zeichen, Symbol oder jede Kombination davon, mittels dessen oder derer bezeichnet werden kann, unter welchem Zahlungskartensystem kartengebundene Zahlungsvorgänge ausgeführt werden (z.B. MasterCard-Symbol und Wortmarke, girocard-Symbol und Wortmarke). Werden zwei oder mehr Zahlungsmarken auf demselben Zahlungsinstrument vereint, spricht man von „Co-Badging" (z.B. Maestro auf der girocard). Die Zahlungsmarke genießt als Marke (Kennzeichen) nationalen Schutz nach dem Markengesetz. *[DGN]*

Zahlungsunwilligkeit

Zahlungsunwilligkeit liegt vor, wenn ein Schuldner mit Absicht beziehungsweise aus Vorsatz eine Zahlung verweigert, obwohl er dazu finanziell in der Lage wäre. *[GWA]*

Zentralbanken des ESZB

Hierzu zählen gemäß Artikel 4 I Nr. 46 CRR die nationalen Zentralbanken, die Mitglieder des Europäischen Systems der Zentralbanken (ESZB) sind, sowie die Europäische Zentralbank (EZB). *[GWA]*

Zentrale Gegenpartei

§ 1 I 2 Nr. 12 KWG in Verbindung mit § 1 XXXI KWG sowie Artikel 4 I Nr. 34 CRR verweisen zur Definition des Begriffs der zentralen Gegenpartei auf Artikel 2 Nr. 1 der Verordnung (EU) Nr. 648/2012 des Europäischen Parlaments und des Rates vom 4.7.2012 (European Markets Infrastructure Regulation; EMIR). Danach ist eine zentrale Gegenpartei eine juristische Person, die zwischen die Gegenparteien der auf einem oder mehreren Märkten gehandelten Kontrakte tritt und somit als Käufer für jeden Verkäufer beziehungsweise als Verkäufer für jeden Käufer fungiert *[GWA]*

Zentrale Kontaktperson

Von Instituten aus anderen EU-Mitgliedstaaten, die in Deutschland über Agenten oder Zweigniederlassungen tätig sind, der BaFin zu benennende Person (§ 41 I ZAG). Die Vorschrift setzt insoweit Artikel 29 IV der PSD2 um. Die Aufgaben der zentralen Kontaktperson sowie die Anforderungen an die Übermittlung von Unterlagen und die Vorlage von Informationen werden durch Rechtsverordnung näher bestimmt (§ 41 II ZAG). *[DGN]*

Zentralverwahrer im Sinne des KWG

§ 1 I 2 Nr. 6 KWG in Verbindung mit § 1 VI KWG verweist zur Definition des Begriffs des Zentralverwahrers auf Artikel 2 I Nr. 1 der Verordnung (EU) Nr. 909/2014 des Europäischen Parlaments und des Rates vom 23.7.2014. Danach ist ein Zentralverwahrer eine juristische Person, die ein Wertpapierliefer- und -abrechnungssystem betreibt und die wenigstens eine weitere Kerndienstleistung nach Abschnitt A des Anhangs dieser EU-Verordnung erbringt. Neben der zuvor angesprochenen Kerndienstleistung „Abwicklungsdienstleistung" ist dies die erstmalige Verbuchung von Wertpapieren im Effektengiro („notarielle Dienstleistung") und/oder die Bereitstellung und Führung von Depotkonten auf oberster Ebene („zentrale Kontoführung"). *[GWA]*

Zinsänderungsrisiko

1. *Allgemein*: Das Zinsänderungsrisiko besteht in einer aus Marktzinsänderungen resultierenden negativen Abweichung vom geplanten beziehungsweise erwarteten Erfolg. Unterschieden werden kann zwischen einem periodischen (GuV-orientierten) und einem barwertigen Zinsänderungsrisiko.

2. Das *periodische* Zinsänderungsrisiko kann allgemein von den Zinserträgen (niedrigere durchschnittliche Aktivzinssätze als erwartet) und/oder von den Zinsaufwendungen (höhere durchschnittliche Passivzinssätze als erwartet) ausgehen. Bei (handelbaren) festverzinslichen Wertpapieren ist zudem zu berücksichtigen, dass bei steigenden Zinssätzen die Kurswerte der dann gegenüber dem Marktzinsniveau niedriger

verzinslichen Wertpapiere fallen. Dieses zinsinduzierte Kurswertrisiko bei börsennotierten Schuldverschreibungen zählt auch zum periodischen Zinsänderungsrisiko. Inwieweit es in der GuV schlagend wird, hängt von den anzuwendenden Bewertungsregeln (Nominalwertprinzip, gemildertes oder strenges Niederstwertprinzip) ab. Marktzinsänderungen wirken sich gleichermaßen auf aktivische und passivische zinstragende Positionen (sowohl bilanzwirksame Geschäfte als auch bilanzunwirksame Geschäfte) aus und haben insofern zugleich positive und negative Wirkungen. Daher wird das Zinsänderungsrisiko häufig als ein Netto-Zinsänderungsrisiko definiert, das heißt die Chance sinkender Zinsen auf der Passivseite wird mit dem Risiko sinkender Zinsen auf der Aktivseite saldiert und es wird nur die Nettoposition ausgewiesen. Negative Auswirkungen auf den Erfolg ergeben sich dann nur insoweit, als bei steigendem Zinsniveau den steigenden Zinsaufwendungen nicht in mindestens gleichem Umfang steigende Erträge aus zinstragenden Positionen gegenüberstehen beziehungsweise bei sinkendem Zinsniveau die sinkenden Zinserträge nicht durch gleichzeitig sinkende Zinsaufwendungen kompensiert werden. Derartige erfolgsmäßige Gegenpositionen sind insbesondere bei Kreditinstituten gegeben, bei denen (stärker als z.B. bei Industrie- und Handelsunternehmen) zinstragende Positionen die Bilanz dominieren und in etwa ein vergleichbares Volumen haben.

Das periodische Zinsänderungsrisiko von Kreditinstituten besteht somit bei bilanzwirksamen Geschäften in der Gefahr, dass die realisierte Brutto-Zinsspanne bedingt durch Zinsänderungen geringer als die erwartete Brutto-Zinsspanne ausfällt. Ursächlich für das Risiko können das Festzinsrisiko und das variable Zinsänderungsrisiko sein. Zur Charakterisierung dieser Risiken werden die zinstragenden Aktiva und Passiva jeweils in festverzinsliche und variabel verzinsliche Positionsblöcke gegliedert.

3. Das *barwertige* Zinsänderungsrisiko basiert auf einer zahlungsstromorientierten Betrachtung der zinstragenden Geschäfte eines Kreditinstituts. Diese werden im Zinsbuch eines Kreditinstituts zusammengefasst. Das Zinsbuch enthält alle aktivischen und passivischen zinstragenden

Geschäfte. Dabei wird kein Unterschied gemacht, ob es sich um handelbare (z.B. festverzinsliche Wertpapiere) oder nicht handelbare Geschäfte (z.B. Darlehen) oder um bilanzwirksame (z.B. Spareinlagen) oder bilanzunwirksame Geschäfte (z.B. Zinsswaps) handelt. In der ökonomischen Betrachtung ist ein identischer Cashflow zweier Geschäfte unabhängig von seiner bilanziellen Behandlung dem gleichen Zinsänderungsrisiko ausgesetzt. Die barwertige Betrachtung basiert auf der Regel, dass steigende Marktzinsen zu sinkenden Barwerten führen und umgekehrt sinkende Marktzinsen zu steigenden Barwerten. Auch hier wird eine Netto-Betrachtung durchgeführt, das heißt, aktivische und passivische Cashflows der gleichen Laufzeit werden saldiert. Entsprechend bedeutet ein aktivischer Cashflowüberhang ein Risiko bei steigenden Zinsen und ein passivischer Cashflowüberhang ein Risiko bei sinkenden Zinsen.

4. Das Zinsänderungsrisiko zählt zu den Marktpreisrisiken. Als weitere Komponenten des Zinsänderungsrisikos können unterschieden werden:

a) Outright Risk,

b) Zinsstrukturkurvenrisiko,

c) Spread Risk,

d) Basis Spread Risk,

e) Credit Spread Risk.

Die meisten Finanzinstrumente sind dem Zinsänderungsrisiko ausgesetzt, darunter die Mehrheit der Derivate, auch wenn das Underlying selbst kein Zinsinstrument ist (z.B. Optionen auf Aktien oder Devisen). Dies ist bei der Marktrisikofaktorenanalyse zu beachten. *[AWI]*

Zinsrisikokoeffizient

Der Zinsrisikokoeffizient setzt den barwertigen Verlust bei den zinsabhängigen Aktiva und Passiva infolge eines hypothetischen abrupten Zinsanstiegs oder Zinsrückgangs in Höhe von 200 Basispunkten über alle Laufzeiten hinweg ins Verhältnis zu den regulatorischen Eigenmitteln (in der Regel dem Kernkapital) eines Instituts. Für die Beurteilung des Vorliegens von erhöhten Zinsänderungsrisiken wird für die Banken das jeweils ungünstigere Ergebnis eines solchen standardisierten Zinsschocks herangezogen. Von erhöhten Zinsänderungsrisiken wird ausgegangen, wenn der barwertige Verlust – je nach Sichtweise – 15 beziehungsweise 20 Prozent der regulatorischen Eigenmittel übersteigt. [GWA]

Zinsstrukturkurvenrisiko

Risiko, Verluste aus einer Veränderung der Gestalt einer Zinskurve zu erleiden. Die Struktur einer Zinskurve ändert sich, wenn die Zinssätze über alle Laufzeiten sich nicht parallel, das heißt gleichmäßig erhöhen oder sinken. Besondere Formen des Zinsstrukturkurvenrisikos sind das Steepening (die Zinskurve wird steiler), das Flattening (die Zinskurve wird flacher) und das Humping (die Zinskurve steigt bei mittleren und fällt bei kurzen und langen Laufzeiten oder umgekehrt). [AWI]

Zombiebanken

Bezeichnung für Banken, die eigentlich insolvenzgefährdet oder sogar insolvent sind, aber mithilfe der Niedrigzinspolitik der Europäischen Zentralbank (EZB) oder durch andere Maßnahmen wie beispielsweise Zentralbankgeld oder Steuergeld immer wieder gestützt und somit künstlich aufrechterhalten werden und weiterhin Bankgeschäfte betreiben. Zombiebanken halten häufig eine Vielzahl an notleidenden Krediten in ihren Bilanzen oder verzeichnen Spekulationsverluste aus risikoreichen Geschäften. Um einen Bankenrun zu vermeiden, versuchen sie jedoch, bestehende Probleme zu verschleiern, indem beispielsweise Abschreibungen verzögert oder unterlassen werden. Als Folge eines Bankenruns wären sie nicht nur überschuldet, sondern zugleich auch zahlungsunfähig. Zombiebanken haben aufgrund bestehender Zweifel an der Tragfähigkeit ihres Geschäftsmodells bereits bei einem funktionierenden Interbankenmarkt Refinanzierungsschwierigkeiten und können schon bei einer sich abschwächenden Konjunktur zusammenbrechen sowie im Zuge einer Kettenreaktion andere Institute beziehungsweise Teile der Wirtschaft in Mitleidenschaft ziehen. Damit sind sie eine große Gefahr für die Finanzstabilität. *[ARA]*

Zusätzliches Kernkapital

Das zusätzliche Kernkapital eines Instituts im Sinne der CRR bildet zusammen mit seinem harten Kernkapital das Kernkapital des Instituts (Artikel 25 CRR). Das zusätzliche Kernkapital besteht gemäß Artikel 51 I 1 CRR aus den folgenden Komponenten:

(1) Kapitalinstrumente, die die Voraussetzungen des Artikels 52 I CRR erfüllen (Hybridkapital);

(2) das mit diesen Kapitalinstrumenten verbundene Agio. *[GKR]*

Zuverlässigkeit der Inhaber, Geschäftsleiter und anderer Personen

Voraussetzung für die Erlaubniserteilung für Institute ist die Zuverlässigkeit der Inhaber (= Antragsteller) und Geschäftsleiter, also das Vorliegen von Tatsachen, die eine solide Geschäftsführung erwarten lassen (§ 33 I 1 Nr. 2 KWG). Um die Zuverlässigkeit des Geschäftsleiters beurteilen zu können, muss unter anderem eine Erklärung dieser Person eingereicht werden, ob gegen sie ein Strafverfahren wegen eines Verbrechens oder Vergehens schwebt oder anhängig war und ob sie oder ein von ihr geleitetes Unternehmen als Schuldner in ein Insolvenzverfahren oder ein Verfahren zur Abgabe einer eidesstattlichen Versicherung oder ein vergleichbares Verfahren verwickelt ist oder war (§ 32 I 2 Nr. 3 KWG, § 24 I Nr. 1 KWG in Verbindung mit § 5b I 1 Nr. 1 und 5

Anzeigenverordnung (AnzV)). Mangelnde Zuverlässigkeit kann sich nur aus tatsächlich gezeigtem Verhalten ergeben; es genügt aber, wenn sich hieraus (z.B. Vermögensdelikte) mit erheblicher Wahrscheinlichkeit eine Unzuverlässigkeit für das Kreditgewerbe ergibt.

Zuverlässigkeit wird ferner gefordert von den Erwerbern (§ 2c Ib 1 Nr. 1 KWG) beziehungsweise Inhabern einer bedeutenden Beteiligung im Sinne des KWG (§ 33 I 1 Nr. 3 KWG). Handelt es sich bei ihnen um eine juristische Person oder eine Personenhandelsgesellschaft, so muss diese Eigenschaft bei deren satzungsmäßigem oder gesetzlichem Vertreter oder persönlich haftendem Gesellschafter vorhanden sein. Nachgewiesen wird sie über eine standardisierte Erklärung; darüber hinaus wird auch ein lückenloser, vollständiger, wahrer und aussagekräftiger Lebenslauf der Verantwortlichen verlangt (§ 5a I AnzV). *[GKR]*

Zweckgesellschaft im Sinne des KWG

Ein Unternehmen, dessen wesentlicher Zweck darin besteht, durch die Emission von Finanzinstrumenten oder auf sonstige Weise Gelder aufzunehmen oder andere vermögenswerte Vorteile zu erlangen, um von Refinanzierungsunternehmen oder Refinanzierungsmittlern Gegenstände aus dem Geschäftsbetrieb eines Refinanzierungsunternehmens oder Ansprüche auf deren Übertragung zu erwerben. Hierbei ist es unschädlich, wenn es daneben wirtschaftliche Risiken übernimmt, ohne dass damit ein Rechtsübergang einhergeht (§ 1 XXVI KWG). *[GWA]*

Zwecksparunternehmen

1. *Allgemein*: Ein Zwecksparunternehmen ist ein Unternehmen, dessen bankgeschäftliche Betätigung unter den in § 3 Nr. 2 KWG genannten Voraussetzungen untersagt und mit Strafe (Geldstrafe oder Freiheitsstrafe bis zu fünf Jahren) bedroht ist (§ 54 KWG, verbotene

Bankgeschäfte nach KWG). Auch Bausparkassen sind Zwecksparunternehmen, sie sind jedoch ausdrücklich vom Verbot des Kreditwesengesetzes (KWG) ausgenommen.

2. *Zwecksparunternehmen nach § 3 Nr. 2 KWG* sind private Unternehmen, die Geldbeträge annehmen, wobei der überwiegende Teil der Geldgeber einen Rechtsanspruch auf Gewährung von Darlehen aus diesen Geldbeträgen oder auf Verschaffung von Gegenständen auf Kredit hat. Diese Geschäfte von Zwecksparunternehmen (auch als Zwecksparkassen bezeichnet) sind gemäß § 3 Nr. 2 KWG verboten; das Verbot gilt nicht für Bausparkassen. *[GKR]*

Zweigniederlassung

1. *Zweigniederlassung im Handelsrecht*: rechtlich unselbstständiger, aber von der Hauptniederlassung oder anderen Zweigniederlassungen räumlich-organisatorisch getrennter Teil des Unternehmens einer natürlichen (Einzelkaufmann) oder juristischen Person oder einer Personenhandelsgesellschaft. Errichtung und Aufhebung einer Zweigniederlassung sind zur Eintragung in das Handelsregister des für die Zweigniederlassung zuständigen (Amts-)Gerichts anzumelden (§ 13 I in Verbindung mit III HGB). Vor der Eintragung wird auch geprüft, ob sich die Firma der Zweigniederlassung von anderen ortsansässigen Firmen unterscheidet (§ 30 HGB). Die Eintragung wird beim Gericht der Hauptniederlassung beziehungsweise des Unternehmenssitzes vermerkt (§ 13 I HGB). Eine Sitzverlegung im Inland bestimmt sich nach § 13h HGB. Befinden sich Hauptniederlassung oder Sitz im Ausland, unterscheiden die §§ 13d–g HGB zwischen allgemeinen und besonderen Regeln (für AG und GmbH). Für Zweigniederlassungen von Kapitalgesellschaften mit Sitz im Ausland ergibt sich die Pflicht zur Offenlegung aus § 325a I HGB; gemäß § 325a II HGB gilt die Vorschrift aber nicht für Kreditinstitute im Sinne von § 340 HGB. Somit ist für die überwiegende Zahl der Institute im Sinne des KWG § 340l II HGB anzuwenden.

2. *Zweigniederlassung im Bankenaufsichtsrecht*: in der Zweiten Bankrechtskoordinierungs-Richtlinie der EG als Zweigstelle bezeichnete „Betriebsstelle", die einen rechtlich unselbstständigen Teil eines Euro-Kreditinstituts bildet und unmittelbar alle oder einen Teil der Geschäfte betreibt, die mit der Tätigkeit eines Kreditinstituts verbunden sind; die Zweigniederlassung ist zu unterscheiden von der rechtlich selbstständigen Tochtergesellschaft. Für derartige Zweigniederlassungen von in anderen EG-Mitgliedstaaten zugelassenen Banken darf das Aufnahmeland keine Zulassung verlangen. Die aus der Richtlinie resultierenden Pflichten wurden in Deutschland durch § 24a, § 53 sowie § 53b–c KWG umgesetzt. Sie betreffen nicht nur das Gebiet der Europäischen Gemeinschaft, sondern darüber hinaus den gesamten Europäischen Wirtschaftsraum (EWR). Ferner gelten die Regelungen auch für Zweigniederlassungen von Wertpapierhandelsunternehmen (§ 1 IIId 3 KWG). *[NKR]*

Zweigstelle

Begriff der Zweiten Bankrechtskoordinierungs-Richtlinie für Zweigniederlassung. Im KWG anknüpfend an den üblichen Sprachgebrauch ein rechtlich unselbstständiger Teil einer Bank oder eines anderen Unternehmens, der räumlich von anderen Betriebsteilen getrennt ist und in dem Publikumsverkehr stattfindet, also (quantitativ/qualitativ begrenzt) Bankgeschäfte im Sinne des KWG (oder Finanzdienstleistungen im Sinne des KWG) mit Kunden abgeschlossen und abgewickelt werden, im Unterschied zu einer Repräsentanz. Die Errichtung, Verlegung oder Schließung einer Zweigstelle in einem Drittstaat sowie die Aufnahme und Beendigung der Erbringung grenzüberschreitender Dienstleistungen ohne Errichtung einer Zweigstelle sind anzeigepflichtig (§ 24 I Nr. 6 KWG). Des Weiteren hat ein Institut der BaFin sowie der Deutschen Bundesbank jährlich die Anzahl seiner inländischen Zweigstellen mitzuteilen (§ 24 Ia Nr. 4 KWG). Für Zweigstellen ausländischer Unternehmen im Inland gelten je nach Herkunftsland § 53 beziehungsweise § 53b KWG. *[NKR]*

Zweite EU-Zahlungsdiensterichtlinie (PSD2)

Am 25.11.2015 wurde eine überarbeitete Version der EU-Zahlungsdiensterichtlinie 2015/2366 verabschiedet. Diese trat am 12.1.2016 in Kraft und wurde von den Mitgliedstaaten der EU bis zum 13.1.2018 innerstaatlich umgesetzt. Diese Umsetzung in Deutschland erfolgte zweigeteilt. So wurden die Anforderungen der PSD2 zum einen aufsichtsrechtlich durch das Zahlungsdiensteaufsichtsgesetz (ZAG) und das Kreditwesengesetz (KWG) und zum anderen zivilrechtlich durch das Bürgerliche Gesetzbuch (BGB) beziehungsweise das Einführungsgesetz zum Bürgerlichen Gesetzbuch (EGBGB) realisiert. Im Rahmen dieser Umsetzung wurde auch der Europäischen Bankenaufsichtsbehörde (EBA) eine Aufgabe durch die Übertragung von Mandaten zuteil. Diese ist dafür verantwortlich, die nationalen Register in einem Portal derart miteinander zu vernetzen, dass eine europaweite Anlaufstelle für Behörden, Verbraucher und Unternehmen geschaffen wird. Während die EBA somit vorrangig für die Festlegung von Leitlinien verantwortlich ist, übernimmt die Bundesanstalt für Finanzdienstleistungsaufsicht (BaFin) die laufende Beaufsichtigung für dritte Zahlungsdienstleister in Deutschland. Durch die PSD2 werden Kreditinstitute im Sinne der CRR nach § 1 IIId KWG nun stärker betroffen sein als von der ursprünglichen Zahlungsdiensterichtlinie. So ist nämlich das ZAG auch von Kreditinstituten im Sinne der CRR zwingend anzuwenden, da auch für diese Institute gesteigerte aufsichtliche Anforderungen für die IT-Sicherheit bei Electronic Payments gelten. Institute nach § 1 I KWG, die kein CRR-Kreditinstitut darstellen, unterliegen ohnehin einer Doppelaufsicht nach dem alten Zahlungsdiensteaufsichtsgesetz als Kredit- und Zahlungsinstitut. Somit ist die PSD2 auch weiter gefasst als die PSD1 und umfasst die sogenannten One-Leg-Transaktionen, bei denen lediglich ein Zahlungsdienstleister einen Sitz in der EU aufweist. Weiterhin müssen seit 2018 Zahlungsdienste über eine Zulassung als Zahlungsinstitut verfügen, wenn sie als Dritter ein bei einem anderen Dienstleister geführtes Konto auslösen. Grundsätzlich zielt die PSD2 darauf ab, eine Vereinheitlichung des Paragraphenwerks für Onlinezahlungen und mobile Transaktionen herzustellen. Darüber hinaus sollen Lücken in der Regulierung geschlossen sowie Rechtsklarheit im Zahlungsverkehr geschaffen werden. Weitere Ziele der PSD2 liegen darin, die Zahlungsdienste und deren Kunden vor Sicherheitsrisiken zu schützen. Insofern werden von der Zahlungsdiensterichtlinie sämtliche Zahlungsprodukte erfasst, worunter Überweisungs-, Lastschrift-, Karten-, E-Geldgeschäfte sowie Zahlungen im Bereich des E-Commerce zu subsumieren sind. Damit einhergehend richtet sich der Fokus auf den Verbraucherschutz und das Vertrauen der Verbraucher. Diese Neuerungen sollen zur Förderung des Wettbewerbs zwischen den am Markt tätigen Unternehmen beitragen. Neben der Stärkung des Verbraucherschutzes hat die PSD2 auch Einflüsse auf das Firmenkundengeschäft, da Unternehmen nach § 55 ZAG in der Pflicht einer starken Kundenauthentifizierung stehen, was auch nicht individualvertraglich abbedungen werden kann. *[GRE]*

Zwischengewinn

Als Zwischengewinn wird das zwischen zwei Jahresabschlüssen berechnete Ergebnis aus Erträgen und Aufwendungen bezeichnet. Instituten im Sinne der CRR ist es gestattet, Zwischengewinne oder Gewinne zum Jahresende vor dem offiziellen Beschluss zur Bestätigung ihres endgültigen Jahresergebnisses ihrem harten Kernkapital zuzurechnen (Artikel 26 II CRR). Allerdings muss die zuständige Behörde – in Deutschland ist dies die Bundesanstalt für Finanzdienstleistungsaufsicht (BaFin) – zuvor ihre Erlaubnis gegeben haben. Voraussetzung hierfür ist eine Überprüfung der Zwischengewinne oder Jahresendgewinne durch vom Institut unabhängige Personen, die für dessen Buchprüfung zuständig sind, sowie der Nachweis gegenüber der BaFin durch das Institut, dass alle vorhersehbaren Abgaben und Dividenden vom Gewinnbetrag abgezogen worden sind. Darüber hinaus muss durch die Überprüfung der Zwischengewinne oder Jahresendgewinne in adäquatem Maße gewährleisten sein, dass die Gewinnermittlung im Einklang mit den Grundsätzen des geltenden Rechnungslegungsrahmens erfolgte. *[GKR]*

The manufacturer's authorised representative in the EU is Springer Nature Customer Service Centre GmbH, Europaplatz 3, 69115 Heidelberg, Germany. If you have any concerns regarding our products, please contact ProductSafety@springernature.com

Printed and bound by CPI Group (UK) Ltd, Croydon, CR0 4YY

23/03/2026

02076744-0009